四大名山志·普陀山志

印光大师 修订
弘化社 编

四大名山志·普陀山　目録

扉頁
普陀山志卷首…… 1
普陀山志卷一…… 29
普陀山志卷二…… 79
普陀山志卷三…… 169
普陀山志卷四…… 205
普陀山志卷五…… 231
普陀山志卷六…… 337
普陀山志卷七…… 447
普陀山志卷八…… 492

普陀山志卷九…… 521
普陀山志卷十…… 529
普陀山志卷十一…… 555
普陀山志卷十二…… 589

普陀洛迦新志卷首

序一

釋迦入滅、以金縷袈裟、付摩訶迦葉波。迦葉奉衣、住雞足山、以待慈氏。據奘師所記、屈屈吒播陀、此言雞足。亦名窶盧播陀、此言尊足。在摩竭陀國、莫訶河東百餘里。道里明白如此。乃今雲南賓川之境、有雞足山、亦以爲卽迦葉傳衣示寂之處、著之山志。華嚴末會、鞞瑟胝羅居士告善財言。南方有山、名補怛洛迦、有菩薩名觀自在。奘師所記、爲布呾洛迦。在南印度、秣羅矩吒國之南、秣剌耶山之東。道里明白如此。乃今定海縣東海中、有普陀山、亦以爲卽補怛洛迦、觀自在菩薩說法之處、著之山志。然則記可據乎、志可據乎。曰、是有說。地志者、流出於山經、禹與伯益、主名山川、量其道里、遊方之內、此其職也。至於華嚴法界、毘盧法身、超情離見、不在此類。卽人卽法、卽依卽正、毘盧之法身也。自他無礙、一異無礙、華嚴之法界也。卽人卽法、法之所在、佛之所在也。卽依卽正、佛之所在、土之所在也。法外無佛、佛外無土、觀自在外無此山此山之外無東土無南印度可也。自他無礙則此山之在東方與此山之在西方無礙也。一異無礙則西方有此山東方有此山乃至餘方亦有此山山亦無礙也。非他非自非一非異則此方之山非補怛洛迦非在西方乃至非在餘方亦無礙也。事事無礙法界性也。普賢偈曰如於此處見佛座一切塵中悉如是。佛身無去亦無來所有國土皆明現。然則古記之文與今志之說爲同爲異孰爲可據又不足論也。抑余之感於茲志雖足僻在徼外普陀介在海中開山皆晚。而普陀當海通之後市舶上下。在昔蓮池望洋而歎者乃今凡夫搴裳可涉。獨雞足百年以來日以榛翳山之顯晦如此然則時節因緣固有在歟。余家騰衝與賓川同直雲南之西。而閒關千里雖無風濤之憂亦有泥塗之苦然民國初元猶得從容解兵宿山中者旬月然後去比居海濱普陀一水朝發夕至而數歲之閒未得一往。故亦不能無感於時節因緣之說雞足之志草創於錢邦芭修飾於范成勳。自茲以後遂無繼者。余與趙介庵師常因遊覽別爲小志補其闕略屬稿初定訖未刊行。普陀山志自清康熙迄道光凡三修焉。今相距僅百年，開如了餘兩師，獨發弘願，延邑儒王雅三，學博從事，纂修。書成，寄京師屬余爲序。余於此山，無一日之勤，又罕聞法要，誠不足以敘茲志。而因緣遭値，重違兩師付囑之意。得揆法界之旨，稍解世俗之諍，幷爲雞足發凡。挂名簡牘，亦不可謂非幸也。

中華民國十二年冬勳三位一等文虎章一等大綬嘉禾章雲威將軍上將銜陸軍中將農商總長騰衝李根源謹序

序二 此序專說撰本迹頌之緣起。

吾人一念心性，不變隨緣，隨緣不變。隨迷染緣，則背覺合塵，輪迴六道，極之則永墮阿鼻地獄，而心性無減。隨悟淨緣，則返妄歸眞，趣證三乘，極之則圓成無上覺道，而心性無增。然在凡夫地，若得聞佛名號，及甚深經義，斯時菩提法潤，已納八識田中。其始雖漠然不自覺知，果能不自暴棄，極力擴充，纖則由涓滴而濫觴，漸至泛舟以及滔天。終必直趨薩婆若海，圓滿菩提，歸無所得，徹證卽心本具常住不變之妙眞如性。從茲又復由本垂迹．帶果行因．俾得燈燈相傳．明明無盡．豈不偉然大丈夫哉。法華經云．諸佛兩足尊．知法常無性．佛種從緣起．是故說一乘。緣之時義大矣哉。予自弱冠卽讀佛經．彼時但欲剽竊文義．作詞料用。於民國二年．始歸心淨土．以期出此火宅．入彼珍池。固知　觀音大士．爲蓮邦導首．而復現身塵刹．隨機利生．又與娑婆因緣最深。其應化之迹．在浙江普陀．於是遂動朝禮之念．然尚未有行期也。後於報讀印老法師文數篇．提倡念佛．勖勵敬心．不覺深洽予懷．而正中吾病也．（病在全不知敬．今自發露．用作懺悔。）乃一心願見。於十一年促裝就道．造山拜謁．以禮觀音疏呈師．深蒙許可。且不待請求．而以心仰之文鈔持贈．儻非夙緣所追．何至契合如是耶。隔日下山．師更以大士頌相委。予亦自忘固陋．瞀然應承。夫山志加修．大士頌一篇．師蓋懷之數年矣．以度生心切．問道者多．未遑秉筆。而吾邑佛學同人．數年前曾囑頌普門感應．予畏用心．託故謝之。乃今竟承師付囑．終以文章報答大士．而慰同人之望．其因緣又寧可思議耶。初輯經文．暨感應事迹．歎其浩如煙海．不知從何處下筆．數得師訓．

曰期徧界流通·同沐慈化。曰令法界衆生·同種善根·同生西方而後已。曰令閱者由歡喜·而得生善·破惡·入理之益。不覺恍然悟吾師之語·即大大士之心。夫大士功德·普賢菩薩不能測其一毛·何能頌。窮鄉僻壤·愚夫愚婦·莫不耳大士名·奉爲慈母·何庸頌。此之頌者·不過借大士本迹·以訓世化俗耳。頌首契經·次感應·先本後迹也。經中修證·本中之本。應化·本中之迹也。感應中示現類·由本垂迹。救苦與樂·迹中之權。弘法攝生·迹中之實也。結後十心·勸進行者·由迹返本也。復次·感應類首示現者·我輩背覺合塵·以心性爲耳目之奴隸久矣。凡見聞所不及者·每視爲子虛烏有·不信法身常住·有佛菩薩。亦不信法身流轉·有因果報應。死後斷滅之見·其禍不可勝言·故以大士示現警之·欲人毋辜佛恩·毋負己靈也。次救苦與樂者·我輩歷劫迷妄·縱知心爲主人·身如傳舍·而我見必不能頓空。然向外馳求·業復造業·如抱薪救火·只益自焚。一念回光·將心轉業·形端影直·所謂自求多福也。次弘法者·三界無安·猶如火宅·犧牲文繡·庸足自豪。以佛法而祈福報·明珠彈雀·智者惜焉。故退世間法·進出世法。而修行莫簡於持名。成佛莫易於生淨。故以攝生終焉。此循循誘人之微意。亦即宗楞嚴圓通章先示現繼救苦滿求。而以得大涅槃爲歸之旨也。正文并註。共三卷。後附經證一卷。脫稿即呈印師鑑定。蒙許可後。乃敢作爲定本。辭雖譾陋。然於欲究大士本迹感應者。不無小補。願三寶加被。俾讀者悉能信而行之。則直達樂邦。不遊三界。徹證自性常住寂光矣。然大藏經教。如標月指。世俗秕糠。詎足當明眼人一顧。而聲論宣明。如來懸記。景仰大士者。固不得以凡庸之文。遂置之不觀也。故予以此初則寓緣於大士。旣乃結緣於印師。終或以大士之緣。普徧流通於天下後世。則燈燈相傳。明明無盡。庶可滿大士度生之願。而區區纂述之功。亦不唐捐矣。此固晨夕馨香所祝禱者。民國十三年甲子孟夏彭澤許止淨述

序三　此序專說大士之深恩重德。兼示淨土爲一切凡聖同修之道。

娑婆世界苦事最多。娑婆衆生耳根最利。維我觀音大士。慈悲心切。故與此世界因緣最深。以其隨類逐形。尋聲救苦。故令衆生聞

名見形、戀慕讚歎。由此因緣、令其近種人天之福、遠證菩提之果。昔於楞嚴會上、顯示本所修因、從聞思修、入三摩地、反聞聞性、證眞圓通。所證本妙覺心、上合十方諸佛究竟所證、下合十方衆生卽心本具。故與諸佛同一慈力、與諸衆生同一悲仰。從茲現十界身、以三十二應、十四無畏、四不思議無作妙力、度脫衆生、令其悉皆親證卽心本具妙覺眞心而已。佛敕文殊選擇契機法門、以利現未。文殊因茲揀去二十四聖、獨推觀音。盲摸之徒、不詳所以、遂謂觀音登科、勢至下第。由此一言、令諸無識藐視念佛法門、不肯修持。不知耳根圓通、乃逗當時阿難畜聞成過、與後世利根專參向上之機。念佛圓通、則普逗十方三世一切衆生之機。所以證齊諸佛者、尙須回向往生。將墮阿鼻者、十念遂登末品。觀音勢至、同爲彌陀上首、同於十方世界攝念佛人歸於淨土。但以所示修法、微有不同。以一則注重在念他佛、而非自何由顯他。一則注重在念自佛、而非他何由了自。念他佛、似屬事相、而理由事顯。念自佛、似屬理性、而事由理成。了此、則自他不二、理事一如。同歸薩婆若海、共趣菩提覺道。有何同異之可論哉。又大士於大悲經、令誦呪者、至心稱念我之名字、亦應專念我本師阿彌陀如來、然後誦呪。又於佛前自說誓言、誦持大悲神呪、若不生諸佛國者、我誓不成正覺。是正勢至所謂憶佛念佛、現前當來必定見佛者也。須知大士應化、始終皆以念佛而爲宗本。普門一品、佛令一切凡聖念觀世音者、究與念佛有何殊異。浙東普陀山、爲大士應化道場、卽當年爲善財說法處也。印光法師卓錫是山三十餘年。以普陀舊志、皆於大士本迹感應、未曾發揮、誠所謂舍本逐末買櫝還珠、甚可痛惜。擬將大藏大士本迹、及此方感應、撰爲頌詞、幷一一注其義意。又輯諸經大士本迹諸事、以爲證據。庶可令一切有情、同知大士歷劫深恩、而悉皆常念恭敬、各滿所願矣。以力不暇、及乃託摯友許止淨居士撰之。幸已脫稿、擬欲排印數萬、徧布中外、爰誌所以、用告閱者。民國十三年甲子仲夏上海黃慶瀾序於會稽道署

序四

此序雖爲流通單行本頌文而作。實、於修志撰頌各緣起、言之綦詳。

世出世間一切諸法、皆由時節因緣而爲發起。故古德云、時節若至、其理自彰、誠然

誠然。光以庸劣·百無一能·寄食普陀山法雨寺三十二年。昔閱普陀志·見其所載·皆屬道場廢興·以及種種尋常等事。至於觀音大士往劫本迹事理·以及此方感應因緣·悉皆闕略·不禁令人長歎。民國六年·王采臣·周孝懷·陳錫周三居士來山·見訪·王周謂普陀爲觀音大士聖道場·地中外景仰·何可久撤講筵·忍令法道寂寞乎。祈師發心講經·我等當爲籌備道糧。光以固陋力辭。錫周則曰·山志久未修·板已模糊·師若肯修·我當刊刻。光曰·此事頗不容易·若照舊例·則文人皆能爲之。若將大士往劫本迹修證·及此方感應事迹·一一略敘大端。令閱者咸知大士恩周沙界·慈濟無疆。從茲發起正信·身心歸依·近獲人天之福·遠證菩提之果者·非徧閱大藏·備考羣籍不可。若不發揮大士本迹感應諸事理·則成遺主志賓·捨本逐末·與尋常山經水志何異。何以顯普陀爲大士應化道場·又何以顯大士爲法界衆生之大慈悲父母。而與娑婆衆生因緣最深也。然光以宿業·致令心無知識·目等盲瞽·尚須懺悔一二年·待其業消智朗·障盡目明時·當不惜身命·勉令成就。如其業重·不能感格·當往江西求黎端甫居士・代爲了此公案。此公學貫儒釋・筆超儕伍・必能發揮大士之慈悲心迹也。次年徐蔚如居士・以文鈔印行・致不加詳察者・謬謂之爲知識・從茲信札來往・日不暇給。八年春間・端甫歸西。先所發心・竟成空談。十一年春定海知事陶在東公來山・謂山志流通・令人由信向而改惡遷善・返妄歸眞・實爲挽回世道人心之根本要務・急宜重修。光以陶公護法心切・救世情殷・卽令普濟法雨兩寺主人・懇請陶公親任其事。陶公以公事無暇・乃託邑紳王雅三君任之。一切事宜・外有陶公・山有開如退居商酌・料理。光以無暇・絕不過問。次年陶公升於杭縣・猶復魚雁往還・商酌其事・若非宿受大士付囑・其能如是也耶。初於修志議成之後・未及一月・江西彭澤許止淨居士來訪・一見卽成莫逆。光敘昔衷曲・遂以大士頌見託・彼卽允許。若非大士冥垂加被・何有如此之際遇乎。許君乃備搜藏典・及諸羣籍・時經二載・稿方告竣。述成頌文・近二萬言・而復逐聯注其義意・俾閱者悉知所以。又節錄各經以爲明證・頌文三卷・經證一卷・共三百七十餘頁・於夏初寄來。頌中義意・許序已陳・茲不復贅。光昔本欲冠於山志之首。今以卷帙繁多，特爲別行，兼欲徧布天下後世，儻與志合行，則不易廣播矣。（後以陶公見頌文超妙，謂須冠於志首。乃删其注語，及經證等，僅錄正文，統作一卷，名本迹門，爲卷一。）然大士從無量劫來，分身塵剎，其本迹感應，非佛莫知。此數卷頌，不過大地一塵，大海一滴，令不知大士之深慈大悲者，略知梗概。從茲赧然愧怍，勃然奮發曰：吾人之心，與大士之心，無二無別。而大士圓成佛道，久經長劫。又以悲心無盡，不離寂光，垂形九界，普現色身，度脫衆生。我輩從無量劫來，輪迴六道，其親蒙拔苦與樂之恩者，不知凡幾，直至今日，尚爲凡夫。上負大士拯拔深恩，下負自己本具佛性，靜言思之，能不愧死。彼既丈夫我亦爾，不應自輕而退屈。由是翻轉凡情，追隨聖迹，克己復禮，閑邪存誠，敦行世善，兼修淨業，久而久之，與之俱化。上焉者，卽於現生斷惑證眞，了生脫死。下焉者，迨至臨終，仗佛慈力，往生西方。能如是，則人人敦禮義，各各識因果，自然干戈息而人禍永滅，雨暘時而天眷常臨矣。陶公所謂挽回世道人心之根本要務者，其在斯乎。所願見者聞者，同發景仰大士之心，而勉力修習，則幸甚幸甚。民國十三年甲子

中秋日古莘印光釋聖量謹撰

石印普陀山志序 附錄

觀世音菩薩．於無量劫前久成佛道．號正法明。但以度生念切．救苦心殷．不離寂光．垂形六道．徧於十方微塵佛國．普現色身．度脫衆生。非獨止現菩薩之身．而二乘六道．無身不現。法華所謂應以何身得度者．卽現何身而爲說法。雖則徧入十方佛國．而於娑婆因緣．甚深甚深。雖則普現十法界身．而世人據迹而論．止云菩薩而已。以其徹證唯心．圓彰自性．故得悲運同體．慈起無緣。由本高而體大．故迹廣而用宏。其隨類逐形．尋聲救苦．有感卽應．無願不從之迹．喻如月麗中天．影現衆水。不但江湖河海．各現全月．卽小而一勺一滴．無不各各皆現全月。又江湖河海中月．一人觀之．則其月與已相對。卽百千萬人．於百千萬處觀之．亦皆各各與已相對。人若東行．月則隨之而東．人若西行．月則隨之而西．人若安住不動．月則不離當處。一人乃至百千萬人．悉皆如是。菩薩於一念中．徧法界感．徧法界應．感應道交．無少差殊．與此一月，普現衆水，隨人隨地，各見全月，了無有異。良由菩薩心包太虛，量周沙界，以衆生之心爲心，以衆生之境爲境。故得不謀而合，無緣而應，豈世智凡情所能測度者哉。至若水昏而目盲，則不能見，非月不現，是昏盲咎。其感應之迹，有顯感顯應，冥感冥應，冥感顯應，顯感冥應，亦冥亦顯感而顯應，亦冥亦顯感而冥應之不同。顯感顯應者，現生竭誠盡敬，禮念供養，即蒙加被，逢凶化吉，遇難成祥，及業消障盡，福增慧朗等。冥感冥應者，過去生中，曾修竭誠禮念等行，今生雖未修習，由宿善根，得蒙加被，不知不覺，禍滅福臻，業消障盡等。冥感顯應者，宿生曾種善根，今生得蒙加被。顯感冥應者，現生竭誠禮念，不見加被之迹，冥冥之中，承其慈力，凶退吉臨，業消障盡等。亦冥亦顯感而顯應者，宿世曾種善根，今生竭誠禮念，顯蒙加被，轉禍爲福等。亦冥亦顯感而冥應者，宿世曾種善根，今生竭誠禮念，冥冥之中，承其慈力，獲種種益也。了此，則知功不虛棄，果無浪得，縱令畢生不見加被之迹，亦不至心生怨望，半途而廢。感應之道，微妙難思，略書梗槪，以勖來哲。其應之大小優劣，在其誠之至與未至而已。縱令心不諦信，致誠未極，但能一念投誠，亦必皆蒙利益。但隨己一念之誠，而分優劣，不能如竭誠盡敬者，蒙益之殊勝超絕耳。如昏水中，亦有月影，但晦而不顯，盲人雖不能親見月光，又何嘗不蒙其照燭也。菩薩大慈大悲，普爲法界衆生恃怙，由茲舉國人民，各皆信奉，故有家家觀世音之常談。其應化道場，固非一處。如陝西南五臺山。大香山。浙江天竺山等。其感應昭著。香火肸蠁。唯南海普陀山。最爲第一。以其名載華嚴。昔年善財親參。恩周庶類。歷代皇帝敕建。故致舉世欽崇。各國景仰。緬維菩薩應化三乘天仙一類。大機固於此山。經劫常住。何止天長地久。至於凡夫所見之迹。乃於五代朱梁貞明二年。慧鍔大師由五臺請銅觀音像。欲歸日本。至此舟膠不動。方始開山。迄今千有餘年。其事迹詩文。錄之成帙。名曰普陀山志。余嘗病其於菩薩不思議感應事理。殊欠發揮。擬欲徧閱大藏博覽羣書。凡屬菩薩隨機赴感之迹。悉備錄之。刊板流通。一以闡菩薩度生之妙道。一以啓衆生出苦之良緣。但以目疾未愈。未能如願。會稽何廉臣居士者。儒得聖心。醫稱國手。志行高潔。信心純眞。曾邀同人結桑榆社。以其暮景無多。擬作歸計。同修淨業。企生安養。又以一切衆生。久沈苦海。不仗法力。莫由得出。擬將菩薩應化事迹。爲救生船。泛於其中。振臂疾呼。俾諸溺者。相引登舟。庶可同登彼岸。直達家鄉。永離衆苦。但受諸樂矣。因石印山志。以廣其傳。用酬大士度生之恩。用開衆生投誠之路。令余作序。遂不勝歡喜·頓忘固陋。乃將菩薩感應之妙·略爲發揮。其餘事迹·固有全書在也·何須多贅。民國八年·釋印光撰。

南五臺山觀音菩薩示迹記 并讚〇山去陝西省城七十里〇附錄

示迹之記文詞典雅·敘事精詳·惜於菩薩不思議無作妙力·殊欠發揮。光不揣固陋·勉述一讚·以冠於首·俾事理交融·體用咸彰·生之所以能感·聖之所以能應·俱在斯焉。以企後之覽者·發菩提心·見賢思齊·以觀音之心爲心·以觀音之事爲事·庶可亦爲未來世之觀世音耳。雖文不雅馴·而其意義有可取焉。讚曰·

觀音大士·於無量劫·久成佛道。爲度衆生·不離寂光·現菩薩身。又復普應羣機·垂形六道·以三十二應·十四無畏·四不思議·無作妙力·尋聲救苦·度脫羣萌。應以何身得度者·即現何身而爲說法。直同月印千江·春育萬卉·雖則了無計慮·而復毫不差殊。良由徹證唯心·圓彰自性·悲運同體·慈起無緣·即衆生之念以爲心·盡法界之境以爲量·是知無盡法界·無量衆生·咸在菩薩寂照心中·故得雲布慈門·波

騰悲海、有感卽赴、無願不從也。民國三年甲寅釋印光述（以下乃示迹之記）
大山巖穴、龍蛇所居、歲久成祆、肆其凶孼。吞齧不已、禍及生民、變怪昇騰、非人所制。
若非應身大士、孰能救濟。巍巍乎妙智神力、其容思議。然於不思議境、强以文字紀
述事迹者、冀千載之下、方來君子、咨深信耳。昔隋時仁壽中、此山有毒龍焉。以業通
力、變形爲羽人、擕丹藥貨於長安、詐稱仙術、以欺愚俗。謂此藥之靈、服者立昇於天。
嗚呼、無知之民、輕信此語、凡服此藥而昇天者、不知其幾何、又安知墮彼羽人之穴、
以充口腹耳。而一方之民、倘迷而不悟。唯我大士、以悲願力、現比丘身、結草爲庵、止
於峯頂。以妙智力、伏彼祆通、以淸淨風、除其熱惱、慈念所及、毒氣潛消、龍獲淸涼、安
居巖穴。民被其德、各保其生、昔之怪異、不復見矣。由此靈貺達於朝廷、以其於國有
功、於民有惠、建寺峯頂、而酬酢之。大士以慈風法雨、普濟含靈、慧日淨輝、破諸冥暗。
於是搢紳嚮慕、素俗欽風、割愛網以歸眞、棄簪纓而入道。大士嘗居磐石、山猿野獸、
馴繞座隅、百鳥聚林、寂然而止、如聽法音、久而方散。嗚呼、建寺之明年六月十九日、

大士忽示無常、恬然入滅。異香滿室、愁霧蔽空、鳥獸哀鳴、山林變色。於是寺衆聞於朝廷、中使降香、奉敕賻贈、以崇冥福。荼毘之際、天地晦冥、斯須之間、化爲銀界。忽聞空中簫鼓、響山岳搖、瑞雲奔飛、異香馥郁。忽於東峯之上、現金橋、橋上列諸天衆、各竪幢幡、及雨金華、紛紛而不至於地。最後於南臺上、百寶燦爛、廣莫能知、衡天無際、影中隱隱現自在端嚴之相。慈容偉麗、纓絡銖衣、天風飄飄、煥然對目。爾時緇白之衆、千百餘人、咸睹眞儀、悲喜交集、莫不涕泣瞻依、稱名致敬、始知觀音大士示迹也。淸氣異香、經於累月。左僕射高公、具奏其事、皇上覽表、嘉歎久之。收骨起塔、御書牌額、錫號爲觀音臺寺、撥賜山林田土、方廣百里、每歲時降御香、度僧設供、大崇法化。至唐大曆六年、改號爲南五臺山聖壽寺焉。五代之世、兵火連緜、諸臺殿宇、並遭焚毀、雖有殘僧壞屋、尙與木石共處矣。至宋太平興國三年夏、前後六次現五色圓相、祥雲等瑞。主僧懷偉、具申府尹、被奏天廷、敕賜金額、爲五臺山圓光之寺。由是增修寶殿、繪塑眞儀、煙霞與金碧爭煇、鐸韻共松風演妙、諸臺屋宇、上下一新、嗣續住持、香火不絕。慈輝所燭，石孕祥雲，法雨所霑，水成甘露。臺南數百步，有石泉焉，注之方池，色味甘潔，能除熱惱，能潤焦枯，舒之則沙界滂沱，卷之則石池澄湛。或時亢旱，迎請者相繼於道途，感應如期，州郡已彰於簡牘。懷生蒙祐，草木霑恩，自昔迄今，聲華不泯。噫，大聖以悲願力，福被一方，而一方之民，亦不忘於慈祐。每遇清明之月，及夏季忌辰，不遠百里，陟嶮登危，皆以淨心踵足而至者，何啻百千萬耶。扶老攜幼，闐溢道路，相繼月餘，各以香花音樂，繒蓋幢幡，賫生之具，持以供養。於是頭面頂禮，致敬致恭，睹相瞻儀，旋繞讚歎，莫不洗罪蒙福，弭障霑恩，豈徒爲奔走跋涉而已哉。寺僧法忍，慮其歲月經久，靈迹湮沒，持諸殘碑，囑爲斯記。普明固辭弗獲，甚愧非文，儻遇賢士，改而正諸，不亦宜乎。太白山釋普明謹撰　元至元七年正月立石

石印普陀志序，發揮感應理致頗詳。南五臺示迹之記，乃大士現比丘身救苦實迹，亦六月十九香會之根原。故附錄之，冀閱者生正信焉。印光謹識。

禮觀世音菩薩疏　此係作頌之原因，故并錄之。○附錄

蓋聞諸佛如來・以大悲爲體。菩提薩埵・依般若觀心。寂滅現前・故得上同下合。眞空無相・乃能救苦尋聲。然入俗度生・七行方始。同事愛語・六地猶慚。苟非早成正覺・現劣應以行慈・度盡衆生・始明相而成佛者・孰有威神之力・巍巍如是乎。伏維我大慈大悲觀世音菩薩・居補怛洛迦之山・得大悲解脫之法。師承靜住・標正法明之稱。補處彌陀・授功德山之記。寶藏住世・囘向菩提。威德園觀・宏深誓願。從聞思修・頓入摩提。得圓通常擧・皆眞實熏修。金剛三昧。淸淨寶覺圓融。十四無畏・福備衆生。卅二應身・度該等覺・具大自在之功・妙容頓現・有不思議之德・極果能施。故六十二億之名號・一念等齊。二十四聖之法門・都歸揀別。涅槃一路・三世佛學尙聞。闡示現普門・八萬衆發無等等。加以左輔雖居安養・攝生現處娑婆。金城熊耳・競說化身。五臺泗洲・並彰聖迹。甚至蛤蜊蚌殼・現妙像之莊嚴。雞卵圓魚・睹金容之赫奕。故知慈父恩深・縱焚身難報。而老婆心切・實垂涕相招也。弟子止淨・捨父逃逝・久窮露於他鄉。隨業飄流・更蹉跎乎半世。八年供奉・擔糞遺金。二豎魔纏・認漚忘海。自愧怖頭・發心禮足。

任家禮三聖像手珠念佛、日三百回。頂禮誦經、指彌陀經月百八卷。讀金剛之文、惟求作佛。禮普賢之偈、發願度生。念往生陀羅、我佛常住其頂。持大悲神呪、浴水亦得度人。凡茲大善因緣、藉作往生公據。更以今生根鈍、魔障難消、夙世孽深、正信易退。特叩白華虔參寶像。如慈愍之西渡、冀睹眞容。學善財之南詢、願逢聖友。尙乞慈哀。隱爲加被示張使於雲裏、瓔珞端嚴。指史相於巖頭、金光照耀。甘露灌頂、增智覺之辯才。寶手破腸、療法義之氣疾。儻寄此旅亭、不遑安處。則賜與華屋、願得門開。數李母之珠、預知時至。食廷璋之芋、剋日西行。印泥而印壞文成。念佛而佛隨心現。垂紅蓮之臂、接以金臺。放白毫之光、導歸寶閣。同登安樂、生佛本無差分。回入娑婆、母子不相違遠。佈茲心願。伏乞證盟。此日金剛石上、歸依智海之導師。他年摩尼華中、隨侍天冠之勝友。卅、音、薩、三十也〇民國十一年壬戌春許止淨謹撰

普陀洛迦新志例目

例

一紀錄普陀、元盛熙明、始爲普陀洛迦山傳。明侯繼高、始爲志。厥後明周應賓、淸裘璉、朱謹、許琰、秦耀曾並沿志例、各有修輯。其題名或稱普陀山志、或稱補陀山志、且冠以南海二字。其以普陀洛迦四字並舉者、惟盛傳。今依之題曰普陀洛迦新志。名從主人、不敢意爲增損也。

一諸山志之流傳於今者、惟秦志許志、已不概見。裘志朱志、益成孤本。至盛傳及侯周二志、尤罕有傳者。淸上元朱緒曾著昌國典詠、（該書亦僅有抄本、）間引及之。吉光片羽、彌足珍貴。茲編採錄一人所輯者、曰某傳、某志、諸志相同者、曰舊志。

一乾隆許志、爲法雨寺所延修、道光秦志、爲普濟寺所延修。二志各有所袒。其比事屬辭、往往詳主寺而略他寺。秦志尤甚。茲編凡關於普陀者、應有盡有、應無盡無、不敢存偏私之見。

一前人文字原非一成不易補缺正誤修志者責也是編援引各書既注明於每條下其有疑義或別有說者必詳加按語俾閱者得以考異同而參得失

一山境總繪一圖詳列寺院不限篇幅其著名勝景別爲分圖用照片銅板以存其眞

一普陀之名原由大士而著實以大士爲主體今輯山志應先從大士本迹感應敘起故將許止淨居士所撰之觀世音菩薩本迹感應頌列於第一名本迹門爲一卷是爲內篇其下形勝靈異等十一門各爲一卷是爲外篇內外共十二卷則佛恩之洪深道場之原委均可悉知矣

一形勝門自當從山說起裘許二志先提海字再疏普陀洛迦明其在南海也然普陀無論其爲南海爲東海總之皆浙海也以浙海而專屬普陀殊嫌蛇足秦志删海一段首列普陀洛迦山較爲了當今從之

一普陀夙著靈異見於載籍者極多茲編廣爲搜羅擇其有姓名爵里歲時緣起者

錄之。非是則不書。

一舊志、於帝王賜與、多立門目。如裘志、頒賜附命使。許志、增以賜施。秦志、改爲賜與。朱志朝典。許秦二志、改爲舊章。別清帝宸翰爲天章。此在帝制時代則然。今以國體共和、佛法又尙平等。凡列朝敕諭碑序、均與諸藝文散載各類本條下。而删前志舊章天章各門目。明釋廣賓撰上天竺山志、有帝王檀越品。清繆燧增修舊志例、以山志但載內廷賜與、未聞朝士布金爲惜。又言南海乘桴、身命以之。故匹夫單婦、雖斗粟尺布、不可不謂之大布施。爲志所不當略。厲鶚增修雲林寺志、有檀越門。是帝王臣民、均以檀越概之。今依其例、別立檀施門。凡帝王賜與、與臣民施助巨款之關於大工程者、悉隸之。而删舊志頒賜施與命使諸門目。惜舊志略去臣民施助、杞宋無徵、詳不得聞。姑存什一於千百、爲後海之先導、幷爲信施者勸。

一舊志、有建置、梵刹、精藍各門。今但立一梵刹門、而以精藍茅篷廢庵附之。然梵刹昔唯普濟法雨二寺。而慧濟於光緒末年、恭請龍藏、已蒙賜額、亦可與普濟法雨鼎足爲三。其所建置，則各附於其寺之後。其餘各庵，無論大小，均屬精藍，附於梵剎之後。茅篷廢庵，則又附之，以示同修持而有所統耳。舊志無茅篷之名，則數椽斗室，亦名爲庵。今則凡自力經營道糧，不領香客給施者，均名爲庵，均屬精藍。凡資香客給施者，則名茅篷，即淨修梵行之獨處者。每篷止一人，不收徒衆，不接香客，但依香客給施而爲過活。舊志混而不分，今則名稱井然，秩序不紊矣。

一　裘志分法統、釋系二門。許、秦二志，又改釋系爲禪德。此猶儒家區別道學、儒林爲二傳也。然宋史別道學於儒林之外，先哲多微言。法統、禪德，同有功於佛門，猶道學、儒林同有功於聖教，事本同揆，理無二致。茲總以禪德概之，援正史例。凡有功象教，無論一事足稱，或行事多者，各著一傳。閒有因師而及其徒，因徒而敘其師者。行苟足法，悉爲採錄。于中分四：一普濟住持，二法雨住持，三本山出家，四十方寄寓。各以年代先後爲次序，合而不混，分而不歧。以禪德乃修一切諸法、諸行之通稱，實爲佛教之一大統緒也。

一歷來普濟法雨兩寺方丈，爲當道及合山公推，主持道場。雖非盡如潮音別庵，其人要皆著有聲望，翹異僧衆者。若聽其湮沒無聞，殊非善善從長之道。茲仿淸沈鑅彪雲林續志例。於禪德後，附兩寺住持表。第以年分，其無年分可稽者，但按舊志所列次序而列之，使無紊亂。惜書缺有閒，詳不得聞。至慧濟方丈，雖多高行，以非出自公推，略之。

一裘志事略門小序云。或細事而繫鉅，或卮言而寄深，或發明所未足，或補載所未詳，以明立門之微意。茲亦師其意，別爲志餘門。凡遺聞軼事，不能專立門目者，隸之。但不敢如裘志於事略，而涉及靈感禪德流寓，甚有涉及修志事例者，致貽混雜之弊。

一舊志橋塔道路隸形勝，亭祠附梵刹，或建置，殊爲失當。茲編於梵刹外，別立營建。凡屬工程者，悉隸之。俾覽者便於尋檢。

一舊志於藝文，詩詠居全書之大半。雖爲表揚名山起見，究於志例有喧賓奪主之嫌。茲編於舊志已錄・與有關掌故者・分別訂入各條。其登臨山水・流連光景之作於舊志後者・概從割愛。擬別輯普陀紀遊集一書・以廣流傳。

一山僧著述・仿漢書藝文志例・詳載書名・並錄序文・以見作書之大意。故茲編藝文一門・與舊志所云藝文者・迥異。

一舊志列法產方物二門・茲編法產・訂入梵刹各寺下。方物・援明釋傳燈天台山志・淸徐增靈隱寺志例。略載普陀特產於志餘門。其他動植各物・與郡縣從同者・雖衆不書。

一舊志流寓不列僧人・但中有二人・應須區別。一則釋行幟・出家得法後・方來普陀・一住六年。仍用林增志之俗名・列于流寓・殊與體例不合。今乃用釋行幟之名・移于禪德之十方寄寓中。二則建文帝・久已爲僧・倘于酒肴無所戒・而心猶未能忘情於往昔之富貴・乃僧俗俱不能定名者。今移于志餘・只取記有其事耳。至於依理論判・自有具眼高人。吾人但任記事之責而已。

一維持山中秩序，全恃規制。矧邇來人心不古，行輒踰法，益應拘以繩墨，爲林下儀則。舊志附規制於法産，兹別爲一門。凡僧人普通應守之儀規，及本山特別之規約，擇其要者錄之於前。僧人正行既立，方有受外護之資格。内外相輔，則法道與而外侮熄。故將民國教令及縣道示令，錄之於後，俾有所遵守，而安心修持焉。

一山志如盛傳等書，雖不傳，其序自在。兹別爲敍錄門，詳載各山志纂修姓氏，序文例目，以存梗概。而以此次新修緣起往來函件殿焉。

一山志點染形勝，首推裒輯。刷新體例，始於兹編。裒以滄桑轉換，兵燹淪胥，不但所聞異辭，抑且無聞可異，爲慨。兹亦苦於期限既迫，文獻寡徵，雖殫心摭拾，究難免疏漏之譏。網羅羣籍，發揮鉅篇，勒成完書，上諸東觀，則有俟夫後之君子焉。中華民國第一癸亥中秋翁山寄翁王亨彥雅三甫謹識

目

卷首　序　例目　山境全圖　名勝分圖

卷一　本迹
卷二　形勝　卷首至此爲第一冊
卷三　靈異
卷四　檀施
卷五　梵刹　精藍附　茅篷再附　廢庵又附　卷三至此爲第二冊
卷六　禪德　兩寺住持表附
卷七　營建　卷六至此爲第三冊
卷八　規制
卷九　流寓
卷十　藝文
卷十一　志餘
卷十二　敍錄　卷八至此爲第四冊

普陀洛迦新志卷一

古翁山王亨彥輯

彭澤許止淨敬述

本迹門第一此門即觀世音菩薩本迹感應頌正文。其單行本，有註並經證，分四卷。已刻木板作四冊，於南京三汊河法雲寺流通。又排鉛版作二冊，於上海中華書局，已印八萬餘部。紙型現存蘇州穿心街報國寺內弘化社。今列於山志之首，僅錄正文，統爲一卷。

原夫眞如法界，本無生佛之名。幻起無明，遂有升沈之判。衆生愚昧，火宅嬉遊。大士慈悲，垢衣糞埽。作無畏之施主。爲極樂之導師。遂使王臣崇奉，爭投甘露之門，士女皈依，齊拜蓮華之座。但經藏浩博難稽。而野史流傳失實。致令普門妙義，未獲宣揚。淨土圓音，難臻信仰。爰體佛心，敷陳本迹。永令濁世大作光明。志本迹。

此門頌文分三。初敘意，二正頌，三結勸回向。

今初敘意，明作頌之緣起，爲全篇總冒。分四段。初頌大士悲智雙修。次頌大士以古佛應世，故名震十方。三頌大悲救苦爲急，故娑婆緣重。四據經正訛，令起正信，爲作頌之緣起。

嘗聞諸佛無身。而般若實爲其母。菩提非樹。而大悲自發其芽。故法身解脫。非智慧不得圓融。本智萬行。惟慈悲始能和會。是以自他不二。明極卽是如來。因果交參。行深實惟菩薩。（李長者註華嚴。謂觀音表悲。自在表智。且悲智二字。總該一切佛法理事各門。故以冠首。）然而地入現前。猶懈四攝位居不動。尙待三加。豈非出纏之智障易生。入俗之願王難見乎。惟大士尋聲救苦。寄號觀音。斷惑證眞。得名自在。稱爲撚索。實遇無空過之辭。號作應聲。有感而遂通之義。本正法明而作佛。原爲釋迦之師。具千光眼而度生。又作彌陀之輔。（此因出悲智二名。順點出其他各名。俾世俗得知其遠本。）願深無量。與毘盧同稱丈夫。德舉一毛。雖普賢莫知邊際。故刹那稱念。等百千億兆之如來。偶爾受持。勝六二河沙之菩薩。信乎名號尊貴。難可得聞。梵釋天人。皆應生敬也。（此從大悲經。言菩薩以至天龍。皆應恭敬。引起娑婆緣重。）惟是華藏無盡。娑婆之苦集偏多。極樂易生。菩薩之慈哀尤切。故塵刹現身。而此號施無畏者。蓮邦補處。更來茲攝念佛人。爲世間作眼目。曾昭皎日之光。唯海上多聖賢。乃屬白華之寄。蓋以衆生業重。一子情殷也。庸是珍寶捨身·王臣供奉。香花稽首·婦孺歸依。致崇祀者·五百身而有餘。紀感應者·千萬言而不足。但文人記載·善籍原多。而野史流傳·訛言亦衆。或稱捨身之王女。或謂服氣之神仙。或疑帝釋之臣僚。或誤面然之形像。雖傳述不失於尊崇。而名位實鄰於誣謗。爰據契經·廣陳本迹。欲令善信·共結法緣。此從緣重·致多訛傳·特據經作頌·俾得正信。欲究或稱捨身之王女以下各訛·宜閱此頌單行註本·羣疑自釋。

二正頌分二。初頌往劫本迹·以顯道大德宏。二頌此方感應·以顯悲深願重。

今初頌往劫本迹·以顯道大德宏。內分二大段。首修證。次應化。○修證門復分二段。首發心·頌受記經之往昔因緣。次證聖·頌楞嚴經之圓通章。○應化門復分二段。首釋迦佛前應化·頌悲華經發心受記。次佐釋迦佛應化·內分六小段。一教悲·頌華嚴經善財二十七參章。二教智·頌心經。三神咒·頌十一面咒經·消伏毒害咒經·不空羂索經·大悲咒經·并其他各呪經。四受記·頌受記經。五觀想·頌觀經之華座觀·及觀大士身相文。六禮敬·持名·頌法華經普門品·楞嚴圓通章之十四無畏·

幷觀經之接引文。

夫學者欲求作佛。首重發心。不修廣大之因。豈獲眞常之果。菩提一發。靡涯福德乃能無量。故華藏大衆屢歎其難。淨土往生。又言其易。欲求大士之發心。乃溯空王之往劫。粤有刹名德聚。佛號金光。有威德之明王。聞如來之法印。在園觀中。入於三昧。見蓮華內化生二童。證一切之法空。爲三際之坐斷。名無眞實。說是假施。偶呈寶意之名。同禮金師之佛。問香華之供養。福德誰多。知塵刹之莊嚴。菩提最勝。於龍天中作師子吼。發四弘誓。歎本際之難知。爲一衆生。許歷劫而行道。斷除五結。拔身火宅之中。超過二乘。不宿草庵之內。願於萬億之劫。濟度衆生。攝取淸淨之行。莊嚴佛土。此大士初發菩提。於衆生最爲勇猛時也。以上頌受記經之往昔因緣。說大士初發菩提心事。

然而衆生本來成佛。無非約理之談。菩薩發心度人。豈竟不勞而獲。性德雖具。非修德無以全彰。自覺已圓。而覺他乃能雙滿。惟是歸元無二。何爲方便之門。聖性皆通。孰是涅槃之路。大士於是知以生滅心。不足爲因地心也。故揀除意識。無分別智。乃合乎本地覺也，故圓照耳門。蓋十方擊鼓，彰聞性之圓融。三次撞鐘，證法位之常住。縱使夢中顛倒，偶迷春擣之音。定知覺出思惟，固匪身心能及。（頌大士初選耳根，得圓通常三眞實。）爰有如來名同菩薩。教以聞熏入於禪定。顛倒聞機，直旋流而深入。返歸自性，更何妄之能生。一念囘光，不因明而立。所二塵俱遣，亦耽靜之忘情。然根塵兩種，同爲鏡上之痕。相見雙亡，始入人空之位。此大士證我空眞如，見思惑盡時也。但龜毛兎角，事障易除。水月鏡花，理魔難遣。不加拶入之功，難免功勳之墮。非幻成幻，佛亦是塵。遠離復離，空尤當殞。此大士成法解脫之時，而始盡塵沙之惑也。既已空空，更須滅滅。到竿頭而進步。向劫外而轉機。功成者退，太平不見將軍。絕後再甦，喪亡乃安野老。燒木而煙滅灰飛。磨鏡而垢盡明現。無明頓斷，寂滅現前。此大士從三摩地，得無生忍時也。蓋奢摩密照，不同默默昏昏。禪定增明，長是惺惺寂寂。雙輪並運，三種圓修。故得十方圓明，二種殊勝也。於是五蘊全空。諸根互用。住行向地，刹那頓超。身界根塵，覺心徧滿。上同諸佛，現三十二之應身。下合衆生，施十四種之無畏。彼法華龍女，不聞普度之功能。華嚴善財・未獲無作之妙德。此則證於究竟・故傳古佛之名。善得圓通・始受觀音之記也。以上頌楞嚴經之圓通章。

自此已後・雖知諸法離名・而說幻餤之法。衆生無相・而度夢影之生。則有劫屆善持。佛名寶藏。彌陀御世・方號離諍。菩薩爲儲・假名不眴。大臣梵志・普度徧及天龍諸子小王・發願乃求魔外。大士於是同事愛語・寄位凡夫。求富生天・不知緣覺。死生互噉・儼同豺虎之身。命債須償・長轉人羊之轂・爾乃大悲海濟・再勸發心。正覺彌陀・首蒙授記。大士以九旬之供養・囘向菩提。本七載之思惟・取淨佛土。慨夫六道旋輪・三塗易墮。退失正法・盡諸善根。攝取邪行・多由惡友。願行菩薩道時。遠離恐怖等事。無衣無舍・衆生之煩惱多途。若見若聞・我願之弘深如海。生大悲心而救苦・仍號觀音。繼無量壽以稱尊・復名積德。此大士率百億人共發大心。故能於十方界・再受佛記也。以上頌悲華經發心受記。

洎乎我佛能仁。降神堪忍。是威德之明王・今成正覺。卽大悲之梵志・早有因緣。故大士示居菩薩・隨學恆多佐度衆生・現身尤普初演華嚴同歸法界善財問道・已過善度之城。含攝推升・特示梵音之海。厥有山號白華地成衆寶泉流池沼・功德之水常盈。華果樹林・教化之香普被。頌華嚴鞞瑟胝羅歎德推升。以大悲菩薩・特加頌讚一段。見夫巖谷林中金剛石上。有勇猛之丈夫。卽慈悲之聖者無盡智炬・作闇夜之光明一切法雲・覆福芽之增長頌善財初見大士・心中讚歎。大士寄隨順衆生回向說大悲解脫行門現行四攝非同三五之身發願同居・永斷十八之怖。令彼稱名覿面・同歸方便之門。懺果修因・終入菩提之路。頌大士爲善財說大悲解脫法門。誠以衆生譬如樹根。諸佛乃爲華果。十二類生・如奉父母三世諸佛・始得菩提。蓋自他不隔毫釐。生佛本無差別。故普賢長子・繁興萬行文殊小男圓成種智。不登大士之門。難入毘盧之海也。頌大士隨順衆生・回向。○以上頌華嚴經善財二十七參章。然而頓圓之教・只接大根。聾啞之倫・尙行小道。良以鏡中認影無故發狂。不知衣裏藏珠。本來未失。大士深動哀憐。指陳般若。迴象王之顧。呼鶖子之名。卽色卽空。非假鄰虛之析。不生不滅・毋忘恆水之觀。五陰能破・十八之界相全消。四諦不爲・十二之緣生頓息。至此身裏十方。口吞三世。不見涅槃之佛。何來罣礙之心。如唱金剛字母·已過茶字之門。是爲般若總持·乃說波羅之呪。此令利鈍普被。亦使悲智交融。故也。（以上頌心經）

學者深諳修慧·固登華屋之門。僅得聞熏·亦植金剛之種。所貴至誠恭敬·如覲天威。毋以妄想思惟·徒燒螢火而已。（先別頌持經功德）惟是衆生無慧·偏多分別之心。我見易增·翻以畜聞成過。爭猜乳色·言以衆而愈淆。未透牛皮·理以障而不見。爰開祕密之門·用塞思惟之路。（此於分頌神呪之前·出其呪語不翻之理由。故古德云·呪圓解偏·解生呪喪。○以上總頌神呪持誦之法。）

時則我佛在竹筍道場·闡無遮之大會。大士以蓮華部主·統持呪之神仙。宣十一面之呪心。普四悉檀之威力。憶夫蓮華眼前。美音香處。或作仙人·得無生法忍。或爲居士·獲大悲智藏。以百八徧之誦持。超四萬劫之生死。十重勝利·既受福於生前。四種功能·更得效於死後。但得至心誦念·極樂能生。儻能如法修行·菩提在掌。（此頌十一面呪經。以受此呪時爲仙人·爲居士·故前列之。）

次則佛在菴羅園中。病滿毘舍國內。夜叉愛取，既束手於良醫。月蓋情殷，乃求哀於我佛。佛以五濁不可久居也，令繫心於淨土。六識最宜速轉也，請智照之觀音。祝淨光之普放，滅暗除癡。求安樂之能施，消災護厄。大士本慈悲父母，乃宣心印除煩。世尊爲憐愍衆生，更請陀羅破惡。欲得現身當知數息。六字章句畢定吉祥。五門禪觀，更增定力。故離惡若飄雲遇風。見佛如奔流赴壑。味饒甘露，滴來楊柳之枝。口放霞光，讚徧蓮華之舌。以故諸天供奉，如敬尊親。首題得聞，亦生淨土。此頌消伏毒害呪經

復有布怛山中。莊嚴殿裏。降妙覺之世尊。會大悲之菩薩。乃宣如意神珠。是名不空羂索。授從世主。教徧天人。十億數之妙智現前。二十種之大利成就。更加八法，淨土隨願往生。得入三摩，諸天常來擁護。縱使罪難懺悔，擲疥亦得消除。即令詐現受持，沈麝自饒。香氣欲成最勝之業。更嚴自在之身。螺髻右旋。華冠上戴。鹿皮左覆紺髮下垂。瓔珞以作莊嚴。香華而爲供奉。信心自能感佛，故教身有光明。畫像無異眞身，所以願能滿足也。此頌不空羂索經

惟是大士受領祕密法門。原有微塵之數。普攝陀羅妙語。更非一會能宣。故我佛再臨。聖凡重集。將說大悲神呪。密放神通光明。蓋自無量劫前。千光王處。受此無礙陀羅。普作未來利樂。千手眼應念具足。八地超登。十方佛悉放光明。一時來證。凡屬學人。當修弘誓。先開十願。廣發菩提。再入三塗。普爲解脫。昔禮空王之佛。因果無殊。今稱大士之名。始終不二。更念本師。乃持神呪。於是滅億萬劫之重罪。隨願往生。獲十五種之善生。更無惡死。得階小果。尙是鈍根。成就慧身。不由他悟。沐餘風之吹。體常生佛前。遇浴水之霑。身同歸淨土。讚其功德。十二藏廣未能該。稱爾祈求。四十手施無不盡。求大悲之別相。當具十心。是神呪之總持。聊宣九號。此等威神之力。實菩薩所未前聞。廣大之經。卽如來亦應隨喜者也。（此頌大悲呪經）

外。此三世最勝。演十五之眞言。一切隨心。詳四八之印法。須彌頂上。身出明妃。淨居天中。目流妙女。包羅蓮部。有七字之呪心。誤戴華鬘。受三回之佛請。應金剛之祈願。曾現葉衣。徧法界而蒙熏。更饒香印。莊嚴地獄。宣歷劫之因緣。祕密蓮峯。等神珠之如意。頂呈羅刹・髻號一尊。頭現馬王・印崇千轉。六字心呪・如來尙待尋求。千臂陀羅・譯者曾蒙聖證。清淨奉請・天拜白衣。圓滿慈悲・相尊靑頸。說如來之名號・破惡生天。修菩薩之觀行・將身作佛。凡此無邊神呪。衆多妙容。莫非運諸子之安車。詣道場之東路。大作佛事・已符寶藏預言。圓滿菩提・宜受釋迦懸記矣。（此頌其他各呪經）

於是波羅柰仙人之苑。華德藏菩薩白言。謂欲普度衆生。當得如幻三昧。晨星有數・慨東土之難逢。彈指能超・羨西方之無量。求世尊放白毫之光・直趣安樂。大士現紫金之相・來駐閻浮。大士乃敬白彌陀。相偕勢至。率四十億皈依之眷屬。化一十二由旬之寶臺。七重珍寶・具足莊嚴。四色蓮華・交光亂轉。八萬四千之玉女・華果分披。三十二相之如來・瓶香供養。寶池寶樹・居然極樂之風。妙樂妙音・遠勝夜摩之奏。不行而至・示殊特之妙容。無爲而成・現莊嚴於濁世。一念一時・普照佛會。無法無得・受記菩提。世尊於是溯往昔之因。示未來之果。於衆寶普集莊嚴之刹。尊普光功德山王之名。安樂德聚・難與比倫。緣覺聲聞・總歸退席。大乘種界・永斷譏嫌。壽命隨心・寧論

時刧。蓋大士於菩薩中、誓願最深。故成如來時、莊嚴迴絕也。此頌受記經

更以如來在世、賴佛力以加持。我佛涅槃、慨羣生將安仰。再開觀想之門。巧說思惟之法。廣陳依正、既見彌陀。徧觀色身、更思菩薩。在如來之左。傍想大士之敷座。現八萬四千之蓮葉、色作寶光。廣二百五十之由旬、脈如天畫。百億珠王、放光如蓋。八萬金寶校飾、爲臺。須彌山頂、願瞻高大之幢。夜摩天宮、差擬莊嚴之幔。寶珠奪目、有無量之光明。金色成雲、作十方之佛事。大士面似檀金、頂彰肉髻。紫金身色、現五道之衆生。摩尼天冠、立千里之化佛。圓光則衆聖來臨。毫相則七珍悉備。流出無量如來。徧滿十方世界。臂等蓮紅。掌同華麗。光明瓔珞、普現莊嚴。柔輭印文、飛光旋轉。雖三十二大人之相、頂上不及世尊。而五百億安步之臺、足下原同我佛。但聞名字獲福尚覺無涯。儻得諦觀、破障自能淨盡。蓋衆生易度、唯妄想之難除。佛法無邊、在制心於一處。而起滅無停。實心目爲咎。欲伏見思之惑、無踰觀想之功。雖用歸意識、依然生滅之心。而熏入賴耶。即可執持成種。如在左右。如見羹牆。非惟至誠感神。亦且是

心作佛矣。此頌觀經之華座觀，及觀大士身相文。

然而金銀衆寶，尙非髻上之珠。乳酪二酥，不及醍醐之味。慨妙觀之難成，無如禮敬。歎誦經之被轉，莫若持名。舉手低頭，皆成佛道。名字究竟，二卽融通。法以簡而彌高。門以普而增妙也。此總頌禮敬持名○按天台判普門品，謂稱名除七災，禮拜滿二願。天親往生論，以禮敬入一門，持名入三門。故於頌法華勸念佛之前頌之。

大士因入流相。發妙耳門。五觀圓融，四音殊勝。故佛頂經中，阿難陀請求方便。法華會上，無盡意啓問因緣。妙德既已自宣，神力更加佛讚。果能以念念之信心，契觀觀之妙覺。則火坑推落，池現淸涼。巨海漂流，水成長養。船飄鬼國，易鐵城爲釜金。身墮山頭，等須彌於芥子。經過險路，賊起慈心。陷入王刑，兵如割水。禁繫幽囚之處，畫地徒勞。詛呪毒藥之來，唾天自浼。遭逢猛獸毒蛇，誠能感物消散。迅雷閃電，力可回天。離瞋離欲，三毒全消。求女求男，兩情堪慰。爲作良醫，自臻上壽。滅除煩惱，克入三摩。凡此念無空過。福不唐捐。莫非衆生之一心。致感菩薩之十普也。此頌法華經普門品，楞嚴經圓通章之十四無畏。以法華偈爲主。爲禮敬持名者．現世之小應。

更望凡夫追蹤淨聖。世間福報．原非太子之心。淨土因緣．纔是大悲之願。慨夫大地爪土．人身之易失何多。浮木盲龜．佛法之難逢莫喻。縱有善根得聞正法。而浮光掠影．幾見眞修。見性明心．仍多蹉路。惟蒙佛力加持。方免臨終墮落。譬之嬰兒長養．全仗親恩。弱羽高騫．難憑自力。況十地不離念佛．教本圓中之圓。七日卽得往生．法又徑中之徑。此先頌淨土法門殊勝大士顯教則爲補處。密宗卽是如來。以塵剎之現身。作蓮邦之導主。學者以禮敬爲近門。藉持名爲深入。無論稱誦大士．憶念彌陀。只衆生心內．時時發願往生。卽大士身中．念念佛成正覺。於是或執金臺勸進。或隨化佛來迎。或放光而說深經。或梵音而爲安慰。廣開方便．許凡聖以同居。不退菩提．慰涅槃之大願。此正頌觀經接引文○楞嚴經之求大涅槃得大涅槃．爲禮敬持名者．臨終之大驗。嗚呼．盡衆生爲勝友．方遂父母之懷。奉塵剎以深心．尙覺佛恩難報也。此總結大士說法利生。○以上頌觀經之接引文。

既述經文．本原可據。再陳感應．事匪無徵。俾修行不退信心。故作頌不嫌詞費也。此一

段結上起下

二頌此方感應・以顯悲深願重。內分五大段。首示現・二救苦・三與樂・四弘法・五攝生。○示現內分六小段。一普陀現相・二他處現相・三木石現相・四物類現相・五現光明・六現神變。

夫佛身充滿於法界。梵響量等於虛空。實普現於當前。亦無時而或斷。故寒空滿目・無非大士之顏。日夜潮聲・卽是普門之誦。豈必示現變化・始說神奇。遊戲神通・方增信仰乎。惟是日月雖明・盲人不見。甘霖普潤・焦種難芽。死後斷滅・信外道之魔言。佛性眞常・謗如來爲妄語。傷歎古今幾知恩德。不有示現・何醒蚩蒙。特陳史册之載言。庸著法身之常住。此一段總頌示現。破斷滅之疑・以定信根。

曰普陀現相。則有示舜封於海上・月相光明。指史浩於巖頭・金容照耀。珠瓔交錯・欽范子之重瞻。七寶莊嚴・紀曹公之三叩。別傳渡海・雲湧金蓮。蓬山視釐・光騰碧盌・巍巍金相・龜年之老稚同看。冉冉白衣・普陀之僧伽共見。方袍闊領・藍公委悉之容。霞葆霓裳端伯迷離之見面容正側隨張氏之虔求形相昭昏慰丁君之自疚高僧然指異代同瞻老人捨身隨時克見珊瑚碧玉光炫粹昭寶蓋珠鬘火明胡煒腳頭腳尾信無隱之能逢童女童男滿劉君之歆願叔型母子睹落髮之尼僧行義同人見莊嚴之妙女督漕仁本謂無異於畫圖服賈兆禧歎不類於繪塑更或善財龍女合掌旁參羅漢韋天步雲翊衞珠幢玉節羅立雲濤鸚鵡頻伽飛翔香靄法身匪異而所見不同譬之春榮萬卉原不擇乎薰蕕而月印千江終自殊其清濁永樂朝之五現未能專美於前滋德堂之全圖不足包羅於後以故元軍悔罪矢願莊嚴盛子祛疑惟殷叩拜此大士示現者一也

曰他處現相則有長安惠炬爭傳靈應之臺摩竭孤山屢出莊嚴之相木平山上身像垂瓔育王寺中首形頂塔天王奕奕同如來之熾盛光明塔影重重有菩薩之香華供養樊靈芝之戒律六臂交輝祛增忍之疑團雙拳並耀法常行道瞻身相之瓌琦賀氏寫眞見金光之繚繞鳳翔念切身現五峯永樂報恩光昭千佛林魁觀劇映

世界若琉璃。普明述經・垂彩雲之楊柳。安陽侍御・光顯燭中南。郭善人儀標簾上。蓋隨誠感之淺深・從心而應。或以法緣之厚薄・觸物而通。雖現身於一時。實啓信於無既。此大士示現者二也。

曰木石現相。則有如皋古柏・景物猶生。水月香杉・人禽畢備。江都造艦・鬘影成雙。臨安斧薪・身儀徑尺。白雲柱內・忽現寶珠。天竺澗中・更來香木。松滋蘊碧・倚竹安禪。宗室空青・陵虛欲活。憑虛鍾乳・滴成自在之容。海底石龕・宛肖普陀之島。莊嚴寶相・文靖珍藏。磨洗兜塵・元謨親見。板橋伐竹・慈雲與勁節同高。顧室磨甎・送子繼比丘迸出。是則毛端現刹・永駐凡區。塵裏轉輪・長留里耳。此大士示現者三也。

曰物類現相。則有庖中蚌蛤・三現金容。釜底圓魚・兩呈妙相。懷琛牛脛・骨髓凝金。无咎豬牙・髻珠似粟。唐詢雞卵・妙現莊嚴。譚氏蠶衣・居然相好。凡茲物命之戕。卽出佛身之血。爲一子之偏憐。代衆生而受苦。此大士示現者四也。

曰現光明。則有返朝廷之瓔珞・晦色大明。示欽使於寶山・中宵如晝。圖傳東壁・耀唐宋之兩宮。像奉西天・照雲漢爲三道。洛迦步去・色現如虹。天竺工成・光能掩日。幸逢聖誕・有潮音之珠光。爲祝皇釐・顯清涼之金色。稱尊吳氏・靈孚淨水之瓶。供到瓜州・明徹圓光之鏡。記雷峯之授戒・光滿一庭。喜王琰之迎歸・輝騰三尺。病僧帷外・朗見金趺。漁父灘邊・火明鐵首。紀大觀於崇聖・毫相常留。欣修禮於慈林・蓮華時湧。左溪斂念・彩色如雲。開詗肅誠・金輝映壁。蓋衆生佛性・本具摩尼。菩薩緣熏・有如淨鏡。能冥合乎本始。卽無隔於自他。朗朗神珠・非從外得。重重帝網・原可交羅。此大士示現者五也。

曰現神變。則有陳妻室內・座現金軀。鄭媼瓶中・錢鎔寶像。阻舟示警・疊發鐵蓮。防海移居・忽浮金鉢。江陰波面・鸜鴿歸鐘。楚國尼庵・鴿兒畫像。助蒼山之鼓・鑄溝澮流銅。成天竺之模型。雲房崩土・葑門鏡內帝釋天人。潮音洞中・闍羅玉女。智勤孝養・枝枝偏坐如來。心達誠孚・葉葉夢瞻菩薩。國王面鏡・影現神山。普明鑄鐘・聲聞鄰縣。壽安聖像・海上浮來。董吉經囊・水中飛去。手握利賓之骨・隔宿還歸。身呈天女之容・須臾三變。孫妻鑪內·華挺青蓮。繆子齋中·竹垂翠蓋。幽溪加被·身化金鐘。普陀著靈·指浮華瓣。寺崇光福·金容湧自泥塗。像駐迴龍·勝地不虞水潦。青原樸老·壁現蓮華。平泉女郞·楊橫楊柳。善才脫難·有羊裘桃棗之遺。鄒浩誦經·現舍利竹枝之瑞。此等如幻三昧·非徒炫以神奇。當知對治悉檀·寶普施其悲憫。此大士示現者六也。以上分頌示現·啓發信心。

凡此或現色身。或呈幻相。大而世界山河。小而微塵草芥。莫不從心所欲。應念而生。

如此·可信大士之法身·歷萬劫而不磨。亙十方而常滿矣。此總結示現文·頌法身常住。

既定信心。請增義解。是諸佛之法身。卽衆生之自性。水騰波浪·只是隨緣。金與指環·本來非變。浮沈五濁·不汙清淨之身。墮落三途·仍具莊嚴之德。徒以認漚棄海·戀四大之假名。誤奴爲郞·縱六塵之緣影。徇欲須臾。受辛歷劫。大可哀也。此頌衆生之佛性·與大士無二無別。破斷滅之邪見。

幸逢大聖·是智海之導師。恆順衆生·作火宅之慈父。欲求解脫。堪作歸依。況有救苦與樂之徵。能爲振聵啓聾之據。昭茲來軫。鑑彼前車。此承上文心性不滅。勸人歸依大士。總提大士悲能救苦。慈能與樂。以勸進行者。

顧或謂幻身無體。死生了不相關。妄境全空。憎愛從何而寄。不知身安始得道隆。緣具方能證果。永嘉發願。尙護身心。大慧禮文。亦求安樂。未曾實證。無尙空談。但辦信心。決無虛擲。此爲好作口頭禪者。下一鍼砭。勸人死心踏地歸依大士。以上總結示現。誡勖勉修。△單行本卷一至此終

二救苦分八門。一救焚。二救溺。三脫險。四免殺。五免刑。六愈疾。七除祟。八拯墮。

曰救焚。則有慈雲誦呪。三爇不然。長舒持名。四投皆滅。驚四周之俱至。地有容身。唯一字之稱名。風能返燄。夢驚李母。只爇衣篋。誦聽毓菁。得留苧帳。國卿脫難。親瞻大士提攜。法雨焚樓。自有神靈呵護。專忱禮佛。汪店終存。至信動天。蔡居無恙。天禧塔上。不損金經。比部室中。得全繪像。舊經一板。疊消善邑之災。老屋三間。大救東鄰之劫。儻非香賜栴檀。誰免臭煙燧焠。此大士救苦者一也。

曰救溺。則有迎颱惠慶。隱來金甲之神。墜水景仁。幸誦普門之品。徐榮陷於洄洑。焰

燭山頭。呂翁險入奔湍、炬明岸上。行童入海、倏來赭布之僧。劉子覆舟、乃得紅光之照。顧邁安濟、屢艱奇香。萬壽迴舟、亦瞻神火。商人浮海、一僧杖錫而行。劉濟過湖、兩人挾舟而渡、梁山童子、忽爾牽衣。彭蠡巨人、驚呼抱木。令宗避賊、鹿引渡於孟津。劉使墮洋、魚負追於溟海。躍水欒荀、足如履地。墮江廷堉、浪僅沾裾。舟子持齋、鬼因遣命。一乘宣號、靈感趨篷。法純得遇仙槎。成珪忽逢浮木。日旭夢令號。我允升利在度生。暗護程昭、物來托足。導歸熙載、桑幻維舟。潘君蹈海、愚匪類於商丘。王媼陵波、足如履於平地。應驗作記、覃翁慶兩次生還。尊像迎歸、林氏得迴環報答。淵南天錫、舟子同驚。映奎大成、餘生獨活。江寧莊母、羣女生全。南粵周君、闔舟遇救。冥中調護、是孤兒寡婦之船。暗裏推呼、免失火殃魚之痛。嗚乎、與其拘泥儒書、徒守臨深之戒。曷若歸依佛法、不占滅頂之凶。此大士救苦者二也。

曰脫險。則有婦來入浴、救巖下之居民。女唱賣魚、出洞中之工役。單騎逃竄、示畢覽以歸途。猛獸往來、任成珪之潛伏。道因入洛、皓首偕行。陳公絕糧、紫衣呼起。彥山祖父教防壓屋之災士啓童孫屢免墜樓之禍笈多塞外同侶銜恩那跋海中一舟蒙濟善沖現炬作導儒俊得馬而馳避迹墳堂竟遺之楷隱身枯樹遂免令宗開達逢羌虎爲嚙栅安起避賊狼擲過河道秀窮山眞容示路懷明虜穴神火歸人沈公仗義現聖像以來援夏僕全忠蒙長人之負出佛經所說事實全符至於化流沙之池草三藏全身設濱水之茶庵宋衍寄宿尊稱遇賊自有神功智顯隱身不同方術棘中法智一任搜尋林裏竇傳居然安隱霍山穴內螢火流光榛莽叢中鴟欄現相徐公叢草竟潛德祖蓬蒿半隱騎追超達目障牛皮靈顯善才鼻拄狼吻見佛光之七段仍然車宅之燈陷石窟以三年還咽趙經之字於以見身境之無處是眞亦以知佛力之無塵不徧此大士救苦者三也（至於下頌險中境界如幻）

曰免殺則有寧朔將軍臨刑遇赦南宮戍卒下刃生疲名持道集賊屢斫而驚逃經誦慈恩胡拔刀而還臥法禪箭不能傷沈甲刃還自斷軍諜遊戎並顯三刀之異陸暉敬德更欽雙像之痕張傳佛語頓釋前怨程喚王名轉爲世好善才受戮再生澗

樹之間。王乙逢凶，忽履高崖而上。指一受異僧之戒，賊爲回心。高荀邀菩薩之憐，斬眞不死。僕承主教，赦不待乎三年。弟被兄誣，冤乃雪於一藏。安家奉像，背擊銅聲。儲尉持名，項騰毫相。語傳縣令，三救米商。夢警譙王，終全張暢。筲榮歸命，而刃折。廷愛遇寇而糧存。脫難如鷹隼之飛。將行有鸚哥之喚。此皆失命亡身之頃。竟沾起死肉骨之恩。更若雲中現相，兩佑宋室之兵。空際傳聲，屢禦錢王之寇。王將進爵，阻武肅之窮兵。賊驚有神，止士誠之妄殺。遂張崇之悲願，裂石全貞，感劉度之精誠，墜經挽劫。婦負巨石，卻敵滇南。神跨兩山，弭兵河北。是雖天發殺機，鐵籠難覆，而佛開壽域，金鼓能揚。更若下至此兼頌息兵。至於有門持呪，出鷺鷥於網羅。世亨寫經，脫鴉羣之箭鏃。哀矜螺鼈，顧翁得判放生。撲殺鵓鴿，程子僅邀寬限。入場須解貓怨。送子每來牛隔。誦大士之呪，網面宏開。念菩薩之名，怨魂得度。不惟廣錫類之仁。更以弭未來之劫。此大士救苦者四也。至於下至此兼頌救物。

曰免刑。則有郭宣感夢，自知大命無憂。王忻銜恩，悔誚異端所媢。兩脫董雄之鎖，依舊鉤連。再加張暢之刑、仍然寸斷。子喬白鶴、恍瞻炎漢之祥。米賈青蠅、復顯苻秦之異。瓦官寺内、鑄像來臨。晉陽獄中、普門獲宥。竇傅蒙佑、咷笑見於同人。張婦宵奔、長跪逢其夫壻。苞憐六劫、説法解枷。朗率同門、稱名叩石。延僧禮誦、可明現異色之祥。爲政寛仁、叔達受光明之品。徐義驚夢、髮解身騰。蓋護得光、門開鎖脱。徽因叔累、鎖鳴爆石之聲。珪苦官貪、械乃自梁而解。僧明受謗、繩爲從寛。張達自新、梏應不著。心經陰相慰、給諫之孤忠。禪定無傷、昭孝廉之誣陷。增光被繫、免瞻獄吏之尊。御史從軍、自有刀環之望。所願捨惡遷善、發心當學高荀。免罪作功、違誓莫同處茂。此大士救苦者五也。

曰愈疾則有戒賢受記、現碧色若琉璃。處伯歸依、見金輝之資質。如庵垂髻、甘露頻傾。應吉竟陵、醍醐並灌。惠恭誠至、雞乃迎貓。曇穎心虔、蛇來吞鼠。兩喚宏源之字、親現白衣。三摩玄藻之身、忽來金像。疾生重腿、鼠咋無漏之胻。禍起沈鮐、牛入李家之夢。盛鳴府種、起以神鍼。王子癰痒、自饒臼藥。口流白沫、法通夢啖馱筋。頂放電光、曹轂竟除尸蠱。矢願而除肉蠹。黏經而破喉鵝。智檀以現相痊痾。治牧以捨身弗藥。潘母于君．並叨靈藥．薛妻沈婦．普錫神湯．熱彭婦之心香．輕如棗葉。去陳妻之業障．拂以蓮華。除風愈癧．非誇文章有神。破腹湔腸．自有神膏能傅。更加慈視衆生．相憐同病。故光加瓶水．便足蠲痾。誠感靈泉．遂能療疾。經傳菩薩．早造福於西河。壇諭仙人．更流慈於東粵。玉溪彭蠡．大札不用移民。陳宅方門．護衛莫疑夢豎．游君勸信．吉叶家人。譚子弘經．利沾同志。天台修懺．救永陽墮馬之危。杯度重來．慰邵信無人之憾。汪有難兄．恍瞻揮塵。李憐少子．靈應銜珠。持經消內子之災。叩禱益良人之算。門開甘露．衆生普獲淸涼。山駐光明．赤子都無夭札。治以道術．故神聖工巧不能幾。飮以伽陀．故寒熱氣風無不愈。須知片念能通。莫慮臨時安應也。更加下至此．頌救衆疾．愈他疾。抑或病未及死．只餘根缺。譏嫌而養．必待人．未免自傷殘廢。則誦處瑫之偈句。目可回光。傳淮甸之伽陀．足能健步。令吞羊目．頓瞻菡萏之華。自數螺紋．大慰桑榆之景。庵開存濟．靈紀揚州。僧號半崖．美談山左。神膏續斷．堪救醫傷。甘露點睛．免爲鬼害。市民折足・幸得續骨之方。夏老斷肱・恍遇含光之劍。潮音泉水・即號光明。日精摩尼・從心觀想。嗚呼・九折成醫・已乏華陀之術。一心念我・幸留慧集之名。雖盲聾攣躄・夙業原深。而滅惡滿求・悲心足怙。愼勿具文了事・怨經無靈。更無我慢自矜・臨危不變。此大士救苦者六也。抑或下至此・兼頌全癈疾。

曰除祟。則有展伽黎於大理・鎭身羅剎之邦。結茅茨於南臺・弘法毒龍之窟。道融旅邸・慴據座之鬼兵。智楷山居・降攬衣之魔女。身現空際・狐莫逃刑。夢降雲端・魅皆屏跡。求經玄奘・不遭惡鬼之撓。多病王琦・屢禦羣魔之侮。侍兒與藥・二豎離身。天使行創・雙童退舍。陰天車騎・難登太華之山。行病鬼王・不入罽賓之國。飛光射蟒・越女技過王妃。當道誅蛇・黎臣雄如帝子。新坊婢子・誦經可度魔民。江夏女郎・伏鬼得瞻聖像。施李君以無畏・治趙女之病狂。歐陽見巨物遁形・慧簡任罴人相試。求食則飛刀難忍。歸妹以神呪堪虞。蚜蚄廟畔・免責頑民。荊棘叢中・指迷行者。舍人諫議・頓除王宅之妖。汪子張誠・同免阿尼之鬼。頂踵皆燈之癘鬼・退入民家。衣冠盡白之巨人・不殃信士。夫鑄鼎象物・只期山澤無逢。而持呪誦經・自有神靈效順。此大士救苦者七也。

曰拯墮。則有盂蘭會上・領赴香齋。地獄聲中・灑來淨水。觀音經見重幽冥。育王塔亦宜禮拜。耶舍入鬼途而無畏。嘉禕挾負者以騰空。崔軌寫經資福。李暐造像生天。挽回墮落・慶頂燄於廬山。嚴整威儀・處沙彌於金座。郡君默誦・堂廡動搖。吳悅發聲・油鐺迸裂。西方造福・免爲水上之豬羊。南海還魂・莫顧當壚之佳麗。誦經守戒・湯君不赴刀山。離暗投明・何子得逃鐵棒。憨山弟子・作觀遂獲清涼。三果亡兄・乘願頓教解脫。高僧修懺・命婦昇入天宮。慈母誦經・亡子慶生皇室。官犯波夷之罪・幾罰爲牛。女持般若之經・免令作犬。將心轉業・伯時救馬腹之投。聞教生天・宗演解猴王之劫。懺修斑竹・得離鬼使之拘。鐺放蓮華・幸舉韋天之杵。旭庭天柱・頓釋沈怨。劉院桂傭・不酬宿債。灌以呪水・現身之餓鬼潛消。纔舉經題・地獄之苦輪頓息。范母生天受福・方妻作子成名。造寺不墮三途。孝親免償夙業。挑除破碎・罷五鬼之揶揄。痛過燒煎・幸合家之齋戒。蓋大悲發願・本來重在三途。而罪性原空・固可滅從一念。此大士救苦者八也。

嗟呼・生爲分段・誰逃五痛之刑・死便沈淪・更受六交之報。疾痛慘怛・置慈母而不呼。驕恣狐疑・棄良醫而不顧。自貽伊戚。寧非大愚乎。況乃藥懷無畏・不惟諸難全消・而珠握摩尼・更慶所求如願。聊陳福報・藉作欲鈎。此結上救苦・起下與樂。

三與樂。內分四段。首佑歲・次錫福・三長壽・四得子。

曰佑歲。則有刀加盆上・慰梁帝之祈求。瓶灑空中・解唐宗之焦慮。金身現相・誠孚王古之求・靈迹隨緣・事有劉賡之記。潮音致禱・歡喜來迎。泗州聞歌・東西大稔。澤流浙水・非誇香木之靈。福溥吳山・不爽金身之異。天漢並資潤澤・廣豐亦紀恩膏。奮雷電以除蝗・塞河流而止潦。感道舟之悲願・雨雪如期。紀無畏之神通・日輪現相。二林誦呪・詩記觀河。孟夙持經・頌騰高苑。茅開程督・法身不囿於方隅。夢警錢王・佛像必求其清淨。如彼辟支受食・豐盈迦跋之邦。法音爲王・霑洽閻浮之地。此大士與樂者一也。

曰錫福。則有山陳錦綺·示文穆以安寧。界隔彩繩·許忠懿之歸順。如璜遘急·助有神功。元吉自沈·陰蒙天相。絲與下降·助文簡之詞章。珠寶探懷·廣法程之醫術。手授蔬食·侯家有奏凱將軍。頂禮蓮臺·張氏喜榮歸夫壻。張景消災獲福。元相善賈多財。劉景慶兄弟重逢。道顯得妻孥聚首。徐公小婢·竟來大士之媒。李令情魔·終慰生平之願。命由我造·有聯捷之夢占。巧爲拙奴·驚七題之彿賜。成鉽藉乎內助。端方庇及友朋。再加積德累仁·更覺如響斯應。名留天錫·重欽司馬之高風。封到林翁·媲美提控之盛。德知可陳樓閒處·醫術功多。信之裸裎何傷·誠心難得。保全婦節·陞錦成名。善體天心·如賓受誨。馮行仁術·富以祕方。岑有善緣·位登顯仕。閱淵南之題跋·靈應非欺。觀成秀之記言·功名可冀。雖改步改玉·國家罷貢舉之科。而予取予求·菩薩無疵瑕之見。此大士與樂者二也。再加下至此·兼頌修德獲福。

曰長壽。則有容圖仁倩·卻亡友之弓招。呪護心餘·免冥王之瓜代。廣施經籍·嘉猷延四一之年。五贈良言、宏儒脫重陽之限。友教如幻、頓改儀容。母禱無明、甘爲服役。益呂公之二紀、報應無差。汪子之力行、期頤可望。密行持經、等聖人之無相。放生延命、唯陰律之當知。孤姪成名、紹庭克臻上壽、佳兒迎養、士玉更享遐齡。更有常姑割股、父得延年。金氏封肱、翁因增紀。山英祈算、得沾杯水之貽。雲姑酬神、洽夢藥丸之賜。旛幢遙集、陰護彭子之創。丸藥塗傷、太息劉兒之苦。鳥銜朱果、靈孚玉鳳之投。呪誦白衣、魂返金雞之召。感恩文玉、稱佛法之無邊。奉法景賢、信靈符之第一。振焜學藻、均佑母以高年。劉霽傳英、亦延親於數月。蓋愛物仁民、必先教孝。而問安侍膳、不外知年。故凡孝子之祈齡。定有神靈之默佑也。更有下至此、頌延親壽。復有放生戒殺、脫產難之凝姑。救苦呼援、誨善根之董母。兆庚述冥遊、確記靈化。聞心地觀經、知儉見簿。示前程。帥氏得籌添半紀。自修訓人、開元遇赦。守分安命、楊亮生還。顧君作禮、得瞻廣大之身。曹子持齋、乃飲清涼之水。是皆名登鬼籙、竟同秦諜之甦。賦未魂招、還說漢宮之事。枝挑楊柳、便成續命之湯。土賜牟尼、即是返魂之藥。此大士與樂者三也。復有下至此。頌死後回生。

曰得子。則有七朝體變、豔說嗣。姑俄頃形殊、咸稱佛賜。建千金之閣、伯仲聯生。許六日之期、信忠同老。彩雲香繞、李清抱子之圖。圓月華生、潘照添丁之詠。香盤印字、慰章藻之殘年。瓶柳爲兒、酬新齋之遠拜。傳經吉氏、兩利官人。施主潘公、孿生衲子。傳家叔姪、接踵歸依。李氏弟昆、比肩信仰。文產得男、甥原似舅。子輩有後、姪乃從姑。賜以笑容、嘉鄒君之補過。克符喜相、祛熊子之多疑。梁文建白華之庵、隆將夢紅兒之授。志淳開梓、歎如響之應聲。道德夢蘭、幸改邪之歸正。慶緜緜之瓜瓞、頌偏荆衡。詠緝緝之螽斯、聲騰徽婺。更加樂善行慈。必獲光前裕後。故書經畫像、王文肅奕世簪纓。利物濟貧、徐文敬兩朝相國。獎張君之陰德、孫獲六龍。賜馮氏以瘦兒、子垂三組。絕好秀才、誕忠臣於嘉定。式佑上帝、降天妃於莆田。沈祖布金、孫曾蔚起。周姼樂善、福壽緜延。憐貧僧之焚指、子入詞林。拒乳婦之弄姿、族成蕃衍。音通梵國、遠稽晉代之尙書。銘著狼山、近紀勝朝之殿撰。存心仁孝、無子者終育賢孫。留養廢殘、合天者

必昌後代尚祈飲水思源祝永裔之信佛儻或始勤終懈當猛力以自新此大士與樂者四也（更加下至此頌兼得貴子）

夫避凶趨吉乃周易所屢言而賜福消災是菩薩之行願銅山崩而洛鐘應佛即是心陰德現而陽報來理能成事彼吉祥天女能令念者遂心堅牢地神亦使有情安隱況大士爲諸天奉行萬神翊衞者乎所求如意無庸疑者（此及後段總結救苦與樂）

惟是弊衣糞掃爲除貧子之驚惶黃葉楊枝但止小兒之啼泣凡茲世諦浮華難入道流慧眼蓋白駒過隙須富貴以何時黃土長埋問妻孥之安用況肥醲甘脆藥號腐腸皓齒蛾眉斧稱伐性乃爲兒孫作牛馬鼻被人牽嗜錢癖入膏肓心爲形役既爲衆怨所叢又作入道之障瀕死不悟眞覺可憐不知患得患失欲貴者翻覺苦多負我負人多男者原由業重是以釋迦修道棄國捐王大士濟人鬻妻賣子正以斷絕愛根乃得入預道品也至於身則四大假合何處堅牢九孔常流徒增臭穢縱得百年壽考終如處繭之蠶即論千歲仙人仍是守屍之鬼長囚胎獄永錮形山是大

患之所存。非智人所當樂也。故三多而陳華祝・有帝堯謝絕之辭。五福而殿考終・是箕子無常之感。凡在癡迷。速宜猛省。墮井甘蜜・休同桀紂善忘。棄金擔麻・免笑婆羅不敏。況乎不修淨土・何有長生。未讀華嚴・安知富貴。此所以繼救苦與樂之文。而陳弘法度生之事也。此以大士悲願・實欲一切衆生・無不成佛。其救苦者・無非如永嘉所願・無病苦・無貧苦・不受難事・不被魔惱・俾得近明師・修梵行・專心定慧・同向菩提而已。其與樂者・無非以欲鉤牽・令入佛智而已。若專以此爲目的・則辜負大士入濁世之本懷矣。故一一抹殺・令生向道之心。△單行本卷二至此終

四弘法。內分六段。一應化・二說法・三錫嗣・四護法・五歸慧・六證果。

曰應化。則有傳佛心於熊耳・禪開五葉之華。示兒泣於鷹巢・靈顯兩朝之迹。括里沙彌稱名解脫。泗州大士具足神通。金沙灘上妙女傳經。忠孝祠前道人授卷。道行洱海・爭傳七化之形。居寄潮音・爰作二十之傳。薙度曇藏・知入道之堪嘉。教授普明・信度生之宜廣。佑孝親之施氏・兩來妙海・宮中慰尋母之吳君・三現大庾嶺畔。三年常喚・竟令宿業潛消。半卷偶持・直使亡親得度。簪花老婆。導帝行施。碧眼胡衲・戒王弭

兵。駕雲而逝・曾欽花子之名。斬首無傷・再挽緇流之劫。餉短姑於海上・境不礙心。宿孝子於山頭・親原是佛。下至為超鬼趣・尙彰焦面之身。欲度微蟲・特示妙香之口。是皆以同類之形。作共居之化。此大士弘法者一也。

日說法。則有頂摩慧日・勸念洪名。面責婆羅・毋求王位。指示靈照・淨土非遙。訓誨百娘・西方應禮。奉大明呪經・須知重大。誦金剛般若・務要虔誠。燒香祈福・字紙無捐。誠謹持經・穢柴當禁。諭江寧之呂叟・為善必獲禎祥。歎錢塘之屠公・過刻殊傷仁厚。持經必跪・常殷恭敬之心。戒殺得生・廣布慈悲之化。世風日下・鬼神伺察加嚴。送心到西・菩提自然不退。蓋娑婆國土・以聲論而得宣明。愚昧羣生・雖現身不知說法。故或定中親授。或夢裏相傳。一歷耳根。便含道種。

他若元謨就戮・十句經傳。敬德將刑・高王靈著。山東御史・呪述白衣。燕邸王妃・經稱夢授。載之簡編。應如桴鼓。固匪魔民符讖。妄敢攀援。亦非靈鬼乩壇。所能假託。此大士弘法者二也。他若下至此一段・乃帶頌世俗經。

曰錫嗣。則有菩薩萬迴・名題佛柱。台宗澄式・夢授明珠。老僧託宿・有述古之念常。明星入懷・得宏戒之慈藏。螺溪尊者・傳以繼忠。魚籃老嫗・送來源正。恪恭受像・璧峯誠智慧之男。宴坐作觀・國寶正太師之位。聖達奇相・不倫靜之骨。觀明淨求・從塔寺。大覺不昧其師。承夢燭神光・道丕盡孝於父母。大通賜號・博極羣書。開詗行慈・幷遺生命。授來珠貫・得圓諦之雪窗。吞以金光・有碎虛之疏石。名馳觀幻・曾任太史之官。統紀繹堂・克紹嬰兒之行。仰僧家之北斗・名著憨山。作苦海之南鍼・道崇藕益。瞽庵則雲中現相。顓愚則夢裏投懷。耶溪稱師子之兒。寄禪等穆公之兆。人見輝騰・僧史喜龍象之蔚興。庸知賜以法嗣・受靈山之付囑。此大士弘法者三也。

曰護法。則有位紹戒日・爲印度之明王。身留辯僧・偕修羅而長住。求通華語・竟更跋陀之頭。爲變秦音・即換知玄之舌。握刀天將・囑道冏以受香。執戟神人・警慈恩之行路。法橋祈報・饗遏行雲。淨意感恩・心知陰相。周理無蹇澀譏評。董伽省本來面目。吞來硃顆・等道家服餌之仙。呪破石屏・作佛法干城之選。起徵發願・道源夢供經文。元履灶香，冒公卽遺善本。巖石現乎呪文。竹里傳來印訣。連稱菩薩，啓總鎭之奏。聞夢到補陀，堅孝宗之信仰。入荆王之夢，乞補衣裳。登儼齋之門，願新相好。彥琮有授盌之兆。覺範歎墮像之靈。夢警而返金軀。杵擊而完寶石。賣紙忽驚斷截。易釜更索償還。素屏岑寂代除阿秀之兇。古廟塵封，託救萬藍之厄。施金反噬，現白衣而解圍。附載遭沈，引明燈而施救。道憲水中，捧來菩薩。維新足下，托以蓮華，垂失衣鉢，道汪以雲霧生全。投入蒸籠，元禮得僧人挽救。關帝有禁葷之諭。遊魂避護戒之神。舉元坦而夢牛。記元達之賜紫。湛修授呪，地無猛虎之殃。貞辯安禪，心絕天魔之侮。朱君感舊，繡像歸來。張氏破齋，畫幀燬去。萬壽樓上，定八卦之陰陽。孝感程門，示一年之休咎。花雲供奉，命授餓夫之飧。棲霞絕糧，囑贈高僧之米。勖僧端之淨念。出閔預於淫窩。更若無竭求經，獅爲護衞。元康得慧，鹿任乘騎。善覺持名，道高伏虎。法洪犯禁，哀感乘牛。白雀寺前，譽來作禮。蓮華庵畔，鯉亦賀辰。宿山而鸚䳇翔空。奪經則巨魚阻道。御庖雞卵，曾聞呼籲之聲。金殿雪娘，亦切皈依之願。雖云物各有靈。實乃佛無不覆。（更若下至此一段・乃頌感物。）至於毀像而被漂焚。鎔身必墮地獄。易石招來苦果。焚經陷入畜生。盜金作狂犬之狺。出殿遇毒蛇之囓。果報昭然。不忍盡述。是非如來作煩惱因緣。乃欲闡提得安住正法耳。此大士弘法者四也。（至於下至此一段・乃帶頌懲惡。）

曰牖慧則有善女稱觀音之號・得瞻我佛眞身・義寂登文殊之臺・忽與大士同體。劈胸現首・照慧目以光明。破膈易心・啓彥倫之妙悟。修幽溪之懺法・看雲頓悟無生。指道子之畫圖・警玄莫疑有相・保恭受學・以頃刻爲長時。法京更名頓照・了乎三世。元康求智・得宗說之咸通。漸源聞經・識死生之不道。三敲鼎蓋・妙智現前。偶觸窗櫺・圓聞可悟。黑風吹舫・瞋心之起無端。火筯敲柴・聞性本來非縛。十二面向甚處去。未許轉身。三二相雖好・弗歆恐行邪道。歸宗彈指・是否還聞。仁岳修觀・恍如夢覺。夜摸枕子・偏身何似通身。手捻數珠・求人不如求己。蝦蟆蚯蚓・助汝發機。餬餅饅頭・令人深省。重喜自縫敗衲・頓獲辯才。慧才得被袈裟・立時徹悟。分之手眼・梵庵卽獲淸涼。不轉意根・憨山忽忘身世。海寧不學・自解吟詩。谷聲誦經・恍如宿習。灌琉璃之瓶水・子英得法圓通。遺古木之香鑪、攝庵發明心地。持刀解剖、獨冠沾換骨之恩。戴像經行、雲谷悟唯心之旨。捨身海上、行童竟悉梵音。滌垢河濱、元初急尋歸路。摩雪關之頂、禪淨兼修。拊大雲之身、因緣夙具。外此身摩王子、大啓文思。目洗瑩師、忽明地理。蓋菩薩具萬善莊嚴。故衆生得隨機獲益。此大士弘法者五也。

曰證果。則有優波繫念、見菩薩而證無生。澄照蒙衣、得天人以爲侍衞。許生兜率、慈恩臂掛花鬘。隱處賀蘭、無漏身成金色。利賓宿繭、遺像垂靈。妙嚴拜磚、芳蹤炳異。無畏受摩頂之記、廣著神通。文捷轉如意之輪、亦多奇迹。坐忘溪漲、璧峯得生佛之名、呪退海潮、弘濟顯慈心之定。廣恩食果、牛受戒而雞啄香。玄朗知津、鳥聽經而猿捧鉢。經持一卷、慧恭誠福德難量。呪誦三年、澍庵超人天之表。僧實救講堂之摧折。智顯息川原之戰爭。觀音寺明呪效彰。聖壽院大悲名著。稱名不息、潛子道著鐔津。持呪無停、秀恆位登羅漢。小姍夢召、白華紫竹之間。靈睿往生、海國光山之地。此皆信心滿足、宿植深因。故蒙佛力潛加、漸臻聖果。此大士弘法者六也。

然而乍開慧眼·難禁隔陰之昏。縱得神通·未免出胎之昧。故雲門曾作國王。草堂復爲宰相。五祖淪於學士。大成轉作殿元。高談出世。依舊輪迴。故盡富羅而作骨·未踰一劫之多。截草木以爲籌·難罄受身之數。甚至誤下轉語·墮入野狐。偶動邪心·淪於地獄。從此視人天爲客舍。以惡道作常家·七佛以來·猶爲蟻子。八萬劫後·未脫鴿身。涅槃云·一失人身·難可追復。言念及此·悲痛奚如。此段以下頌弘法證果之結歸。○共四段。○此一段承上文·言修行人·或參禪雖得智慧·而未斷見思。或誦經呪雖得神通·而未證羅漢者·難出輪迴。不出輪迴。易於墮落。實大士發心取淨·度人生淨之根由。

縱使得保本來面目。不昧夙世熏修。而斷見惑如斷四十里之流。證不退須經一萬劫之久。夫多聞慶喜·尚有淫魔。神通目連·難逃殺業。萬年勸化·須菩提墮入毒龍。多劫修行。舍利弗退於乞眼。大集經云·末法億億人修行·罕一得道·豈虛言哉。此段言縱不失人身·決難登不退。故足上文之義·勸人求生淨土。

蓋處五濁惡世。不離八苦煎心。韶華易逝·每傷壯不如人。餬口維艱·又有飢來驅我。漫漫長夜。既佛道之難聞。藐藐微躬·復病魔之肆虐。發心出世·必交謫於室人。訪道參禪・每盲引於惡友。不有徑路修行・安免火宅長住耶。必也壽命無量・離老大之傷悲。衣食自然・免往來之熙壤。法音流布・常宣木鐸之聲。相好莊嚴・同具金剛之體。不聞環釧・犯斷染汙。常在鈞陶・會皆上善。永離造惡之因・自獲證眞之果。然則不歸淨土而奚歸乎。此以娑婆之苦・安養之樂・兩兩對照・動人欣厭之心。楊次公云・愛不重不生娑婆・念不一不生極樂。厭濁實斷愛之根本。欣淨乃一念之方便也。

況安樂無踰於生淨。而簡易莫過於持名。既不擇乎智愚。更無拘乎久暫。一念相應。隨願往生。以帶業之凡夫。得橫超於聖位。誠如來之勝異方便。大士之徹骨慈悲也。故現居此界・自甘塵土坌身。攝受衆生・願放屠刀成佛。爰舉先正之典型・庸作後生之軌範。六門順敘・實互攝而靡遺。一路涅槃・願未來之無惑耳。此承上文而頌念佛法門・至簡易・亦至圓頓・故大士塵刹現身・無非攝念佛人・生於淨土耳。後二聯・爲攝生六門之總冒。六門之前三爲因・後三爲果・而因必有果・果必有因・實不可劃分・但行文必有次序・故順列之・特以互攝靡遺句點醒焉。

五攝生內分六門。初至誠・二深信・三發願・四得驗・五接引・六瑞應。○前三本觀經。

而唐譯起信論之正直心深重心大悲心與此正同

曰至誠則有大悲習定法宗九載輪誠苦行焚修明證三年不寐齒延精進聽夢誦之琅琅元禮正觀泯玄功之汩汩孫良廿載日課佛以萬聲思照卅年常繫念於三聖左伸造像夢感偉人宋滿設齋空騰化佛禮佛百萬餘拜從雅心殷刺血二十七年祖南骨立吳君然臂作四字之求生柳氏割肱得三業之淸淨發心然指頓空萬鎰之身畫像寫經竟枯坦如之血弘道六時想成淨境一心百叩終現祥光誠心懺悔妙德唯流淚無言設像作觀印婦乃絕粒以待血畫千片貞女寶池化生飲水四旬朱氏金蓮託質歎姜思之精進早斷恩情讚廣洲之書持更敦孝弟是皆聞名悲喜有竪毛出淚之誠誓度死生懷履薄臨深之懼既行止之勿違自功德之無量永無曲相上同如來之出離死盡偷心故得菩薩之接引此大士攝生者一也

曰深信則有同住實際慈雲請佛證明十念功成明瞻不愁遲暮疾錮蒙潤專修三昧之王辯賜永明決定萬人之去慧亨作偈持定生之決心用欽示人極出家之能

事念佛。不惜身命。孺子可嘉。淨土只在堂邊。翁兒堪覩。看孺人之手段。撒手便行。除弟子之疑懷。坦胸以驗節婦。愈疾而益虔。盲母得明而不輟。茂師定四更歸去。善女決重九當行。苦海顧妻。喜三日之能出。病身王女。先一月而來迎。鴈過影沈。往原非往。神遊光照。生則定生。蓋由淨念相繼。絕無閒斷之時。故能劫火洞然。直達莊嚴之域。更有慧延求示。感大師之西來。張婦懷疑。指家人之生處。不惟自信於生前。更且誨人於身後。至若造罪雄俊。竟得寶臺。事酒惟恭。更來伎樂。雖非醜婦所能效顰。益見信心之能作佛。故大悲經云。惟除疑者。隨願往生。此大士攝生者二也。

曰發願。則有名高蓮社。隨初祖者百廿三人。院記報恩。學彌陀之四十八願。頂摩自覺。利物爲先。水灑願登。誨人不倦。兆榮化衆。罄家產而售棺。法雲奉親。邀佛光之照室。繡成經像。如一廣利羣生。空現舟車。陸氏普度物命。此皆修行功德。不貪著於自身。隨順菩提。必攝取乎大衆。具此廣大心願。是眞供養如來。（此以上頌大願度生。）至於道昂志決。不隨兜率來迎。懷玉品高。更卻銀臺接引。像繪惟岸。任憑童子之隨。經寫善榮。卒赴宣公之約。瑩珂痛悔・得濁世之早離。明證加勤・喜紅塵之不到。顯超弟子・懇留十有五年。春華友人・訣別再遲兩日。焚指應念・得覩光明。芳果折枝・七日更敎鮮翠。餘杭張老夫婦偕行。汶州沙彌・長幼共化爲孫。忠而久駐・孺子齊瞻。許姚氏以少留・范婆並見。沈妻祝願・現佛像之莊嚴。王女孝心・消母身之臭穢。莫不有求必應。如願相償。夫像前戲祝・終得爲威武之將軍。況心出至誠・何處無蓮華之父母。此大士攝生者三也。至於下至此一段・乃頌有願必果。

曰得驗則有三。瞻聖相神運標名。同聽法華・靈山未散。蓮臺行樹・輝映慧成。天冠寶瓶・光照法智。啓芳圓果同爲蓮沼之遊。貞淸慧才・並受戒香之記。精進菩薩地再現乎琉璃。五會法師・身兩登於金窟。邦華榮祖・置身常在光明。晞湛憨山・隨意得瞻相好。慈雲元淨・迸舍利於眉間。大善行童・吞數珠於口內。華授陶氏・佛立經函。庚夢周妻。蓮開煙蕊。誠感悟通之夢。雲湧舟來。欣看妙圓之燈。佛臨葉上・浩象入定。舟泛蓮池。楚石安禪・心冥佛境。侍女刻苦・忽成天眼之通。邵媼精誠・亦睹西方之勝。唐公窗外、佛坐神山。廉氏樓中、像生舍利。是蓋淨心功極、已漸破乎色陰。凝想日深、故得化成善境也。顧或謂三心圓發。卽一念橫超。既自信其往生。更何求乎近驗。得毋信自性之不眞。取如來以求實乎。不知天如求驗、實駑駘之警鞭。法照示人、亦見聞之毒鼓。不作聖解。無患魔邪。況此爲欣厭之想。成亦卽是接引之公據。此大士攝生者四也。

曰接引。則有徹悟稱名、遽見一分之相好。嘉禕作禮、雙瞻千丈之金身。佛迎僧銜、授導師之香衣。僧引彥通、登毘盧之樓閣。物如滿月、示接引於劉君。粒計數珠、指歸期於李母。慧命同瞻乎三聖。有基示夢於衆人。了然時至、示以雙龍。法喜神呵、免償一雉。盛媼鄭氏、並賜金臺。仲閔槐庭、各登銀座。實修造像、卽現千眼之身。佛琦聞香、更見雙童之侍。了義思贊、光騰金寶之臺。鍾氏薛妻、目眩蓮華之色。法琳見聖賢咸集。刳心知感應道交。孟嫗現振錫之沙門。張婦見手招之和尚。倪子買蔬不及。周君絕葷而行。善益覩淨室光明。王氏歎眞身高大。顧來法信、稽首欣衆聖咸迎。偕去廣潭、屆指示三果。克證靜文誨婦·好相見於西方。胡闓待僧·勞久臨之菩薩。安人得現身示夢。信女則合掌稱名。迎陶善於蓮華。接午亭於淨土。蓋彌陀願海·偕大衆以現前。菩薩呪心·作比丘而慰喻。但貴心能正念。莫愁佛不來迎。此大士攝生者五也。

曰瑞應。則有兜率石城·金彌大地。曹溪蓮寺·光耀中天。祖南靈照。舍利迸流。仁岳大行·色身不壞。護呂君而念佛·室滿蓮香。幸金奭之改漁·空盈天樂。赤雲垂布·導思義之往生。華蓋莊嚴·欣虔公之預睹。白衣瓔珞·誌西登百寶之船。紫色光明·常智燦蓮華之焰。善月几呈蓮萼。影像不磨。大圩室產靈芝·紅黃爭耀。萬宗衣燼·驚聖相之分明。節婦裙汙。開芙蕖之燦爛。貧婆化櫬·金輝三聖之身。徐氏焚衣·餤絢五蓮之彩。張妻汝婉。香溢栴檀。王女黃姑·灰生菡萏。何公見幡蓋紛紜。裴女慶天華飛舞。楊媼現檀香繚繞·嚴妻瞻顏色鮮紅。淨衣受賜·敬聽蓮祖之經。裙幅生輝·妙勝僧繇之筆。耀華雲之色·一寺咸驚。放白毫之光·千燈普照。蓋六字洪名·本饒福德。而一心不亂。卽具莊嚴。法流相接。海印發光。菩薩以歷劫修來。衆生得一時具足。此大士攝生者六也。

此後華開見佛、慶游子之來歸。光照利生、聽大士之說法。光明無量、得瞻自性彌陀。究竟如虛、實證唯心淨土。化身無數、智力徧於十方。補處一生、大願成於俄頃。凡此學普之功。能莫非菩薩之賜。與衆生界盡。同歸樂國逍遙。菩薩名消。始是悲心圓滿。故窮辯才之天女、莫讚洪恩。寫經典若須彌、難揚聖德。特體慈懷。廣宣正法。以衆生之迴向。報大德以涓埃。讚歎已窮。伽陀繼作。此一段總結攝生六門、幷總頌大士慈深恩厚、頌無可頌、報無可報、引起後段頌辭、仍以勸化、衆生爲主。

三結勸回向。內分三段。初段六偈、取法華一喻、總結正頌文中十偈、以大悲呪經十心勸進行者。後一偈、三回向。

圓通大士、功德巍巍。久輔壽佛、乃號大悲。諦思諦審、所悲伊誰。心摧膽裂、悔莫能追。

法華有言、稚子遁逃。父憐追喚、怨咨而號。譬日初出、高山先昭。此結正頌第一大段、大士歷劫說法度生、我輩今尚未悟。

更著垢衣・潛操糞器。入俗度生・白華託寄。得近其子・應現同事。（此結正頌第二大段示現文。）

救苦與樂・須給頻頻。如父如兒・情均天倫。猶在本處・未脫苦輪。（此結救苦與樂文。）

得窺佛藏・財寶充牣。不餐王饍・終爲道殣。此念佛門・易行難信。（此結弘法文。不念佛者・雖有禪定感通・亦不易了脫。）

大志成就・佛道擔任。了知淨土・不離己心。是謂寶藏・自然來臨。（此結攝生文。）

既已欣淨・卽應厭濁。廣拔衆苦・非貪自樂。大士十心・克登妙覺。首大慈悲・衆生當學。（此十心中・一慈悲心。）

衆生佛性・具足萬能。在凡不減・在聖不增。大士造詣・我亦克承。此平等心・大而非矜。（二平等心。）

一切有爲・夢幻泡影。蜉蝣之身・桑榆之景。速會無爲・時時自省。（三無爲心。）

威勢必失・親屬終離。吁嗟愛根・永矢弗遺。哀哀三界・一愛羈縻。誰無染著・天人之師。（四無染著心。）

精神離形·骸骨反根。四大離散·我尚何存。空觀破執·解脫之原。（五空觀心。）

雖觀諸佛·及衆生空。禮拜供養·必敬必隆。像眞一致·畏愛攸同。佛從敬起·毋懈初衷。（六恭敬心。）

芸芸衆生·未來之佛。父母師長·頭出頭沒。涸轍呼援·聲嘶力竭。云何相煎·食肉剔骨。此卑下心·愼毋踰越。（七卑下心。）

三業淸淨·一心嚮往。斷雜亂思·離見取想。即敎即禪·法門無兩。導祖專修·高山景仰。（八無雜亂心。九無見取心。）

爲菩提道·求生淨土。得覲如來·更親左輔。徑登佛乘·長餐法乳。大菩提心·光圓照普。（十大菩提心。）

此十種心·大悲相貌。惟我衆生·是則是傚。出世之舟·度人之櫂。偉矣佛恩·大哉聖敎。（總結十心。）

大士本迹·於以昭垂。末劫修途·直指無歧。斯文功德·唯佛證知。普皆迴向·同證菩提。

上四句。總結全頌。次二句。求佛證明。末二句。即三回向。

△單行本卷三至此終。卷四經證未錄。若欲詳知。請閱單行本。購處。見本卷一頁小註。

普陀洛迦新志卷一終

附錄觀音靈感近聞二則

民國十五年秋，武昌被圍四十餘日，時余家老幼二十餘人，無計出險，食糧垂盡，槍礮之聲，又震耳欲聾，人人以淚洗面，忽憶前任汝南道時，曾得中央刻經院印送之觀音靈異紀一册，亟檢出，其中經呪，不易卒讀，乃擇最易持誦之白衣大士神呪，令合家諷誦，晝夜不輟。並發願印送萬本。三數日後，覺精神疲倦異常，羣思入睡，旋竟甜然高臥，一事不知。及醒，則城破已久，秩序早安。左右鄰居，被劫一空，遭饑餓驚恐及奸淫槍殺而死者，不知凡幾。而余家獨以熟睡，一無驚恐，亦未受有損失。斯誠大士尋聲救苦，悲憫衆生之靈應也。謹出淨資一千八百元，印贈萬本，以廣流傳。武昌許钃人謹記。

民國十六年，奉軍圍攻涿縣，百日之久。城內礮彈如雨，房屋無一全者。只西北隅方圓三十餘戶，安然無恙。蓋其處有一小廟，內供觀音大士，附近居民，常往頂禮，故全城遭難，此處獨免。戴聯青記。

普陀洛迦新志卷二

古翁山王亨彥輯
古會稽陶　鏞鑑定

形勝門第二

內分山峯嶺巖石門洞沙隩灣澗泉潭井池境及附錄等子目

一念無明。世界於焉相續。四大假合。山河等於空花。故濁世不礙乎寂光。金地或見爲瓦礫。大士隨順衆生。穢土忽現淨境。山成几寶。燦若錦屏。石是金剛。光如雪浪。熱光明之炬。地映金沙。潤福德之芽。泉流玉澗。善財龍女洞裏誦經。正趣達摩峯前聽法。信乎山多聖賢。萃聚靈秀也。志形勝。

山

普陀洛迦。爲全山之總名。內另分十六小山名。

普陀洛迦山　在浙江定海縣治東百里許海中。按或稱百餘里。或稱二百餘里。均失之。爲華嚴經善財第二十八參觀世音菩薩說法處。按善財初見文殊。次參德雲。次第而至參觀音。則爲第二十八。因參彌勒後。又復參文殊。故人多以初見文殊不算。云是初參德雲。乃至參觀音。則爲第二十七。故本志卷一本迹門。依普通說。作二十七。此依許志及磐陀石陶題。均云善財第二十八參觀音處。乃從初見文殊算起。作二十八。以後凡有作參觀音爲二十八者。均本乎此。恐閱者疑爲錯謬。故特註明。傳記稱南海東大洋海西。紫竹栴檀林者是也。山境東盡青鼓壘。西盡風洞嘴。南盡短姑道頭。北盡伏龍山。縱橫各十里許。周遭屈曲則有百里。唐以前僅傳梅子眞葛稚川之寄隱。自宣宗大中閒天竺僧來。卽洞中燔盡十指。親睹觀音與說妙法。授以七色寶石。而靈迹始著。自後梁貞明二年。建不肯去院。而法址始開。自宋神宗元豐三年。敕建寶陀寺。而香灺始盛。自高宗紹興元年。眞歇建海岸孤絕處。易律爲禪。海山業漁七百餘戶。聞教音俱棄去。而淨土始成。厥後歷元明清三朝。雖閒有興廢。（詳梵刹普濟寺下。）而地孤懸海境。杳隔俗凝。山海清迴之氣。資緇素禪定之緣。宜其歷劫常然。莊嚴法相。陶鑄衲子。爲震旦第一絕勝道場也。（盛熙明普陀洛迦山傳。大德昌國州志。舊志。形勝。建置。法統。眞歇傳。合纂。○灺。音謝。燭燼也。）

按普陀洛迦。梵語也。有作補陀洛迦。補陁洛伽。補怛洛伽。補陀羅伽者。當爲翻譯梵語之異文。在華言爲小白華。蘇東坡送馮判官之昌國詩。蘭山搖動秀山舞。小白桃花半吞吐。桃花爲桃花山。小白卽指小白華言也。清康熙普濟寺御碑文補陀羅迦有三。一居厄納忒黑。一居忒白忒。一居南海。卽是山。以是推之。玄奘西域記。言南印度瀕海有布呾落迦山。山頂有池。池側有石天宮。觀自在菩薩往來遊舍。布呾落迦。疑亦爲普陀洛迦譯文之異。而朱緒曾昌國典詠據此謂南印度之布呾落迦。乃佛書所指。普陀洛迦之在定海者。乃近似得名。夫以傳記稱普陀洛迦爲南海。印度屬南。朱說似近之。又稱普陀洛迦爲東洋海。定海屬東。是山之普陀。當非盡出附會。況小白華樹。又偏滿山中也。惟普陀洛迦。爲一山名。或單稱普陀。單稱洛迦者。省語也。今俗稱是山爲普陀。而以距東南二十餘里。懸峙海中之小山爲洛伽。詢之僧衆。以彼山亦有聖迹。故稱是山爲普陀。彼爲洛迦。然信如所言。亦應稱爲小普陀洛迦。而舊志以彼山爲小洛迦。就省文言說。尙可通。康熙定海縣志云。普陀山在東海洋中。孤山獨峙。又云大小洛迦山與普陀接近。既別普陀於洛迦之外。又分洛迦爲大小二山。實爲誤加一大字。以致詞與事悖。至寶慶成化兩四明志。大德昌國州志。並云普陀。

一名梅岑山。併稱寶陀禪寺在梅岑。夫梅岑因子眞煉丹得名。爲一人一地事。殊不足概稱全山。參後梅岑峯下。

雙峯山　在潮音洞上。梁不肯去觀音院建此。大德志

淸裘璉詩。海外奇峯翠入天。峯頭朵朵削靑蓮。名山如此不肯去。成佛應居靈運前。●釋能崙詩。脫卻恆河選佛場。一拳補怛峙南洋。峯巒疊翠迎朝旭。煙水蒼茫送夕陽。特降慈雲消蜃氣。常施法雨現靈光。從教印作蓮花主。石蠹林頑亦惹香。

按大德志云。張氏捨所居雙峯山卓庵奉之。俗呼爲不肯去觀音院。是雙峯爲佛選名山之山。舊志俱失載。裘志附見古蹟云。洞口無所謂雙峯山者。爲代久名易。然潮音洞本無甚高山。峯易名之說。恐亦未然。是蓋依海而觀。以立此名稱雙峯山。不然。山豈久而遂失乎。

佛頂山　亦名白華頂。菩薩頂。居四山之中。高百十六丈。有奇。俯睇光熙。妙應。諸峯。纍纍如杯瓢覆積水上。巓圓而平。廣約二十餘畝。舊有石亭。供石佛其中。近又建

塔然燈爲行舟指南。舊志採訪

明・鄞・張煌言登菩薩頂詩。絕磴陵雲嵌佛龕・捫天仕笏恣豪探。蒼茫遠水橫空碧・歷亂羣峯倒蔚藍。雙屐俄從銀漢落・一卷幾爲石梁參。如來肉髻應非幻・最上何須駕鶴驂。●淸・邑人武鎬次宋仁圃明府佛頂望日詩。傍曉日升東・祥輝照眼紅。眸開千里曠・心靜萬緣空。色相窺難定・光芒射處通。扶桑疑可接・好趁一帆風。●釋德立登白華山贈聞先禪師詩。高懷人不識・知喜對沙鷗。蜃氣浮金鉢・潮聲吼石牛。雲開山洞曉・月出海門秋。時立梅岑上・乾坤雙眼收。●釋常譽九日登菩薩頂詩。絕巘雲深處・登臨興倍雄。水明天際碧・霜薄樹頭紅。萬慮一身外・千山四望中。天庵容我住・歸懶下山東。

雪浪山　雙峯疊峙・亦稱大小雪浪。在佛頂山右・上多白石・輝映林木・如積雪如湧浪・因名。舊志

錦屏山　在佛頂山左・爲法雨寺主山。環若列屏・林木青碧・加以白葩丹蕊・開放四

時，拚映如錦，因名。舊志

蓮臺山　在飛沙隩右。即功德嶺。下有洞，即蓮臺洞。舊志

青鼓山　一名青鼓壘。爲普陀東盡境。初與普陀有潮汐之隔。自飛沙成隩，遂合爲一。舊志

茶山　在佛頂山後。自北亙西，其地最廣，中多溪澗。舊稱山上多產茶茗。僧於雨前採摘供用。可治肺癰血痢。又有山茶花樹，高數丈。冬春之交，丹葩被谷，若珊瑚林。舊志採訪

明鄞屠隆茶山夙霧詩。龍宮蛟室霧絪縕，幾樹珊瑚認未眞。雪裏頳霞高十丈，紅綃恐是獻珠人。●李桐詩。山山爭說採香芽，撥霧穿雲去路賒。製就漫將鑪火試，絪縕佳氣徧僧家。●丹陽丁鴻陽詩。珊瑚幾樹傍蓮臺，薄靄絪縕鎖不開。漫向定中窺色相，分明龍女獻珠來。●鎭海邵輔忠詩。菩提那不是蓮花，雷莢雲林長露芽。山氣誰噓晴不散，半籠祇樹半籠茶。●清釋幻敏詩。濃濃淡淡隱巖龕，重若凝

雲輕若嵐。分付巽郎勤掃盪·毋令雀舌減餘甘。

伏龍山　一名龍頭山。爲普陀北盡境與茶山相接。蜿蜒如游龍出海。小山洞（在東北海中）乃其珠。登白華頂望之·儼如攫然。（舊志）

天竺山　在東北茶山盡處。山之以庵得名者。（舊志）

梵山　在普濟寺南高遜諸峯·體莊嚴圓淨而少石。爲寺之案山。（舊志）

南山　正南懸島·潮落始通·俗名楊梅跳·爲普陀南盡處。舊無梵宇。自清初·普濟寺住持通旭·增創·名南天門。（舊志 採訪）

按以上爲普陀支山之著稱者。

觀音眺山　在潮音洞右·登此以眺四望·故名·眺·或訛作跳·殊非。（舊志）

毛跳山　在潮音洞東。（舊志）

六嶠山　在西南境·六阜聯·並中各有嶠·故名。（舊志）

長短山　在北境八仙巖後兩小山·參差並出·故名。（舊志）

喇叭嘴山　在正西。舊志　按舊志又云亦茶山之麓也。然茶山在東北。此在正西。何可爲麓。不敢盲從。

按以上爲普陀四至之小山。

峯　共十八峯

光熙峯　在佛頂山左。一名石蓮花。又名石屋。望之峯石聳秀。舊志

清。馮天貴。光熙雪霽詩。千仞冰霜皎。晴光豁兩眸。餘輝凝寶地。寒燄動珠樓。玉壘孤峯頂。花開萬樹頭。獨傳梅信早。嶺外暗香浮。●釋能崙詩。花飛六出滿光熙。見晛猶知造化奇。世界三千齊色相。蓮臺十二現牟尼。天排玉壘難尋路。鳥向瓊林特借枝。看到形雲消欲盡。上方無地不琉璃。

踞獅峯　在東天門上。本名白衣峯。明僧大智改今名。奇石蹲踞如獅。雄特可畏。舊志

圓應峯　在朝陽嶺北。舊志

翔鳳峯　在朝陽嶺東。翔舞如鳳。因名。舊志

象王峯　在雪浪山右。一名清涼岡。崇岡逶迤。迭起三峯。東峯高與雪浪將埒。面臨

東洋。其下爲千步沙。背爲圓通嶺。稍伏爲煙墩峯。舊設斥堠處也。南折則爲觀音峯一帶南山矣。舊志

煙墩峯　在象王峯後。頂有若石塔者三。爲古烽火臺遺迹。中空外圓。旁有洞門。二臺尚完好。一半燬矣。採訪

煉丹峯　在几寶嶺上。相傳羽客煉丹於此。舊志

妙應峯　在踞獅峯西。舊志

觀音峯　在普濟寺後山之左。鉅石隆起。高五丈，周百丈，平巔豐下，狀如覆蓮。東偏之石，惟此峯爲高。西則達摩，隱相望也。舊志

釋通樹絕句。何故不肯去，中流砥一岑。海潮日夜吼，傾盡大悲心。

靈鷲峯　在普濟寺後。爲寺主山。三石嵯峨並立。東峯倍高，約二丈，昂頭尖喙，狀如定鳥。故名。舊志○裘志注云。鷲鳥，梵名耆闍。西域記，耆闍崛山，山是青石，頭似鷲鳥。阿育王使人鑿石，假安兩翼兩腳，琢治其身，遠望若鷲鳥形，故曰靈鷲山。

達磨峯　磨亦作摩。在靈鷲峯右。大石矗峙十餘丈。銳首豐背。膚離中合。遠望之。如人荷物而立。面西將行也。其北面刻趙孟頫題瀛洲界石四字。西面刻羅漢石三字。姓名漫滅不可辨。舊志

清華亭吳祺詩。蕭梁臺殿草茸茸。面壁親傳少室宗。隻履西歸無覓處。惟留明月照孤峯。●釋通樹詩。嵩山人如壁。補洛壁似人。獨立孤峯上。誰逢葱嶺身。●釋空脈詩。不著西兮不著東。本無背向在山中。蘆枝浮海知誰載。赤腳且行最上峯。

塔子峯　在西天門下。舊志

彌陀峯　在塔子峯西。舊志

梅岑峯　在達摩峯右。南山最高處。林石幽秀。相傳漢梅子眞隱修於此。舊志

明邑人張信詩。浮生寄丹竈。感慨興我情。文章豈足恃。所貴矢堅貞。拂之衡賓下。浩渺駕長鯨。和風灑玉宇。清奏來瑤笙。睠言梅子眞。千古留其名。願共遊仙侶。趣趾上蓬瀛。●邵輔忠詩。幾樹疎梅倚石斜。問梅開落屬誰家。東風昨夜頻吹到。也

作如來小白華。●清邑令繆燧詩子眞隱吳市、胡爲在海涯。豈慕巖谷幽、與佛成一家。梅岑留遺迹、高迴陵青霞。我來當三月、滿林杜鵑花。披襟一長望、海濤浴浮槎。三山如可到、蓬萊路不賒。稚川晚得道、豈眞在丹砂。一令復一尉、超然不可偕。●鄞全祖望詩叵君安車駟馬徧山扃。吳門市卒變姓名。猶懼危機不可脫、遠作天東海上行。投竿翠碣踰蓬頂（慈水翠碣、象山蓬頂、皆有梅尉遺迹。）履穿四明凍雪幾千層。乘槎竟出大浹口。吾知免矣逃吾生。生前名氏雖可埋、死後孤岑翻以姓見稱。東有梅岑、西有嚴陵。婦翁郎壻同芳馨。東霍山高桐江淸。門闌喜氣成客星。山川因之俱不朽、永爲赤符曜長庚。斯人何藉神丹九轉成。●吳瞻泰詩春雲天地綠、灌木落寒峭。何圖入海南、子眞領其要。鹿裘念一夫、幽棲有同調。嘗聞三神山、方士久不報。靈砂得眞鉛、眼底燒丹竈。茶寮植鐵蕉、安榴赬照燿。異境除塵纓、禽鳴宛先導。淙淙疎淸泉、海月動微嘯。

按朱緒曾云、普陀梅岑洛迦本一山。後人以南峯最高處名梅岑。然梅岑既名爲峯。自不足以概全山。況普陀洛迦。在佛書以四字爲一山名。後人或單稱普陀。單稱洛迦。因其稱謂之便。是則普陀洛迦。乃全山之總名。梅岑乃一峯之別號耳。

正趣峯　在梵山右。向離（於寺爲未方）兀峙。巓平正。如覆釜盂而稍長。白石磷磷。如嵌珠璧。普濟寺外之山。亙西南而瀕海者。皆此峯之支。屬舊稱玉趣。住持通旭。以此地爲大士說法道場。善財二十八參中。正趣菩薩。從他方來。示現說法。經載甚明。故改爲正趣焉。（舊志）

釋通樹詩。遙憶南詢子。東方特特來。憑空長在定。星月夜登臺。

雨華峯　在正趣峯右。經言觀自在菩薩。與諸大菩薩。圍繞說法。天雨曼陀羅華。因名。（舊志）

會仙峯　亦名天柱峯。在梅岑右。石甚聳拔。廣崖鉅壁。展列如屏。冥濛杳靄。閒恍若安期羨門。鸞驂鶴馭來遊也。（舊志）

金剛峯　在金剛窟上，一云正趣峯西。舊志

嶺共十二嶺

几寶嶺　在東南境，爲普濟寺之青龍山，石磊落如珍寶委積几上，故名。舊志

白華嶺　在正趣峯下。舊志

栴檀嶺　一在清涼岡下，一在金沙南。舊志

圓通嶺　在東天門左。舊志

歡喜嶺　在大六嶠。舊志

葡萄嶺　在小六嶠。舊志

青鼓嶺　在法雨寺東。舊志

嘯天獅子嶺　在青鼓壘北。舊志

朝陽嶺　在白華頂下。舊志

東屏嶺　即功德嶺，在錦屏山東。舊志

孝順嶺　在茶山東。舊志

香雲嶺　在佛頂山、亦名香雲路。採訪

巖 共十五巖

八仙巖　在青鼓山西。白石玲瓏似玉。異於他峯。舊志

東方巖　在茶山前。舊志

西方巖　在圓通巖西、亦名西方境。明萬曆丁巳春、寧紹參將劉炳文、題中流砥柱四字。舊志採訪

玲瓏巖　在金剛窟西、與巫山石相對。高十餘丈。下削上突、刻畫玲瓏、如雕鏤沈香木狀、中一石嵌兩峯閒、從內視之欲墮、從外視之若合。巧奇絕倫。舊志

石浪巖　在梅岑山腰、磐陀石東、高三十丈。石紋如浪、晛之欲動。舊志

圓通巖　在西天門北。石險峻桀臬。或陵空孤峙、或參差排突、循行環視、無有隔礙。故題曰圓通境。舊志

獅子巖　在無畏石側、儼如狻猊作跳躍之勢。舊志

虎巖　在東天門上、數石倚湊、宛然生成。舊志

象巖　在几寶嶺上。舊志

兔巖　在象巖上、馴耳趺踞、首目宛然。舊志

龍巖　在靈鷲峯西下、瞰北海。自北亙南、長三四十丈、高二十丈。蜿蜒夭矯、俯首欲降後山之巖、此爲最大。舊志

鷹巖　在雪浪山中、昂首銳喙、儼若蒼鷹飛集巖際。舊志

獅象巖　在几寶山朝陽洞石之頂。一石馴伏如象、一石儼若獅踞。回首相向、近觀愈肖。舊志

佛手巖　在觀音峯後。高者丈許、卑者數尺、伸如掌、長短如指、了了可數。舊志

文殊巖　在西天門左峯巒雄疊中、一石威嚴如象。舊志

石　共三十石

磐陀石　山之西境，兩石相累如盤。下石高身銳頂，上石豐面殺足。其頂足相累處，旁空中倚，亦有罅閒，睨之通明。面之豐，縱橫各十餘尺，平坦可容二三十人。石旁雅俗題識甚多。緣梯而上，環眺山海，洋洋大觀。朝山婦女之登斯石者，又各選持制錢，磨擦石上，使發光，攜歸佩於小兒身上，爲壯膽之用，其或然歟。舊志，採訪。殺，音晒，減削也

清鄭萬言詩。何年巨靈展雙手，劈盡千山萬山後。餘技猶能向此閒，點綴峯巒無不有。觀音洞裏石玲瓏，觀音洞外石相負。層層枕壓鉅細橫，大石如岡亙其首。上承一石狀如菱，坐有百餘人可受。底平一綫曾不連，點者隙處支碎瓴。其旁大石復數尋，前有二石龜形醜。豈因頑石能點頭，龜來聽法亦所偶。吾謂磐陀如片雲，或者菩薩乘之來。洞口巨鰲鼓鬣忽相迎，遣此海濱當石紐。望夫老婦能化石，況茲靈物千年久。指看磐石有時飛，兩龜眼赤應能走。●何辰生詩。見說磐陀著地靈，普門曾此坐談經。二龜何事翻成石，想是當年不解聽。●武進孫渭詩。洛伽二

百里、巨石不可數。磐陀獨標異。其以神佛故。方廣十餘丈、崖巔誰輦附。念彼觀音力、黃金可地布。說法驚波濤、兩龜競相赴。至今巖石上、昂首吐煙霧。聽法豈無人、水族反得度。千載留磐石、令人屢迴顧。●邑人夏昌渭詩。阿誰信得毓靈奇、怪石陵空卻坦夷。聊藉帶根千載固、安然位置萬年基。登高偏喜身殊泰、濟勝還愁勢欲敧。過此再尋紆曲徑、笑看一對聽經龜。●釋空璧詩。巍巍磐石立孤峯、大士何年坐此中。聽法不眞龜化石、謾勞千載聚魚龍。

按舊稱磐陀兩石相累處、可閒以綫。又稱形模不甚寬廣、及登陟甚衆、人不挨擠、石亦不覺其險。此或偶現靈異、非常常如是也。

又按舊志言洛迦巖峯洞窟皆石也、奇險幻詭、洞壑天然。大都危石若懸、庋石若舉、墮石若扶、崩石若斧、成形肖象、不一而足、此說爲近之。而王士禎池北偶談云、普陀巖石有大士像、華鬘天然、竹林鸚哥、善財龍女之形、種種皆具、此殆指人所雕刻者而言、非天然生成之巖石也。總之島石多劍削、而是山獨圓潤。

島石多險惡、而是山又柔善。磐陀、紫竹、兩石、尤爲奇特。李黼堂言。天台雄勝、雁蕩奇勝、普陀幽勝。以就近各海島之石較之、當在牛奇章、僧孺甲乙丙丁石品之列、而普陀又爲石勝歟。

說法臺石　在磐陀石東、相距百步、高若相望。大士說法處、亦可登。舊志

五十三參石　在磐陀石西、參差矗立、若聽法者。故數雖未必符、而以經所云者名之。舊志

淸郭立傑詩、煙水重重只一人。分身滿地太零星。不知當日毘盧閣。幾見銅頭鐵額形。

二龜聽法石　在磐陀石西、一蹲石頂、一緣石直上。昂首延頸、筋膜盡露、眞稱奇肖。舊志

柱空石　在錦屛山中。一石如柱、屹立空際。舊志

八卦石　在雪浪山巔。亂石排空、懸崖百仞、偃仰攲伏、不可名狀。舊志

釋源法詩。怪石萃中峯。巍然居山頂。猶如章甫冠。彷彿九州鼎。日月聽盈虧。滄桑隨萍梗。不知伏羲前。此石名何等。

雲扶石　在西茶山上。兩石上如鼓。鐘下如累碁。峻險怪特。危而不墜。上石有雲扶二字。題者莫詳。下石有海天佛國四字。明雲閒侯繼高題。舊志採訪

巫山石　在金剛峯側。巫山。蓋狀其高怪石嵯峨。劈一爲二。亦巨靈五丁之所幻也。舊志

不二石　在西天門右。兩石相距丈許。稍參差前後。而高廣相等。如析圭破璧之狀。故曰不二。今覆於圓通庵三層樓下。舊志採訪

一葉扁舟石　在不二石南。平廣近畝。儼如虎邱千人坐。而稍仄斜。中載一石。頗似菱角橫陳其端。遠望之。宛如扁舟。舊志

仙掌石　在石浪巖側。參差對列。高十餘丈。形如仙掌。題有天設閑關四字。姓名無考。舊志採訪

佛牙石　在普濟寺後之西，巫山石下，高丈許，頂半凹半突，如倒牙，又如幞頭。舊志

鸚哥石　在觀音洞側，白石竦峙。圓首細頸而短身，酷似鸚鵡，因名。舊志

水墨石　在飛沙嶴，西功德嶺東盡處。陂麓閒有石，鋪三四十丈，平無孔突。色如水墨渲染，其光油然，若展綃縠。舊志

馬鞍石　在大雪浪山中。舊志

天篋石　在摩尼洞西。義未詳。舊志

點頭石　在磐陀石東南，高八丈，周廣二十丈。孤峙平巖，旁懸，中湊。撼之則動，若點頭然。與說法臺石相望，故名。舊志

無畏石　在普濟寺東。高五六丈。三面方廣如佛座。西稍窪狹。旁有二石，高不及半。一如挂衣，一如覆釜，皆斷崖懸壁，不可登陟，遊人鉅公勒名其上，題曰三一巖，曰空有境，曰海天春曉，聯曰寰區照瑞相，剎海徧潮音。舊志

蝦蟆石　在龍巖西，修丈許，廣半之，張頤趺足，狀類蝦蟆，因名。舊志

香鑪石　在圓通巖後。舊志

眞歇石　在普濟寺後灣。眞歇庵廢址。石以僧名者。舊志

靈芝石　去虎巖咫尺。不高而狀特奇。中孔突。宛如靈芝。舊志

慈雲石　在葛洪井西。高三丈。頭如大鳥。北向。會稽陶望齡題曰鷲嶺慈雲。舊志

明·丁繼嗣詩。皈心來寶地。躡足上慈雲。泉溜穿廚入。曇香滿院聞。縱觀蛟蜃窟。閒集鳳凰羣。何幸逢林遠。幽探絕世紛。

疊子石　在佛手巖南。磊磊然若疊也。舊志

鼓石　在南天門崖石上。體圓而高。狀若竇鼓。撼之應空作響。逢逢然如撾鼓。舊志

紫竹石　在紫竹林。俯拾卽是。剖之白質黑章。紋皆作竹形。枝葉宛然。惜質麤不宜文玩。採訪

清·邑人曹偉皆紫竹巖詩。石暈斑斕水氣昏。競傳靈迹鑿山根。試看墨潑桃花石。一樣潮音紫竹痕。

按舊志言唯潮音洞南天門爲然餘處亦或有之但不如潮音洞是石悉蘊此形也紫竹林殆因此石而立名歟

紫雲屏石　在息耒院西麓壁立空中高廣百尺厚不及丈上有小峯十餘下作三足如乳如杵俱有渦以承之若趺坐然舊鐫翠屏二字清邑人曹偉皆以其石色深紺易是名（秦志曹偉皆詩序）

曹偉皆詩怪石陵空高百丈橫亦如之薄如壁面紋平剷豐碑樹項上峯攢錯凹凸足根離合綫路通渦中鼎立無差忒下無根柢上無援背有贅疣腹有隙豈是媧鑪崩裂鼎傾瀉五色絲飛一片赤抑或月中修斧屑亂墮八寶堆中碎琥珀留落人間千萬年桑田滄海幾經歷法華洞磐陀石聽經龜短姑迹名山靈異登志乘附會其辭曰膾炙山僧指點半依稀勞我登臨折齒屐嶙峋突兀聳奇觀沒膝春茅谿徑塞荊行棘走履踵決裳裂衣穿手龜拆艱辛歷盡一瞻拜周帀摩挲不能釋石乎石乎宜自愛勿向塵中爭黑白君不見璞玉未剖光沈沈徒使卞和被

嚴斥。又不見良桐被爨聲錚錚。不遇中郎誰珍惜。棄瑜取瑕惟所好。有才自炫轉遭厄。幸賴不脛處山阿。莫將大塊登几席。曠代難逢眞賞人。鐫題亦是知音客。夕陽蒸鬱明霞彩。薜荔斑斕凝黛碧。我來爲易紫雲屏。赤水丹山同赫赫。龜音皸。手裂也。

白馬石 裘志

清釋元志詩。謝卻長安道上塵。人閒騏驥那能親。昂昂逐日追風骨。芳草橫眠海角春。

蟠桃石 裘志

釋元志詩。縛屋新開一塢雲。種桃恰傍蟠桃石。清風明月共長閒。不問人閒何旦夕。

獅子石 在南天門大殿左旁。緣梯而上。其石有目蓄水。有鼻泛沫。下通泉源。水常不涸。石平可容眺望。惟四無遮闌。登臨時不免心悸。周慶雲游岸梵音

門 共三門

東天門　有二處，一在光熙峯右，高止丈許。門上之石，嵯岈嵌突，高踰三倍。一在虎巖側，卽法華洞之頂。突起兩巖如門，仰窺不甚崇，俯矚則巖窟杳深，林木虧蔽，惴惴恐墜也。舊志

明屠隆天門淸梵詩。野衲齊繙貝葉書，磬聲遙度暮沙虛。神龍聽法妖蛟舞，親見如來金臂舒。

南天門　在南山，淸康熙間，普濟寺住持通旭題名。正南有小橋通焉。亦有梵宇殿。右有大士墳，墳上建小龕，豎碑題字，大士遺蛻，豈尚在土中歟。入門有巨石矗立，總兵藍理題曰山海大觀。海岸梵音，採訪。

淸總兵藍理登南天門題字詩，東西門旣列，午闕可無開。海不揚波地，山偏盡日雷。鐘鳴刁斗靜，帆動象龜來。何必燕然石，始稱漢將才。●民國十年，縣令陶鏞題石云，梁貞明二年，張氏捨宅，名不肯去觀音院。距今民國第一辛酉，千七年，作偈磨崖。借問觀世音，因何不肯去。爲度大中華，有緣來此處。

西天門　在金剛窟西。兩石對峙。兀立高岡。中僅容一人。危石橫亙其上。額曰西天法界。人須傴僂得入。眞鬼工也。左右聳峭。題曰振衣濯足。又題曰同圓種智。姓名年月俱未詳。舊志採訪

清釋通旭詩誰謂天無路。天門此地開。靑冥通帝座。杳靄瞰蓬萊。有響音俱梵。留丹仙是梅。磐陀說法處。猶在白雲隈。

洞　共十七洞

潮音洞　在普濟寺左。龍灣之麓。巖石叢起沙中。廣至畝許。齒齒然不可容足。從崖至洞。腳高數丈。通穴爲天窗。歧處如門戶。潮聲晝夜撞擊。遇風更聲若轟雷。呑吐倏忽。險怪萬狀。令觀者眩目震耳。悸魄驚魂。宋元時。叩求大士現身者。多在此洞。迨後多在梵音洞。亦或有投崖捨身者。有司以捨身有違我佛慈悲之旨。並於洞旁立石禁止之。舊志採訪

明。餘姚。盧元選詩靈竅何年著化工。嶙峋倒插水雲中。浪花飄瀑晴飛雪。海月浮

光夜現虹。石壁雨餘泉出竇，栴檀秋老樹吟風。虔誠欲叩如來面，雙鶴盤旋下碧空。●新安汪學信詩山根盤結水瀠迴，大士當年說法臺。礁滑平波翻雪浪，巖懸白日起風雷。龍從洗鉢洋邊化，蓮就然檀定裏開。紫竹滿林看不見，怪來偏向石中栽。●通州盧純學詩大海靈山迴，龍宮豈易尋。萬年垂妙相，孤洞啓潮音。天削峯成玉，沙鋪地是金。泠泠俱作梵，早已滌凡心。●上虞徐如翰詩羣公共禮潮音洞，莫作潮音洞口詩。縱有繡腸描不出，直須絕倒叫神奇。●淸裘璉詩巨靈劈奇石，海岸豁深洞。中廣如室房，其巓裂罅縫。下窺深以窅，勇者生奇恐。怒濤澎湃來，狂飆善激送。一觸迅雷轟，再觸巨鐘從。天地殊晦冥，林樾相震動。巨浪倏吞吐，盈涸在操縱。來驚瀑布飛，迴駭明珠弄。誰擊冰壺碎，瓊瑤錯萬鍾。當其疾怒時，下拒乃上湧。乘竅汎躍騰，灑面成霧淞。不知濤作雨，驚身墮崖空。造化工幻戲，神聖假示衆。哀哉洞口人，何時醒塵夢。●鄞李暾詩兩日得追隨，遊子怯腳力。徘徊不敢前，僕夫請少息。人生名勝區，一失難再得。攝衣直前行，不覺重嶺陟。風逼萬樹斜，沙鬆雙屩沒。潮音倏入眼，使我肅胸臆。我思淸淨根，心契無相色。見者固渺茫，傳者復逆億。天窗洞頂開，紫竹壁閒匿。潮頭激丈餘，旣揚還復抑。上湧山頭傾，下湧山腳拭。龍神數千丈，來去生羽翼。聽言方擬議，暮鐘喧耳側。急歸恐逋亡，奚童呈筆墨。●同安許琰詩 佛選千年地。汪洋幻一漚。石連根盡嚙，洞自頂俱浮。梵宇崇當代，靈光始此邱。我今猶不肯，臨去再三留。●邑人周西詩 海岸潮音洞，波濤日夜流。石崩牢設檻，巖隙補爲樓。峭壁摩文古，高僧避世幽。斯遊冒艱險，對此豁吾愁。●釋性統詩 鐵瓦翬飛久不存，金光重現荷皇恩。欲知大士今何在，靜聽潮音撼海門。●釋悅參詩 無端絕壁起雷霆，倏爾神兵戰鼓臨。黥吼一聲震谷響，鰲翻千里浪潭深。灑來石穴紛紛雨，激向巖中點點金。欲說此閒靈異處，競傳大士聽潮音。

善財龍女洞　在潮音洞右。亦神通顯現之地。巖有罅，峭峻而蹙狹。其中窈不可測。外有石壁立。珠泉噴滴不斷。號菩薩泉。人禱取之以療目疾。舊志明梅魁詩。雪膚蒼貌紫霞裾。幾駕蒼虬下碧虛。蹤跡尙留靑海上。珮環遙向玉樓居。雲封洞口塵氛絕。潮漲沙頭月影孤。欲就此中求至理。本來妙相一明珠

按各記載。均稱善財洞。許秦二志。只標龍女洞。實一事也。然菩薩靈迹。隨人稱謂。固無所礙。今爲隨順兩種稱謂。故標爲善財龍女洞云。

法華洞　在几寶嶺東天門下。洞凡數十處。方圓巨石。自相累架。有嵌空刻露。傴行可達者。有寬廣如室。中奉佛像者。有上豐下削。泉涓滴自石罅出而下注爲池者。山中洞壑雖多。層複幽奇。惟此爲最。平曠處多構茅篷。一篷一僧。日事焚誦。饒有靜棲之樂。（舊志 採訪）

淸萬言詩。天地有山川。示人文章樣。近文日膚陋。山川靈豈讓。良由士不學。聞見只閭巷。胸中邱壑少。筆底煙雲障。我來滄海外。到處得心曠。尤奇法華洞。不可說名狀。東西二三里。上下百千嶂。巨石削不成。細石出磨鍚。穿處等戶牖。坐來卽牀帳。稍有空闊地。架樓供佛像。側出望旭亭。當前海萬丈。安得及五更。紅輪黑中漾。

●漳浦·洪陳斌詩。遊山須選峯·峯峯必造極。試問何處佳·法華最奇特。開豁發精神·幽邃引胸臆。上下巧穿插·東西任眺陟。高瞰不疑危·深入鮮僻仄。徑多曲而通·泉香深且湜。老樹薜蘿扶·千株絕荆棘。小閣懸無腳·孤亭俯垂翼。欲雨見雲根·侵晨收旭色。我擬作斯圖·世無妙筆墨。頗疑混沌初·鬼工肆深刻。●鄞·張超宗詩。雨晴春色滿巖前·散步尋幽小洞天。忽訝山空通碧磵·旋經石室接清泉。昌黎只解稱盤谷·摩詰徒能畫輞川。試問法華如可借·便須從此謝塵緣。●上元朱緒曾詩。雕鎪萬象結星胎·兜率天宮戶牖開。靈隱寺峯纔一角·西湖鷲詫說飛來。●釋來向詩。別是一天地·蒼茫入望間。白雲翻石浪·青靄斷松山。徑陡扶藤上·林深撥霧攀。洞門塵迴絕·皓髮老僧閒。●釋明成詩。擕笻尋古洞·平挹萬峯頭。樹樹煙中出·山山水上浮。雲深苔徑滑·地僻鳥聲幽。茅屋藤蘿秀·青紅挂老秋。●釋能崙詩。苔徑紆迴雅致多·玲瓏巖洞繞卷阿。方經翠竇當泉石·又見雕窗啓薜蘿。我向此中參七論·人於何處問三摩。同遊喜訂重來約·謂可清心不厭過。●釋維章詩。閱盡名山香刹界，惟於此地獨鍾靈。空清不亞神仙府，轉折如翻貝葉經。越過飛梁門戶別，攀來懸磴薜蘿青。盤桓到得峯初半，又見銜題觀旭亭。

朝陽洞　在几寶嶺盡處。複道轉折，層梯而下。洞廣不踰丈，海濤時吼其下。晨間旭光常映其中，故觀旭者多登焉。舊志·海岸梵音。

清許琰詩：洛伽分秀氣，海岸一峯懸。建刹疑無地，穿樓別有天。白知潮欲響，紅見日初然。心境兩俱寂，眞堪靜者禪。●何月生詩：朝朝紅日漾深淵，破曉無如此洞先。莫謂江南春信早，朝陽花木發春前。●釋能崙詩：萬頃潮光湧日光，天吳送景出扶桑。山鐘扣醒塵間夢，海客燒回洞口香。黛色未分籠宿霧，曙暉先已到朝陽。漁舟鈞罷揚帆去，一曲清歌引興長。●釋鐵庵詩：大觀滄海太陽丸，萬里秋光豁目端。玉鑑半開天氣爽，金烏一照地形寬。山山雁渡霜風早，樹樹鴉啼曉月殘。欲繫長繩雖有便，恐昇無上逐應難。

摩尼洞　在天篦石東。舊志

白雲洞　在大雪浪山中。舊志

金剛洞　在雪浪山腰、八卦石下。深廣三十丈、甲於諸洞。舊志

寶塔洞　在後東天門左、不甚深廣、上刻寶塔七層、故名。舊志

觀音洞　在梅岑後。一說石室之大者、當推是洞、香火亦稱盛。舊志採訪

清許琰詩　地勢磨旋海、巖形笠覆僧。路危侵葉過、嶺峻挾雲登。鳥向歸龕佛、龜呼上岸朋。不因留聖迹、雕鏤恐無能。

蓮臺洞　在功德嶺下、孤石橫峯、狀如片雲、下有洞。其巔平廣、可登眺東海。舊志

梵音洞　在青鼓壘。與潮音洞東南相峙、爲靈壤之眉目。洞口峭壁危峻、高三四十丈。陡劈兩崖如門、色青黝。距崖前數丈、架石甃臺、臺下屈曲通海、潮水激蕩、聽者悚慄。凡謁洞者、先至崖頂、紆迴隨磴而下二三百級、始至臺上、得面崖禮佛、求現。然禮者甚衆、而所現佛相、則言人人殊、即一人亦常隨睹隨變、莫可名狀。清康熙三十八年、御書梵音洞額賜挂。五十五年、滇撫甘國璧遺人賫金俾法雨寺住持

性統，在臺上架二層。上奉菩薩，下供人禮拜。雍正九年，又賜帑重建。（舊志，海岸梵音。）

淸秀水，劉廷謨詩。高崖絕磴勢穹窿，峭壁平分浩渺中。色相儼然波接引，灑來花雨化長虹。●許琰詩。海岸窮危磴，懸梯俯石矼。洞從天半劈，潮向閣陰撞。浩月浮金鉢，閒雲宿寶幢。睇觀千百丈，眞覺毒龍降。●孫渭詩。補陀山左澗壑深，懸崖拍浪峯岈嵚。歷級下上四五折，手捫足躩時驚心。水石搏激無晝夜，不斷轟雷成古今。何年斧劈兩壁分，日暮風雨蛟龍吟。洞門直下百千尺，望之杳冥生寒陰。霞光倏眼照石壁，俯首瞥見觀世音。石欄匍伏歎靈異，儀容端靜披紅襟。有時鸚鵡鳴洞口，視之未久無追尋。●富沙方允猷詩。想像如來極目希，梵音靈洞得稀微。水簾半捲黃金面，寶蓋深籠翠柳衣。潮鼓盡成仙鼓樂，山光俱是佛光輝。忽然一陣香風起，疑見雪花鸚鵡飛。●天都吳崧詩。山水多奇緣，況復挾勝侶。磴道穿梵音，上下身傴僂。夾壁自摩天，未闢五丁斧。憑欄窅然深，滄海一壑貯。雪噴萬古雷，簾捲四時雨。掀髯一老人，白皙半可覩。倏忽妙色相，莊嚴手揮麈。冉冉下金身，觀者蓋如堵。長干湧浮圖，瑞靄千絲縷。自謂最靈既，對此難比數。浩蕩愜幽懷，翰飛出塵宇。●范郊詩。兩之大士所，勤懇鑑初心。一識眞空體，無勞著相尋。靈禽含妙語，天籟發淸音。珍重平生志，難忘此日襟。●邑人韓廷峨詩。我生漫道佛無緣，望到梵音卻儼然。點滴雨疑甘露灑，靈空巖擬法雲纏。輕衫恍惹淸風舞，活象還同滿月圓。更有十分眞色相，添靑半臂畫難全。●沈駿聲兩洞潮聲詩。山北山南午夜傾，靜中呑吐各分明。時人著眼知音少，試問聲從何處生。●釋超眸詩。買得扁舟到洛迦，羣峯日日繞煙霞。乘雲已上磐陀石，躡屩還過千步沙。頻禮斷崖思現相，卻憐老眼未生花。衰殘不禁忙回首，萬里滄溟水一涯。●釋能崙兩洞潮聲詩。東望汪洋萬馬奔，潮回兩洞撼晨昏。天窗屹屹通蛟窟，石甃嶙嶙控海門。浪破長風飛寶筏，波搖片月洗靈根。洪濤聲裏聞仙籟，震及雲山億萬村。

洛迦洞　在梵音洞西，石峻竅深，洞腳插海，人不可到。結茅石上者，架古木，皮蒲團，如鳥巢懸綴，濤端惴惴恐墜也。舊志

平天洞　在茶山北盡處。舊志

古佛洞　在後山。有苦行僧仁光。蛻化而軀殼不壞。其徒泥漆裝金。供奉洞中。海岸梵音

彌勒洞　採訪

釋通樹詩。自到長汀後。何年出定關。度生生自度。且向洞中閒。

靈佑洞　在梅岑庵。吳瞻泰題名。採訪

小山洞　在伏龍山下海中。潮落可以直去。在白華頂望之。伏龍山如龍。小山如珠。肖極遠望之。如貯石盆沼。玲瓏可愛。潮落時。由積沙中約三百步。即到沙間之石。白如蹲虎。青如伏牛。歷歷可數。登山之道。紆曲上坪。坪不廣。高數級。三面瀕大海。俱崇崖峭壁。鉅石累空。若委若墜。最高一石有穴。名小山洞。洞下有石。石中又有洞。如層臺複室。危不可到。從石峻處。俯瞰洞根。深數十仞。潮水或不能至也。石罅古木嵌生。山茶冬青黃楊沙棠之屬。百數十本。丹茶尤多。大者一二百年物。鬱葱虧蔽。遠波漏光。怒濤騰雪。蔭木坐石。迴非人世。覺從前經歷洞府。尙塵囂矣。其山

有二茅篷。一名小山洞。非潮退盡·不能往來·洵屬靜境。然人心不古·近來每有暴客·搶劫斗粟尺布·或至拷打以索金錢。孤僻住靜·亦甚危險。舊志採訪

沙 共四處

金沙　在龍灣西。路皆黃沙·不著寸土·長數里許。日光照耀·炫成金色。卽經言金沙布地處也。舊志

千步沙　在几寶嶺北。循山爲玉堂街。沿海爲千步沙。自几寶嶺至法雨寺東·長約三里許。沙色如金·略不沾滯。寛坦輭美·又如鋪茵。潮聲晝夜拍岸·來如飛瀑·止如曳練。遇大風激蕩·尤雷轟雪湧·眩目震耳·倐忽詭異·不可名狀。夏日外人遊山者·每浴於潮陽洞西之千步沙中·景致稍遜于此·以其便也。或植立水中·與潮相鬥。或用篼子擡至深處·並篼子擲之。如是互擡互擲·以爲樂。若有大虧心事人·亦有從屈大夫遊者。舊志·海岸梵音·陸寶遊普陀記。

明屠隆詩。黃如金色輭如苔·曾步空王寶筏來。九品池中鋪作地·祇疑赤腳踏蓮

臺。●淸孫渭詩。千步堪留月·祥光散碧霞。遠看金布地·近泛浪成花。水氣雲飛絮·波聲雷駕車。慈航如可渡·此夜擬乘槎。●鄭李起隆詩。午夜波濤去復臨·幾番淘汰見眞心。恆河無數雖云闊·不及滄涯步步金。●釋通順詩。誰把珠沙布得成·傳聞佛步此中行。捲將浪影千尋白·鋪就潮痕一片淸。不管晴陰雷慣吼·纔交子丑日光生。想來淨土貪癡淨·滿地黃金卻不爭。

塔前沙　在多寶塔後。後俗呼訛作前。本俱沙阜·浪濤衝洗·沙去石存。巉巖聳峙·有若刻鏤·亦若幻設。舊志採訪

龍沙　爲普濟寺之靑龍·故名。飄沙累積·高丈餘。其閒古木怪籐·幽花異草·森陰馥郁。與飛沙龍灣又異。舊志

隩 共六隩

飛沙隩　在八仙巖西。相傳昔爲淺海。明初賈舶猶避風其中。後飛沙日積·漸成邱阜。今則高積如山。自東至西亙三里·廣半之·曠無草木。履之輒陷。風起時·沙又飛

湧・踰時即能沒踝。有僧爬去之・以便行人・爲適茶山者之要道。今又成平地・不似三十年前之不爬便難行走矣。舊志採訪

梵隩　在梵山中・俗呼搗飯隩。舊志

雨華隩　在雨華深處。舊志

吉祥隩　在梵隩西。舊志

後隩　在茶山背。曠土多田。舊志

虩虎隩　在天竺山下・潮吼如哮虎・故名。舊志

灣　共五灣

龍灣　在梵隩東・地無土・積沙成阜。舊志

司基灣　在南山西・白華峯之嶠也。舊志

按清康熙二十七年・設寶陀巡檢司・雍正二年裁。灣名司基・其即寶陀巡檢司之遺址歟。

幽靜灣　在金剛窟左。兩岸怪石森列。巫山上瞰。境尤佳。舊志

青石灣　在飛沙隩左。海岸皆沙。獨此積青石纍纍亙百餘丈。形如鵝卵而大。遠望如堵牆。風潮激盪。亦不散沒。近山居民。經年常挑。亦不見少。此亦不可以凡情測者。舊志採訪

梅灣

明。屠隆。梅灣春曉詩。梅尉丹鑪火不溫。疎枝淡月島煙昏。只愁海叟吹龍笛。攧落羅浮萬樹魂。●李桐詩。萬樹梅花開滿灣。冥濛春色駐枝閒。回思仙尉成丹日。開落隨時待九還。●丹陽丁鴻陽詩。扶桑旭日射朝霞。春入疎梅瘦影斜。一自星龕依雪竇。只今錯認是曇花。●釋明慧詩。梅花萬樹滿前灣。仙尉於今丹竈閒。春色自來還自去。何曾一片落人間。

三摩地　在普濟寺西。嘉木蕭森。甘泉清冽。爲寺西最勝處。實則卽指全山而言。梵語三摩地。亦云三昧。此翻正定。正受。謂境地清淨。堪修正定。堪得正受。正受者。卽

修正定所親得之正道也。故董其昌于道頭路口、題曰入三摩地。謂從此道而入、無一不是三摩地也。若認作一境一區、則呆矣。舊志採訪

澗 共六澗

東澗、西澗、中澗、俗亦呼溝、俱在茶山中。山分三大支、界處俱有溪澗。闊至尋丈、狹亦數尺、架石橋略彴以通往來。清泉響流、古木繁蔭、奇石縱橫。其際經遊至此、幾忘身在海島中矣。舊志

青玉澗　在光熙錦屏諸峯之下。出法雨寺前、環抱若帶。其下碧石瑩燦、掩映清流。水石相觸、漱珠噴玉。洛迦溪澗、此爲冠矣。舊志

清裘璉詩、一澗冷冷澈底清。鏡人心影得嘉名。誰言觀海難爲水、雨後飛泉十丈贏。

澄靈澗　在圓應峯下、繞舍利塔北流、故名。舊志

雪浪澗　在雪浪山下。舊志

泉 共十泉

龍泉　源出錦屏峯麓，入法雨寺東祖堂下，從巨石罅中迸出，而蓄之池。清冽異常。雖旱不竭。鐫有龍泉遺石四字。近因擴祖堂基，遂湮沒之。舊志採訪

菩薩泉　在普濟寺左香積廚外，方廣丈許，澄泓窅深。色如拖藍，味甘冽，寺衆千餘人，日汲不竭。舊志

菩提泉　在普濟寺右山麓，禪堂西，方數丈。色白如玉，掬飲清芬，旱乾不竭。舊志

眞歇泉　宋僧眞歇駐錫是山，鑿石出泉。起遣後不可考。清法雨寺住持性統，見白華主人，啓石得泉，史浩篆碑猶在，作偈紀之。許志

釋通樹詩始倡宗風地，人名泉亦名。洪濤千萬頃，何似一泓清。

三昧泉　在永壽橋南，舊甃方池，蓄之周廣丈餘。今漸淤，僅爲一潭。以傍路，故水亦不甚潔清矣。舊志採訪

活眼泉　在息耒院內。清普濟寺住持通旭，治退居之室，得泉，飲之而甘，故名。舊志

八功德泉　在妙莊嚴路西。遇旱祈雨、請三昧於是泉、不往別所。今在三聖堂內。八功德者、乃西方極樂世界七寶池中之水。一澄清異此方渾濁。二清冷異寒熱。三甘美異鹹淡劣味。四輕輭異沈重。五潤澤異縮腐褪色。六安和異急暴。七除飢渴異生冷。八長養諸根異損壞諸根及沴戾增病沒溺等。明萬曆間、僧大方結茅於此。嗣後張隨、党禮督造前寺藏殿、閒遊於此、飲水而甘、幷聞雖經旱潦、水不增減。寺中祈雨、取水於此。遂捐資修三聖堂、而名其泉曰八功德。蓋擬以極樂世界七寶池中之水也。舊志採訪

滌心泉　在道頭瀕海。潮漲若欲沒然。水清味甘、挹之不竭。舊志

靈一泉　在故育恩院西、磐石上有水穴、盈尺、清泚可掬。陸寶遊普陀記

功德泉　在蓮花洋畔、關聖殿左。清信商李才官建以濟衆。秦志

按普陀孤峙大海、爲斥鹵鹹墳之區。而山中澗泉獨味淡而潔、瀹茗烹茶、不遜江心峽口。山僧多用巨竹爲筒、引行數里、入香積廚以供用、省取汲之勞、無旱

洄之虞。舊志謂非惟造化之奇，抑亦聖靈之澤，洵然。

潭 共二潭

龍潭　在潮音洞口。舊傳娑竭羅龍王居此。興雲吐霧，常著靈異。舊志

龜潭　在茶山中近飛沙隩，深碧汪泓，旱不竭，潦不泛。相傳龍種居此。舊志

明屠隆龜潭寒碧詩：清江使者夢冥冥，五兆空嗟朽甲靈。豈是來遊蓮葉上，水天霧冷月痕清。

井 共四井

葛洪井　在烟霞館側，甃池方廣丈許，相傳葛仙翁煉丹之井。繞霤涓涓，日夜不息。色湛碧而味甘鮮，嗽之清人肺腑。舊志

清萬言詩：丹竈無存汞已灰，一泓泉水碧山隈。須知當日乘槎意，不爲求仙海上來。●邑人包九圍詩：泛海投簪一葉輕，求仙恐似强安名。空傳一句巖間水，照見當年心地清。

仙人井　在几寶嶺下。從嶺麓下坪・低丈許。自坪東折・低又丈餘・有石窟・中有孔如斗・即井也。其水・雖大旱大潦・了無增減・色味甘潔・洵爲第一。窟中寒氣侵人。雖酷暑不可久居。稱爲仙人井者・子眞・稚川・不可得而辨之矣。舊志

清裘璉詩。壽春仙尉早忘家・避地終浮海外槎。一斛澄波贏萬頃・至今猶宿漢煙霞。●徐載陽詩。新室衣冠視若泥・飄然浮海鑿山池。丹成跨鶴歸何處・想見清泉對月時。●清光緒二十九年・癸卯春・僧戒如砌井・功德碑記。圓通大士・永劫常住此山。超塵仙人・不時安居斯地。雖像教未至・凡俗莫覩乎慈容。而應身所居・仙眞恆瞻夫佛日。故秦之安期生・漢之梅子眞・晉之葛稚川等・悉皆寄寓茲山・修眞養道。所飲甘泉・名仙人井。及至梁貞明間・始建道場。則大士宏慈・由天章而廣被仙人古迹・隨佛法以流傳。其井前鄰大海・上覆土窟。入地丈餘・從下湧出。極旱不減・大澇不增。酷暑則涼・嚴寒則燠。質沈重而清澄・味甘美而潤澤。信士飲之・多愈沈痾。故閩粵吳楚之朝禮此山者・必瓶貯攜歸・以爲法藥。若非大悲法水・從菩薩大

慈悲心中流出。俾飲者近愈疾病。遠證菩提。其能靈驗遠著之若是耶。四明杏村干居士來山進香。飲水而甘。詢其名義。稱歎不已。遂愷然施資。命衲經理。用石砌井。兼鋪井道。上建一龕。中供大士。左奉龍王。右安仙人。欲後之取此水者。行清淨道。徹法源底。見觀音于當處。培佛種于將來。醍醐入口。疾病離身。心地清涼。永無熱惱之逼迫。前程遠大。常登仁壽之康莊。故爲略敍顚末。勒諸貞珉。

梅福井　在梅岑山椒相傳井水洗眼。能令眼明。陳慶槐借樹山房詩鈔

金沙井　舊呼龍井。在普濟寺方丈後。舊志採訪

池 共七池

海印池　在普濟寺前。奉川戴澳題。亦名蓮花池。亦名放生池。以種蓮放生。故有此二名也。海印者。蓋取大士所證之理。如海印發光。所應之事。如月印江海之義。以名之也。廣十餘畝。東西各建築橋堤。畫分爲三。舊稱清波如鏡。林木倒影。窺之如畫。今則東西兩池。淤蕪已甚。有賴濬治矣。舊志採訪

清奉化鄔景曙蓮池夜月詩。水滿波澄月色明。幽香遙拂晚風清。忽驚身在蓮花上。更待何年說往生。●釋德介詩。梅岑沼內荷成樹。紅白相兼密無數。當時遺戍及茲山。根蒂無存棲白鷺。十年得復返山廬。亭亭發育仍如故。是知劫運轉滄桑。有根爭似無根固。蒼穹宏被豈尋常。珍重花神惟養素。故人邀我入香風。幾欲隨流乘杯渡。松濤謖謖空谷中。默自躊躇終懶步。寄語海南學道人。好向池邊覓歸路。●釋能崙詩。一鑑池開十畝蓮。亭亭翠蓋擁羣仙。賞心最是源泉滴。清耳無如天籟宣。好句吟成花亦笑。禪機悟到月初圓。歸來兩袖沾香露。猶是依依不肯眠。

按康熙縣志云。池產白蓮。舊志亦云。東西兩池產蓮。盛時並頭五色競開。寺僧據以占休祥。今荒蕪失治。唯中池尚可彷彿昔年。而東西二池則全成草萊矣。

光明池　即慧泉。在潮音洞。明正德間。太后遣使禱取以療目疾。因名。今一泓依然。水又清碧。紫竹林之汲飲賴此。舊志採訪

翦鑑池　在白華庵內。僧朗澈所鑿。方廣數尺。泉清味甘。荇藻幽徹。明華亭陳徵士

繼儒題名。舊志
明陳繼儒贊。俗侶去。閒雲留。水洗耳。石點頭。朗和尚。百無求。●張瑞圖贊。泓然而止。廓然而虛。不取於相。如井覷驢。中有金鱗。破網而出。雲行雨施。非池中物。

蓮池　在法雨寺前。清光緒十八年。住持化聞濬。中界海會橋。橋東池周圍四十三丈四尺。橋西池周圍四十三丈六尺。採訪

月印池　在悅嶺庵山門外。採訪

洗心池　在磐陀庵山門外圍牆內。廣約數畝。形如半規。四圍甃以石。中蓄雜魚。倚欄俯瞰。水碧魚牣。頗饒勝致。住僧善章濬。採訪

育龍池　在法華洞巖石下。巖上鐫是額。巖下石窪若潭。周廣不尋丈。澄波泓然。旱暵不竭。雜木倚巖。偃覆陰森。睨其旁者。雖盛夏不覺暑氣之侵入。

境　共四境

清淨境　即指全山而言。非另有特別之一區。詳觀宋文憲公清淨境亭銘序。自寶

陀寺，敍至潮音洞。由潮音洞，至磐陀石。又西折爲獅子峯，象巖，佛手峯，三摩地，歷敍其巖峯洞石等種種形狀。蓋指所遊之全境而言。故劉君謂寶陀主僧行丕曰。此清淨境也，盍爲亭于是。丕師乃建亭於寺之南嶺上。從衡各三十尺。左倚山，右入潮音洞，可以想見其亭之在潮音洞上也。此明洪武三年事。時後山尚無道場，故不說及。歷來多認做另有一特別之境。致徧遊全山者，尚憾淸淨境之未得一觀也。（清淨境亭銘，具卷七營建清淨境亭條。舊志採訪）

藤蘿境　在磐陀石東。幽徑縈迴，奇巖壁立。上多古藤，翠蘿，鬱葱蔓繞。海天溋漾中，另一境界也。（舊志）

空有境　卽無畏石。（舊志）

西方境　卽西方巖。（舊志）

附錄（共十處）

洛迦山　海中懸島，在普陀洛迦山東南。凡朝山禮佛者，必兼謁是山。有庵四。曰

妙湛日圓通日觀覺日自在香火亦稱盛其下爲洛迦門舟楫之往閩廣外洋者必經此。舊志採訪

明僧隆洛迦燈火詩熒熒一點照迷津光奪須彌日月輪萬劫靈明應不滅五燈傳後與何人。

按是山爲普陀洛迦之別一山舊志所謂小洛迦者是也地雖懸海然聖迹所在爲朝山者所爭趨故應列及之。

朱家尖山　在普陀西南海中卽月嶼也山最聳拔故名尖登峯以望開廓心胸普陀僧產多在此以康熙二十三年展復後僧各開墾後蒙免糧全山俱係僧產民國元年俱皆陞科。舊志採訪

順母塗山　在南海中山中亦多僧自開墾之僧產。舊志法產康熙寬免錢糧碑記。

桃花山　在西南海中以安期生灑墨成桃花故名縣志謂山多產茶田頗肥美半爲普陀僧開墾。舊志

葫蘆山　在龍頭山即伏龍山對面。中隔海港。乾隆時·法雨寺住持法澤·報縣。將曠地開墾·以供長生庵齋用。許志

金盂山　在蓮花洋中。亦稱金鉢盂山。明洪武二十年·信國公湯和·徙島民于內地·普陀僧與焉。舟至沈家門海上·忽現一金鉢盂·即此地也。舊志

石牛山　在蓮花洋。南宋中官王貴等·詣山禮佛·未虔。及歸·滿海鐵蓮花·阻舟。貴望山叩禱。隨有白牛浮來·食盡其花·舟始行。牛返水際·化一白石·形仍似牛·故名。亦名石牛港。舊志

蓮花洋　在山之西南。宋元豐中·倭人入貢·見大士靈異·欲載往其國。至洋·滿海生鐵蓮花·舟不能行。倭懼而還。洋之得名以此。舊志

明·屠隆·蓮洋午渡詩。波上芙蕖盡著花·香船盪槳渡輕沙。珠林只在琉璃界。半壁紅光見海霞。●陳朝輔詩。慧日澄圓覺海中·白蓮香滿獻花風。何人不道天香杳·已自樓船面面通。●清王昌科詩。漫道觀音色相空·鐵蓮花放滿江紅。從知佛力

洪無量，海國於今瞻拜崇。

新羅礁　在西南大洋中，石牛港口。即日本僧慧鍔觸舟禱佛處。舊志

善財礁　在潮音洞前海中，不甚高大。然潮漲足時，亦仍露出。浪觸礁間，恍如小艇投岸。以此山爲善財南詢地，故以爲名。舊志採訪

按此前所載，皆有關係于聖迹，及多普陀僧產之地，故悉列之。餘如東大洋，王大洋等，只取擴眼界者，概不濫登。

明，雲間侯繼高遊補陀洛迦山記。補陀洛迦山，在海岸孤絕之地，爲觀音大士說法道場。自唐以來，崇奉恐後。余世家海上，少小時，聞長老言，輒心慕之。及膺世資，奔走不暇，自謂佛地無緣可到。往歲猥蒙聖恩，濫鎮全浙，春秋二汛，提師督哨，涉歷海洋。遂於丁亥之春，肅謁大士於寶陀禪寺，願慰平生。歸欲搦管記其事，錄錄未遑也。茲歲春，復當大汛，乃於季春甲申朔，考鉦戒行。乙酉出蛟門，過金塘，晚抵螺頭港，參戎吳君亦帥舟師來會。詰旦抵舟山，與吳君入城一閱。丁亥過青雷頭。

自青雷以前、千山萬島、莫可勝記。又前爲石衕門、數峯崛起。潮汐經流、旁午其中、爲十六門、故又呼十六門云。我舟從中門行、廣僅可容偪船兩旁石齒齒列、亦險要處也。戊子出沈家門、風雨交作、舟不能前。己丑昧爽、風頗利、航往如駛。須臾過蓮花洋、即抵補陀矣。由短姑道頭、從陸行二三里、至寶陀禪寺、瞻禮大士。於是縱步遐矚、峯巒錯峙、若起若伏、雲霞往來、頃刻變幻、目不暇接。寺前累石爲浮圖、曰太子塔。蓋元元統中、宣讓王施鈔所建也。由塔而南、徧地黃沙、即所稱金沙灘、菩薩示現之地。相傳爲紫竹栴檀林者也。又約三里許、至潮音洞。洞石巉巖、正瞰大海。巔有穴、可俯而窺。波濤澎湃、激入洞中。或如洪鐘忽扣、或如猛虎怒號。舊有殿宇橋梁、可以瞻禮、今皆廢。其右爲善財洞、巖有罅、窺之窅莫可測。相傳二洞中菩薩示異、秉誠叩禮、往往多見之者。余愧武人、未離火宅、中不敢妄覬。遂復折而東。又三四里、曰千步沙。有僧大智、自五臺山來、卓錫於此、結庵以居、曰海潮庵。有樓開牖視之、則滄溟灝瀁、近在几席、而濤聲訇磕、震應巖谷、超然塵世矣。庵之後山頂有泉。貫竹引之・瀹茗味殊甘冽。已而日沈沈向暮・遂返舟中。往余得吳道子所繪大士像・質素而雅。近又得閻立本所繪・則莊嚴而麗。二人皆唐名手。余幷勒之於石。明發復詣寶陀・植碑於前殿之中。於是再遊磐陀石。石平廣・可容百餘人。俯枕大洋・可以觀扶桑日出。寺之西偏石壁旁起如扉・曰天門。由天門而入・曰三摩地。其下亂石離立・巖洞嶔岑・奇形詭狀・卽良工不能摹也。寺之深處・有眞歇石・蓋眞歇了禪師修道之所。眞歇之前・突然一石・名無畏石。形雖方廣而攲側・若傾險峻・莫有躋之者。獅子石・卽在其旁。其他若正趣峯・靈鷲峯・觀音峯・皆望而覽之・不能盡陟而補陀之大槪盡此矣。嗟乎・金仙靈異・示現於梅岑者・千有餘年。歷代崇奉・愈久愈盛。一旦東夷不靖・竟爲鯨鯢窟穴。當事者遂奉其像遷之招寶・而悉燬其廬。殆佛家所謂劫數者非耶。尙賴君相威靈・廟堂碩畫・島人殄滅・海甸肅清・佛法常明・敎不終否。於是嘉隆之閒・有五臺龍樹寺僧眞松・飛錫而來・大倡宗風・復興勝果。邇年以來・大倍曩昔矣。恭維我聖母慈聖皇太后・刊印藏經・幷範金爲像・

繡綵結旛，命太監張公，少監孟公。齎捧敕書，賚錫於茲。煌煌寵命，悉勒貞珉，猗歟盛哉。雖然，衣袽之戒，復隍之虞，聖人垂訓，至深且切。吾輩世受國恩，職司戎務。其可不兢兢惕惕，夙夜靖共，以無負國家設兵爲民之意歟。庚寅復出外洋，抵桃花山。欲訪安期生煉丹之所，人無識者。余乃復乘走舸，偏歷山外大洋而返。辛卯，余有事，欲暫歸闕上，遂別吳君。壬辰挂席抵招寶，癸巳入鎭，治庭前人散，援筆書之，爲遊補陀洛迦山記。時萬曆十六年戊子季春十日。

鄞，屠隆，補陀洛迦山記。東海補陀洛迦山者，釋言海岸孤絕處。又言東大洋海西，紫竹栴檀林，華嚴言，善財第二十八參觀自在菩薩圍繞說法，蓋震旦中國第一道場也。由明州城，桃花津，六十里，至候濤山下，是爲海門。東航海，抵翁洲，洛迦山周圍百里。四際無岸，孤懸海中，穢土劫塵，邈焉隔絕。遠近諸山，大者如拳，小者如栗。三韓日本諸島，青螺一抹。杳靄煙際，乍有乍無。微風不動，天鏡涵空，澄碧萬里。驚飆下撞，洪濤上舂。銀山雪屋，簸蕩天地。五更望日出扶桑，巨若車輪，赤若丹砂，忽從海底湧起。赭光萬道，散射海水。奇鮮煜霅，晃耀心目。吳淵穎謂，空水弄影，恍若鋪金，僧伽黎衣，尤極形容奇哉觀也。山上寶陀禪寺，奉觀音大士。上自帝后妃主，王侯宰官，下逮緇侶羽流，善信男女，遠近纍纍，無不函經捧香，摶顙躡足，梯山航海，雲合電奔，來朝大士。方之峨眉五臺有加焉。江津海浦，風濤覆舟，哀空佚酹波臣，無時無之。獨洛迦慈航，乘潮穩渡。開山以來，絕不聞有顛危之險。自非聖力默持，慈心垂佑，胡能然矣。而衆生之朝禮皈依者，往往示現金身瑞相，白衣縞帶，雲幢寶珞，香花勝鬘，時時有之。唐宋累朝，咸知信向。至我皇代，益以尊崇。今上奉聖母皇太后命，印經範像，宣揚教典，穆哉盛矣。夫大士道臻無上，因權度化，義密教深，見聞之妙。如響觀成，機熟耳目之用盡融。譬之萬波，散派元無萬波。千月分光，止惟一月。嗚呼，虓猛獷悍，王化之所不能伏，而慈氏攝之。蔽錮昏庸，師儒之所不能誨，而如來導之。十方仰賴，萬國欽崇，夫豈偶然之故哉。

鄞陸寶遊補陀記。補陀為震旦名山之一，孤懸海中，水鄉衣帶，殊不遠。徒以鹿鹿塵鞅・守株繫匏・未始向若而問津焉・不幾負盧敖汗漫耶。今春二月・風日晴美・思得乘流縱棹・作三十年未了緣。遂於月之戊申・日上春・發北郭。是日頗暄・江干新柳被堤・纖腰欲舉・澄波縈帶甚佳。沿洄六十里・至蛟川・夜泊小港。眠未定・舟中告言勃谿。揚帆進棹・勢如雷動。漏下四鼓・泊金塘。次早起・觀海日出・空濛鏡光忽躍。午發舟・以風駛不得入翁洲・從曹家洋徑渡。晚泊十六門・月色陰晦。子刻復發舟・風掀浪播・從黑甜中・行數十里・渡蓮花洋。志所稱鐵蓮滿海者也。昧爽・泊金鉢盂山・望補陀・如在眉際・恨不能褰裳涉之。時天雨如注・上漏下溼・幾以篷窗爲甑。傍午抵山・衆僧林立祗候。余挾兩蒼頭委蛇而行。度白華嶺・夾路多桃花・閒以雜樹。輕紅淡碧・相錯如繡。行二里・嶺盡・爲蓮花池。東爲放生池。環池植柳成行・蕭疏可喜。池中皆白蓮花。時尚未著蘤蕚・枯莖戢戢・如葦林。池上跨以大石橋・修廣百武。過橋歷數石級爲寺門・榜曰・敕建護國永壽普陀禪・寺・蓋上命也。時雨勢驟急・余衫履半沾・足力甚倦・遂止宿白衣殿。是爲月之十五。次日庚戌・始登殿肅禮大士。

緇素千人合十胡跪、幾無置足處。殿後拾級而上、傑閣五楹。貯今皇帝及聖母先後所賜兩藏經、梵字金字經附焉。再上爲景命殿。小憩東方丈、住山性海來會海公字無邊。余戲謂是覺海耶、苦海耶。旁一客曰、回頭即覺矣、因相與大噱。從方丈折而東上、爲煙霞館、有懷闕亭、苫茅爲之。復下觀香積廚。再下爲齋樓十三楹、可坐千人、亦壯觀也。是日雨乍淋乍歇、山腰著霧如巾。巳刻稍霽、即披衣納屐而行。歷寺西數十武、彌望皆菜畦麥隴。折而稍北、路漸陟漸佳、長松離立如人。路旁多樹木爲柵、幽篁掩映、仰不受日光。忽有小塔卓地、雙扉隱隱、自籬落閒入。客曰、此金剛窟也。窟負一大石巖、形如覆盂。窟前後廊百武、冠以岑樓、四窗楞楞、峯黛可挹。輕飆行竹樹中、如琴筑遞響、余顧而樂之。有僧雛薦香茗一啜、至盡別去。經淸籟庵、啓後閣、看玲瓏石。石皆散布林閒、有聳有仄、有搴有伏、不住一相。石上多有雨點霜痕蟲涎鳥迹、羃以修藤、五色斑斕、如花幢繡蓋、頓覺太湖靈壁之勝、移作耳目近玩、爲之暢然。一食頃至西天門、絕壁相夾、中僅容一人、危石橫亙其上、須傴僂乃得入。直上爲圓通庵、有藏殿址。稍西有石兩片、竦特干雲。題曰不二石。過此、則修竹庵矣。庵居萬竹中、密陰濃翠、時時披拂、軒楹與塵世迥隔。已從庵背小徑下、仍行竹閒。歌古詩竹徑通幽處、不覺擊節至再。因以其閒問娑羅庵、再度一嶺、爲梅灣、是梅子眞修煉處、有丹井。迴公誅茅其閒、名梅福庵、余謂先賢名不宜直述。因取孟亭之義、易爲梅仙庵、題額而去。里許、遂至磐陀石。石陡起三十尺、兩石相累如盤、下銳上廣、縫中可以引綫、亦一奇也。余躡竹梯而上、時惟二客從焉。僕夫俱狼顧返走。余因得縱覽海外、若翁洲、若桃花、馬秦、珍錯碁置、蜿蜒巨浸中、如渴蚪欲飲。驚濤忽張、衆山俱動。又如駕六鰲而排風、良可喜愕。傍有二石、如龜一蹲伏巖上、一蹴躋而登、作巢蓮狀、甚肖。自磐陀石折而南下、直百級、爲觀音洞。洞在四山中、嵌空刻露、有石骨倒懸拄地、四周可環而走。恨僧徒增設堵牆、洞遂黝黑、又無炬火、絕不見垂雲倒浪之奇、大爲此山缺陷。還尋林樾庵、會詩僧蓮區。出庵循鳥道、歷西方境。踏積翠而東、忽有石屏昂立道左、客大叫爲奇。稍轉見累石無算。大者百堵。小者盈拳。高者陵蒼蒼、下者傍腰及趾。攢聚獻狀、出奇無窮。爲蜃雲、爲鯨波、爲空中樓閣、爲千花塔、爲九蓮臺、爲赤城之霞、峨眉之雪、光移影奪、不可凝視。余從石林中宛轉。目左右應接、毛豎膚栗、屐齒迅不及停。客復連叫不絕。始知玲瓏石所見、僅豹文一變而已。石壁多有鐫刻、甚漶漫獨天柱峯三字、差强人意。稍上爲育恩院、楊都護所創。曲房小閣、制甚精楚。院西靈一泉、磐石上有水穴盈尺、清泚可掬。時漸昏暮、月初升海嶠、微雲點綴如五色紋。急曳杖東歸、露瀼瀼已墜襟袖矣。還至寺門、月色甚朗。余縱步蓮花橋、見東北最高頂、一燈熒熒如明星、轉瞬漸大。金光萬道、散射羣峯。奇鮮昱奕不可名狀。同遊者曰此佛光也。相與歡喜讚歎。遂止宿方丈。晨起小雨、旋霽、乃爲茶山之遊。出寺門東、看渡海紀事碑。折而北、度几寶嶺。下嶺爲玉堂街、可列方軌、無崎嶇登頓之勞。迂道入福源庵、竹色頗佳。再經禪那庵。右數折、登智度橋。有董元宰勸緣碑、筆法秀宕、自是晉人本色。過橋、豎一木坊、爲鎭海禪寺。燬於火、階級柱礎猶存。先聞有十丈傑閣、亭亭逼霄漢而近、金碧璀璨、爲一山冠、惜未之見耳。禮大士畢、僧徒導入西堂、有大智禪師像、清滿具足。讀十大願碑。因思智師以行腳到山、初無一椽蓋頂、不十年、而榛棘瓦礫之區、創爲莊嚴佛國。至勤中使降香、宰官聽法、豈非靈心定力、爲如來之所印可者哉。瞻禮而退、飯於止閣。飯罷、循東道而升。攀崖陟巘、險巇互値。凡十餘里、至朝陽庵。庵據茶山麓、珍木圍繞、綠蔭如城。過此路益陡絕、錯趾益高、余竦身獨上、山童無草木可倚、盡力把滑、始造其巔、是名菩薩頂。俯睇光熙妙應諸峯、累累如杯瓢覆積水上。僧言雖三韓日本、彷彿可指數云。恨是日陰霾、僅見東霍山煙巒一抹。餘者莽莽蒼蒼、空水難辨。頃之、風力愈緊、耳後肅肅如箭、黃霧四塞、張目不見睫、客皆縮脰、乃連袂趨下。過華嚴庵、秀峯院、又過一小院、有僧祇園、稱百千萬劫難遭遇、機鋒甚迅。夜宿慧濟庵、殿廡宏壯、他處莫能及。明發寒甚、至被褐煨火。從庵左循牆北行可里許、山脊忽斷、一綫直下、如懸梯千餘級、稍駐足、復疾馳數轉。煙深草茂、石勢齒齒來嚙人、蹭磴五里、乃至宋公靜室中、結一團瓢、翼屋一重、位置甚當、繞砌有泉一泓、從石罅出、潺潺作細聲、聞之清快。又折而北、山蹊迴疊、如風中浪紋、乍起乍伏、繞出茶山之背、人迹所不至、即巖岫亦大蕭索矣。行數里、始聞鳥聲、有六七短松、偃蹇石上、如趺坐僧。再一轉、忽見長松千頭、彌山被谷。松下飛泉數道、淜裂石壁、聲噌吰下注、紘張磬戛、與松籟相和。余字之爲響水崖、從此編篷結屋、可十餘處、皆平平無奇。又闌入沙磧中、磴道絕級、捫蘿禹步、下及山之趾、則龍樹庵矣。庵背山面溪、儘饒幽致。復上至鎭海寺、看飯僧。僧俗幾六千人、朗朗誦佛號。杯羹盂飯、平等共飱。看畢出寺、別取徑東下、是爲千步沙。沙色布地如金、略不沾滯、寬坦輭美、又如鋪茵設席。沙際海濤上舂、無風自雷、亦一奇也。又南行觀仙人井。一坎窅丈餘、水甚清冽。復取故道、歸宿白衣殿。次日甲寅、爲月之十九、俗傳大士降誕。拈瓣香上殿頂禮、遂爲潮音洞之遊。沿放生池東行數十武、觀太子塔。元宣讓王所造。凡五層、頂高十丈、礱琢太湖石爲之。有菩薩龍天像、精巧絕倫。轉而西南、歷小坡、爲普同塔、欄砌甚工。下入塔院、訪西僧。僧貌蒼儉，用梵語誦尊勝呪一過，亦不甚辨。再上爲栴檀嶺，問紫竹林，林已失其故，惟荒藤剝蘚存焉。從此出而並海，登戒捨身亭，觀無梁，鐵瓦，琉璃三殿址，遂至潮音洞。洞旁奇石四布，無寸木尺土。中忽分坼，如人張兩頤。洞腳斜插海底，潮聲晝夜來撞擊，如獅吼鼉鳴。潮音之得名以此也。上有通穴天窗，余伏而下窺，則洞中石色紫絳，多作鳥篆龍文。洞口有物，橫亙如闌。僧言是估客所布大士橋。凡百日，爲海風飄墜云。頃之，忽有蓮花二莖，湧出波面。冰蕤玉質，瑩徹分明。豈白衣示現之兆耶。乃知志所稱七寶雙牙，亦不盡誣也。洞前爲娑竭羅龍宮。余因而問所謂毛跳石，求現臺，不過岩崿中小小示異者耳。西有善財洞，以南詢得名。石坼處差小，亦深窅不可測。崖上珠泉滲滴不斷，可取療目眚。是爲菩薩泉，或曰慧泉。自潮音洞，越石塹而西，平沙曼衍，中爲淨土庵。庵正對蓮花洋，景甚空闊。是日有戈船千艘，蔽空而進。碧油紅幟，星分鳥張，與銀屋雲山相絢發，眞不減橫槊賦詩景也。觀罷，復陟一小嶺，由閒道趨總靜室。是夜宿修竹庵，擬觀旭會雲霧不果。乃秉燭辭大士。出天門・還經白華嶺・入白華庵・爲昱光和尚手創。朱扉畫壁・種種佳麗。庵後依山結小茨・有青石數片・可撫可踞・得與韻士高衲・披襟長嘯・謖謖當松下風・亦一快事也。半晌潮平・遂乘舟而返。東風借便・一晝夜抵郡城矣。是遊往返八日・舍筏攜筇・幾盡一山之勝。獨淸淨亭・有宋景濂碑銘・已委之荒煙蔓草而不可入。達摩峯・有松雪題迹・亦倦勤不及登眺。他若大雪浪・小茶山・摩尼洞・惜乎交臂而失之。餘興堪乘・須後舉耳。山靈有知・請無以此謝逋客。

清施世驃禮補陀洛迦山記。自有名山・則有梵宇・金人之夢・玉像之招・所由來矣。竺氏之教既行・其徒侶日益蕃・其所居日益廣・其規制日益恢大。如五臺・二峨・普陀・爲三大士道場・尤其傑出。非大僧禪德・不足以居之。因乎山之靈而益以修其業之淨也。普陀孤懸海表・屢遭興廢。黑山一炬之後・繼以播遷。歷代經營・鞠爲茂草。先將軍襄壯公・仰荷天威・率師致討。海天永靖・澎湖臺灣一平・而普陀宴然矣。皇上齊聖欽明・心源夙朗・精研內典・默契大慈。緇衆許其還山・祇林因而再造。爰有水衡之賚有同善之綸有山僧之召臣民徧德中外從風而閩之文武自撫軍以下爭相崇奉施者輻輳先襄壯以碧瓦進寶坊以艅艎運大木亦一時之盛也辛巳秋余既有東海之役靈山咫尺汎帆直指見兩寺鼎新天題照耀頓忘鄙悋生歡喜心展禮訖小憩於留雲之堂揖方丈二公談興廢之由寄今昔之感因知前鎮藍公定令繆君皆從事於茲爲時最久有勤於鹿苑焉今者九河底績聖駕東巡爰遣侍臣瓣香浮海命驃副之宣示皇綸分頒大賚期以鴻工早竣是役也余再過普陀矣以使事在躬一登梅岑之巔自餘溪山洞壑之奇禽魚卉木之細略無所涉惟覩香信萬夫歌堯賡舜梯山航海而至者達於九萬里之表斯亦海天難覯之際會也爲之記

宋臨川王安石遊洛迦山詩山勢欲壓海禪宮向此開魚龍腥不到日月影先來樹色秋擎出鐘聲浪答回何期乘吏役暫此拂塵埃

元吳興趙孟頫遊普陀詩縹緲雲飛海上山挂帆三日上潺湲兩宮福德齊千佛

一道恩光照百蠻。澗草巖花多瑞氣·石林水府隔塵寰。鯫生小技眞榮遇·何幸凡身到此閒。

龜茲盛熙明·遊補陀詩。驚起東華塵土夢·滄洲到處卽爲家。山人自種三株樹·天使長乘八月槎。梅福留丹赤似橘·安期送棗大於瓜。金仙對面無言說·春滿幽巖小白華。

吳萊·夕泛海東·尋梅岑山·觀音洞·登磐陀石·望日出詩。山月出天末·水面生晚寒。扁舟劃然往·萬頃相渺漫。星河自搖撼·島嶼靑屈盤。遠應壺嶠接·深已雲夢吞。蟠木繫予纜·扶桑纓我冠。寸心役兩目·少試鯨魚竿。其一 起尋千步沙·穹石塞行路。怒濤所摐擊·徒以頑險故。卓哉梅子眞·與世良不遇。上書空雪衣·燒藥迺煙樹。玄螭時側行·縞鶴一迴顧。從之招羨門·滄海晝多霧。其二 茫茫瀛海閒·海岸此孤絕。飛泉亂垂纓·險洞森削鐵。天香固遠聞·梵相俄一瞥。魚龍互圍繞·山鬼驚變滅。舟航來旅遊·鐘磬聚禪悅。笑撚小白華·秋潮落如雪。其三明邑人張信遊補陀詩。浮生同一夢，感慨憐我情。文章祗覆缶，鉛槧總勞形。拂茲蘅寶下。陵彼天之層。和風灑雲龍，清樾培佳程。睠言遊仙侶，趣趾成蓬瀛。

新會陳獻章洛迦望海詩。元氣茫茫混太虛，天吳鼓撼蕩坤輿。千年木石勞精衛，百谷波流會尾閭。月下明珠鮫女泣，雪中飛觀羽人居。秋風吹老珊瑚樹，不見麻姑錦字書。其一 一花初起白龍堆，萬騎長驅石壁開。碧海有山都是雪，青天無雨只聞雷。秋高鴻鵠排雲去，夜靜蛟龍出穴來。借問乘槎向何處，五雲咫尺是蓬萊。其二

嘉興陸光祖補陀山詩。天抱琉璃宮，鰲柱不見底。誰騎香象來，明月弄空水。其一 山椒石壁寒，沙岸水痕泐。濤聲日夜喧，禪心自空寂。其二 白馬馱經來，乃在大海外。誰知震旦中，有此無色界。其三 寶殿低秋浪，疏鐘入夜風。身心無處著，始悟本來空。其四

鄞張子瑫遊補陀詩。嶙峋仙界錦城堆，寶樹瓊花面面迴。勢壓海門鰲背重，光搖島嶼蜃樓開。層巒偏向雲閒出，飛瀑全疑天上來。自是修眞奇絕處，何須弱水問蓬萊。

沈明臣・禮洛迦詩。三神山遠不能尋・惟有洛迦名古今。萬里扶桑開四照・九天靈鷲削孤岑。一枝鸚鵡多饒舌・徧海蓮花不染心。謁罷潮音靈洞口・皈依願發晚濤深。

鄞・沈一貫・禮洛迦詩。積水中開梵帝宮・孤帆遠引列仙風。始知四大浮空住・別有三天護法雄。肅拜聖儀明滅裏・回看人世有無中。殷雷頻吼潮音洞・何處西方更發蒙。

武陵・龍德孚・題洛迦。望來鰲柱渺無涯・海上孤懸小白華。說法臺高開寶藏・潮音洞迴湧金沙。扶桑夜沸三更日・祇樹光生五色霞。我亦有冠慚未挂・梅岑何處覓丹砂。

濟南・李攀龍・題洛迦・時寺徙候濤山。洛迦山上古祇林・白馬西來峽口深。月出爾時樓閣影・風還如是海潮音。若非鸚鵡原能語・誰解蓮花不染心。五十三員知識盡・可勞蹤跡問浮沈。

餘姚・呂允昌・題洛迦。絕島波閒渡・空門嶂裏懸。齋廚隨雀至・野衲近蛟眠。叢蔚蘿侵戶・縈紆竹溜泉。玻瓈千萬頃・水月映人天。

管萬里・題洛迦。古佛何年到海岑・紫雲爲幕竹森森。藏眞咫尺蓬萊島・護法莊嚴薝蔔林。風靜磐陀開寶界・日春崖洞湧潮音。頻伽異鳥聲聞切・但說排山地布金。

鄞・李橒・題洛迦。遠闢靈山鎮海東・參差臺殿出寒空。窗臨翠靄晴含雨・岸撼銀濤夜吼風。羈紲自憐留鈍質・皈依尚許悟圓通。霜鐘午夜聲初徹・坐看扶桑日擁紅。

鄞・徐中乾・題洛迦。鯨波浩渺信無涯・帆外名山數洛迦。路入天門淸梵近・僧歸石洞碧蘿斜。暝霞常映三生石・旭日初開四照花。消盡浮生苦海厄・應知功德徧恆沙。其一 晨鐘暮鼓度來頻・雲隱花宮法界新。不但乘危開覺路・直從據險濟迷津。梅灣月碧生寒夜・茶島煙淸遞曉春。更聽潮音如梵語・千秋崩倒渺無垠。其二

鄞・王嗣奭・寄題普陀。幾囘飛目海東頭・天水蒼茫擁寶洲。旭日晴霞金界迥・長風巨浪紺宮浮。雲生磐石空中色・月到梅檀象外幽。寄語香巖問耆臘・前生曾結淨

因不。

鄞・葉舜臣洛迦詩。驅石連鰲事有不・蒼茫天地總輕漚。乘潮夜覺星河覆・破浪時驚日月流。百谷龍蛇歸大壑・空王香火屬孤洲。邀僧施食龍歸鉢・拄杖看雲蜃結樓。老蚌戲珠宵出浪・文鰩吹霧晝迷舟。旁通異域應無數・咫尺神山若可遊。坐看飛仙乘嶠去・行逢老衲借杯浮。如來若許親摩頂・願得誅茅最上頭。

歸安・施敷題洛迦。海嶠東南障九垓・陵空梵宇鏡中開。經函萬卷黃金詔・地迥千重白玉臺。疎磬淸音超彼岸・禪林明月照如來。莊嚴寶藏咸瞻仰・振古乾坤一壯哉。

鎭海・薛三省和家兄寄題補陀。磐陀咫尺幾時攀・惝恍天臨閶闔閒。日濯琉璃明十界・水含宮殿動三山。蓮花隱現搖波白・竹葉參差著石斑。莫道莊嚴消息遠・月明滄海聽潺湲。

崇仁・吳學周題洛迦。水雲千頃極蒼茫・島嶼平吞日月光。紫籜扶疎開竹色・紅衣掩映發蓮香。欲參大士眞空偈，好泛如來般若航。見說九重頒象教，恩波早晚徧遐荒。

鎭海，劉堯賓，題洛迦。龍宮蛟室雪濤堆，倂是空王梵宇開。淨色靑山塵不著，寒光白夜日先來。蓮洋人渡蓮爲楫，雲水僧居雲作臺。到岸了無機事事，沙鷗慣熟也忘猜。

周俊元，題洛迦。突兀千峯望不留，梵宮迴與白雲浮。靈鰲駕日光先到，古洞吞潮響暗流。夜半疎鐘淸帶梵，天中空水碧澄秋。莫言苦海無涯際，彼岸分明在上頭。

鎭海，劉廷璿，題洛迦。妙覺眞如啓法藏，祇園珠樹映扶桑。滄溟四望鋪晴練，燈火諸天燦夜光。人到名山知佛國，誰從苦海渡慈航。一聲鐘磬空雲水，九品蓮開萬斛香。

鎭海，薛三台，詠洛迦。孤插滄溟小白華，煙濤千步湧金沙。雪衣大士元常現，雲頂高僧別是家。翠竹嫩滋山寺雨，紅蓮豔奪海天霞。由來一葦堪航地，莫道茫茫未有涯。

鄞萬表題普陀詩。挂席陵淵湃，長風兩鬢飋。俄然見宮殿，出沒在波濤。龍女呈珠貝，如來現玉毫。直將超世界，詎獨解天弢。其一　不爲名山住，將因法喜探。波聲搖佛座，松色暗經函。天女咸悲仰，童眞亦屢參。捨家猶蓄髮，長此事瞿曇。其二

餘姚姜子羔夢遊補陀詩。忽然飛渡海之東，海色澄清霄漢通。借問此心何所似，白雲映水月當空。

嘉興馮夢正遊補陀詩。西教東流到補陀，金蓮花發映娑羅。星河歷歷黏霄漢，島嶼累累浸白波。龍獻寶珠歸象罔，僧留香飯與黿鼉。我來欲發如來藏，老傍寒松學鳥窠。

皖城劉尚志登補陀詩。欲問如來何處尋，寶輪空裏海濤深。朝看絕島開龍藏，夜聽寒潮落梵音。萬頃風雲浮碧玉，九天日月布黃金。閬州恍在藤蘿外，夢入西方不住心。

仁和宋應昌寄題補陀詩。洛迦山浸海波中，大士西來彼岸通。不是世人迷苦海，肯教說法到天東。

聊城傅光宅禮補陀大士詩。翠壁千重肅，滄溟萬里開。龍宮吞日月，蜃氣擁樓臺。五嶽誰飛錫，三生此渡杯。地疑人境外，身似梵天回。紫竹藏鸚鵡，青蓮見善財。海神聽法至，天女獻花來。慧眼觀千界，潮音振九垓。皈依持半偈，甘露灑塵埃。

上虞顧充望補陀詩。我家世居瀛海東，煙波滿眼青濛濛。我生夙抱探奇癖，十洲五嶽期過從。金門一旦謬通籍，矯首滄洲思無極。憑誰寄我仙山圖，開卷神飛渺南國。秋濤灝瀚秋雲睒，紫翠中浮小白華。瑤光遠映三摩地，金色平鋪千步沙。蛟宮鰲柱出贔屭，寶相珠纓示神異。慧照孤懸震旦中，慈航飛渡閻浮際。一襟水月共澄鮮，眞歇關頭好息緣。泡影河山忽明滅，恆沙世劫幾逃禪。馬首京塵幾十丈，西風吹滿青袍上。苦海冥冥日望洋，津梁咫尺徒神往。題緘爲報大將軍，莫散磯頭白鳥羣。他日浮槎指南海，相攜同禮白巖雲。

盱眙李言恭題補陀詩。五嶽三山總浪遊。法門高敞海天秋。窗前雲氣蛟龍起。檻外波光島嶼浮。月映寶珠明上界。星隨燈火散中流。黃塵白髮眞無賴。彼岸慈航何處求。

同安蔡貴易寄題補陀詩。憶昔分符日。相依祇樹林。天留最勝地。佛照不淄心。海日蒼崖曉。蓮花碧水深。爲民遙頂禮。願普恆沙金。

鄞屠隆遊補陀詩。蘭若孤懸大海中。山根四面插蛟宮。浪推旭日排天出。風靜涼蟾照影空。異鳥聲和仙樂細。靈鰲背閃佛燈紅。神洲別有三摩地。況與蓬萊咫尺通。其一不斷潮音響石淙。蒼厓陡絕仗孤筇。天浮島嶼雲帆亂。殿壓黿鼉雪浪舂。曾共鳥窠參了義。還依龍藏討玄宗。日斜空水澄如鏡。微有泠風送暮鐘。其二獨上磐陀四望寬。靑冉螺一帶抹煙巒。樓沾蜃氣全疑溼。潮落沙痕半未殘。波面紅蓮開一丈。巖前紫竹長千竿。竭來頓悟圓通理。手挈銅缾汲巨湍。其三不因禮佛到翁洲。那識乾坤屬一漚。欲就此中超幻劫。更從何處覓閻浮。雲光佛日三千界。海色仙人十二樓。幢蓋蕭蕭金磬冷・碧山黃葉寺門秋。其四　翡翠臺呑島樹冥・珊瑚簾控海峯青。香船暮客帆投浦・寶塔霜鐘月在辦。聖主紫泥封賜詔・內官黃帕捧函經。人非人等俱聽法・夜半龍來殿不腥。其五　扶桑日出曉蒼茫・淼淼行空一葦杭。誰劈銀濤開寶界・直扶鰲柱駕金梁。僧歸雲水袈裟溼・佛散天花殿宇香。悟得無邊先及岸・了知東土是西方。其六　何來鷲嶺削千尋・大士端居紫竹林。日月高窗懸石扇・煙霞古洞響潮音。五雲瓔珞莊嚴妙・七寶琉璃般若深。菩薩泉名功德水・但教一洗盡凡心。其七　凍雲時有鶴來歸・舟楫雖多雞犬稀。絳月夜侵龍女襪・碧雲秋冷梵僧衣。祇因海浪兼天遠・轉覺香臺與世違。塵土劫灰都不到・蓮花開落是禪機。其八

鄞・屠玉衡・題補陀詩。孤峯巀嶪帶蒼苔・紫竹林端講席開。擊鼓馮夷驅浪至・獻珠龍女挾潮回。經繙貝葉聞清梵・座擁金蓮結寶臺。一片空明浩無際・遙瞻宮闕近蓬萊。其一　磐陀石上散晴霞・金粟林間四照花。日落巖前發疎磬・夜深水際泛孤槎。千秋香火眞如地・萬國梯航大士家。愧我凡夫遙頂禮・欲從蘭若問三車。其二

鄞、丁繼嗣、題補陀詩。天下名山說普陀、孤懸海曲傍巖阿。雲蒸遠岸龍光躍、日照層巒蜃氣多。晴晝幢旛開霧靄、淸宵鐘磬起黿鼉。滄溟地僻人稀到、喜共胡僧逐隊過。

鄞、陳繼疇、題補陀詩。劫後莊嚴古洛迦、金錢詔許出官家。法輪雙轉三摩地、龍藏齊頒五色霞。靈洞千年仍竹葉、香林無處不蓮花。等心隨順如相許、早向門前駕大車。

上虞、黃之璧、題補陀詩。名山梵刹海東開、金作禪宮玉作臺。萬點慈雲靑雀下、半空法雨白龍來。依微石室窺無相、彷彿珠幢見辨才。誰似神僧杯可渡、摩尼自取照蓬萊。

武陵、龍膺、題補陀詩。洞口曇花夜不昏、多羅舍利萬年存。魚龍跋浪連林屋、鐘磬和雲出海門。色界豈知天下大、香臺惟見世中尊。更憐末法誰梁棟、爲有生公石可論。

鄞・吳禮嘉・題補陀詩。萬里蒼茫一寺門・慧光千丈擁朝暾。孤懸寶相空塵劫・不斷潮聲到竹根。風靜靈旛鯨海宴・月籠祇樹蜃樓吞。登臺長嘯煙雲裏・掃卻凡塵道自存。

董光宏・禮補陀詩。東南澤國中・往往饒異迹。巨海峙補陀・大士下所適。俯瞰天溟池・懸崖九千尺。當時現法身・青蓮大如席。龍神日來朝・洪濤恣噴射。滅沒數點煙・天盡地無坼。波湧山勢搖・日蒸海氣赤。境內萬里舟・域外三韓舶。乘潮破巨浪・亂颿互相躑。皈德然異香・拱手晉名璧。昨年詔使至・旛幢映巖石。眞如故無言・衆生自奔迫。遂令瀁漭中・今古長赫奕。西方有聖人・東海乃其宅。我今飛渡來・膜拜恍今昔。摩挲薝蔔花・四望曉天白。忽憶生前事・廿年此面壁。

上虞・徐啓東・遊補陀詩。夢想名山久・因之駕海來。潮從天上湧・刹向嶼中開。金粟山爲鉢・蓮花水作臺。磐陀望三島・咫尺是蓬萊。

鄞・張邦岱・題補陀詩。法界何從覓・招提別有方。羣峯依日小・一水入雲長。蹟以蓮

花著林將竹葉藏何時登彼岸側想在慈航

鄞李先嘉題補陀詩憑虛聊騁望面面荻蘆秋坐據三生石心隨萬里流黿鼉爭出沒日月自沈浮向夕煙氛斂佛光似可求其一法界元無著茫茫空水雲鐘聲潮外住佛相鏡中分經爲魚龍說人將鸛鶴羣慈航如可借不厭往來勤其二

鄞張邦侗題補陀詩海上神洲一刹奇珠宮紺殿五雲披雙林祇樹三千界絕岸潮聲十二時月白滄溟鼉鼓振風迴大壑梵鐘遲波濤浩渺諸天靜幾見游龍覲法師

新安程時望再遊補陀詩爲憐淨土出天涯幾度相從泛遠槎龍洞應窺曾到客法臺重雨舊時花無邊慧日懸祇樹不盡慈雲接洛迦更有寶光金色麗令人滌慮問三車

鄞董大晟題補陀詩滄溟無際望中舒寶月孤輪帀太虛坐聽鼉更通法鼓從看龍女舞靈胥磐陀石上三生偈優鉢羅花四照餘到此不知何彼岸經聲天語自

如如。

鄞·屠大諒·題補陀詩。曉日射珠林·淸光映遠岑。寶旛雲外落·石磬雨中沈。琪樹參禪觀·迦陵語梵音。金容如可見·徧界灑甘霖。

鄞·周應宸·禮補陀詩。一刹中懸積水閒·依然法寶護慈顏。已聞地籟潮生浦·若墜天花春滿山。佛以應權多著相·僧因領衆不成關。爲儒未許皈依甚·捨得齋錢亦自慳。

屠大誼·登補陀詩。一望蒼茫遠樹連·羣山羅列寺門前。紅蓮冉冉生香海·紫竹離離繞梵筵。天女散花參聖諦·應眞渡筏叩玄詮。慈航一一資龍藏·稽首金仙了俗緣。

鄞·柴懋賢·題補陀詩。大壑深林知幾重·沈沈紺殿瑞煙濃。衆香縹緲搏華蓋·七寶莊嚴捧聖容。風動繡旛看舞鳳·雲生畫棟欲飛龍。徘徊忽上千峯月·海印光寒起暮鐘。

鎮海邵鳳來遊補陀詩好將大海濯塵埃梵刹孤當寥廓開翠岫薜蘿淸色界碧天水月淨樓臺夜光破暝旭初上晴雨飛空龍欲來妒殺名山僧占盡閒敲鐘磬在雲隈

華亭黃正達題補陀詩萬里蒼茫蜃市開琳宮寶殿鬱崔嵬夜寒風雨龍聽法日落波濤僧渡杯大海總名功德水法身元是妙明臺望中直接蓬萊境盡向楊枝灑處來

鎮海邵輔忠遊補陀詩洛迦巖外水悠悠大士蓮臺自一洲佛火三摩傳不夜鐘聲萬里徹淸秋天澄虛白遙連壑山淨空青下滿樓剩得禪心同漭蕩何須消息問泥牛

鎮海邵輔明遊補陀詩澤國煙霞駐聖靈六鰲駕出破滄溟山頭晴雪半涵白水面寒波長送青雲擁祇林凝蜃氣香飄佛殿散龍腥總知極樂西方界萬頃銀濤一淨瓶

鎮海王世仁題補陀詩。正法宏慈徧九垓，道場遙向海中開。波光日色金銀界，松響濤聲晝夜雷。貝葉繙時禪幌靜，天花飛處慧香來。須知色相原無著，水上青蓮是法臺。

鄞金諤遊補陀詩。須彌山頂住諸天，佛掌如何現大千。海影盡含空外色，潮音不雜定中禪。金沙灘上僧歸月，紫竹林閒鳥破煙。只辦直心皈大道，無煩寶筏渡迷川。

台州劉炳文再守茲土，重登補陀詩。浪遊兩度謁山靈，風景依然一望青。古寺潮音聽落月，深林竹色隱疎星。泥封綵絢丹砂鼎，蜃氣香浮大士經。說法夜闌人未倦，可知東海絕聞腥。

漳浦朱一鶚遊補陀詩。西教至自龍象國，東方隱此黿鼉窟。峯巒一點青螺浮，沙堤千步黃金築。紫竹林開小白華，秋風處處優曇誇。煙霞別是人閒世，水月孤懸大士家。臺殿風高響鈴鐸，淵靜魚龍聽說法。宮使傳經雲錦張，山僧揮塵天花落。

自慚身是宰官身、回首空憐車馬塵。爲仰慈靈參大士、一泛仙槎牛女津。

江陵、樊王家題補陀詩。寶刹靈空路轉深、洪濤春雪見叢林。波光倒影窺明鏡、晚籟含風響暗琴。寂寂香雲成法界、離離紫竹是禪心。名山應有神靈護、龍氣長吹落日陰。

鎮海、李一鳴、遊補陀詩。大道元無我、浮生委此形。客來秋結社、僧過夜談經。虛室月生白、空庭雨送青。憐余攖世網、寧不愧山靈。

鄞、周應治題補陀詩。一上天門望不窮、諸天縹緲有無中。團瓢寂歷懸危磴、禪室參差嵌碧巃。疊巘松濤淸梵唄、干霄簳影露眞風。獨憐臺上磐陀石、花雨紛飛散遠空。

宜興、何士晉、遊補陀詩。琳宮絕壑駕靈鼉、萬里煙光擁黛螺。乾闥忽傳天樂細、迦陵時送鳥聲和。御函別啓新蓮藏、浩劫重開舊寶陀。水月觀中龍子出、栴檀林內雁王過。潮音作梵山齊吼、野衲棲巖雲滿窩。玉筍點斑留片石、金沙疋練護恆河。

莫言島嶼津梁少，翻覺風濤世路多。兩度祝釐登彼岸，願言千載不揚波。

秣陵張可大題補陀詩　海雲面面護禪宮。屹立中流砥柱雄。巨石有靈疑說法，洪鐘無礙只隨風。寒潮作梵連松韻，明月和香透竹叢。白鶴下來秋色靜，支公玄度此心同。其一　精廬彷彿類天宮，紫竹青蓮蜃市中。客以乘槎遊汗漫，僧從卓錫住虛空。盤雲怪石疑將墜，噴雪潮音只自雄。水月任教觀自在，松窗半偈釋塵籠。其二　萬里濤聲繞翠微，松門蘿幌到人稀。鼉鼊隱現珠林寂，龍象經行佛日輝。紫竹已同翚木秀，白鷗猶帶晚潮飛。梅山儻寄長生藥，欲向滄浪問息機。其三

武進吳鍾巒寓普陀次沈彤庵韻詩　懷闕亭虛已劫灰，御書猶向海天開。長明佛日古今在，如是潮音子午來。大士化身無住地，子眞遺世尙留臺。太平香火當年盛，離亂禪棲半草萊。其一　萬壑松濤入夜寒，泠泠非復世情看。隨緣竹裏逢開士，說法詩中現宰官。歸潔幸於塵界遠，逃虛敢謂考槃寬。維摩丈室堪休歇，不願遊仙駕彩鸞。其二　蕭條無事小年過，隨意經行聽法螺。山靜地偏人境隔，林深僧少鹿場

多雲封古洞飛仙蝠潮落平沙見石鼉對境寂然忘故我一時脫卻舊來窠其三

清福建施世驃遊洛迦山詩洛迦幽勝迥浮埃公暇探奇鼓棹來萬國風行鯨浪息千巖雲斂寶幢開勞生迹愧栴檀地入世心澄般若臺最喜磐陀梯絕頂滄波東去望蓬萊

中州周聖化遊洛迦山詩絕海浮空島嶼靈上方宮闕倚天青纖雲未作雷千里稺日初生錦一屏鳥出銜香花不落龍歸聽法殿無腥蓬萊清境非人世好斵珊瑚蓋草亭

仁和盧琦咏普陀詩不挂西來百衲衣寶冠瓔珞啓朱扉宮中萬古皈依地六月祠官海上飛其一葛井梅岑迹較奇吳門勾漏隱何時磐陀石上三生話蝴蝶莊周兩不知其二

鄞施兆鳳登普陀詩洛迦遙對海門浮萬里煙波一望收絕壁列天分日本長空扶月下琉球蒼茫蜃氣晴疑雨淅瀝寒聲夏亦秋乘興相尋往古蹟卻忘歸約渡

頭舟。

王大捷遊普陀詩。入山忘凡想。雲水自幽靜。孤嶂有餘好。迴巒互掩映。上是大士堂。下是芳草徑。樹深颺奇采。洞古發清磬。疑非人間世。客心與禪定。

徐州。張彪過普陀詩。一抹疎林感素秋。蓮花洋盡見經樓。金銀宮闕三山景。烏鵲帆檣萬里流。徐市至今居遠嶼。衛溫自昔到夷洲。求仙不遂還求佛。稽首慈雲豈浪遊。

褚國柱。過普陀詩。蕭寺天開浩渺中。偶來乘興訪支公。千重古樹和雲碧。萬派秋濤浴日紅。峭壁迴時流急湍。幽宮深處挂殘虹。棲遲野鳥閒舒卷。疑似山頭趁晚風。

晉江。黃洽。遊普陀詩。大士橋邊月。流光萬里餘。連天增浩瀚。市地託空虛。軍吹嚴荒戍。神燈下佛廬。夜寒投止宿。禪榻有儒書。

鎭海。謝萬欽。復遊普陀詩。勝地從來不倦遊。尋幽依舊過林邱。老僧前度曾相識。

茅屋今朝復小留。風捲波濤聲疊壯，天開石塔影層浮。生平愧我多飄泊，長嘯何時學隱流。

涪陵，何洪先，遊洛迦詩。昨夢佛菩薩，小白華打坐。朝朝風信阻，悶悶其何柰。不趁此時遊，光陰徒錯過。夜來駭浪息，漁舟呼兩箇。心誠二人同，風順一帆播。須臾登彼岸，歡喜同聲和。洛迦比峨眉，孰小而孰大。普賢與觀音，誰輔而誰佐。大士能救苦，衆生樂附和。自從皈依後，塵勞都覷破。

福建，楊昺，登普陀詩。特地辭塵入勝緣，超然身已在青蓮。象龍遙集三千界，樓殿重開數百年。香閣曉飛晴靄溼，珠林春放白華妍。了知衆相原無著，性海澄澄有渡船。

秀水，劉廷謨，遊普陀詩。名山屹立海中央，掬水先聞勝地香。金鉢盂中迎法雨，鐵蓮花上渡慈航。紺宮碧瓦觀瞻遠，異壑靈巖應接忙。安得紅塵無箇事，披緇宴坐任滄桑。

徐州·趙元吉·至普陀詩。平波瀲灩木蘭舟·雙眼澄空萬里流。貝闕天開煙島渺·香幢風動翠雲浮。世間莫我憐青眼·谷口逢僧話白頭。彼岸更教何處覓·一聲鐘撞碧峯秋。

黃巖·朱國寶·題普陀詩。咫尺慈雲湧碧蓮·旌麾海外接諸天。風恬有象非空寂·濤響無聲即大玄。蜃氣已開香閣靜·龍巖不隔洛迦懸。當年感入瞿曇夢·早覺靈光一點圓。

沈紹約·至普陀詩。羣峯面面列芙蓉·步入深青第幾重。不信樓臺天際出·慣看花雨檻前濃。潮寒晚落千層雪·嵐翠晴開十里松。恭爲聖朝多寵錫·奎章高接紫雲封。

同安·許琰·遊普陀詩。大壑懸崖古道場·石蓮花頂錦屏張。竹林人轉肩挑霧·檀樹僧歸衲帶香。絕壁當街通紫氣·平沙連海展金光。磬鐘定後諸緣靜·孤月圓明挂上方。

邑人邱逸夫遊普陀詩暫泊輕舟入此山步隨雲影造禪關天晴愈覺巒光好地遠深容物性閒僻徑時逢孤獸過危巢暮見衆禽還老僧莫怪忘歸棹亦擬棲神水石閒

邑人金鐘遊普陀詩向訝蓬萊路渺茫今朝帆布趁風揚誰知一點山浮處竟是大悲佛道場寺與雲齊仝古樸庵如星散半荒涼聽經說法尋靈迹踏破苔痕策步强

邑人王慶年遊補陀詩環海皆山青未了來看補陀山色好補陀山靈現溟渤圓嶠彷彿擬蓬島金泥光閃梵王宮欲謁未謁先爲容自知身已騰河嶽逞將一往馳蛟龍始遊洞天繼絕壁歷盡陂陀三百級芒鞋踏破海南雲玲瓏怪石迎人揖峯巒蘊藉有奇姿樓臺半露瓦參差三分樹色二分竹濃青淡綠襯相宜淸磬一聲塵世外梵音上接諸天界十年久約此閒遊到此了卻遊山債山僧引我入松寮松風鎮日聽蕭蕭燒茶爇篆棲息處別有名花香六朝

邑人湯濬普陀紀遊詩我本山中人夙具遊山癖況有竹林賢左右相提掖（同遊者爲烏程周慶森叔姪。）言作南海遊海岸尋幽僻補怛洛迦山形勝昭往昔未登梅仙岑先訪短姑迹怪石青鼓青小山白華白金沙千步平無風亦洶涛法華一洞幽巖扉兩分擘梵音與潮音朝暮吼潮汐奔濤若怒雷驚心又動魄最高菩薩頂去天僅咫尺置身雲霧中異境想天闢怪哉飛沙隩碎金續斷磧普濟與法雨前後一嶺隔其嶺名几寶寶石累千百珍珠古佛裝貝葉藏經譯（後寺有珠佛一尊珠大徑寸。貝葉經葉如黃箬經皆梵字。）三十二化身寶相備聾躄（前寺有三十二應大士畫像。）巍巍九龍殿輪奐耀金碧玉佛外洋來蓮趺忞刻畫（前後寺及靈石庵均有玉佛來自緬甸國。）紫袍內府頒龍章猶顯赫（清聖祖御賜潮音和尚紫袍猶藏息耒院。）瞻禮雜士女羅拜交履舃東西兩天門鳥道險且窄達摩與天柱孤峯聳山脊磐陀如盤托中通一綫隙旁有說法臺方廣容數席觀音洞在下盤旋如半璧（觀音洞中有一柱可環而走。）石中萬个竹松下千年珀（紫竹林之石內有天然竹葉影名紫竹石又山中多古松。）二龜石尤奇似受人鞭策美景不勝收胸中邱壑積遊興尚未闌歸裝催海舶再至朝陽洞摩崖爲題額。歸時・周君重至朝陽洞・摩崖題名。莫道空手回・載得一拳石。歸攜紫竹石一片。

明・釋海觀山居雜詠。是山俱可住・何必向崆峒。倦倚梅岑樹・閒看海濤風。一徑通蘿落・兩石峙西東。偶然捧書卷・隨意就陰桐。其一 支遁買山隱・我欲躡其踪・因思普陀近・常聞聒耳鐘。檻外饒綠筠・牆下有流淙。柴門不須掩・依仗白雲封。其二 夜分猶不寐・起來步林月・歎息勞生擾・顧影慚白髮・寒威侵逼人・覓火燒榾柮・烘罷上禪牀・眞妄一時歇。其三

釋道貞禮普陀詩。攢峯峭壁勢排空・大海中閒山最雄。蛟蜃結樓雲湧黑・黿鼉鼓浪日翻紅。潮聲夜落龍吟外・天籟時聞僧梵中。何必辛勤尋解脫・耳根觸處即圓通。

清・釋通旭題普陀詩。熙朝鼎運海雲開・朱履欣從破綠苔。斷砌旌旗橫麗日・虛堂鐘鼓震春雷。廣傳衣鉢賢王澤・遙溯源流大帥才。佇聽晨雞清報曉・九垓應效舞三臺。● 山中四威儀詩。山中行・閒踏青。沒意智・沿路扯葛藤。其一 山中住・煨紫芋・拾

枯柴不伐長青樹。其二 山中坐、偶回顧、牧童兒、問我牛何處。其三 山中臥、無事做、醒來時、紅日將西墮。其四

釋元志至普陀詩。洛迦名勝冠支那、宸翰奎章寵錫多。老柏雲中撐佛日、疎鐘月裏答鯨波。煙橫島嶼香航集、梵響樓臺野客過。莫訝好山登眺晚、陵空紺殿愈嵯峨。

釋濟成喜至洛迦詩。潑天風浪渡東洋、千里須臾到上方。紫竹有時常現瑞、白花無地不生香。鯨吞海印三秋月、日射金盂百道光。始信洛迦隨處好、石頭坐坐也清涼。

釋觀參登普陀詩。朝拜東南海外山、迢迢千里遠躋攀。遙聞鐘鼓煙霞裏、近看樓臺霄漢閒。龍眼有泉流玉液、虎巖無路覓金鐶。珂公一往空陳迹、梅嶺誰來再啓關。其一 登彼斷岸望長空、紫竹深林萬壑風。西折江流波渺渺、東翻海氣雨濛濛。潮聲響徹青天外、寶塔光搖白日中。靈洞玉書丹竈在、蒼茫何處問仙翁。其二 特來此

地覓曇華・踏破芒鞋路轉賒。問道不尋前太守・聞鐘卻憶舊僧家。風翻祇樹搖清影・雨過蓮洋變紫霞。回首磐陀山外景・扁舟一葉夕陽斜。其三白雲紅樹梵山頭・躡磴攀蘿徑轉幽。斜日荒荒巖際下・清泉淺淺寺前流。短姑勝迹名猶在・大士殘碑蹟尚留。千載廢興眞夢幻・青燈夜夜思悠悠。其四來往洛迦滄海間・欲求眞訣駐衰顏。星河半落巖前寺・雲霧初開佛頂山。千步金沙風浩浩・百年仙井水潺潺。不須更覓菩提路・滿目生情豈等閒。其五

行童心鼎至普陀詩・總角隨師履舟行・至海南所經疑故里・相見宛同參。示幻全知醒・問心杳莫探。夜深學趺坐・明月入松龕。

普陀洛迦新志卷二終

普陀洛迦新志卷三

古會稽陶　鏞鑑定　古翁山王亨彥輯

靈異門第三 共六十八條

性具萬法。不假外求、用徧恆沙、無勞力作。故毛端不妨現刹。塵裏可以轉輪。時劫任意短長。小大自由相入。本歸性德。庸詡神奇。惟佛法只度有緣。衆生貴乎善感。故金剛石上、來南詢之善財。蓮花洋中、返東歸之慧鍔。蛤蜊現相、仁普天心。鯨鯢阻舟、經還龍藏。成宗平糴、洞現祥光。聖祖蠲租、山呈金色。蓋菩薩雖妙德無作。而衆生固有感斯通也。志靈異。

善度城鞞瑟胝羅居士（鞞瑟胝羅、此翻含攝。謂含藏攝持佛地一切福慧功德也。）指示善財童子云。南方有山、名補怛洛迦、有菩薩名觀自在。汝詣彼問菩薩云何學菩薩行、修菩薩道。卽說頌曰、海上有山多聖賢、衆寶所成極淸淨。華果樹林皆徧滿、泉流池沼悉具足、勇猛丈夫觀自在。爲度衆生住此山。汝應往問諸功德、彼當示汝大方便。時善財童子、漸次遊行。至於彼山。見其西面巖谷之中。泉流縈映。林樹蓊鬱。香草柔輭。右旋布地。觀自在菩薩。於金剛寶石上。結跏趺坐。無量菩薩。皆坐寶石。恭敬圍繞。而爲宣說大慈悲法。令其攝受一切衆生。華嚴經

按此觀自在菩薩顯應普陀之緣起。朱謹志云。普陀爲觀自在菩薩道場。見之佛經者。彰彰如是。震旦僻絕之地。賴有龍宮祕笈。西域梵典。得以顯著於世。乃知十方圓明。莫非佛所顯化。安得謂梵宮金地。祇在祇園舍衞間也。試觀今日之普陀。與佛經所說。有以異乎。今日之道場。與大菩薩圍繞說法時。有以異乎。有謂勝會不常。法筵難再。不無今昔之殊。然則現前之華果樹林。泉流池沼。獨非圓明境界乎。佛印元禪師曰。滿目青山一任看。程子明道於言下脫然有省。今之遊山者。須著眼看取。而凡夫著相。或有疑之者。菩薩所坐。皆金剛寶石。何此山石甚粗怪。不知山水草木。皆是衆生妄想結成。佛之妙明心地。故所見皆是金寶。又當詳閱華嚴楞嚴法華涅槃等經。然後知名山道場。實爲佛所住處。

唐文宗、嗜蛤蜊、東南沿海、頻年入貢、民不勝苦。一日御饌、獲一巨蛤、刀劈不開。帝自扣之、乃張、中有觀世音梵相。帝驚異、命以金飾檀香盒貯焉。召惟政禪師問其故。對曰、物無虛應、乃啓陛下信心、以節用愛人耳。經云、應以菩薩身得度者、卽現菩薩身而爲說法。帝曰、朕見菩薩身矣、未聞說法。曰、陛下信否。帝曰、焉敢不信。師曰、如此、陛下聞其說法竟。帝大悅悟、永戒食蛤、因詔天下寺院、各立觀音像、則洛迦所從來矣。（傳燈錄、舊志。）

宣宗、大中元年、有梵僧來潮音洞前、燔十指、指盡、親見大士說法、授以七色寶石、靈感遂啓、始誅茅居焉。（朱志、引元盛熙明普陀洛迦山傳。）

元釋中峯本觀世音菩薩補陀巖示現偈、妙圓通體超諸礙、包裹色空含法界、見與不見二俱離、始識大悲觀自在。琴軒居士佛眼通、白華巖畔追靈蹤、狹路相逢避不及、似鏡照鏡空合空。引墨揆毫書所見、揭破浮雲呈日面、盡十方空一普門、妙相塵塵俱露現。梅花山裏老禪翁、滄海一粟夫子馮、浩浩春雷鼓筆舌、巨篇長偈眞豪雄。俾我重圓末後句・口縫未開先吐霧。若以耳聞非所聞・不以耳聞非所據。我昔曾遊碧海東・海王抱日扶桑紅・怒浪搖金光閃爍・照開朵朵青芙蓉。無位眞人潛洞府・洞裏潮音喧萬鼓・珊瑚樹頭月徘徊・水晶簾外蛟龍舞。波神拔劍驅長鯨・呑空浪雪粘青冥。撒出龍堂珠萬斛・寶光射透琉璃屏。法身驚入一毛孔・一毛孔裏波濤湧。爾時大士失卻磐陀石上吉祥草與薝蔔華・但見土烟翠霧埋雙踵。有眼共見耳共聞・妙圓通體鐵渾淪。最初末後句非句・萬里潮聲撼海門。舊志

五代梁貞明二年・日本僧慧鍔・從五臺山得觀音像・將還本國・舟觸新螺礁・不爲動。鍔禱曰・使我國衆生無緣見佛・當從所向建立精藍・有頃舟行・竟止潮音洞下・居民張氏・目睹斯異。亟舍所居・築庵奉之・呼爲不肯去觀音院。舊志

宋・神宗元豐三年・內殿承旨王舜封使三韓。陡遇風濤・大龜負舟・危甚。舜封惶怖・望洞叩禱。忽覩金色晃耀・大士現滿月相・珠瓔燦然・出自巖洞・龜沒舟行。洎還以事上聞・遂賜名寶陀觀音寺。自是海東諸夷・如三韓・日本・扶桑・阿黎・占城・渤海・數百

國·雄商巨舶·由此取道放洋。凡遇風波寇盜·望山歸命·卽得消散。（舊志·盛傳。）

徽宗·崇寧間·戶部侍郎劉達·給事中吳栻·同使高麗。及還·自羣山島·經四晝夜·月黑雲翳·冥蒙不知所向。舟師大怖·遙叩寶陀。俄神光滿海·四矚如晝。歷見招寶山·遂得登岸。（舊志）

高宗紹興戊辰三月望。史越王浩·詣潮音洞·寂無所睹。一僧指巖頂有竇·可以下瞰。攀緣而上·忽見金色身·照曜洞府·眉目瞭然·雙齒如玉雪。天將暮·有一長僧來訪·云將自某官·歷清要·至爲太師。又云·公是一好結果底文潞公。他時作宰相·官家要用兵·切須力諫。後二十年·當與公相會於越·遂告去。送之出門·不知所在。乾道戊子·以故相鎭越。一夕典客報·有道人稱養素先生·言舊與丞相接熟·不肯通刺·疾呼欲入謁。亟命延之·貌粹神清·譚吐風起。索紙數幅·大書曰。黑頭潞相·重添萬里之風光。碧眼胡僧·曾共一宵之清話。擲筆不揖而行。公大駭·徧遺兵吏尋覓·不復見。追憶補陀之故·始悟長身僧·及此道人·皆大士現身也。（寶慶四明志）

史浩留題寶陀禪寺碑偈。紹興戊辰三月望、鄮陽程休甫、四明史浩、由沈家門泛舟、遇風挂席、俄頃至此。翌早、恭詣潮音洞、頂禮觀音大士、至則寂無所覩。炷香烹茶、但盌面浮花而已。歸寺食訖、與長老瀾公論文殊揀圓通、童子入法界事。晡時、再至洞下、俯伏苔磴、凝睇嵌空、惟亂石纍纍、興盡欲返。有比丘指曰。巖頂有竇、可以下瞰。攀援而上、瞻顧之際、瑞相忽現、金色照耀、眉目瞭然。二人所見不異、惟浩更覩雙齒潔白如玉。於是咸懷慶快、作禮而退。旣而治舟還甬東、懼此語無傳、用書於壁、庶幾來者觀此、無疲厭心、不以一至不見而遂已也。迺作偈曰。稽首寶陀山、觀音大菩薩。三十二妙應、垂福於人天。慧日廓圓明、微隱無不照。我等由宿植、於菩薩有緣。曩昔一毫端、菩薩悉能鑑。今茲一何幸、聯檣來寶所。淑景得惠風、滄海如鑑淨。朝發東秦岸、須臾達蓮宮。僧飯洗鉢時、相與瞻遠嶠。石橋跨巨浪、側足毛骨寒。自念塵坌身、得伴清淨侶。同聲諷密語、復念我師名。注目謁慈光、忽覩紫金相。崆峒石窟上、宴坐自在容。雲霧不蔽虧、跪禮得良久。偕來無老稚、咸識應現尊。讚歎且忻歡、得所未曾有、我念現前衆中多大福人日親近我師、所禱如響應。爲我懺衆惡、遂亦見如來、同辦起心香、復陳一日供、倘以昔積善、獲此大吉祥、願敦未來因、永託如來記。浮生如夢幻、熟處放生戒、戒殺多素羞、廣閱如來藏、分陰實可惜、棲遲必山林。料理般若船、長登菩提岸、羣生迷苦海、拯援使知津、共發向上心、世世同佛會。舊志

給事中黃龜年、禮拜洞前、親見大士紫金自在相、朗然坐石上、偕遊老稚俱見之、因作讚頌。舊志

孝宗隆興元年七月、御選德殿、夢遊補陀、得異兆、遂製讚曰、猗歟大士、本自圓通、示有言說、爲世之宗、明照無二、等觀以慈、隨感即應、妙不可思。舊志

不肯去舊像、屢著神異、其時郡將即迎入城、爲民祈福、未幾、有僧至普陀、復求嘉木扃戶刻像、彌月像成、僧不知所在、至宋寧宗嘉定間、像偶亡一指、僧甚懊惋、後於洞前波間浮一花、視之、乃向所亡指、今所奉菩薩即此也。舊志

史衞王彌遠前遊普陀見大士於茶樹上示一目。蓋二十年宰相之識也。朱志引盛傳。

理宗紹定庚寅十月慶元昌國監明煒禮潮音洞倏見火光。左則月蓋長者與童子並立獅子盤旋兩目如電。及至善財巖童子再現。黛眉粉面寶蓋珠鬘森列於前傍現一塔晶彩煥發。衆僧曰我等雲集歷年未覩。今承福力共覩祥光矣。遂鐫圖巖石用示悠久。朱志引盛傳。

淳祐閒連歲苦旱浙帥顏頤仲虔禱潮音洞中。見大士并童子若歡喜狀甘澍立沛。舊志

度宗咸淳丙寅三月范太尉以目疾遣子致禱。洞下汲泉歸洗目。既愈復命子來謝。洞左大士全現淡烟披拂猶隔碧紗。繼往善財洞童子忽現大士亦現縞衣縹帶珠瓔交錯。精神顧盼如將示語者。舊志

司戶王璪往寶陀山觀音洞禱雨。既致州郡之命因密禱願有所覩。須臾見欄楯數尺皆碧玉有刻鏤之文如世閒所造宮殿者。已而復現紋如珊瑚者亦數尺久之

於深遠處見，菩薩像，白衣瓔珞。了了可數。墨莊漫錄

元世祖至元十三年。丞相伯顏定江南，部帥哈喇歹，來謁洞下，杳無所見，乃張弓引矢，射洞而迴。及登舟。忽見蓮花滿洋，驚異悔謝，反禱洞中，徐見白衣大士童子，綽約而過。於是莊嚴像設，併構殿於洞上。舊志

成宗大德五年，集賢學士張蓬山，奉旨祝釐山中。詣潮音洞，見大士相好，髣髴在洞壁間。次至善財洞。童子忽現頂上瑞雲中，復覩大士，寶冠瓔珞，手執楊枝，碧玻璃盌。護法大神，衞翊其前。良久，如風颺碧烟，漸消沒矣。祥光滿洞，如紫霞映月，現數尊小佛，作禮慰快而去。舊志

致和元年戊辰四月，御史中丞曹立，承命降香幣至洞，求現。忽見大士現白衣相，瓔珞披體。次及善財洞，童子螺髻素服，合掌如生。適以候潮未行，再叩再現，而善財洞，大士亦在。童子鞠躬，眉目秀發，七寶瓔珞，明潔可數。羣從悉見之。舊志

至正乙未十月初六日。天台劉仁本，督漕還至普陀，見大士像於潮音洞，與人閒晝

幀者無異。又見大將軍·與羅漢身·於洞口石壁上。一時羣衆所見·又各不同。（朱志引周志）

相傳有嫂姑來山禮佛·虔持數年。至山·而姑天癸適臨·其嫂短之。姑亦慚恨·不敢入山·孤懣舟次。潮生路絕·饑不可得餐。須臾見一嫗持箪相餉。屢投小石水中·款足至舟·致餉而去。姑甚異之·不知誰何也。久之·嫂禮佛還·訝姑受餓。姑曰·頃一嫗已來飯我矣。詰之·示以餉餘。嫂知是佛現身·反殿亟禱·瞻仰蓮座·則大士衣裾猶溼·遂名短姑道頭。在西南海岸·闊四五丈·長三十餘丈。小石自相零附·不築不甃。天然成步。暴風巨浪·衝激不散·眞靈蹟也。又有七寶階·相傳大士欲從舟山築海堤通寺。爲凡衆所衝·遂止。至今泥趾不壞·亦道頭類也。（舊志）

按裘志列此於古蹟門。注云·此事記載不一·大同小異。參營建短姑道頭條。

明洪武二年春·漕使孔信夫·榷鹽於昌國。王國英·薛國奇·佐其行。夏四月·道經普陀洛迦山·作禮大士於潮音洞。慈相涌光·金色燦然。珠瓔寶珞之莊嚴·天香霞氣之芬郁。大衆仰觀・莫不歎異。僧來復蒲庵集。

高皇帝・命信國公定甯波後・即往普陀山・有意燬滅其寺。忽海中・有鐵蓮華・擁出水面・燦然作鍊金色光燭上下・魚龍交沸。信國公舟不及度而返。奏聞於帝・異之・即命官修葺殿宇。敕命到日・共見大青牛・浮海而至。吞嚙鐵蓮華葉・其聲如雷・舟始獲濟。錢希言獪園

永樂二十一年・十月十九日。潮音洞・現白衣大士・龍王・龍女・長者・大權・從之。辰巳時・現開長眼・面帶煩惱。午時・現紫色身・面壁。酉時・善財巖外・現白衣金冠菩薩・坐紅日中。韋馱尊天日下立。羅漢海上步雲而來。二十日卯時・洞內又現紫金身。舊志

宣德二年・四月・潮音洞內大士現・閻羅天子・二玉女隨之。舊志

正統二年・二月十九日夜・大士現寶珠於潮音洞・放大光明。舊志

萬曆二年・甲戌・別傳禪師渡海禮大士。雲氣中・湧出金蓮白衣・冉冉示現。師及成都僧翠峯見之。許志・引陳以勤撰別傳塔銘。

八年，大智融禪師入山。見光熙幽勝，欲開闢梵宮，乃禱潮音梵音二洞。若此地宜奉香火，大士當賜指授。夜課千步沙，見潮擁一大竹根至。師曰，此大士授我也。於是結茅斯地，題曰海潮庵云。舊志

十四年，有杭州僧天然居補陀。其母持齋奉佛，常募金錢，盡致補陀。一日化得菩薩像，頸金鑄，以授天然。天然見金頸，心動，謀工人剝其金，工立死。他日母來自海上，將及山。天然已先知，高聲罵詈曰，怨家害我者至矣。見卽批其母頰，取刀自裂其頸，遶山數帀颺言曰，汝輩莫我若，我地獄在眼前矣。遂死。舊志

按法雨寺二世如壽禪師，字天然，大智高徒，列傳禪德，與此杭州僧天然，自是兩人。陳志以十四年，訛爲四十年。又删去杭州二字，不爲表出，則不免累及曾參矣。

十八年，庚寅十月，寺僧有相訟者。郡丞龍德孚，素信佛，詣寺鞫僧，疑其不守戒律也，取法華經燬之，令僧跨焉。夜夢神人傳佛旨曰，奉道毀道，罪在不宥，罰作三石牛

嵩官、蓋冥官也。孚力求懺悔、大智亦助之求解。已乃夢曰、願償經乎、用百當一、孚唯唯。返郡、亟印百部以進、觸道彌篤。舊志

鄞、沈一貫、印法華經歌云。楚中山水絕天下、龍侯稟其最奇者。爲吏不肯兒龔黃、爲文又欲家班馬。來官我郡近四年、手披口決如湧泉。細民怙之爲二天、老吏吐舌不敢前。徧搜至人作師友、布衣窮巷多周旋。心好山水幽勝處、攀蘿躡磴栖青煙。當年曾讀參同契、飄飄庶幾試其事。掛壁蒲團代象牀、赤脚雙童當家累。龍侯龍種靈且幻、幻出人心最靈異。郡中佛域補陀巖、五臺峨嵋鼎足三。靈蹤中廢比興復、四方趨赴負且擔。叢林人多訟事起、不辭揚帆入海水。指揮擘畫且有條、鱗次綺分端可擬。總爲衞佛心太殷、欲吸海水澆羶葷。自爇經函作盟呪、羣驅僧衆陵烟霧。目見千里不見睫、首欲渡人先浪涉。未覩如來騰玉毫、已見韋馱按金鋏。病中忽自繫南冠、定裏俄成白骨觀。勅遣冥中作牛吏、誰堪世上爲龍宮。新從下土不知體、顧此愚誠良不昧。智師助懺懇且哀、蜿蜿癡龍此時蛻。爲余敬乞蓮華

百因師上瀆如山大。世人且莫輕凝龍、慈恩慧愛於君鍾。嚴父何曾笞愛子、聖人詎肯訶凡庸。龍侯生還未是還、大還還在蓮華開。修士自能遵覺路、宗師也不逃深山。焚卻木人乾卻海、此時歡笑黃金顏。海南一句

萬曆中、江陰小吏焦某。由湖廣典史遷知事、赴任江行。有楚僧自蜀江來、募金六百、往普陀山樹剎、附舟而行、焦諸之。既而窺其金、一夕暴風、推僧入江。僧自分必死、倏見觀世音菩薩、自空中降、持一燈引入蘆漪、遇漁艇得救。復募六百餘金、往普陀償夙願。南海返櫂、聞焦不安而死、只一子無故躍入江中死。乃歎息者久之。南海一句

萬曆庚戌二月、江陰顧山庵莊長老、進香補陀、有行童擔襆相隨。至山瞻禮金容、行童默於菩薩座前、發誓願捨身以報佛恩。舟出蓮華洋、颶風驟作、跳入波心。七月中、行童夜至庵扣門、衆僧疑其鬼、拒而不開。行童說觀音神力護持之故、衆不信、問長老安在、則曰往玄墓山。行童徑投玄墓、時長老方畢夜課、忽聞行童窗外喚

聲，心亦訝其爲鬼。行童曰，弟子實人也，未曾死。初跳入洋時，見一胡僧，體狀魁碩，著赭布袈裟，乘一船板而來。口稱吾度汝，載之而浮，輕疾如駛。倏忽已及淺沙，引而登岸。問何地，曰，舟山也。某顧視胡僧，衣履都不濡溼，心異之。挈某同叩人家，求宿，須臾失胡僧，知是菩薩顯迹矣。長老開門納之，同還顧山庵。錢希言獪園

蘇州，皋橋，張叟，素尊像教。萬曆辛亥，將詣南海補陀，瞻禮觀世音，挈其八齡孫以行。既達杭城，欲乘一船，其孫見滿船人，悉被繩縛手足。向翁白其異，叟大駭，遽從其言，登岸。及換第二船，其孫復白所見如初，已又登岸，更求第三船附之。問其孫，曰，只前兩船怪異，餘無所見也。叟意未決，有二人立船首大呼曰，勿乘彼而來此，此船甚安穩。逡巡間，又若有人自後推之，遂挾孫登船，坐甫定，視呼者推者俱不見，日暮，潮至，前兩船覆沒，無一存者。張叟所附之船獨全，乃知大士默佑也。獪園志異

補陀潮音洞，有二大士者，一現男子身，一現婦人身，面目黧黑，頭髮鬔亂。萬曆三十三年，婦人以六月至山，男子禮九華，以十月至山，居於洞南之山頂石上，各以茅

苫一篷·高不過三尺。上漏下溼·匡坐其中。惟飲水茹蔬而已。人與之米不辭·與之錢亦不辭·有遊衲至·竟散與之·或數日絕粒·不以爲病。山中人以爲丐者·莫之知也。余偕居士陳載卿·夜至其所·默與之坐·不通問訊·彼亦不驚顧·舉燈視之·惺然無昏睡狀。余始與之談·男子但笑而不言。婦人則隨叩隨答·不作道理會。而吐辭等刀鋸·莫可犯其鋒。問其姓名·則曰有甚姓名。問其年紀·則曰有甚年紀。問其何許人·則曰有何方所。問其曾住何山·則曰住終南爲久。問其見何道理·但曰眼見大海·耳聞風聲雨聲潮聲鳥聲。問其作何工夫·則曰有時想起觀世音便念幾聲·餘則惟坐·坐中亦無甚做工夫處。其言詞直捷如此·似胸中無一物者·余大駭之·春二月·人皆來謁洞·男女堵觀之·曰汝輩各安隱去·問我何爲·遂不見。舊志·明釋真一二大士傳。

施氏·尤錫綬妻·長洲人。萬曆丁未·患膈證·積治不效。一日有道姑入其門·曰·吾見汝宿有善根·當爲治之。出黑色丸子·教臨臥時·噙化口中·疾當自愈。施作禮而謝。道姑曰、他日有便、訪吾於南海可也。問其家安在、曰汝過南海、問妙海老人、無不共曉。錫綬歸、施語之、驚曰若言南海、得非觀世音乎。夜如其言、疾頓除。明年偕其姑、同詣普陀瞻禮。入寺門、見妙海宮三大字榜於殿室、始悟菩薩之靈感焉。是年九月、施坐堂中、又見一道姑、排戶而入。謂施曰、汝陽算止二十九歲。因裝金像一軀、又施經板一塊、又見路傍饑人捨飯一甌。有此三善、獲延三載。又曾遇肉身菩薩默化來、故不即夭折耳。施見此姑雙瞳秀異、宛肖曩昔所遇者。因合掌百拜哀祈拯度。道姑曰、早辦修行。舉頭而不知所之。錢希言獪園

四十年、海潮寺火、有一僧病臥韋天殿下。忽像作聲叱起曰、火來也。其僧即起、背韋天出、步迅如飛、移置門外、得不火。明日七八人舁之不能舉。僧病頓蘇、強逾平日。智師存日、或乏糧、在韋天前禱之、便有齋至。舊志、錢光繡耳耳目目集。

泰昌元年、十月。宋玨遊普陀、禮潮音洞、歷歷皆往昔夢中所見、夜夢鄉人贈一玉杯、內碧外白、製不甚方圓、而古潤可愛。酒乾、見杯中一白猿倒掛於樹。諦視之、白衣

大士立猿側、眉目逼眞醒。則歎觀止矣。（廣廙初志）

明季、徽人汪姓者、僦居崑山王澄老對門。持齋三年、擬至普陀進香。某年元旦、已束裝、往東門玉龍橋下船矣。忽店傍火起、急報促回。汪曰、吾積誠三載、方朝菩薩、豈以一店易吾志乎。縱被焚、吾不歸矣、竟揚帆而去。香畢回崑、見四面店屋、及王氏大第、俱一片焦土、汪店樓房獨存、萬人驚歎。（現果隨錄）

黃司理海岸、名端伯、禮大士、感大士現形天際、霓裳霞葆、訝爲蜃市。（舊志）

淸順治初、海寇阮俊、與日本僧謀、欲將明賜藏經、載入日本。山僧照中、率數百人、至舟山哀求不已。阮怒曰、汝等欲得此經、當向龍宮水府求之。遂裝往至海中、大魚攩舟不得動者數日。阮悔過、亟返。不半日、舟達道頭、僧衆歡迎至藏殿。阮爲諷經設供、安衆而去。（裘志）

順治己丑、秣陵黃土山人劉某、生卽茹素。同弟朝南海、舟中、劉發願求見菩薩。忽海面見二蓮華、大如車輪。一華中坐一童男、一華中坐一童女。旋見菩薩坐大蓮華上而來。劉禮拜起。視菩薩與華俱不見。頃之。風濤洶湧。舟覆。同行六人。及弟皆沒。劉甫入水時。覺眼前徧滿紅光。有一僧攜之同行。瞬息間忽已抵家。僧失所在。入門。母出。方知菩薩救援之力。己求書

康熙三年元旦。衆僧見山中有白光如虹。從佛殿頂貫至小洛迦山大士衣白衣。乘光而度。識者預知寺有難事作矣。舊志

四年五月。紅毛番人來普陀。住半月。盡取鑄像旛幢等物。往日本貿易。得金二十餘萬。將歸本國。船忽自焚。番人俱溺海死。舊志

十年。僧既內徙。土寇以火鎔普陀圓通大殿金範大士像。像鎔延燒及殿。賊不得出。焚死者無算。舊志

十一年壬子春汛。諸軍伍泊舟洛迦。入大士殿。清淨如平時。出門。毒蛇如蝟。張口噴氣。諸軍懼而奔避。又有獰犬成羣出噬。進退無門。死傷無數。人以爲起遣之報。舊志

是年。寧波水師出洋。歸時。兵丁盜藏補陀大士像。甫解纜。風浪大作。舟將覆。主將疑

而搜之。送還寺中，舟乃獲全。舊志

又有斧劈沈檀像，及盜贓中物，併將銅像打碎，包歸圖賣。中途陡起風潮，主帥驚叩哀禱。歸不踰年，皆受慘報。舊志

二十八年春，聖駕自禹陵回。御獨木龍頭小艇。一日將到嘉禾城，過某橋，忽見老嫗當頭簪紅花一朶，獨操小舟，直過御前。上問何船，嫗應曰，漁船。上問有魚否，嫗應曰，有，欲買乎，言訖不顧而去，未知所往。定鎮總戎黃大來尾御舟行。見上與老嫗語，驚疑之，急棹擁衞。上問何官，荅曰，臣定海總兵黃大來。上即從容問大來舟山狀。大來於是得乘閒言普陀事頗詳。次日召大來入，發帑金千兩，建蓋普陀山寺。裘志

二十九年，六月二十九日，定鎮藍公理，謁梵音洞，親見大士現身。大眉赤面，富鬚髯，眼露青白光，鼻準微有白點。冠金圈，大火燄衣，黃黑色闊領方袍，微似達摩狀，頭頂俱現。後但露一手。又見一小佛，赤脚立大士頂上。公叩謝不已，倏無所覩。舊志

按周某聞見錄云。定海總兵官藍公理、巡緝至普陀洋面、見小舟坐一婦人、手提籃、內有鯉魚一尾。艄後童子搖划、呼之不應。往梵音洞而去、倏而不見。公命對洞開礮、卒無音響。次日詣山禮佛、見大士及傍立善財、與昨所見面貌無異、始知菩薩顯靈。籃者藍也、鯉者理也、由是願爲護法焉。

展復初、江西布客某者、乘便進香。見天王像、其一頹圮。私念舊聞名山寶像、泥可和藥、乃取少許去。至舟神昏頭痛、見長身天神怒目叱曰、何得割我脛肉。其人大恐悔過、浼僧持送還山、立願新像。舊志

廣東洋商麥燦宇、自東洋回。忽夢巨人索其舟載一大骨、商怖而醒。時值夜半、黑風大起、舟欲沈。衆呼號不止、忽轉風、舟行如駛。黎明達岸、至普陀矣。大喜、入寺禮大士、見一天王足壓像前、與夢無異。瞻拜驚歎、遂施金新像焉。舊志

吳門江文樂、禮普陀自敘略云。康熙戊寅正月、南濠善士陸德敷、領衆裹糧、南海飯僧、邀樂同往。二月初十日、同析弟登普陀前寺。是夜二更時、目現白光。次早、樂等

朝梵音洞見白面大士白面龍女執拂逮棲壁鸚鵡金面大士有欽○二字其一字樂見未明幻庵僧見云是佛字右立韋馱龍王金容西相觀音靑螺髮髻壽星高帽蒼髯手拈拄杖仙人科頭跣足身倚碧桃諸佛或大或小或坐或臥或行或立層疊不可勝計析弟所見少有異同德敷見大士韋馱善財龍女十二日朝潮音洞見金身三官一尊關聖一尊赤面綠袍金容大士金角靑面武曲戲蟾劉海掛錢巨獅舌上現一小佛羅漢三尊內有一托塔者挂帆小舟一隻析弟更見艙中有人幷執篙者十三日後寺飯僧承別庵和尙於我祖神前設供拈香說法事畢再叩梵音洞僅見金面大士諸佛數尊十五日前寺飯僧承潮音和尙於祖神前設供拈香說法二十八日還家縷述靈異而懋弟亦告於初八夜夢至普陀梵音洞前求相垂下水墨大士一軸弟求示眞相傍一大士云與見畫者亦汝誠心所致也。裘志

三十年茶山寶稱庵僧慧如因大士像壞載募雲閒月餘無施者一夕私置王儼齋

中丞門。袁夫人夢一素衣淡妝姆、云自普陀山來化衣單者。寤而告中丞、夢亦復然。晨訊閽人、乃知大士像也。因炷香謝罪。呼僧至、許爲新像送普陀。舊志

滄州張漢儒至普陀、謁大士畢、欲歸。見一老人、於洞外掃除。因與語曰、若遠來、欲見大士乎。張曰、四千里至此、得見大士、死無憾。然大士安得見。老人曰、但虔禱、當有所覩。張乃與同輩十餘人、跪禱。久之、忽見洞口有金光。老人曰、大士出矣。衆諦視、果覩大士自石壁中出、惟見側面。又禱曰、既蒙大士現身、願覩正面頂禮、歸日摹塑像。設大士卽又背洞面海去。人咫尺、紺髮卷鬣、高顴隆準、衣綠色、半身在雲氣中、不可見。衆歡喜稽首、倏入石壁去。易居錄

長安薦福寺僧行義、謁普陀山、與雲水僧七人、雨中炷香潮音洞、虔禱願覩大士慈容。倏見洞中現五色光、光中有大士立像、傍有白鸚鵡像。莊嚴妙好、是女人身。他僧見者、種種不一、久之乃沒。易居錄

學士高公士奇感應說云。山妻傅氏、素信佛、誦金剛經。康熙壬申四月疾、自知不起。

二十七日辰刻暈眩、少時復甦、口中惟誦金剛經。言、佛力無邊、若修南海普陀寺大殿、可延生兩年。至五月初四日長逝、彌留之頃。余云若爾冥途果無苦累、當以夢告我。山妻點首者再。今年二月十七日、大兒與、方夜坐、忽汗下頭眩思寢。夢至靈隱、有老僧十七八人、遊行林間。一僧曰、汝欲見汝母耶、可入我袖中、攜汝往南海。少頃至一山、環視空闊、殿宇巍峨、額曰普莊嚴殿。衆僧圍繞誦經、幷說偈云、修理大殿功德、世世生生、永不墜三途惡道。生天人中、受勝妙樂。少頃見母、黃衫襯淡紅衣、素裙合掌云、金剛般若、量同虛空、恩霑大千、利周沙界、天上人間、最重此經。我今承佛力、已能記憶、不失一字。無去無來、現在發菩提心、永不退轉。寄語汝父、勿懸念我。驟聞水聲而寤。與性篤實、不能誑語、因筆記之。其衫裙十月朔日余所焚、與不知者。舊志

五十年五月初一日、知府馬柱石到山、啓建祝釐道場。感大士、放金色大圓光於淸涼山岡、移時方散。兩寺住持有偈志其事。舊志

雍正九年辛亥，發帑七萬，修建普陀前後兩寺。時法雨住持法澤，謂山在海洋，禮謁者，皆由舟楫。而寺中從未奉有天后香火，甚爲缺典。乃謀建閣三間以祀。及閣成日，黃昏後，忽見彩船一隻，儀從旌旗，繽紛整肅。左右羽扇交蔽，前掌大燈兩盞，照耀光明，從東洋海上而來，直至千步沙。監督諸員及僧衆工役，同時共見。知爲神靈示現，無不驚異。舊志

法雨寺大雄殿內鐵觀音一尊。乃康熙十三年，遣界後，有偷界小船數十，泊千步沙。夜覩火光燭天，比旦見一鐵佛首，臥置沙中，不知何所從來。始悟夜來之火，卽佛光也。舁至寺供養。二十七年，江南武雲山進香，感其異。請於住持別庵，載往金陵募鑄全軀。有縉紳楊公女，笄年臥風三載。母徐氏齎金虔禱。次晨其女步履如飛。又有代鄰持釜來施者，貪其完好，易以破釜。夜夢神索故釜，寤而病，送釜懺悔始愈。大著靈驗，遠近奔助。不兩月，得銅鐵十餘萬斤。郡守覬其利，禁不許。造義士陸寅生，訴於道憲劉公，乃令速鑄。守旋以事被逮。全像旣歸，靈應如響。雍正九年，

發帑修建、監督者欲令移供圓通寶殿、多人再四舁之不得。住持法澤前禱、佛果示筊。欲仍故處。諸人驚異、遂不敢動。（許志）

乾隆三年十月二十日、法雨寺鼓樓、以香燈僧不戒、燬於火。風猛甚、將延及水月等樓。忽見神靈示現、風旋外向、諸樓無恙。次年住持法澤乃告總鎮裴公鉽、邑侯黃公應熊、設簿廣募。法澤閩人、閩之漁船數百艘踴躍樂施。法澤親往溫州採料。寧台道王坦、溫鎮黃有才、咸以原係欽工建造、免其稅餉。裝運至山、適值前燬之期、連日風浪大作、不能起卸。法澤禱於大士、忽二十六日風恬浪靜。又有二十餘隻漁船、泊千步沙、相與協力、浮水拽岸、一日畢起。遂興工修造、崇敞如昔。（許志）

嘉定馮生、貧而好善、一日進香南海、中流風發、舟覆。恍見甲士引至龍王前、諭曰、子寫方救人、善心誠切、達於水府。特遣救汝、與汝祕方十二、行之可以致富。取方授之、命甲士送歸。倏忽到岸。方在袖中。心知大士暗中調護也。後依方行濟、成富室焉。（勸誡類鈔）

甫里曹渭南女，爲張迪九子婦，病喉潰爛。時迪九既沒，渭南醫禱俱窮。一日女忽起於牀，一口數人聲，聲聲梵語，手揮渭南曰，去去，老衲南海來，以吾故人張迪九故，非汝曹所能致也。女啓口如就示狀，俄而蹶起，自言病殆時，見故翁搴帷注視，嘆息而去。翌晨羣僧來，其主僧龐眉蜷髮，狀如西相大士，從者左右侍，問答縷縷，不復記憶矣。陰騭文新編

陳君選年五十，只一子，幼慧而孱。既授室，忽患癆瘵，勢沈篤。有友告之，聞南海普陀，觀世音菩薩靈感。宿著若能信心往祈，郎君之疾，勿藥有喜。但山川修阻耳。陳云，果往求有驗，何辭道遠。遂擇吉出門，向南而行。凡八日，出本省界。是日午未閒，車中體倦，投店早憩。飯後悶坐無聊，因出散步，聞有大聲呼其姓名者，且曰，汝子疾垂危，今往普陀拜求觀世音乎。駭而視之，乃一道者，翛然塵表。急趨揖問，素昧識荆，何知余姓名，及余子疾。道者不答所問，但云，愛子何必如是之切。汝子疾，乃汝一生積愆，報在汝子之身，往求菩薩無益也。陳再揖道者，求示其詳，曰，汝今後若

能速改前非・力行善事。又能將前明楊椒山公家訓・抄寫一卷・朝夕朗誦・事事遵行。子疾當自痊・不足慮也。陳欲再展問・轉瞬失所在・錯愕良久・始悟大士化身・指其迷途也・乃望空拜謝而回。及抵家。其子伏枕聞之・欣欣有起色・而病減半矣。月餘全愈。（傳家寶序）

無隱師者・毗陵世家子也。嘗曰・名山大川・無非菩薩影現道場。腳頭腳尾・處處逢渠。於是託足雲水・瞻禮普陀山・感大士現妙莊嚴身。晚歸養病於神駿寺・誦七佛偈而逝。（海南一勺）

臨江丁兆僖・服賈於蜀。母葉氏在家病足・數載不瘳・因虔祝大士。後鄉人來蜀・知母蒙大士顯靈示夢・病從此日瘥・即禱祝之日也。數千里・有感輒應如此。癸卯酬宿願・進香普陀。至梵音洞・得覩大士慈容・不甚了了。默念遠涉風濤・齋肅而來・豈下懷未誠歟。念未已・忽見洞內大士・身穿白衣・右手三擺・前立紅衣童子・又不類世所繪塑者。兆僖惶悚伏拜・焚香頂禮以退。（勉戒切要錄）

南豐武舉章開元，嘉慶年間，以騎射教人。課徒用力太猛，仆地，呻吟牀蓐，見一役曳之行。忽身後一人挽而呼曰，勿爾，此人奉行敬信錄，持觀音經甚虔。若仍短壽，何以勸善。役曰，奉上官命，安知其餘。曳如前，而挽者益力，役釋手，以梃掠章而去。身後人謂之曰，渠雖去，明日係卯期，必又至，汝其殆矣。吾指汝到南海求救大士，章盧蹣跚難行。曰，但合掌端坐，誠心念南無阿彌陀佛，及大慈大悲救苦救難觀世音菩薩寶號。章如教，覺身如風轢，飄空而起，海立眼前矣。海上有島，往來皆道服。章伏岸宣佛號。良久，見兩三白髮叟，攜一人下山，貌肖己，身後人曰，此汝魂也，速禮菩薩叩謝。忽前役又至，梃章足而去。身後人曰，汝無悸，今蒙菩薩赦宥矣。且曰，汝歸去，當堅持前念，自修以訓人，毋怠厥志。章唯唯，蘧然而甦，身仍在牀，足疾頓失。因果實錄

江夏某大姓，夜建醮。鄰媼攜幼女往觀，有猙惡巨人，拉女出，强之行。忽東南隅，現紅光。巨人惶懼，捨女奔，紅光漸近，有瓔珞被體者，類觀音像，詰女所自，且曰，余南海

大士也。可隨往。俄至一所。迥殊凡境。大士顧侍者。不知何語。未幾。侍者牽巨人來。大士叱之。金甲神捽之去。一日。見黃冠人叩謁。述其母奉佛。終身不茹葷。大士謂女曰。爾母善行可嘉。當令母女重逢也。黃冠人囑閉目。覺履空而行。止則故鄉也。女歸。見榻臥一人與己肖。恍若有自後推合者。遂如夢覺。初母與女看醮。女忽暈絕。第胸膈溫暖。不類死者。月餘始甦。備述顛末。女自此不茹葷。虔奉觀音經。海南一勺

光緒二十四年春。有台州黃巖縣三甲地方民船一艘。裝客數十人。赴普陀進香。及回船。行數百里。忽然霧雨驟至。舟不能駛。船主問曰。爾等在普陀有不潔淨之事否。內有一老媼急解囊。將黃瓦一片拋入海中。頃刻雲霧漸散。舟行如故。究諸老媼。云此瓦世所罕見。慕其色黃光滑。欲於夏日作枕。以納其涼。非有意竊取也。不億佛之感異已如此。採訪

光緒三十二年二月。象山縣盤錯渡地方有張姓婆媳二人來山進香。寓佛首庵。翌日。媳出外禮佛。至夕回。遺失拜佛布一方。俗名手方內有各寺寶印。姑聞之不勝憤恨。

越數日，歸家開櫥，檢查別物，忽見所失之布，在衣服中。一時咸以爲異。採訪

江浙信心婦女，每以白布鋪地禮佛，名爲手方。間或墊坐，爲護衣服，固無不可，但不應打印其上。若已打印，則萬萬不可鋪以禮佛，況墊坐乎。彼殆謂半截未打印，坐則無礙。不知以有字之布，置之於地，尙屬褻瀆。況既坐其下半截，上半截亦貼靠自己下體，或有竟坐於打印之處矣。須知印上之字，皆是佛菩薩之聖號，理當格外尊重，何可如此褻瀆。阿育王之印，則是釋迦如來眞身舍利寶塔之印。普陀普濟寺，則是敕建南海普陀禪寺觀音寶印。普陀禪寺，乃明萬曆三十三年御賜額。至清康熙三十八年，始改賜普濟禪寺額。如此，諒此印是康熙三十八年以前所鑄者。法雨寺，則是南海普陀天華法雨觀音寶印。餘可類推。打印之布，只可藏於家中佛龕，或神龕內，則有功德。若用以鋪地拜佛，則其罪非小，況墊坐乎。如已經鋪地拜佛用過之手方，則又只好洗淨焚化，切不可藏佛龕中。譬如子孫，以祖父之名，書之於布，以作拜祖父時墊地之用，及坐地時，恐汙衣服，用此布以墊坐，則人必以爲不孝，自己心亦不忍。何竟敢以佛菩薩聖號，印於墊地

護衣之布上乎。其原由於僧人不知事務．唯欲多打印．則多得錢。不計此布萬萬不可打印。若此等僧．縱有修持．亦當墮落。以亂爲人打印．令一切信心婦女．同作褻瀆佛菩薩之大罪故也。願諸僧俗．各各痛戒。又願識字之人．見聞此說．逢人勸誡．令一切人改此惡習．則功德無量無邊矣。採訪普陀掛搭僧稿

按舊志有分靈感示現爲二者．有另立經證門者。其實示現卽靈感．菩薩妙應圓通．衆生共仰．尤不待證而方生信向。況本志卷一．許止淨居士所撰之感應頌．甚爲詳備。有註及經證之單行本．尤明瞭。故今但略敘靈異而已。朱謹志示現論曰。示現．亦志中靈感類也。有感而不現者矣。未有不感而現者也。夫色見音求．佛所呵斥。大士曷爲以形現也。此正慈悲度人．恆順衆生之至也。衆生所知者形．故所現者惟形。其實非形也．無形之形也。非現也．不現之現也。無形之形．形亦非形。不現之現．現亦非現。大士如月．衆人如水。人見大士．如水受月影。不可謂影卽是月。又不可謂月卽是影。又不可謂影非月影。又不可謂月本無影。月之照人也．

有目者卽見月月之照地也有水卽有影然而人之求見於大士有現有不現者何也此亦如水之受月淸者受之濁則不受矣大抵人之求見而得現者或遇之於無心之頃無心卽能感矣大易不言感而曰咸咸乃無心之感也又或信心以求之經言信爲道元功德母信則能感矣經又云菩薩善應諸方所示現亦善應也何疑之有經固佛所說也唐裴相國云後之學者當取信於佛毋取信於人當取證於本法毋取證於末習世之人不信佛言惟執己見影附爲高明之見亦惑矣夫無心信心水之淸者也反是則濁彼且以爲己智而人愚豈知其惑之甚耶是故已見一立雖智亦愚知見不生雖愚不害此平心之論也或曰人之求現者述其所見各有不同何也豈水中月影亦有異同歟曰月體一定故無異影若夫佛之法身化現豈有音聲形色之一定者歟所見有不同者各自有其感召非應之者爲之同異也天之生物形色不一其類是其所稟之剛柔燥溼有輕重純駁之不齊天非物物而鑄之者也天之生物已不可

測矣。佛之法身變化・亦豈凡夫意見所能測識歟。儒之言天・則曰不測。言神・則曰聖而不可知。佛之化現不可思議。世人於至顯至近者・昧不之辨。乃於不可測者・而必欲測之・不可知者・而必欲知之・不可思議者・而必欲思之議之・多見其不知量也。或又曰・示現卽有之・亦幻境耳。儒聖亦有是理歟。曰・有。古所云見舜於牆・見堯於羹者・非於虛空見之歟。羹牆中豈眞有堯舜歟。孔子學琴於師襄・而見文王・撫琴動操之閒・文王果安在歟。是則心神之感孚・有不期然而然者。亦與夢見周公無異。其實於太虛空中・毫無纖翳也。或曰・聖固有之。凡夫豈能然歟。曰・道固愚夫愚婦之所與知與能者也。言其至・則雖聖人亦有所不知不能・非夫婦之愚・有以駕乎聖人之上也。蓋愚夫愚婦・適然之頃・亦有休機息慮之時・而其愚誠篤信・反勝於賢智之過爲妄生疑慮者。故凡求現得見者・大抵明察之人少・庸衆之人多・以其智慮鮮也。道之流行於天地閒也・大聖大賢而外・惟赤子之心與夫婦之愚・庶幾近之。故曰・百姓日用而不知。卽其不知之頑·恰與赤子之心·同其渾穆。是故釋迦弟子·有蛇奴者·以愚鈍得度·愚固道之所不外也。其有著意求現·而未得見者·如鏡之被呵而暈也。月之被雲而掩也。人心與焉斯窒矣。作意以求·誠即非誠矣。世之人·非沈空·即著有。其以示現爲虛僞者·正其著有之見勝也。彼蓋謂佛之法身·偏周沙界·必不屑屑焉株守於此·遇人即現也。此則以凡情測佛者也。佛固偏周沙界矣·此獨非沙界乎。佛尙有不屑之意見乎。雖然·示現亦非大士實際也。如其不信亦無不可。蓋信示現一方之大士·不如信偏周沙界之大士。信偏周沙界之大士·不如信當前之不信有示現·不見有大士者之眞我。是則眞見大士者也。如有是人·法門賴之矣。海南一勺·稱爲理圓詞達·因附錄之。

又按胡應麟筆叢·王弇洲觀音本紀·皆謂古時觀世音·無婦人像。歷引法苑珠林太平廣記諸書以證之。趙甌北陔餘叢考·以王胡說爲未然。引北史·齊武成帝·見一美婦人·變爲觀世音。南史·陳後主皇后沈氏·爲尼名觀音。皇后證六朝時，觀音已作女像。又引南宋甄龍友題觀音像，有巧笑美目語。又壽涯師，詠魚籃，觀音詞，有窈窕丰姿語。證觀音之爲女像，宋元明已然。近俞樾小繁露，引夷堅志，觀音救目疾事。又以宋時，猶未皆爲女像，說各不同。竊謂地藏本願經云。地藏王，一世爲大長者子，又一世爲婆羅門女。觀音之不能定其爲男女，殆猶是歟。雖然，此且約世俗迷情而爲剖決。若知觀音徧十方界，盡未來際，隨九法界衆生機，現十法界應化身，則前之所談，何異斷竿量天，折錐探地，爲可憐可憫也。

普陀洛迦新志卷三終

普陀洛迦新志卷四

古會稽陶　鏞鑑定　古翁山王亨彥輯

檀施門第四 共七十八條

如來遺詔。護法託於王臣。菩薩發心。度生首推布施。況大士建號大悲。廣施無畏。故珞珠解頸。菩薩亦乞慈悲。珍寶捨身。衆生皆求哀愍。自昔已然。於今爲烈。明則疊賜藏經。淸則重頒內帑。或築隄捍海。或割畝助糧。姓名有湮沒不彰。福德固流傳無盡。蓋佛法之興衰。關國運之隆替。未有慈悲導俗而黎民不被其恩。更無明良在朝而僧衆不蒙其澤。追懷先德。庸啓後人。志檀施。

五代梁

張氏。佚其名。貞明二年。舍所居爲不肯去觀音院。舊志。詳靈異。梵剎之廢庵。禪德。三門。

宋

太祖乾德丁卯。遣內侍王貴。齎香旛詣山。舊志命使神宗元豐三年、內殿承旨王舜封使三韓。至是、有大龜負舟不得去。望山作禮、龜沒舟行。洎還、以其事上之。賜額寶陀觀音寺。許歲度僧一人。置田積糧、安衆修道。延祐四明志、舊志。

寧宗嘉定七年、從住山德韶請。賜修圓通殿錢萬緡。並御書、金襴衣、銀鉢、瑪瑙珠、松鹿錦旛等。舊志

理宗淳祐八年、詔置接待莊、免本山租役。舊志

元

成宗大德二年、中宮命內侍李英、降香修殿宇。許秦二志

三年、命宿衞孛羅、降香、賜金百兩、修殿宇。舊志

四年、降香飯僧。劉賡寶陀寺記

五年、命魏也先太出、李鐵木兒不花、治演法堂。賜綵旛、緘香、及帑錢二千緡。割鄞田、昌國田及山、共四千餘畝、供僧。舊志

按裘志作三年。又云一作一年。許志據劉賡記盛熙明品中作五年。今從之。

仁宗皇慶二年。皇太后遣法華奴齎賜主僧袈裟及十方僧飯。勅浙省賜鈔八百六十八錠。買給長明佛燈田三頃。舊志

泰定帝泰定四年。遣中正同知帖閭齎賜金幣。賜飯僧鈔千錠。僧衣一百八件。供聖黃金織文旛金綵綺帛。賜供營繕田二頃二十六畝。許志。裘志作皇慶四年。誤。

泰定帝致和元年。遣御史曹立齎賜香幣及鈔百錠。舊志

順帝元統二年。宣讓王施建塔鈔千錠。舊志

明

神宗萬曆十四年。遣內官監太監張本御用監太監孟廷安齎賜皇太后刊印續入藏經四十一函。舊刊藏經六百三十七函。裹經繡袱六百七十八件。觀音金像一尊。善財龍女各一尊。金紫袈裟一襲。於寶陀寺立靜室五十三處。舊志

明神宗賜寶陀寺藏經勅。皇帝勅諭普陀山寶陀禪寺住持及僧衆人等。朕維佛

氏之教。具在經典。用以化導善類。覺悟羣迷。於護國佑民。不爲無助。茲者。聖母慈聖宣文明肅皇太后。命工刊印續入藏經四十一函。幷舊刊藏經六百三十七函。通行頒布本寺。爾等務須莊嚴持誦。尊奉珍藏。不許諸色人等。故行褻玩。致有遺失損壞。特賜護持。以垂永久。欽哉。故諭。大明萬曆十四年三月日。

按裘志云。二十七年。勅法雨文同。不另載。是時一倘爲寶陀。一倘爲海潮。

二十七年。遣漢經廠掌壇御馬監太監趙永。曹奉齎賜大藏經六百七十八函。華嚴經一部。諸品經二部。滲金觀音像一尊。舊志

明神宗再賜藏經勅。勅諭南海普陀山寶陀寺住持及僧衆人等。朕發誠心。印造佛大藏經。頒賜在京及天下名山寺院。供奉經首護勅。已諭其由。爾住持及僧衆人等。務要虔潔供安。朝夕禮誦。保安眇躬康泰。宮壼肅清。懺已往愆尤。祈無疆壽福。民安國泰。天下太平。俾四海八方。同歸仁慈善教。朕成恭己無爲之治道焉。今特差內漢經廠掌壇御馬監太監趙永。齎請前去彼處。安供各宜仰體知悉。欽哉。

故諭。大明萬曆二十七年二月初十日。又三賜全藏經勑。皇帝勑諭，南海普陀山寶陀寺住持及僧衆人等。朕維自古帝王，以儒道治天下，而儒術之外，復有釋敎，相翼並行。朕以沖昧，嗣承大統，迄今廿有七禩。天下和平，臣民安樂。仰思天眷祖德洪庇，良由大公同善之因。況國初建置僧錄司，職掌厥事。蓋仁慈淸淨，其功德不殊，神道設敎，於化誘爲易。祖宗睿謨，意深遠矣。佛氏藏經，舊刊六百三十七函。我聖母慈聖宣文明肅皇太后，續刊四十一函。朕旣恭序其端。而又因通行印施，序其前後勑諭護持，所以錫孝類，流慈恩也。玆者，朕嘉善道之可依，念傳布之未廣。爰命所司，印造全藏，六百七十八函，施捨在京及天下名山寺院，永垂不朽，庶表朕敬天法祖之意，弘仁普濟之誠，使海宇共享無爲之福。先民有言，一念思善，和風慶雲，一念不善，災星厲氣。夫善念以有感而興，無感而懈，是以皇極敷言，不厭諄懇。聖哲所貴，善與人同，古今相傳，其揆一也。且善在一人，尙萃一家和氣。若億兆向善，豈不四海太和。此經頒布之處，本寺僧衆人等，其務齋心禮誦，敬奉珍藏。不許褻玩、致有毀壞。特賜護勅、以垂永久。欽哉故諭。大明萬曆二十七年二月日。

按三十三年、始改寶陀寺額爲普陀。二十七年二勅文、舊志均曰普陀寺。何可額尚未改、而先呼後易之名乎。特爲改正、以示不妄。

三十年四月、遣御用監太監張隨、同内官監太監王臣、賫賜帑金千兩、督造藏殿、飯僧銀千八百兩。誦禮觀音經銀三百兩。觀音經一藏。舊志

三十三年、仍遣張隨同御馬監太監党禮、張然、賫賜帑金二千兩、裘志作三千兩督造普陀禪寺。又僧齋銀三百兩、及織紵旛幢、金花丹藥等物。金剛般若經一藏、觀音普門品經一藏。賜額護國永壽普陀禪寺。太后又賜建寺銀三千兩。踰年工竣復命。復特遣中貴、錫玉帶以鎮山門。舊志

明釋海觀玉帶記普陀山護國永壽普陀禪寺。勅建之後、金碧照榮、如夜摩睹史之宮、從天而墜。海衆拜瞻、法會殊勝、近世未有若斯之盛也。恭荷綸音、煥頒龍藏。

壬子年春。復特遣中貴。賜之玉帶。以鎮山門。林樾野人。住靜磐石之下。樂觀其美。敢不揄揚休美。略以往事例之。佛印收蘇內翰玉帶。永鎮山門。武后賜萬回和尚以錦袍玉帶。又裴晉公平淮西。憲宗賜以玉帶。公臨薨。卻進口占奏狀云。內府之珍。先朝所賜。既不敢將歸地下。又不合留在人閒。謹卻封進。聞者歎其不亂。夫內翰固超特。佛印又豈屑屑於此者。各以高風勝致。嬉戲今古耳。晉公之敬君。不貪貽子孫。其學識又與內翰別是一格。萬回之賜。賜非其主。豈若今者。頒自聖明。得諸方外之爲慶哉。今世之秉鈞軸膺寵遇者。裨補無涓埃之微。而玉帶有韞匵之積。厥後子孫蕭索。售爲口食之需。君恩掃地。甚者負罪家沒。玉帶復歸內廷。嗚呼。人情何不錫於山而錫於身耶。因著爲說。一以記名山之盛事。一以砭世榮之難恃云。

三十四年。准御馬監太監党禮之請。賜海潮寺額。爲護國鎮海禪寺。許秦志

三十五年。遣党禮齎賜帑金千兩。建御製碑亭。祝釐飯僧。舊志○碑文見梵剎

三十七年。遣張隨。齎賜帑金千兩。到山飯僧。延僧檢閱藏經三年。幷五綵織金龍緞四十疋。及長旛經袱桌衣等。舊志

三十九年。遣張隨等。齎賜帑金千兩。祝釐飯僧。又遣党禮等。齎賜鎭海禪寺大藏經。舊志。萬曆三十九年。再賜藏經勅。

明神宗再賜藏經勅勅。諭浙江南海普陀山鎭海禪寺住持。及僧衆人等。朕發誠心。印造佛大藏經。頒賜在京及天下名山寺院供奉。經首護勅。已諭其由。爾住持。及僧衆人等。務要虔潔供安。朝夕禮誦。保安眇躬康泰。宮壼肅清。懺已往愆尤。祈無疆壽福。民安國泰。天下太平。俾四海八方。同歸仁慈善敎。朕成恭己無爲之治道焉。今特差漢經廠閣黎御馬監太監党禮。齎請前去彼處供安。各宜仰體知識欽哉。故諭。大明萬曆三十九年九月日。

按裘志云。此勅法雨寺時已賜額。鎭海文與普陀寺敕。微有不同。故另載。今依之。

崇禎十四年辛巳。上以天步方艱、物多疵癘。命國戚田弘遇、捧御香、祈福普陀大士。錢謙益撰天童密雲悟塔銘。

河南王、於嘉靖六年、賜琉璃瓦三萬、鼎新無量殿。舊志

魯王、於嘉靖間、建琉璃殿、梵王宮。舊志

魯王、於萬曆間、歲致米飯大衆。賜赤金像一座、重三十石、石、疑是斤字之訛。並造新殿。魯王普陀山碑記

崇王由樻、於天啓七年、捐資重建藥師殿、書法門龍象額、賜千佛衣。舊志梵刹

承乾宮皇貴妃、遣官進香、并製滲金佛像一尊。舊志精藍

陶崇道、會稽人、官方伯。於磐陀庵西、倡緣築堤、墾田數十畝、以充香積。天啓七年、又捐資建藥師殿。舊志精藍

梁文明、官定海都司。因祈嗣有感、捐資創白華庵。舊志精藍

方應明、明季官海憲。捐俸重建磐陀庵、殿宇巨麗。舊志精藍

蘇若霖、崇禎朝內官。捐己資千餘、莊嚴淨土。舊志精藍

按明妙峯福登禪師、福慧洪深、誓願廣大。一生所作大功德、莫能殫述。素願造滲金文殊普賢觀世音三大士像、幷銅殿、送五臺峨嵋普陀、以供養之。于萬曆二十七年已亥、杖錫潞安、謁瀋王。王適造滲金普賢像送峨嵋矣。師言銅殿事。王問需金若干。師曰、每座須一萬金。王願造峨嵋者。卽具資送師往荆州監製。殿高廣丈餘、滲金、雕鏤佛菩薩像、精妙絕倫。殿成、送至峨嵋、大中丞王霽宇撫蜀。聞師至、請示心要。遂發心助普陀者。乃采銅於蜀、運荆鑄造。及成、運往普陀、至南京、逢普陀僧力拒。葢恐海寇悞認爲金、防搶劫耳。因卜地寶華山。時寶華頹衰敗、遂奏懇勅修、得以安置。師又募五臺者、于三十三年春、躬送至山、議安顯通寺。又蒙勅修其寺。趙吉士寄園寄所寄中、謂陳太后勅四川造三座者、傳聞失實耳。此殿雖未至普陀。而妙峯與王霽宇之誠心毅力、何可泯滅。因附志於明季檀施之後。俾後世知有其人其事云。憨山夢遊集妙峯傳。

清

康熙二十八年己巳三月。駕巡杭州。准定海總兵黃大來。啓奏普陀廢墜狀。命一等侍衞萬爾達。二等侍衞吳格。禮部掌印郎中觀音保。齎賜帑金千兩。建蓋山寺。舊志 ○詳見靈畀

釋性統。己巳三月朔日。上遣侍衞臣齎帑金至山。恭紀詩。山陬海澨外。野衲臥雲深。久斷長安夢。何期天使臨。星趨勞驛駟。風偃拜綸音。瓦礫生光彩。皇恩爲布金。其一 天威原咫尺。鳳詔下林皋。引道惟金錫。環亭盡錦袍。朝臣宣聖德。野逸沐恩膏。花鳥陪人笑。殊增意氣豪。其二 邱壑千尋峻。場開不二門。當朝逢聖主。萬代奉慈尊。海閣晴霞映。蜃樓曉日呑。蕭蕭多寂寞。此日遇殊恩。其三

三十五年四月。命翰林宋大業。齎御書金剛經兩函。分賜前後兩寺。五月。命釋自戒。齎內製五爪龍袍二襲。進香祈保皇上西征。全師奏凱。裘志

繆燧。恭送御書金剛法寶入普陀山寺記。普陀名山也。孤峙海中。距定海甫百里。

在令封內。而予日以簿書鞅掌、不獲登臨而謁禮焉。閒有暇晷、亦畏涉風濤、是以渡橫水者數數、而蓮華金鉢、窅莫問津甚矣。夫作吏之俗也。歲之丙子、恭遇今上皇帝以御書金剛法寶光鐫棃棗者、頒行天下梵宇、而普陀兩寺、幸在其中。四月經函至定、宰分當躬賷入山。於是得從副戎葉公紀揚帆抵洛迦、安經供奉於大殿。肅容再拜、天威咫尺。已乃謁大士、覽梵宇、滄溟杳靄、大哉觀也。仰維皇上睿聖淵涵、文武廣運。廓沙漠千古不淸之塵、闢海甸累朝不隸之土。垂裳宵旰、日屢如傷。而乃於萬幾餘暇、披釋氏之微言、運如神之妙腕。楷書竺藏、光被人天。而且頒行郡國、望剎推恩。天縱至人、眞絕古今、而邁三五者矣。燧一命微員、叨膺司牧。疆域不過百里、案牘期會、事甚眇末、而蚊負冰兢、不遑啓處。承乏來不知翰墨文章、復爲何物、少之所學、仕而轉荒。而聖天子、獨廣大從容如此、豈非雲雷風雨、日月星辰、挈五行而運四時、周八方而生萬物、成功文章、無所不有之爲天也哉。小官管窺蠡測、仰贊高深、凝思拜頌之下、不暇探討山川之幽秀、風物之雄奇。一棹遄歸·皇皇職役。寧見笑於山靈·而決不敢瀆鬼神以失民義。則燧今日揚上德·而慊臣職之意也夫。

三十六年·命使進香。賜五爪龍衣一襲·瓽子（瓽·徒念切音簟。乃鑪㮰等之座子。）兩座·銀五十兩。（舊志）

三十八年三月·駕巡杭州。二十七日於行在差乾清宮太監提督顧問行·內務府廣儲司郎中丁皁保·太監馬士恩（秦志作逢恩）等·齎金千兩·分賜兩寺·到山進香。四月初四日至寺·傳旨山中乃朝廷香火所有未完之功·以是帑金爲之領袖·務令天下臣民共種福田。住持須竭力圖成·勿孤上意。太后六宮公主各賜金有差。並御書金剛經二卷·分賜兩寺。書普濟羣靈及潮音洞額·賜前寺。書天花法雨及梵音洞額·賜後寺。書皓月禪心額·賜普濟持住明悳。書修持淨業額·賜法雨住持性統。書芾啓。此苗幕從輿衞於琅琊之閒·爲泉石之樂。恨不接遊跖也。潡天下佳山水·且少過客·諒稱高懷。正恐賜環在近·不能少彼留也。芾再啓。夏六月臨五十七字·賜明悳性統。又賜性統念珠一串·供大士。又准兩寺住持奏請·發金陵城內琉璃瓦·

一十二萬改蓋兩寺大殿。舊志

繆燧御題普濟羣靈額恭紀。漢晉以來二氏之學並行於世而佛較盛於老。非之者險娟之者愚惟至人能兼包迭用於其閒。我皇上神靈天縱優入聖域。其暇汎覽流觀謂釋氏之慈卽吾儒之仁。其悲憫提度與博施濟衆無異。大矣哉如天如地之見也。普陀爲海內四大名山之一。展界後卽賜金勅建前後兩寺。賚寵眷渥輝賁山川。改賜今名外復御題普濟羣靈額大士殿。臣燧忝宰斯地恭逢盛典。旣爲住僧喜慶忭舞。竊伏而思之。仰維帝德之宏王言之大有不第爲茲土茲山起見者。蓋自二帝三皇以來馭世之道不越仁民愛物。而其化澤之深長聲靈之赫濯。至於柔懷百神及河喬嶽。然則自天而下自地而上大小幽明一以貫之者類盡於羣靈而道全於普濟。盡千聖之猷百王之蘊有能出此四言者耶。大士以天子之心爲心其福民護國當何如。苟斤斤焉僅從茲山起見則將隘視聖人之言而淺測聖人之心可乎哉。臣燧是以不揣固陋表而出之。俾四海臣民卽不獲至其地者、覽斯志亦共瞻仰沐浴於無疆之化澤云耳。

四十二年、二月、駕巡杭州。命侍衞翁峩立、都統官保、中官首領王瑋、進香齋。賜住持心明御書心經一卷、帑金二百兩。命住持性統、題蘇臺雨景詩。即御書賜之。復書大圓通殿、獅子窟、壽峯三額、賜心明。振宗禪寺、妙光聖因三額。賜性統。分掛普陀治平、徑山、接待諸處。書添籌二字。賜性統。母又准直郡王奏六品官阿爾發同官保到山。送龍袍銀兩。許志

四十三年、十一月、御製碑文一道、賜法雨寺。十二月、御製碑文一道、賜普濟寺。兩碑文見梵刹各寺下。書賜宣布聲聞藏經閣、永壽寺額三道。命性統賦詩以無覺有空色相消爲首句。賦畢、賜瀚海石硯一方、豐澤園墨二錠。許志

四十四年、命浙江織造敖福合、齋送御製碑文。鴻臚寺序班朱圭、奉勅鐫碑。四月、賜性統御書心經二部、心經塔一軸。賜心明御書心經一部、心經塔一軸。許志

江國楨同織造府、送御碑至普陀。詩。一色茫茫玉作堆、看潮湧去看潮回。乘槎不

見風波險、捧得君王睿藻來。

四十六年、駕巡蘇州。賜性統人參一斤、及瓜果等物。時心明、慧業、德藻等、各受一分。又書栴檀林三字額、賜心明。許志

四十七年、閏三月、命浙江孫文成、江南曹寅、蘇州李旭、三織造。齎送內造自在觀音、救度佛母二相、分給普濟、法雨兩寺。二相連座高一丈六尺。佛身五尺。量聖體裝就、脫紗泥金、手足皆附金蓮、玻璃點目、金皮作衣。於四月十八日到山安供。舊志

范昌治同部堂孫公送內造佛相入山恭紀詩、昭代崇西竺、佑民施聖教。金身內府裝、範相殊嚴妙。天衣妥半肩、青蓮光照耀。航海入名山、特奉天王詔。鯨波坦不驚、魚龍息狂嘯。當知佛力慈、四生同一照。于我亦何心、乘風登海嶠。與觀入勝界、開顏共含笑。甘露灑心胸、祥風訖邊徼。用祝聖堯年、同賡擊壤調。

四十八年二月、命內務府員外郎噶達渾、降香齎送帑金二百兩、並詔杭州織造孫文成、查明僧衆人數、許運米石出海、永爲定例。七月、皇太子奏准、差中官鄧鎭趙

柱皇姑寺住持廣博。齎賜帑金五百兩內造大士珠寶金相一尊供法雨寺。又帑金三百兩金旛一對數珠二挂。內造滲金佛三尊黃蟒袍一襲銀製吉慶阿哥一位供普濟寺。許志

康熙四十八年七月初六日奉硃批上諭。諭管理杭州織造孫文成。頃有普陀山住持和尚二人來京詢問及其寺裏過活。奏稱這二年因嚴禁米石。不許出海。米糧短少。僧衆多有散去。此寺乃特旨修造。不比他處。今二僧人回去必到杭州。爾會同伊等將一年所用糧米應需幾何。詳擬定例具奏。但恐奸民乘便糴買米石運至別省貨賣。浙江米價必至騰貴。故此手書特諭。欽此。八月初六日性統同心明到杭。經織造孫會議。得普濟寺法雨寺現在僧人共六百六十六衆。每日每人食米一升。合算一年共需用米二千三百九十七石六斗。其米每年陸續運載。巡撫差官查驗。給與執照。許放出海。永爲定例等因。九月十九日織造孫具摺奏請。奉旨知道了。隨移咨督撫提鎮通行文武各衙門每年遵照放行。

四十九年、賜寶印一顆、並賜前寺大藏尊經。許志

五十二年正月、在暢春園賜性統、心明紫衣各一襲。侍僧五人紅衣各一襲。及蜜餞珍果等物。二月、復各賜人參、及丸藥等物。許志

五十五年正月、命使到山。賜性統蜜餞珍果等物。許志

五十六年、恩准性統心明奏請、蠲免朱家尖順母塗開墾田地錢糧。許志

恩免普陀錢糧碑記。康熙五十七年十一月二十五日、准內務府移咨內開、康熙五十七年十月二十日、侍衛魏珠將南海普陀洛迦山普濟寺僧心明、法雨寺僧空懷空明等所奏漢字黃摺子發出、交與十二阿哥。轉傳旨、將此著阿哥親自會同包衣昂邦詢明、將御書之處議奏、欽此欽遵。臣等會議得、明季藏經皆是明朝皇帝所送、所有御書亦隨帶去。今僧人等雖請御書、然此藏經乃公主為父皇萬壽送去之經。再寫御書、必須交於內閣衙門用寶。或可照去歲移咨孫文成會同地方巡撫等。將舊年寬免開墾田地錢糧數目情由、并善為保誦藏經、不許僧人

胡亂生事、立碑永垂、爲此請旨。隨於康熙五十七年、十月、二十日、具疏。幷漢字黃摺子、給與奏事六品官雙全等、啓奏。奉旨依議。爲此照普濟寺僧人心明等、所奏漢字黃摺子、抄錄一張、一並咨明前去。到日、爾卽親與地方巡撫等、將開墾之田地、寬免錢糧之情由數目、並善爲保誦藏經、不許僧人胡亂生事等語、可立石碑。爲此交爾等、因欽此欽遵。臣朱軾、孫文成、竊查康熙五十六年、十一月、十五日。准內務府清字咨文、奉旨將普陀洛迦山普濟法雨二寺和尙心明、性統、開墾田地、求免錢糧、原摺交與織造孫文成、與浙江巡撫朱軾、查明妥議具奏、欽此、欽遵等因。到臣、遵卽會同行據定海縣知縣曹秉仁、親往安期鄉、朱家尖、順母塗地方、查丈寺僧開墾之產、共田地塗山三十三頃一十五畝三分零。內已報起徵田地塗山二十八頃八十二畝五分零。應徵銀六十一兩四錢四分五釐零。米一十四石一斗六合零。又已報陞科、尙未起徵田地塗山四頃三十二畝八分、應徵銀七兩一錢三分六釐零。米二石二斗九升六合零。又朱家尖未墾田地、一十三頃五十三畝、俱經寺僧築塘管業。該縣逐一丈明、備造清册、詳送前來。經臣孫文成、奏請。蒙皇上鴻恩、將朱家尖、順母塗、已墾田地、三十三頃一十五畝零。未墾荒地一十三頃五十三畝。一概寬免。奉旨、傳與巡撫、照此摺依議欽遵在案。伏惟我皇上、聖神文武、寬信敏恭。博施濟於五十八年之間、薰風風物。垂道法於二十四省之外、化雨雨人。凡屬航海梯山、靡不向仁懷義。若普陀洛迦山者、標金樹刹、原從鹿苑分來。布寶成池、直是龍宮築就。惟茲佛國、疊受皇恩。宸翰高懸、筆墨與浮圖並峻。慧居重建、海天共梵宇齊雄。乃猶蠲國賦於福田、永錫菩提聖種。抑且著王章爲戒律、眞成清淨禪宗。仰承如天如地之宏慈。祇凜人心道心之大訓。諭爾僧衆、虔誦藏經。祝帝壽以無疆、宏天休於洊至。毋游惰而失業、毋生事以作非。項戴聖恩、宣揚佛教。普天率土、物阜民安。臣等、謹將飭僧免賦情由勒石、永垂千秋萬禩云。浙江巡撫臣朱軾、杭州織造臣孫文成、恭撰、進呈。奉硃批、是知道了、欽此。康熙五十八年、五月。普濟法雨二寺、各立一碑。碑身高八尺五寸七分、厚九寸七分、寬四

尺七寸五分。碑頂高二尺七寸。趺身高二尺五分。長七尺一寸。碑在御碑亭西

雍正九年三月。准浙江總督李衞奏請。賜帑金七萬兩。重建前後二寺殿宇。命前蘇州巡撫。原任戶部左侍郎王璣。監督工程。參許秦二志

十二年正月。賜前後二寺御製碑文各一道。許志。碑文見梵刹各寺下。

乾隆十六年春。駕幸杭州。賜源善紫衣一襲。及珍果等物。秦志

三十七年九月。賜流金嵌寶曼呥一座。重三十三兩。幷哈達五色。許志

光緒十九年。由法雨寺住持福悟呈廳。申詳道撫。奏准頒賜淸藏經全部。採訪

和碩裕親王。康熙二十六年。施戒衣三百七十五單。計一千一百二十五件。紫袈裟五襲。法被一幅。延住持性統。設壇傳戒。祝延聖壽。許志

釋性統演戒序。人自畀賦以來。完然天眞。純一無雜。諸緣不擾。內心明潔。迨夫一與物交。不能不逐境隨緣。起諸罪障。致喪天眞耳。是以我佛世尊。于拈華直指之餘。廣設律儀。嚴列戒相。以防末法比丘蕩越之咎。使人人識相護持。依律束身。漸

至因戒生定、因定生慧。而拈華之旨、不外于舉匙捧鉢之中。孰謂律之無裨於宗也哉。予以丁卯歲、承乏補陀之鎮海、緇衲雲集、單提向上。以接方來。恭遇和碩裕親王普施三衣鉢具、于天下名山巨刹、而普陀居其首。于是建壇歷年、設放三壇大戒。祝無疆聖壽。永昌曆祚。風雨時若。民物熙和。凡諸新學比丘、得戒已、復彙爲同戒錄、請序於予。是亦協報國恩、敬師重友之至意也。然諸比丘、果於舉匙捧鉢閒、觸發拈華的旨、識得師友籍貫名字、究從何處得來。則師友時時現前、佛恩國恩、一時報盡。予誠有厚望焉、是爲序。

皇太后及六宮公主、康熙三十八年、各賜金有差。并念珠一串、藏佛一尊、香包一件、供大士中宮。舊志

多羅直郡王、康熙三十九年、差僧律修、供錦旛一幅。許志

和碩莊親王、康熙三十九年、書誕登于岸額、齎懸大殿。裘志〇許志作賜性統

和碩顯親王、康熙四十年、賜性統大觀匾懸大殿、洛迦勝景匾懸梵音洞。許志

皇太子·康熙四十二年·賜銀一百五十兩·及青蓮喻法扁·同賜前後寺。四十四年·書瑞光朗映·藏海慈波·澄靈寂照·各扁·賜性統。分挂普陀·平都·聚雲·楞嚴·高峯諸處。四十五年·賜海湧慈雲扁。又聯云·雪浪照琳宮·芝草香中慧日·高懸震旦。天花飛梵座·楊枝雨後·祥雲齊護潮音。懸挂前寺藏殿。許志

按秦志於賜扁聯誤年分·列雍正後。

直郡王·康熙四十二年·奏准差供大士龍袍一襲·繡龍旛一對。銀一百兩。踰年·賜青蓮寶筏扁。舊志

和碩誠親王·康熙四十八年·六月·賜性統齋一筵。銀一百兩。踰年·賜後寺·挹翠浮青·南天寶筏·慈航普渡·三扁。又聯云·聖迹著迦山·萬國生靈皆樂育。佛光騰海島·千年潮汐靜波濤。許志

端靜三公主·康熙四十八年·五月·賜性統銀一百兩。許志

皇三子·康熙四十九年·賜前寺衆香精舍額。又聯云·欲知堂奥幽深·更進一步。要識

門庭廣大・如在孤峯。舊志

皇四子雍親王・康熙五十二年・賜方丈額三道。金剛・藥師・觀音經・五十卷。許志

和碩某親王・康熙五十二年・賜性統金相大士一尊。鑪瓶各一件。銀五十兩。及錦緞等・幷逸雲庵扁額。許志

和碩果親王・雍正十二年・賜明智指畫送子觀音像一幅。又六度舟・甘露灑心・慈雲廣覆・各扁。並詩字一幅。又聯云・禪談不二千江月。經契無言萬派宗。許志

和碩顯親王・雍正十二年・賜法雨寺住持明智隨心滿願・及智門寺・各扁。許志

和碩莊親王・雍正十二年・賜普濟寺住持心明・源正・法雨住持明智各姑絨二疋・綢四疋。侍僧繭綢十四疋。又賜明智川靜波澄・莫因循・千光靜住・宅心淸淨・大海慈航・香雲花雨・常樂我淨・有情說法・十方同聚・各扁。許志

藍理・號義山・漳浦人。康熙二十九年・官定海總兵。時值建復二寺。理力任茲事・規畫久長。彌縫罅漏・二寺主席・悉就稟裁。又以其鄉產巨木。斥俸捐資・置木之值・凡數

千緡僧衆悅服稱自有護法來未有如公者。詳藍公生祠記

高士奇錢塘人官詹事府詹事康熙三十一年捐貲助修南海普陀寺大殿。舊志

繆燧號蓉浦江陰人康熙閒任定海知縣捐米百石築大干塘成田充入山中。採訪

張彪官定海鎭守府康熙四十一年捐貲墾朱家尖田充入山中。採訪

俞茂甫魏承祖雍正閒捐金爲法雨寺置田百餘畝。採訪

陳杰官浙江提督乾隆辛亥同定海總兵伊捐貲築朱家尖香蓮隩石塘。陳杰了塵二記

李長庚官浙江提督嘉慶初助朱提爲法雨寺築朱家尖海塘。秦志藝文宋如林記

王某官廈門提督邱某官浙江提督李某官廣東提督沈泰官定海知縣嘉慶閒各捐銀助築普濟寺朱家尖香蓮隩泥塘。沈泰添築泥塘記

鴻崑承恩堂僧道光十九年助普濟寺朱家尖白沙港田地山場一隩爲寺內大衆齋糧又助朱家尖小洞隩田地六十畝其花息由寺收轉給寺中無恆產之分房各庵助法雨寺西荷花池坟頭山一則添補大衆齋糧助慧濟寺西荷花池田二

十畝添補齋糧。由普濟寺住僧悅參呈縣請示。勒碑垂後。秦志

民國

馮大總統。八年。閒施予銀幣一千圓。建造多寶佛塔。

黎大總統。八年。閒施予銀幣一百圓。建造多寶佛塔。

徐大總統。八年。閒施予銀幣五百圓。建造多寶佛塔。

陳性良。字錫周。安徽無爲人。八年。閒助款三萬四千一百三十圓。創建道頭牌坊。重建多寶佛塔。並募集簡照南及各信施銀幣一萬五千六百七十圓。以竟厥工。碑見營建門。多寶佛塔下。

普陀洛迦新志卷四終

普陀洛迦新志卷五

古會稽陶　鏞鑑定　古翁山王亨彥輯

梵刹門第五 精藍附 茅蓬再附 廢庵又附 稱梵刹者共三大寺

法身湛寂依正交參報佛莊嚴摩尼徧照此固法爾如是不假人力修爲惟垂慈而示應身乘願而來穢土則獻莊嚴之寶榻雖有龍宮而住寂滅之道場曷敷獅座故頻婆造舍法眼澄明須達布金那含證果也維普陀之開山有觀音之禪院宋號寶陀明稱護國至康雍之兩朝更恩膏之疊沛於是瓊樓寶閣帝網交輝玉梲金題海天相映玉澗動而揚文寶樹搖而成樂志梵刹

普濟禪寺　亦名前寺在白華頂南靈鷲峯麓爲一山供奉觀音大士之主刹其名稱代有不同舊傳梁爲不肯去觀音院宋神宗元豐三年令改建賜名寶陀觀音禪寺高宗紹興元年易律爲禪寧宗嘉定七年從住山德韶請賜修殿錢萬緡幷御書圓通寶殿額元仍舊額頒賜尤隆明洪武十九年信國公湯和徙居民焚殿

宇、迎大士像、供於郡東棲心寺。奏改棲心爲補陀寺。（即今之七塔寺。）正德十年、僧淡齋、復募緣興復。嘉靖三十二年、復內徙。隆慶六年、五臺僧眞松來山、修復殿宇。萬曆三十年、發帑金千兩、更造藏殿。三十三年、又發帑、以舊基淺隘、遷麓就廣。重更圓通等殿、改辰向爲丙。賜額護國永壽普陀禪寺。許歲度僧一人。今其址也。清康熙四年、遭紅夷蹂躪、劫掠一空。十年、又徙居民、殿宇殘毀、如洪武時。二十三年、弛海禁、設縣治、僧衆復業。後請照機爲住持、始議興建。二十八年、定海總兵黃大來、啓奏廢墜狀、乃賜帑舉行。欽工踰年、總兵藍理、請潮音爲住持、興衰起敝、寺之規模以建。三十八年、復賜帑、並賜普濟羣靈額、及普濟禪寺額。雍正九年、又賜帑修建。由是殿堂巍峩、佛像莊嚴、於今爲昭矣。寺基深六十丈、廣八十丈、規方共二百八十丈。寺中爲門者三。中山門、東山門、西山門。（中山門、五間。高三丈八尺、深四丈、廣六丈。康熙間建。中供康熙御製碑文、旁有鐲免普陀錢糧碑。明時、中東西三門、各有門房三間。至康熙勅修時、以體制不合、故東西二門不設屋。至第二重華門、只建庇門小亭、頗爲雅觀。）爲殿者十。天王殿、（五間、十一架。高四丈八、廣九丈二、縱六丈六。明間、廣二丈五。左右次間、梢間、各廣一丈八。康熙三十年建。）大圓通殿、（七間、十五架。高六丈二。廣十四丈。縱八丈八。明間。廣二丈八。左右次間。廣各二丈四。梢間。廣各二丈。次梢間。廣各一丈五。康熙三十二年建。中奉賜題普濟羣靈額。光緒十五年。住持隆琛重建。加蓋黃瓦。費二萬餘金。二十九年。住持通達。重裝阿彌陀佛丈六金身聖像一尊。藏經殿。亦名藏經閣。五間。十三架。高三丈八。廣九丈二。縱六丈八。明間。左右次間。各廣二丈。梢間。各廣一丈六。康熙三十六年建。以貯藏經。光緒二十九年。住持塑寶修。景命殿。即方丈。五間。九架。高二丈八。廣九丈。縱五丈。康熙三十六年修。中奉賜題皓月禪心額。民國四年。住持了餘重修。後添平房三間。伽藍殿。在東。康熙間建。光緒三十二年。住持月德重修。祖師殿。在西。民國元年。住持文蓮重修。此二殿各五間。九架。高二丈四。廣五丈六。縱四丈。繡佛殿。在東。白衣殿。在西。此二殿各五間。靈應殿。康熙間建。光緒三十二年。月德重修。關帝殿。此二殿。各三間。在圓通殿兩邊。爲堂者十七。東羅漢堂。西羅漢堂。在大殿左右。各九間。光緒二十九年。通達重修。並裝羅漢金身全堂。民國九年。住持蓮曦又修之。法堂。在藏經殿下。全彰堂。在法堂左。五間。十一架。高二丈八。廣六丈二。縱五丈。康熙三十五年建。雍正時爲戒堂。光緒二十六年。住持善章重修。內供關帝銅像。係光緒二十六年。奸人收北方銅像。許多販賣。僧俗數人發心請來者。先覺堂。在法堂右。五間。九架。高二丈五。廣五丈六。縱四丈五。內供歷代祖師住持牌位。康熙三十一年建。崇德堂。即承統堂。在祖師殿右。三間。供各庵絕嗣香火。民國元年。文蓮重修。梅曙堂。原在方丈西。三間。光緒七年。梅卓建。民國十四年。住持了信。移于祖堂後。推廣規模。改向重建。仍舊名。爲班首寮。齋堂。即千人樓。十四間。嘉慶乙丑冬。燬於火。重建。東禪堂。在繡佛殿後。五間。宣統元年。住持廣學重修。西禪堂。即古衮有堂。在白衣殿後。九架。高二丈二。廣七丈四。縱四丈五。東禪堂同。客堂。在瑞日樓下。光緒二十九年。通達重修。雲會堂。在千人樓下。五間。長

二

生堂·即衛敎堂·在伽藍殿左·三間。供當代護法諸公位。康熙五十年十二月建。嘉慶十年燬於火·延燒千人樓·鐘樓。後由住持承德·募緣建復。淨業堂·在千人樓下·六間。雲水堂·即慶雲樓。光緒二十六年·堃寶重修。堂後·又建樓房三間。延壽堂·在西廊下·又名泥洹堂·即功德堂。康熙三十七年建。功績堂·在庫房後·樓房五大間。民國四年了餘建。爲貴官巨紳之客房。爲樓者十二。鐘樓·在東。民國四年·了餘重修。鼓樓·在西。康熙三十一年建。光緒二十年·堃寶重修。千人樓·十一間。堃寶增建三間。後有茅蓬十四間·爲雲水需力人住處。燬於火·民國元年·住持文蓮·重建瓦屋十四間。瑞日樓·在繡佛殿上。爲知衆·知客·照客·知隨等寮。慶雲樓·在白衣殿上。康熙三十三年冬建。即雲水堂·爲客僧挂單之所。賓日樓·即古天字樓·五間·在全彰堂左。爲維那·客住等寮。白雲樓·在賓日樓右·五間。後爲庫樓·有副寺·貼庫·臥具等寮。得月樓·在全彰堂左。爲官僚憩息之所·今廢。覽翠樓·在白雲樓右·三間。上爲都監·監院寮。下爲廚衆等寮。香積樓·即大廚房·在齋樓後·三間。又平房五間。內爲典座·貼案·及廚衆等寮。康熙三十三年春·與貧有堂同建。民國六年·了餘重修·並鑄機器銅千僧鍋·羅漢鍋·各一口。南樓·在齋樓後·五間。爲米寮碾房。康熙三十六年冬建。東西樓·在功績堂左·共六間。上爲客寮·下爲雜物室。民國四年了餘建。爲軒者四。東壁軒·在內龍沙籠·三間。古書記寮。今廢。挹爽軒·在留衣堂右·三間。內爲典賦·知事二寮。留衣堂·即現在之藍公祠·列營建。翠竹軒·在方丈左·三間。寶珠軒·在方丈右·五間。二軒·均康熙三十年建。爲方丈者一。方丈·即景命殿。中爲法堂·左爲臥室。右爲客廳。廳後·爲衣鉢·湯藥寮。左右爲侍者寮。右室後·爲行者寮。爲亭者一。柏香亭·光緒二十九年·燬於火·通達重建·五間。爲寮者一。匠作寮·在寺東龍沙內·平屋一帶。爲下院者五。本山下院·即古顯聖庵在道頭。康熙三十四年冬建。定海下院在縣城南無量庵。淸光緒十年改爲三忠祠。寧波下院在寧波桃花渡關帝殿。光緒七年住持梅卓重修。松江下院在松江澇闕。台州下院在台州。爲田庵者三。朱家尖田庵卽古青蓮寺遺址。康熙四十一年建。新田庵在朱家尖香蓮隩。福田庵在大幹。康熙四十二年建。寺產在朱家尖者民一十二畝零。塗九百四十畝零。丁一百六十二畝。蕩田一百三十五畝。山九十一畝零。地二十一畝零。共一千三百六十一畝零。在桃花山者民二十六畝。塗二十八畝。蕩一十一畝。山六十畝零。地一百三十四畝。共二百九十五畝零。舊志。鄞縣志。採訪。

元劉賡昌國州寶陀寺記。浙東慶元之昌國。有山名補陀洛迦者。奇巒複嶂。幽洞靈巖。錯立層出。奔波駭浪之中。潮汐吞吐。烟霞變幻。虬龍黿鼉。蜿蜒呵護。華嚴經所謂善財二十八參觀音菩薩與諸大菩薩圍繞說法。卽其地也。寺曰寶陀。創始於宋元豐間。爾時聖迹。率隨緣影響。示現香花。與五臺峨眉道場。實類而旱潦風濤之禱。響答爲尤捷。其在東南。故是佛法一大海會。無論遐邇卑尊。靡不皈瞻。皇后福德日盛。崇尚至敎。大德二年春。特命中御府臣李英驛降御香。使還。再命修繕像設。明年春・宿衞臣孛羅等・再馳祝香。內出中金百兩・飭江浙行中書省・遣僚吏同涖其役。又明年春・更命宿衞臣魏也先・太出・馳香飯僧・周閱具典。竣事・寺之長僧如智・如律・奉玉瑑瑞相・表上內廷・以便瞻禮・具歸美報。今年春・仍命太出・偕李鐵木兒不花・魏也先・持五彩旛旌・莊嚴法筵。又出內寶幣三千緡・卽其寺治演法之堂・暨廬舍之圮腐殘剝者。又飭行中書省・捐土田之在官者二十頃・畀之・益其徒食。俾每歲以建寅午戌月・諷誦祈禱。又下璽書・復其凡隸寶陀者・非寶陀者・毋得匿冒。如智亦因得被袈裟・內廷傳瑞流恩・曾無虛歲。至是命翰林臣作文・貞石以垂永久。臣謹詮次如右。

明・萬曆・御製重建普陀寺碑・朕御宇三十有四載。聖母慈聖宣文明肅貞壽端獻恭熹皇太后・含純懿之眞性・秉慧覺之上資・諸所焚修・祝釐護國保民者・朕一一欽承・無所愛惜。先是南海普陀寺・毀於祝融・我聖母惻然發念・欲緣故址而鼎新焉。朕仰承慈諭・首捐內帑。其自朕躬而下・悉輸誠發願・以次助施。遣官督建・迄今落成・而聖母喜可知也。因題額名大明勅建護國永壽普陀禪寺。寺在洛迦山中・大海波心・是觀音大士說法道場・顯靈應處也。大士圓通三昧・普照十方。三十二應身・隨處變現・十四種功德不可思惟。朕無所庸其讚歎。第白馬開緣・赤烏建刹・雨花靈鷲在在有之・而海上最著。蓋其慈悲大旨・普度法門・不可以意智得・不可以聲色求。遠而彌尊・近而難即。離此苦海・便登彼岸。指點最爲眞切。其密證了義・則有望洋已耳。夫惟修之默默・應之昭昭・禔福在宮中・靈感在海外・有若響答然者。卽今聖母燕喜・天錫難老・朕荷茲百祿・延及孫子・以至萬邦黎庶・海宇宴然。良由聖力護持・神功默祐・非偶爾也。工起於萬曆三十年七月二十七日・迄於萬曆三十五年・三月十五日。是用勒石鑄詞・使羣臣百姓・咸知朕奉揚聖母德意・且以昭示・傳諸不朽云。(銘略)大明萬曆三十五年・四月二十一日・欽差督工內漢經廠・梵修・祝釐・御用監太監張隨・奉旨謹立。

鄞・汪鏜・重修寶陀禪寺記。明郡・當溟渤之會・其東屬邑曰定海。補陀山在定海外二百餘里。佛書稱補怛洛迦山・海岸孤絕處・是也。海天孤闊・洞府幽深。波濤際空・茫無畔岸。烟霧晝冥・四景若一。倒影陵虛・排雲御風。誠上聖之窟宅・宇內之奇觀也。自梁日本僧慧鍔創建梵宇・憑依佛乘。宋元豐閒賜寶陀寺額・歷代因之・崇尚不廢。至我國家・益加尊禮・於戲盛矣。惟我觀音大士・通明圓覺・神應變化・利生開迷・不可殫述。故能使百千萬億人・無貴賤賢愚・傾心歸向。每於春月・即洞中參禮求現。而王后妃嬪・貴戚貂璫・薦金寶以致誠・懺罪愆以祈宥・使者冠蓋相屬於道・然乘筏渡海・觸犯風濤・竟無濡足之患・則證應從可識矣。嘉靖癸丑・島夷犯順・據爲巢穴。軒構摧圮・緇錫解散。國朝敕賜碑文・俱斷裂仆海中。所僅存者・獨聖壽寺・琉璃・無量等殿。梵音虛寂・鼎篆塵蕪者・垂數年。然教不終否。有五臺龍樹寺僧眞松・北遊來京師・聞其事於禮部。時宮保大學士養齋嚴公・爲大宗伯・亟下郡縣・俾給札住管・崇奉香火・而演律儀・以資景福。靈山勝會・一旦光復。自非我公・其能洽和幽明・興舉廢墜如是哉。惟時郡侯太恆吳公・總戎草堂劉公・相與協贊規畫・次第修舉。一號令之餘・而改觀易聽矣。適御馬監太監松庵馬公・景慕名山・起心發願。迺範金成佛・繡綵結旛。不惜重貲・歸誠於佛。一時輻輳・增重叢林。豈非事有待・而化有緣耶。而我觀音佛・法力冥助・神功默相・誠不誣也。鎧生長海濱・習聞靈蹟。且身享康寧・濫竽祿位。母氏年踰大耋・高堂無恙。藉此福德・敢忘厥自。故因貞松之請・不諱鄙陋・爲文以紀其事。(詩略)

鄞・周應賓・普陀寺碑記。惟我皇上・崇尚西方清淨慈悲之教・用裨理道。萬曆己亥・乃遣御馬監太監趙永・頒藏經於東海普陀寺・俾供奉之。蓋聞震旦之國・名刹有三。文殊治五臺・普賢治峨嵋・觀音治東海。而東海靈應尤異。以是皇上特垂意焉。維時寺燬於火・招提未立・永具以聞上。乃遣人閱視故址・頒帑金一千兩・鼎建藏殿。仍令舉內侍中忠勤幹敏・堪任是役者。左右以御用監太監張隨・爲對上・遂命之。甲辰三月・藏殿告成。隨報命・繪圖以獻。上悅而賚焉。然而佛室僧寮・尚未具也。明年・上復發帑金二千兩。聖母所發・贏其半。諸宮各捐金有差・以竟前績。賜額曰・

護國永壽普陀禪寺。仍遣隨往蒞之。隨奉上命、惟謹、拮据經理、無日不身在土木間。鳩材度工、親雜徒庸爲伍。乃以丙午秋月竣事、丁未春、上復遣御馬監太監党禮、頒帑金一千兩、創碑示禁、告土以畢役焉。夫皇上殷意茲役、四發命、三遣內臣積歲所賚、無慮數千金。棟宇巍峩、金碧輝映。鹿苑鷲嶺、有不得比盛者、秋毫皆上賜哉。應賓東海波臣也。樂覩厥成、敢不對揚聖天子之休。竊維大士以三十二應身、入諸國土。現八萬四千臂目、接引羣生。而尤顯瑞於東海。華嚴所說善財南詢之處、卽今所也。佛本無相、非相無以攝凡心。亦本不住、非住無以得衆止。使知彼岸不遙、梵音非渺。是以聖主當陽、古佛出世、總之綱維大化、以扶宇宙。況夫累朝供奉、尤盛於茲、綸綍旣赫、輪奐斯彰。四方善信、莫不俯首受戒。修蒲團之禮者、列屋而居。輸香花之誠者、蔽江而進。豈盡神道之致哉、亦崇奉所自來矣、緇白之流咸稽首崩角、以讚功德。於是應賓搦管作記、俾勒諸珉、(詩略)

清、康熙、御製補陀洛迦山普濟禪寺碑記。稽考梵書、補陀洛迦山有三。一居厄納忒黑・一居忒白忒・一居南海・卽是山也。本山志書・未得其詳。當年海寇猖狂・凡禁海之外・寺宇梵刹・皆爲灰燼。自康熙二十二年・蕩平臺灣・海波永息。故遊方衲子・因舊基址・斬蓬蒿・刈藜藿・而更新焉。朕時巡浙西・特遣專官・虔修淨供・敬書題額・永鎭山門。復發帑金・重修寺宇。務俾殿堂廡牖・丹碧華燁・棼橑煥美。而一木一石・悉出公家。一夫一役・不煩民力。上爲慈闈延禧・下爲蒼生錫祉也。朕自弱齡・誦讀經史・以修齊治平爲本。未暇覽金經貝葉・空寂泡影之文。所以不能窺其堂奧。槪而言之・元者・善之長也。佛者以善爲本。推而擴之・大約無二。上天好生・化育萬彙。大士慈悲・度盡衆生・亦無二也。朕求治勤民・四十餘載矣。今者兵革已銷・而民生未臻康阜。梗頑雖化・而民情未盡淳良。皆因水旱靡常・豐歉各異。此朕寤寐孳孳・不能釋也。以大士之力・庶幾慈雲法雨・甘露祥風・使歲稔人安・萬姓仁壽。則普濟之鴻功・卽時雍之上理。是朕之心也夫。爰書翰簡・勒諸穹碑・垂示無盡云。康熙四十三年・歲次甲申・嘉平月・上旬。

雍正、御製普陀普濟寺碑文。普陀洛迦山、爲觀音大士示現之地、歷徵靈應。自梁貞明中、始立佛寺。宋元以來、代有修葺。我皇考聖祖仁皇帝、巡行浙西、遣官興建殿宇、上爲皇太后祝禧。御題賜額、勒文豐碑、以紀其事。山靈擁護、聖蹟丕昭。朕纘紹鴻基、於茲十載。念茲山爲古聖道場、瑞相神光、靈異顯著。重以聖祖皇帝宸翰留貽、尤宜敬謹崇奉。爰特發帑金、重加修飾、專官往董其役。經始於雍正辛亥年九月、越雍正癸丑年六月工成。朕惟天下名山大川、皆扶輿積厚之氣、磅礴而融結。普陀秀峙海壖、迴立於天風紫濤浩淼無際之中、尤靈秀所萃聚。宜其爲仙眞之所棲息。況大士以慈悲濟物爲心。隨聲赴感、無所往而不在。其示現在一時、實無時而不示現。神通感應、不可思議。卽示現與不示現、舉可不論也。今夫佛法廣大無邊。大海包含無際。億萬百千里、不足以測海之廣、而一勺未嘗非海也。億萬百千法、不足以盡佛之相、而一法無往非佛也。今以大海視普陀、一拳石耳。而菩薩現相之場、善衆皈依之地。泛慈航於彼岸、結寶筏於迷津。證普度之慈緣、顯宏深之願力珠宮在望、香界重新。寧不與鷲峯鹿苑、均爲淨域之名區也歟。用爲斯記、鐫諸翠珉、以誌靈山之勝概。雍正十二年正月十五日。

錢塘高士奇敕建普濟禪寺記。世當昇平之會、時和人樂、財阜用盈、百度具舉。自四民以至方外、無不獲所。自廬舍園廛、以迄琳宮梵宇、自都會郡邑、以至山陬海澨、僻遠之所、無不整飭。此其盛、振古以來、不數見也。南海普陀寺、爲觀音大士道場、創於後粱貞明、近八百年矣。累朝敕建、賜額不絕。雖千萬里之外、踰蛟鼉、衝波濤、函香至者、趾相錯也。曩因海氛未靖、內徙僧徒、寶地日就傾圮。我皇上威德覃敷、八埏賓服、澎湖臺灣、盡歸版籍、大弛海禁、農桑商賈、咸得樂業。寺僧乃漸復其故。二十八年春、翠華南巡、遣使頒帑金千兩、特命重修。維時總戎黃公大來、繼以藍公理、皆能奉上德意、崇信興創。遠近縉紳士民、亦各視其力來助。而潮音禪師、宏闡宗風、仔肩厥事。於是殿堂樓閣、祠宇軒楹、起頹葺壞、稍稍就理。寺故有大圓通殿、爇於燹。潮公經營量度、凡爲間七、爲架十五、高六丈二尺、廣十四丈、縱八丈八尺，甬道深四丈，積三年，始構成其大略。寓書余曰。公感夢一事，最見靈異，於茲山實有緣焉。殿工之興，佽助尤力，敢以記請。余諾之。未及屬稿，而潮公示寂。歲己卯三月，車駕再至浙省。宸翰題普濟羣靈四大字。復發帑金千兩，遣官齎賜。兼御用念珠等物，以爲永鎭。余惟聖德汪濊，無遠不浹。而十年之閒，再頒內帑。俾鹿苑雁刹，丹雘煥然。稽天浴日之區，梵唄祝釐，與內地州邑相嚮答。國家之昇平歷服之緜遠，人風之和樂，胥於是乎見之。而諸公之疏財樂善，潮公之志大力勤，皆可書也。爰操筆而爲之記。

高士奇大圓通殿記　普陀之獨建圓通大殿者，何義也。普門權位菩薩，於楞嚴會上，文殊特揀圓通。而此山，又爲圓通大士親指法址。故知供一圓通，而二十四圓通，無不在是矣。供一權位菩薩，而過現未來之一切善逝，法身報身應身，無不在是矣。此普陀大寺，獨建圓通大殿之義也。然必爲之記者何居。此山闢自朱梁，其始爲不肯去觀音院。於宋爲敕賜寶陀觀音寺。於明爲敕建護國永壽普陀禪寺。

皆有名公碩彥詳記其事，垂諸碑乘。我國家定鼎以來，四海賓服，八荒嚮風。我皇上二十八年春，聖駕南巡，欽賜帑金重新紺宇。經營者主席潮公。外護者，總戎藍公。傾囊委粒者，十方檀信。三年而殿工落成。潮公又復出單告募。招山左陶客，治琉璃瓦，以丹雘之。將使朝廷布金之至德，與夫臣民樂輸之善緣，永固莊嚴，究竟無漏。潮公尊君愛衆之心，可謂誠且切矣。予時欽假江邮，咫尺勝事，夫焉得而無記。或謂臣子效忠於國家，納民於軌物，非二帝三王之道，不敢垂於簡册。孰知我聖天子，內自帝王之心學，大自三教之微言，無不該備，無不兼攝。斷非黷鬼神，失民義，求福田利益者，可同日語也。且吾聞釋氏之教，大而有本，空而不蕩。始從自利，終至利人，非如楊之固執，墨之外馳，老氏之服氣鍊形，而惟究明心性之眞空，解脫客塵之擾攘。如太虛空，不留朕迹。如澄淸水，純去濁脚。然後能號令人天，統御三界。如我聖天子萬幾餘暇，游衍教乘，宵旰巡行。推恩梵刹。不惟含哺鼓腹，見於荒陬僻壤之區。亦使優游忘世之流，得以安居林下。如陽春之無所不育，杲日之無所不照、其道寧有二也哉。亦如普陀大殿、爲天下圓通殿之祖。而現在普門大士、卽過去正法明之稱。表一號而佛佛具足。示一相而身身圓滿。故觀音名字、聞於無量國中、毋泥凡臆之見、謂敎自釋迦、而大雄必歸於佛、山爲自指、而供奉必專主圓通、斯得之矣。余於前記、恭述聖天子、嘉惠名山之盛事。今又幸大圓通殿落成、復記普陀一山專於大士之略如是。

慈谿裘璉、重蓋大殿琉璃瓦記略。潮公主席普濟九年、闢荒舉廢、百度改觀。乃治梅岑之麓、爲息耒之園。將以憩勞而悅定焉。未幾、山左陶客、有以工琉璃瓦之技見售者。公慨然曰。吾費貲以宴身、何如竭財以奉佛哉。且琉璃之蓋、寶陀舊事也。於是輟息耒之役、而專志於陶。諏日治廠、廠竟工。曰山中土粗而鹵、不可用。必得閩之福州、越之蕭山、其土乃可治耳。遂治舂錘、發徒衆帆數大艘以往、自掘至運、及出舟入廠、往返峙粻之具、約泥一斤、費錢十文。一瓦約用泥一十五斤。一殿計瓦三萬。蓋一瓦未見、而三四千緡立盡矣。役將半、璉以志事入山。見所治之瓦、已崇復鉅、既圓且方。殿之脊、別冶大瓦。其中刻劃螭虬、禽鳥葩卉之屬、精妙欲活。四周八隅、翬飛矢棘之區、各踞獅子鎭天神於其端、威神生動、鑑明玉潤、其工之巧、而成之難如此。公憂工甫半而資竭。陶人且言冬可畢、春可蓋、我輩悉力安心以俟和尚大緣之至耳。公於是屬予預爲之記、遂敍述以遺公、使覽者知公用心之苦、成功之難、而敬佛如此、其至也。

錢塘王璣、特旨修建普陀山普濟法雨二寺記。雍正辛亥季春。璣承天子命、董役於南海普陀之普濟法雨二寺。俾舊者新之、缺者補之、重興釋梵。是歲五月、卽飭裝東渡、逾江越海、遠涉重洋。敬率官役、繪畫其林園、籌畫其經費。歸以告諸宮保李制軍、遂爾預遴、採辦攸司、儲備興作需用、鳩工選料、運米布金、迺卜秋九月十有九日是吉、以經始焉。夫洛迦懸峙東南海中、去定邑水程一潮、約略幾二三百里。大士由清涼山泛海顯靈蹤、選法幢、卽華嚴所載善財二十八參處。迨宋室以院改寺、易律爲禪。累朝增益、非無檀施、而結構經營、終鮮完美。聖祖仁皇帝南巡、頒賜至再，殿宇得以尊崇。茲復恭逢我皇上，特發帑金，重加修建。使千秋勝槪，一旦完全。廣拓莊嚴，相章具美，可勝言哉。時則有浙省之當事諸公，爲璣匡志所不逮。委派員弁，爲璣佐力所未周。閱二十二月，而工竣。幷於潮音，梵音，示現二洞，悉加修葺。以及開山築䃮，脈絡貫通。供器法具，靡勿隆煥。計費幾七萬金，斯役也從事者，二千餘人。三年往還於巨波浩淼中，無一失。斯益徵慈悲之接引無窮，濟渡之順利不淺。雖邀我佛神靈，亦屬衆誠感格。至若歸神鐘於咬嚁叭，開運道於千步沙，犂瞻天后之明燈，兆聚應眞於石塔，顯化圓通，有同示現，此又咸有見聞，殆非神奇獨祕者也。茲山雖隔淸水，橫水，蓮花，三洋，猶翁洲所屬。於時宰其邑誨，爲嶺南黃公應熊。以茂才服官，實著勞績。挺生此賢，藉收臂指之效，則又神人卒俾，以孚感召之理有然爾。對山爲安期鄉，隔海有陝溢山田四十六頃餘，奉諭旨，蠲免稅糧。第惠不偏於方丈，惟外此精藍，享其利，竊見退院老僧心明，雖蒙恩賜紫衣，時以帝德覃敷，增光山寺，乃率前後二山住持兩序，奔趨恐後，願樂欲聞。茲苦香資春積、每不足以供結制之流。因爲之建議、作善後良圖。均合山之授田、各出升粟、而佐二寺之方丈。有司具有牘籍奉行焉。若夫修建處所、其在事賢勞、例載碑陰、並去不列。(下略)

粵東黃應熊重建普陀兩寺記。

雍正八年冬、余涖定之周月。巡閱四境、乃航海由沈家門、過蓮花洋、抵普陀洛迦山、是爲觀音大士說法道場。有兩寺、在前曰普濟、在後曰法雨。皆聖祖仁皇帝兩次發帑、錫以嘉名者。禮佛畢、登白華頂。頂居四山之中、傑出衆峯。跨其上、東望日本、貢艘連雲。北眺登萊、香船蔽日。南閩粵、西吳會、皆近在眉睫。閒海波潮汐、山勢蜿蜒。杳冥變幻、蓊蔚虧蔽。無不環衞奔趨、爭奇競秀、以豁遊人眼目。洋洋乎大觀、置身萬仞。洵覺呼吸之氣、欲通帝座也。明年欣逢我皇上賜帑七萬兩、命原任戶部侍郎王璣監修。余以守土臣、復得奔走山中往返經理。始辛亥九月十八日、竣今癸丑六月二日。琳宇紺殿、穹窿璀璨、眞可謂天壤閒第一華宮矣。十月三十日、恭遇萬壽聖節、禮部侍郎留保到山、延僧諷經、虔祝天子萬年。既暇・語余曰・向者・余奉旨督修先師闕里廟・又監督龍虎山上清宮等工・俱有紀略以載。今普陀佛地荷蒙恩建・可無紀述以示後來。子其任之・以全三教盛事若何。余唯唯・不敢以不敏辭。因思我皇上以聰明睿智之姿・爲修齊治平之化。凡所以敷政寧人者・一與先聖同符。乃杏壇既修之後・幷及道山。茲復致力普陀・如此其巍且煥・豈崇清淨教哉。重念四海蒼生・弗獲盡化淳良・而臻康阜。欲藉大士之香風化雨・徹蓋導迷・俾天下匹夫匹婦・悉納之於仁壽之域也。普陀山川之靈險奇瑰・前人之述備矣。惟是兩寺代有廢興・至我朝而極盛。則誠不可不一珥筆以虛天家之湛恩曠典。自短姑道頭而上・有木華表一・題曰海天二梵・此爲入山之第一境。夾道多撐雲古木・從妙莊嚴路進・里許至正趣亭。鯨濤甫脫・佛國初登・行者至此・汔可少憩也。再過石坊・下馬・則爲新建皇上御碑亭。亭後海印池・中建八角水亭・連亙石橋・周以扶闌。亭東西各有池通海印。東爲永壽橋・西瑤池橋。種芙蕖・亭亭淨植・香聞數里・多並蔕。過橋上臺基・爲聖祖御碑亭・五閒・前有大古柏十餘株、蒼老干霄、皆連抱者。亭兩旁、建東西角門。由角門北上爲天王殿、五閒。殿之前東偏爲延壽堂、仰觀之則鐘樓在焉。西偏爲碧峯祠、仰觀之則鼓樓在焉。復由殿左右之垂花門而進、東西配殿各十閒。東衞教堂、伽藍殿、西崇德堂、祖師堂、曲闌迴廊、交互周折。既而上月臺、崇敞瑩明、鴛瓦輝煌、獅柱跳躑、中懸聖祖御書普濟羣靈額者、則大圓通殿矣。殿七閒十五楹、中供大觀世音一尊。又內造像、出海像各一尊。東側彌陀佛、西側鰲魚觀音、又各一尊。兩旁圓通佛、又共三十二尊。而韋馱一尊、則立護於殿之後焉。東配殿三閒、爲靈應殿、西配殿三閒、爲大帝殿。又下東西羅漢堂、各六閒。過此歷階而升、卽藏經閣、上懸聖額、中貯金經。閣東之全彰堂、改爲戒堂、閣西之祖先堂、改爲方丈。戒堂下、瑞日樓、爲二時僧飯之所。方丈下、慶雲樓、爲客僧挂包之房。閣後爲景命殿、獅子窟之宸翰在焉。出殿後、紆徐旋折、層累而上、兀然翼然、孤高爽塏者、卽古之所謂烟霞館也。前寺在靈鷲峯麓、處山之阿、地勢夷坦、不能眺遠。故住僧多饒蓄積、而無山海之觀。惟登斯館，蹋屐振衣，峯巒蒼翠，島嶼明沒，烟水霧霞，繚繞襟袖。昔人命義，最有深意。惜今葦呼爲四監祠，以中供前明所遣督造者四監。雖功於寺，而遽以寺勝景之最者屬之，亦覺其過矣。至於千僧樓十二閒。天字樓，得月樓，留衣堂，齋戒廳，俱各五閒。以及溷湢倉庖之所，皆毘附殿閣之前後。合之，而前寺之規模可覩矣。（下略見法雨寺）

鄞，范光陽，先覺堂記。先覺堂者，潮音和尚建，以奉普陀列祖，曁先代諸禪師者也。其門，有律與禪之別，其世，亦有遠與近之分，而以潮音視之，則皆其一本焉。公以江左英賢，出爲宗門龍象，主普陀甫數年，而百廢俱舉。先是海氛不靖，徙僧內地，洛迦遂墟。公同其師通元，徒珂月，皆挂錫慈之壽峯。是時公已蘊負宏深，戒珠圓映矣。珂月，壯齡有才，周旋不去，頹垣漏屋，單瓢破笠，相與論道證心。暇則言生平所當爲之事。珂月之屬其師者曰，方今聖主在上，天下乂安，海禁必弛，普陀必復。吾輩若重返舊林，獲展素志，有三大事，不可不爲，以爲祖庭光寵，人天普利。師笑問之。則曰，必置田以安衆，設下院以廣接待。而最大者，莫如爲諸祖建祠以報本。指天畫地，聲情慷慨。師曰，爾言良是。但虞道不宏，無愁志不展也。吾具已成，直須時耳，何洛迦不洛迦哉。未幾，而果如珂月所言。又未幾，而果如潮公所言。歲丁卯，禁弛，僧復。已巳，上賜帑金重建梵宮。庚午，總戎藍公請公主席此山。迄壬申，而奉先之堂成，嗚呼，何其速也。不寧惟是，而且桃花，朱家尖，墾田數十頃矣。翁洲，甬東，雲閒，赤城，各有下院矣。嗚呼，何其速且備也。丙子秋，予備員館中，竊祿京邸，通元上人以書見屬，乞記所謂先覺堂者。上人，予從兄，遂不獲辭。予思天下事，莫不成於志而遂於力。然苟無道德以先之，聲望以動之，則志不可成，而力不可遂。向使潮公者，其德不盛，道不尊，望不重，則無以負荷三百年不傳之道，數十年已廢之墟，而光明輪奐之。又使珂月心不堅，力不毅，則雖有潮公爲之師，其所輻輳塡委之貲若粒，且將銷歸於無有。而不能爲其師開千百年不毀之基。遂已數十年冀望不可必得之心。甚矣，潮公，珂月，皆不可及也。抑予又聞珂月，病時幾殆。有僧夢入茲堂，一老人謂曰，可服某藥，輒愈。且命其愈後，卽當施食羣生，言訖而寤。如其言治之，卽霍然起。然則追遠報本，釋氏其亦有然者也。堂成，潮公顏之曰先覺。伊尹不云乎，予天民之先覺者也，予將以斯道覺斯民也。今之民其不覺於儒而覺於釋者，何限。予將望公以淸淨無爲之旨，誘掖斯民，革薄從忠，蒸蒸向化，以報天子，則安在儒釋之有二也乎。公毋徒以其道名其堂，而自覺其徒也，則幾矣，是爲序。

陳杰，捐築朱家尖香蓮隩海塘序。普陀爲四大名山之一，五代時，有不肯去觀音院。歷宋元明，俱發帑金建置，幷賜田畝，以爲法產。至國朝聖祖世宗皇帝，宏開法願，疊賜帑金，珠宮金殿，炳耀海天。復蠲免朱家尖等山租賦，幷許運米出海，是誠天恩浩蕩，緇流焚頂，所藉以活慧命者也。余奉命巡洋，道經南海，由短姑入三摩地，經妙莊嚴路，謁金容。回首見林林總總，或坐蒲團，或翻貝葉，或依巖而棲，或踞洞而守。皆闡揚佛敎，頂禮聖恩。余問主席了塵，禪門廣衆，香積未裕，何以普濟也。

答云，現在人浮於食，二時饘粥，耕穫之餘，惟賴檀波。有朱家尖，香蓮浦，塗場一片，興工築塘堤，可千畝，足濟僧衆。但工程浩大，非得數千金不能告竣也。余聞說，卽立願出俸金，幷勸各同寅，俾出貲共襄其事。於乾隆辛亥年九月初，鳩工築塘。壬子冬，余閱定海營水陣，過朱，但見香蓮浦塘，碶河道，釐然井井，向之白壖廣斥潮來作海。今居然茂草萋萋，生機勃勃。行見數年蓄淡之後，播嘉種，慶登場，歌大有之年。而緇素雲集，歡騰於香積廚之右者，可預卜也。已是爲記。秦志

膠城，沈泰，香蓮隩添築泥塘記。普陀爲觀音大士顯化道場，接待十方僧衆，衣鉢饘粥，募化所不給者，賴於力田，以故山無曠土，而對岸朱家尖之香蓮隩淤塗久經築塘成田。恭值聖朝，澤周寰海，惠沛雙林，蠲國賦以種福田，錫內帑以光梵宇。靈山之仰荷天庥，蓋已久矣。癸酉秋，余來守土，接見方丈，得以備悉梗槪。茲前寺方丈融通稟云，香蓮隩塗田舊築烏石子塘，每遇風潮，不免鹹水浸灌。現蒙廈門提督王，浙江提憲邱，廣東提憲李，本縣沈，各捐俸銀六百元，石塘之外，添築泥塘

一段、瘠區永成沃壤。並奉各提憲鈞諭、前寺於收穫時、每年分給法雨寺、佛頂山、燈油銀各十二兩。余心欽各提憲之盛舉、而樂與圖終也。亦分常俸以助合尖焉。融通、乞存案卷、並請勒石以垂久遠。從此力穡有秋、紅粟聿盈於香積。書詞記事、慈雲永繞夫穹碑。祝帝道之遐昌、萬年無斁。瞻法輪之常轉、千劫不磨、是爲序。秦志

釋了塵、普濟寺香蓮隩築塘碑記。蓋聞古今興廢、雖由天定、亦賴人爲。故自毀而成者、其功不可忘、其事實堪頌也。南海普陀、爲大士示現之區、凡我緇衣挂單駐錫、千有餘衆。向賴朱家尖有田千畝、以奉齋供、而濟饘粥。迨後風潮洶湧、衝決石堤、良田盡爲荒壘。衲孤懸海外、托鉢無門。既慮香燈不給、更愁饔飧難支。僧徒星散、漸見凋零。辛亥年、幸逢提憲陳公、鎭憲伊公、巡視海道、乘風登岸、瞻禮金容。其夜敍談於永壽橋畔、備陳艱況。蒙發慈悲之善願、遂捐築以重耕。募勸當道巨公、各施兼金。衲鳩工庀材、重築塘堤、不期年而工竣。現在復事耕耘、瘠土又成膏壤、佇看滿刹騰歡、含哺鼓腹。誦金經、永護法門不二。禮三寶、長祝聖壽無疆。從此重

暢宗風、再理香積、實賴二公之大德也。後之貴官善士、猶能繼其志焉、時加修葺、億萬斯年之香火、可以永垂不朽矣。秦志

元西域丁鶴年題昌國普陀寺詩。神鼇屹立戴崔嵬、俯瞰滄溟水一杯。積翠自天開罨畫、布金隨地起樓臺。祈靈漢使乘槎到、傳法梁僧折葦來。若使祖龍知勝概、豈應驅石訪蓬萊。其一昆明劫火忽重然、宇內名山悉變遷。古刹獨存龍伯國、豐碑猶記兔兒年。三更日浴咸池水、八月潮呑渤海天。雲漢靈槎如可御、便應長往問羣仙。其二

明新會陳獻章詩。寶塔陵空十丈高、倚欄南望際鯨濤。天花散處皆金地、海月生時見玉毫。夜氣澄淸龍在窟、秋風蕭爽鶴鳴臯。丹梯咫尺諸天近、香霧霏霏溼苧袍。

山陰黃猷吉遊寶陀寺詩。直爲探奇過上方、居然臺殿水中央。到知海岸眞孤絕、遙望瀛洲亦渺茫。石洞寒潮鳴梵唄、竹林明月放圓光。鯨波一洗烽烟息、仰見慈

雲徧八荒。

南昌李應詔、寶陀寺詩。茫茫鷲嶺水雲賒、今古莊嚴大士家。檻外碧空垂法象、月明島嶼盡蓮花。

淸邑人邱逸夫、普陀寺詩。環山皆海水、山曉梵宮開。大士修眞處、潮音逐日來。慈雲垂紫竹甘露散蒼苔。有老于斯子、安禪坐石臺。

鄞屠宗義、桃花渡關夫子廟舍充普濟下院誌喜詩。孔道當利涉、往來畏雨風。先公崇聖祀、廣接未歸筇。日久新物換、臺殿多蒙茸。今幸充禪舍、適觀締造功。舟航迎戶牖、晤對多奇雄。寶所懷杯渡、香廚出晚鐘。勞者憩衽席、趨者有景從。桃浪生片片、江潮流溶溶。假手承先志、所在皆幈幪。今昔不殊轍、光裕垂無窮。

釋至善、寶陀寺詩。閒搜華藏卷、廿八乃斯鄉。翠擁庭垂蓋、白吹池散香。人歸鐘磬悄、雲定薜蘿荒。欲老提綱處、誰爲再舉揚。

釋心明、圓通殿落成誌喜詩。廿年荆棘地、此日見禪林。聖主恩流海、宰官信布金。

聞香靈鷲舞·聽法毒龍吟。自知微願力·不負報師心。

釋源鏡圓通殿前左右石階成·口占。久沈浮幻宅·垂老入幽岑。矢直疑雕玉·砥平勝布金。聖凡同託足·夷險莫關心。化日光天下·同登大覺林。

法雨禪寺　亦名後寺。在白華頂左光熙峯下。明萬曆八年·麻城僧大智名眞融·自西蜀鍪華山來禮洛迦。見是峯泉石幽勝·結茅以居。取法海潮音·隨機普應之義·題曰海潮庵。（參靈異·萬曆八年·海潮庵條。）二十二年·郡守吳安國·改額海潮寺。二十六年·燬於火。二十七年·欽賜龍藏。三十三年·如壽如光等·增建殿宇。三十四年·敕賜護國鎭海禪寺額·並再賜龍藏。四十年閏十一月·盡燬於火。旋建復。崇禎十六年·大殿又被燬。淸順治三年·僧明如·於舊址建小殿五閒·以供大士。前建伽藍小殿五閒。康熙八年·海寇亂·寺又災·惟存殿塔頂。十年·水師提督張杰·建殿五閒。是年又遭遷徙。與普濟同罹殘燬。二十三年·弛海禁·僧復故業。住持明益·始治荒結宇。未幾·求退居。二十六年·提督陳世凱·同給諫屠粹忠·徇明益請·公請別庵統爲住持·首建藏經閣．東禪堂．三聖堂．三生堂．官廳．印寮．改律爲禪。二十八年．同普濟領賜帑。明益孤身入閩。三年募杉木千餘株。三十二年．建圓通殿．以供觀音。踰兩年．建大雄殿．以供諸佛。三十八年．復同賜帑．並賜題天花法雨額．及法雨禪寺額。雍正九年．又賜帑勅修。時法澤智爲住持。由是殿堂樓閣．整齊完美．與普濟寺並耀海山。至同治閒．年久頹朽．立山圓矢願修葺．漸復舊觀．光緒十年．交其徒化聞．悟此後世道太平．香火日盛。悟又不惜精力．爲之修葺．俾其悉歸完善．十九年．入都請藏經其閒相與佐理者．爲師弟化定．都監徒開如．監院也。寺基廣六十九丈．深六十二丈五．規方共二百六十丈。寺內爲門者二。左右山門．各三閒．清光緒十一年．化聞重建。爲殿者七。天王殿．五閒．十三架。高四丈九尺六．縱五丈四．廣十丈六尺。光緒二年．立山重修。大圓通殿．七閒．十五架。高六丈五尺六．廣十二丈七尺．縱八丈二。上蓋九龍盤栱．及黃瓦．故又呼九龍殿。光緒五年．與大雄殿．立山重修。大雄寶殿．五閒．十五架。高五丈四．廣十丈八尺．縱七丈八。伏魔殿．三閒。光緒十三年．化聞重修。準提殿．三閒。光緒八年．立山重修。伽藍殿．十二閒．在芋香樓下。光緒十二年．化聞重修。珠寶觀音殿。三閒。光緒二十一年．化聞重修。爲堂者十三。三聖堂．五閒。清康熙二十六年建。今改玉佛殿．雍正御碑在焉。正續堂．亦名光熙山房．即大方丈・五間。康熙二十八年・同大殿建。光緒二十一年・化聞重建。祖堂・五間。光緒二十三年・化聞重建。東禪堂・五間。康熙二十六年建。光緒十八年・化聞重建。東齋堂・十間。光緒三年・立山重建。光緒十二年・化聞增建三間。留雲堂・七間。康熙二十九年建。光緒元年・立山重建三間。後齋堂・九間。光緒二十三年・化聞建。三生堂・五間。康熙二十六年建・久廢。西禪堂・五間。康熙三十三年建。光緒八年・立山重建。西戒堂・五間。光緒十一年・化聞修。客堂・六間。光緒元年・立山修。安樂堂・五間。康熙三十三年建。光緒二十一年・化聞重修・改名者舊堂。雲水堂・十一間。光緒八年・立山重修。為閣者四。三官閣・五間・舊廢。光緒二十三年・化聞重建三間。藏經閣・七間。康熙二十六年建。上貯藏經。下為方丈。光緒三年・立山重建。松風閣・十一間。康熙三十六年建。天后閣・即頭山門・三間。雍正九年建。為樓者十。鐘樓・在東。光緒二十九年・住持開如修・並重鑄大鐘。鼓樓・在西。芋香樓・光緒十二年・化聞重建。雨華樓・舊五間・廢。光緒三年・立山重建七間。浙江提督王少春・題意也消三字・並跋。水月樓・十一間。白華樓・七間。與水月樓・均康熙三十六年建・舊廢。光緒十三年・化聞重建。即客堂前一進。智食樓・七間。康熙二十七年建。光緒十三年・化聞重建。即庫房香客住所。西客樓・七間。光緒元年・立山修。先覺樓・五間。在祖堂上。拜經樓。九間。在後齋堂上。光緒二十三年・化聞建。為軒者二。無隱軒・三間。康熙三十六年建。光緒十四年・化聞重建。挹翠軒・五間。康熙三十四年建。光緒十四年・化聞重建。為室者三。龍井室・三間。光緒二十三年・化聞重建。怡情室・六間。康熙三十六年建。光緒三年・立山重建。俗呼老庫房。錦屏丈室・即方丈臥室・在藏經閣下左。為廳者二。齋戒廳・舊為留衣堂・在西禪堂左・五間。門樓一座・東西廂房五間。官廳。在雨華樓下、五間。爲居爲廚者各一。鶴烟居、三間。康熙三十年建。光緒間、化聞修。香積廚、七間。康熙三十年建。光緒元年、立山修。爲方丈者一。方丈、在藏經閣下。中爲法堂、左爲臥室、卽錦屏丈室、右爲衣鉢寮。爲寮者四。印寮、三間。康熙三十年建。牧生寮、五間。列職寮、十五間。如意寮、九間。光緒三十三年、永悟重建。爲院者一。倉院、十六間。爲下院者六。道頭下院、卽古竅誠樓、共二十間。康熙二十七年建、後廢。同治間、普信重建、五間。光緒二十年、化聞又建三間、並修。定海下院、在定海縣城南門外、吉祥庵。光緒二十八年、開如修。寧波下院、在寧波桃花渡眞武宮。光緒二十五年、化定重建。杭州下院、在杭州府、永壽寺、後廢。溫州下院、在溫州府、接待寺、後廢。上海下院。在上海、大南門外、鎭海寺。俗名大佛廠。寺產在朱家尖者、民、四十一畝四。塗、六百三十畝零。蕩、二百八十一畝。山、一百零六畝。地、一百二十三畝八。共一千一百八十二畝零。在洞嶴莊者、民、四十五畝零。蕩、三十三畝二。丁、四十三畝六。在吳榭莊者、民、四十七畝六。在桃花山者、塗、十二畝。蕩、六畝。丁、八畝。在蘆蒲莊者、民、一畝六。蕩、十畝四。在在城莊者、民田地共一百二十三畝零。舊志採訪

淸、康熙御製南海補陀法雨寺碑文。蓋聞圓通妙象、般若眞源。開覺路於金繩、大地證菩提之慧。聞潮音於碧海、恆沙誦普度之聲。紺殿維新、滄波永靜。惟茲法雨

寺者・南海補陀山・大士之別院也。名山佛國・大海慈航。青嶂干霄・高逼梵天之上。洪濤浴日・祥開淨土之場。一柱如擎・震旦指爲名勝。三山可接・方輿記其神奇。値氛祲之震驚・致山川之闃寂。僧徒雲散・佛宇灰飛。比者運値清寧・慶海波之不作。地連溟渤・望法界而知歸。特頒內府之金・重建空王之宅。鳩工揆日・蔀屋不勞庀材築基・鼛鼓弗作。珠宮貝闕・涵聖水以無邊。鰲柱鼉梁・覺迷津之可渡。坐青蓮之寶像・圓滿輪輝。藝紫竹於祇林・莊嚴毫相。瞻慈雲之普照・錫法雨之嘉名。海若效靈・天吳護法。標霞高建・來萬國之梯航。彼岸可登・作十方之津筏。藉其廣大・上以祝聖母之遐齡・假此慈悲・下以錫羣黎之多福。則栴檀香外・盡成仁壽之區。水月光中・悉是涵濡之澤。勒諸琬琰・昭示來茲。康熙四十三年・冬十一月十五日書。

雍正御製普陀法雨寺碑文。法雨寺者・普陀山大士之別院也。皇考聖祖仁皇帝・既修建普濟寺・上爲慈聖祝禧。復念茲寺爲海氛所震蕩・發帑重新・俾僧徒有所棲止。賜額立碑・增輝瀛嶠。歷今已數十載・宜加崇飾。朕特遣專官・齎內帑庀材鳩工，不勞民力。香林梵宇，丹雘煥然。與普濟寺，大工同時告竣。督臣請摛文勒石以紀。夫大士以慈緣普濟，度盡衆生，爲願。朕嘗繹法雨之義，爲濟物之普徧者，莫如雨。當夫慈雲布濩，甘霔滂沱，高下遠近，一時霑足。陵霄聳壑之喬柯，勾萌甲坼之微卉，華葩果蓏，無不濡被潤澤，發榮滋長，暢茂條達，各遂其性，而不自知。假使物物而雨之，朝朝而溉之，將不勝其勤，而終不足以徧給。惟本大慈悲，現大神力，周徧一切，在在具足。所謂天降時雨，山川出雲，膚寸而合，不崇朝而徧天下者，濟物之功，莫大於是。神山寶刹，緇侶雲集，自當有被時雨之化，證心印而傳法乳，普利生之實用，以不負大士隨緣接引之慈恩，而副朕宏振宗風，護持正覺之至意者，朕深有望焉。雍正十二年正月十五日。

黃應熊，重建普陀前後兩寺記。（上略，見普濟寺。）出前寺東北行，將一里，過几寶嶺。嶺多怪石，石多鐫佛像，及題字者，沿麓爲玉堂街，行千步，沙上逶迤，過栴檀林，又里許，抵光熙峯下，則後寺又復巍聳矣。先到逸雲庵，爲老僧性統退居舊所。

一折而東，再折而北，度新石橋。舊入寺者，路從西，地家謂生氣東旺，故改於東首。建高閣三閒，供天后像。憑闌一望，海天萬里，天后之精靈，拯危困於順坦，拔迷溺於生全，與大士開大方便法門，度衆生同一慈悲。閣之成也，羣見后自東海駕舟來，明燈閃閃。是固大士所樂得共施慈航以濟世乎。由閣下入，轉西北，石坊一，剎竿二，朱牆屏之。初上第一層，舊皆古木合抱，地反苦險，剔而闢之，廓如也，建天王殿五閒十一楹，東西山門各一。第二層，高爽寬坦，臺基存焉。新建皇上御碑亭於第三層。從亭後歷級而上，爲第四層，大圓通殿七閒十五楹，周帀石闌，四十六柱，獅子生活，張牙欲撲。中供大觀世音一尊，白衣如意像各一尊，又內造觀音一尊，列十八尊者於旁。殿後以太湖石琢送子觀音一尊，叩之琤琤然，響禱亦如響。聖祖御書之額，曰天花法雨者，麗於殿上，其殿蓋九龍盤栱，及黃瓦，亦聖祖命撤金陵舊殿以賜者，故又呼九龍殿。聖祖之萬壽御碑亭五閒七楹者，在第五層。亭後大雄寶殿五閒，供釋迦藥師彌陀佛三尊。又鐵觀音一尊，卽千步沙放光佛首所範成者、屢著靈應。監督欲移供圓通殿、以從其類。舁之再四不肯動、亦一異也。最上之第一層、從山門進而數之、則第六矣。為藏經閣七間、上供藥師佛、懸聖祖御書藏經閣額、並所賜大藏經一藏。而下為法堂焉。蓋後寺嵌山挹海、岧嶤巀嶪、皆從峻壁懸澗中、剷鑿砌累、以成巨剎。自山門陟歷而上、五六層始造上方、所謂欲窮千里更上一層、幽折夷曠、不愧步步入勝矣。其殿宇左右兩翼、則亦視殿之高高下下、以為曲折。由東山門而進、為三聖堂。過鐘樓上松風閣、齋樓、香積廚、東禪堂各所。至大雄殿左之準提殿。而松風之後又有香客樓、香積之後又有鶴烟居焉。由西山門而進、為龍王堂。過鼓樓上水月樓、西客堂、戒堂、三生堂各所。至大雄殿右之伏魔殿。而西客堂之後、舊留衣堂、今為齋戒廳。廳之前、又有客堂及雲水堂焉。最上藏經閣之左、為三官閣、祖師堂。龍泉淙淙、迸出石罅、閉則又為龍井室。右為方丈、有修持淨業匾額、聖祖御書賜僧性統者。再右為怡情室、供珠寶佛一尊、高三尺許、純金所範。數百顆珠為瓔珞、精妙莫倫。遊人至此、登峯造極、俯視一切·滓穢去·淸虛來。余客歲所登白華頂者·即在是閣之後。試自山門屈指而進·不知其抬幾十石級而後至斯。蓋寧陡峻幽邃·以驗遊人濟勝有具與否。而必不肯一往直造·使覽者瞭然無餘也。溷逼倉庖·爲寺所不可少者·亦各有所規制之在於後寺者·又如此。若夫兩寺之外·合山精藍·計一百餘區。惟潮音梵音兩洞·爲大士現身之地。函香入山者·無不向兩庵之懸崖絕壑·泥首崩角·以希一見。故聖祖皆賜御書·而今又從而新之。總之皇上以聖祖之心爲心。聖祖欲胥天下而登於善域·故設教以神道。茲之所新者·固曲承前志之所未備·以爲羣黎錫福。即仍之而不稍更者·亦默體聖祖愛惜物力至意。鷲嶺龍宮·苟極輝煌壯麗·可以棲佛而庇僧·則亦無事更張。功成德溥·恩施滲漉·實與尊師崇聖·驅邪延眞·無偏無黨·同一遷善牖民·以成時雍風動之休。聖聖之心·若合符節·則今珥筆紀述·無論若仍若改·孰修孰建·其敢不盡舉鋪張·而揚厲之也哉。爰記兩寺之制之出於天家之恩者·以垂久遠。乃若山之所爲名·佛之所爲靈·則有志存·不用贅也。許秦志慈谿裘璉法雨寺新鑄大銅鑊序銘節略別公主法雨十有二年百廢具興戊寅仲秋前三日鑄銅鑊一具重萬斤可受米二十四石計買銅千四百緡工匠雜需復三四百緡亦大役也初買泥於慈谿之半浦雜人牛踹踏至極熟摶質爲範俗稱塑子二內塑狀覆釜而實周有餘土規方架木先置坎中用火燎炙極乾外塑狀仰盂而虛分三四層以便移運暴令堅好合二塑時裏藏於表仰者亦覆方其爲內塑時先以鑊之深廣定泥之高鉅次乃準鑊之數量量其口底厚薄尺寸加泥若干合而具離又承溼刻劃多股以便燥時易去此爲假鑊此爲眞塑及其堅好可合內外適符審無纖毫凹突則層揭外塑剗去內塑準鑊之泥去其假鑊而眞塑出焉然後合之則內外塑空際皆受銅處而無形之鑊先成矣其內塑外土外塑內土皆銅相依附處必治令膩潤而後止欲成塑則先營坑塹深丈餘規方十丈儼如一室將治塑合加木板蓋焉坑之旁東西屹起二鑪亦治泥爲之高丈許大兩抱用鐵帶箝束數道兩鑪相去可四丈餘各距坑心二丈鑪之外築土爲

短垣長丈五尺高等身厚尺許謂之風牆治牆時於其外面留兩虛所若門置板扉一扇乍開乍闔以爲橐籥似門處其實亦牆板扉內兩側垣近鑪處鑿穴相通以受風其風板重大每板用三人挽之兩板共六人東西相埒力稍疲則更番迭休鑪之末各穴一竇呼爲金門泥封固之竇口承以溝道謂之溜溝用板爲幹外塗以泥可運動中闊五六寸承竇處闊尺許兩板相接至塑頂頂有三穴中當臍處空使洩氣而於溝將接處復設歧溝從兩旁穴流銅入塑中方其火炭紛投鼓扇斯亟風橫火熾鑪紅似錦然後投銅其中銅盡方入鉛蓋銅質重凝而鉛性輕動用以洋溢敷暢鑪火上騰皆作金光透數十丈銅氣中人頗惡皆飲甘草湯解之良久度鑪內融浹乃開金門脫脫然紅波從鑪注溝入穴直透塑底四周俱足湧而上騰布濩滿臍墳起不受則急塞金門自開距塞甫晷刻間而鑊已成別公言曩者就鑄武林凡四次而工不成以此事爲者甚少工値又昂不成而亟鑄則利在工遇工之奸者故少其數以誘之一不成至再再不成至三四而鑄鑊之資

已耗其半矣。別公於是富銅裕器・優禮厚直・選工之良者・入山而爲之・而鑊卒成。別公又言叢林中・今惟靈隱有之・他山尙不能・則此一役・在釋氏亦爲極難矣。爲詳敍其事於右。(下銘略)

釋至善・法雨禪寺中興記。圓通大士之聲光普應・如霽月在空・江海瀦潦・濃纖巨細・無不在焉。普陀舊稱補怛洛迦・震旦四山・當爲首出。雜華善財南詢二十八參・卽此地也。歷代高人勝士棲遲者・未可一二數。至明萬曆間・大智禪師由峩眉鎣華・結茅於此。久之道聲流溢・乃聞於朝・降帑頒經・中官監造・復賜額鎭海・何其煒歟。數傳而易爲蜂房蟻穴・繼遭刦火・臺殿荆蕪・實可慨已。今上卽位之二十三年・海宇蕩平。別公禪師杖笠西來・會陳公總提浙師・素耳公名・乃同鎭府黃公・給諫屠公及諸山名宿本山住持・肅書敦幣・迎公主之。明年・公來自太白・登殿拜起・周顧歎息曰・最上覺場・千楹萬指・猝致是哉。未幾而龍象蝟集・雲衲川赴・忘軀爲法者・趨奔恐後。由是先結茅殿草寮・爲安衆之所。一時宇內緇白・咸慶名山得人。和碩裕親王聞之、賜戒衣數百、請說三壇大戒、瓣香爲高峯拈出。已巳春、今上皇帝、六龍南狩、秩望山川。乃命使臣賫帑敕建殿宇。復有天下臣民共種福田之旨。於是四方善信、投金置粲、求法問道者比比。而舊住長老明公、知藏霜柏佛乘諸子、遂往福州分衞。是時鼓山爲霖和尚、年已八十、聞公名、欣爲倡導。致書本省當事、如都統祖公、撫軍卞公、共施巨木數千章。大將軍施公發海艎運載。而鎭府藍公、協舟相濟、首建圓通大殿。自餘諸處、漸次落成。昔大智禪師之開此山也、臨滅度時記云、吾去百年、復來興此。今當茲殿升梁之日、恰滿百歲、與記合符、人皆以公爲智祖後身。己卯春、翠華重幸、公率衆迎鑾謝恩、遂蒙召對、溫旨優渥、疊施御書帑金、及今額、又給江南黃瓦。蓋殿遇合之隆、千載一時也。公嘗以殿務肇興、率諸執事扣平大徹、素白、在璿等往金陵分衞。時諸當事聞之、請於江寧大報恩寺說法。一時宗風大振、聽者億計。自先明密雲禪師陞座後、未有埒於公者。法雨規模宏暢、形勢低昂。凡諸建造、視山高下而廣狹因之。一時宏製巧構、甲於東南。且公以壯年來主是山。未滿十稔。百廢俱興。是稱克家。而說法充實。舉措合宜。外則建立名藍。內則弘宣祖祕。旦夕又出其餘力。修宋元以來未續之燈。重建徑山普覺塔院。奉高峯老人神主。入天寧祖堂。諸如此類。可謂法苑之功臣矣。嗣法小師燕京無際。信州玉峯。括蒼映文。東甌斗南。其最著者。至於翼養劒修。槌拂之下。林林總總。未可殫紀。光被前人。範模後進。自非乘大願輪。津梁末運。疇能之哉。余與公爲法門先後。幸預宗屬。碌碌於世。三十餘年。視公所爲。形將汗矣。嗚呼。大智唱滅百有餘年。當法門凋落之際。而能修敝起廢。移梵釋龍天之宮。置於人間。謂非中興不可。(下銘詞略)裘志

釋能崙法雨寺重鑄銅鐘記。法雨寺。肇自前明。而鐘則成於萬曆初年。至國朝康熙四年。遭紅夷蹂躪。鐘被載去。仗佛之靈。鐘至彼國城門。頓然加重。舁之不動。乃棄城外。土湮塵積。無人知識。雍正十一年。忽於彼處放光。晝夜作雷音吼。衆異而掘之。視款識。知爲普陀故物。乃託洋商請歸。統計鐘自明迄今。蓋二百四五十年

於茲矣。物久必壞。勢所固然。以故鐘雖猶是。而聲則不揚。道光五年。聖參上人主是席。有重新之志。擬出山募緣。適有姚江周巷鎮徐公君望來山進香。至法雨寺。過鐘樓下。見所懸銅鐘已破。特發願許重鑄。越明年。徐公果興工鑄造。三易鑪火。才得成功。及裝運歸寺。衆緣輻輳。護送過洋。迄今鐘聲宏亮。聲聞數十里。徐公之大功德。與聖師之得緣法。皆大士之靈有以感通之。秦志

釋明智法雨寺齋田碑記。自百丈祖師首以開田說大義。而僧家始得有田。誠以供佛安衆。惟田而後有所藉也。普陀山濱海鹵瘠。法雨故無厚資。雖以我師祖別庵和尚。得九重之寵眷。受十方之皈依。而視人猶己。不肯私自封殖。舊所有山尖產業。又復狂濤嚙崩。十去七八。雍正九年。蒙世宗憲皇帝。發帑數萬。遣修殿宇。當道重其事。令合山兩寺公舉道高德厚。爲衆所服者。主法席。衆以智爲別庵嫡乳。謬以智應。固辭不獲。入寺而囷廩空虛。粒顆無貯。噫。徒咬菜根。又如何可以做事也。拮据支撐。三年工竣。幸無獲戾。乃今而更有難矣。以佛祖之靈。名勝之地。又重

以朝家隆重修建之恩。房宇整潔。則廬旅不可或曠。瞻禮駢集。則經理不可廢職。人多費亦多。費多而田故無多也。幸善信俞君茂甫。魏君承祖等。覩貧婆之淡因。發菩提之善果。開橐捐金。俾余購置共田地一百二十三畝餘。以爲香積伊蒲之供。雖經費浩鉅。尚須擴而大之。而楊枝一洒。功德已爲無量。爰列衆善信芳名。及田地之坐處畝數。鐫於碑而記之。許志

又重修法雨寺下院桃花渡眞武宮碑記。鄞縣東北三里桃花渡者。舟楫絡繹。遊冶者羣聚。爲牟利藪。明萬曆二十九年。邑宰魏公成忠下令禁逐。卽其地建宮以奉淨樂。由是穢雜之區。遂爲淸淨道場矣。其爲普陀法雨寺下院者。則國朝康熙二十五年。永慧禪師自法雨分住於此始也。維時法雨我師祖別庵和尚。荷聖祖仁皇帝頒賜眷顧。天寵頻加。四方函香頂禮者。雲集電奔。皆以是院爲接待之所。停驂買棹。而後航海達山。人皆稱便。載在寧波府志及本寺山志。班班如也。歲辛巳。興安信士陳君大施願力。倡加修造。而後坍頹者整。湫隘者闢。魏公香火之塲。

再覯莊嚴，而緇侶庇焉。報本崇功，開創之與修成，均所難沒。院中塑陳君像以配魏公，非過也。雍正己酉，陳君又於殿前重蓋茶亭，而往來者憩息有地矣。第瀕海龍風蜃雨，殿閣壞朽爲易。辛亥，余謬主法雨寺席，蒙世宗憲皇帝賜帑重修法雨大寺。欽工重大，敬謹經理，歷三載而後竣工，未暇計及斯院之敝漏也。幸李君諸檀信，又復捐資鳩工，再謀繕理。李君亦與安人，是與陳君先後有大造於斯院也。余生長閩中，于與安爲在家桑梓，顧諸君非獨爲余也。緜聖神之香燈，修賢宰之勝蹟，廣十方之接待，河沙功德，又何得而計量乎哉。爰刻貞珉，記而誌之。許志

李國樑恢復法雨寺田產法器序。乾隆癸巳冬，余恭膺簡命，來鎮翁洲，詢之邑人，僉云普濟猶盛，法雨則中落矣。余竊異之。迨法雨住持僧遠輝來謁，備述隆替之由。方知前住持瑞琳主席以來，將寺中產業法器，節次抵償各庵負貸。以致雲廚枯淡，香火式微，遠輝有志振刷，募金補葺，梵殿頗有起色，而寺業久虛，僧徒猶艱活計。仰維法雨一寺，荷蒙聖祖仁皇帝，世宗憲皇帝，暨我皇上，歷賜帑金重頒佛

寶。欽工重地、關係非細。爰爲之定令段君、幷飭管守該地之左營游戎淩君、協同普濟住持越三。往諭各庵住僧、曉以佛門一本同源之理、聖恩十方普徧之義、從中調劑、諸僧無不悅服。甲午新正、余巡洋汎、舟抵普陀、瞻拜大士。越三遠輝稟云、一切寺產法器、各庵僧均感諄訓、歸趙而甘心焉。幷越三亦願捐貲玉成。余深嘉遠輝之足以取信於衆、僧而更喜衆僧之能發夫善念。其義舉實有不容沒者。越日、士民有典買該寺田產者、亦聞風踴躍、捐價聽贖。余更樂其共成善果。爰以諸僧名號、及士民姓氏、捐助寺產數目、勒之青珉。垂諸不朽。乾隆三十九年。（許志法產後、新續。）

長白宋如林、朱家尖白山頭築塘碑記。補陀爲海上名山、其地廣、其田腴、其爲境也、袤延而邃閟。其爲寺也、宏敞而幽靜。可居。故海內之願爲僧者、皆樂歸之。舊有田地、特賜免糧、以耕以食、慊然自足。自我朝定鼎以來、俗安於敦龐、人不患夭札。有自食之樂、而無追呼之擾、蓋百餘年於茲矣。然而僧日以增、田地不加多、非所以安比邱之衆也。開闢山田・試墾海塗・亦因所利而利之焉耳。朱家尖白山頭前住僧朗和・開墾蕩田。及續恩（續恩字超塵）住持・曾於此築塘・歷十七年・得田八百餘畝。以潮汐衝激不已・且築且圮・迄未成功。今浙江提督李公諱長庚・慷慨好施。予靖萑苻至山上・偶詢及之・遽助以朱提四百・爲築塘資。續恩始得告竣・而來請記於余。夫補陀兩寺・上蒙聖眷。百餘十年・耕鑿免糧之地・咸登般若之場・不可謂非厚幸矣。又得公上體聖人之仁・澤及桑門。向之且築且圮者・今則鞏固而無憂・所以利之者・豈淺鮮哉。自後住僧勉之・勿以是爲資益色身之具・而以是爲資益慧命之端・庶足以副公好善檀施之意・而體前住勤苦立基之心也。（秦志・碑在法雨寺上大殿門首左壁。）

明聊城傅光宅過海潮贈大智禪師詩・寶地新開大海邊・法壇長日擁諸天・慈光會滿三千界・苦行先經六十年。五嶽煙霞孤錫迴・萬川水月一燈懸。不知再見應何日・一片心依智者禪。

陳九思題海潮寺新賜護國鎮海禪寺額詩・東表神洲浸大瀛・盤根無地巨鼇擎。

琳宮又創天開境，寶號新頒帝賜名。佛火夜懸龍藏曉，海靈朝結蜃樓明。香船萬里飄千葉，得渡爭誇彼岸行。

清慈谿，姜宸英，法雨寺殿工告成詩。後寺吾曾到，前蹤未可期。重聞金刹地，來報玉皇知。去影惟留拂，隨身不掛絲。欲憑書問訊，擬議竟何辭。

武進，孫渭，法雨寺晚眺詩。暮色起北山，青靄含萬樹。三峯接霄漢，蒼茫墜烟霧。繚繞澗壑雲，悠然自來去。危石松頂懸，徬徨屢驚顧。何幸梅子眞，采藥於此住。

衡陽，彭玉麟，於光緒八年秋，奉命巡視南洋。抵普陀洛迦山，宿法雨寺，留別立山方丈詩。洛迦山湧翠屏開，八月槎乘奉使來。只許雲龍騰島嶼，不容霧蜃幻樓臺。海天佛國多靈境，瑞靄祥烟繞上陔。一瓣心香瞻洞口，潮音妙相示神胎。其一方壺蓮嶠緲虛懸，紫竹林深佛頂圓。曉日紅雲蒸碧海，清秋白露湛青天。九重德澤涵容大，萬派朝宗子細宣。柔達八蠻占利涉，鯨鯢波靖應安然。其二海上琳宮駕六鼇，插空青嶂出洪濤。藤蘿纏碎千年石，鯨鰐眠寒萬古潮。塵世輭紅飛不到，舟山晚翠望來遥。蚌珠光射秋宵月，兩寺鐘聲徹碧霄。其三　頻伽鳥喚入雲房，丈六金容仰上方。得到瑯環眞佛地，不須蓬島覓仙鄉。白華秋蕩天風碧，紫竹宵籠海月黃。我欲多攜甘露水，大千世界灑清涼。其四

同安洪龍題法雨寺詩。金沙垂聖蹟，寶嶼即神洲。佛地風波靜，天燈日月浮。水中開淨土，雲外渡迷流。法雨當空洒，千巖海色秋。

清釋鐵蓮錦屏丈室落成誌喜詩。光熙峯麓舊茅堂，松菊雖存徑就荒。整頓乾坤持氣運，支撑風雨費商量。錦屏原好圖詩課，花雨飛來洗道場。莫笑蝸廬天地小，全憑佛力固金湯。

慧濟禪寺　在白華頂右，故亦稱佛頂山寺。舊惟石亭供佛其中。明僧圓慧，於榛莽間見有石鐫慧濟禪林四字，即於此創立慧濟庵。尙寶司丞沈泰鴻額曰寶月含空。清康熙間八世孫普順重修。其後興廢無常。有傳臨濟正宗能積者，偶蹋峯頂，復得石碣，慨然以中興爲己任。於乾隆五十八年，首建圓通，玉皇二殿，大悲樓，齋

樓等·聲光遠被·擴庵爲寺。嘉慶元年·初開鐘板·挂單安衆。咸豐元年·始傳戒。光緒三十三年·僧德化請藏經貯於寺。德化是年寂·文質兩次主法席·大加建造·遂成巨刹。一切規制·與普濟法雨稱鼎峙。自能積以來·雖云重興·實開創也。寺內爲山門者一。能積創。九世孫文正·重建。爲殿者四。大雄寶殿·五開。天王殿·三開。地藏殿·三開。三殿·並乾隆開·能積創。大雄寶殿·光緒二十一年·燬於火。七世孫源皓·源順·重建。八世孫·靜山·募江西黃瓦覆之。天王殿·民國十一年·十世孫德林·同退院文質·監院德功·募捐重建。雷祖殿·三開。三世孫頂順·於嘉慶二十二年主席後建。爲堂者七。祖堂·三開。功德堂·一開。客堂·三開。上齋堂·五開。均能積創。九世孫文質重建。下齋堂·三開。文質創。禪堂·五開。能積創。文質重建。雲水堂。三開。能積建。爲樓者四。玉皇樓·五開。鐘樓·一座。並能積創。光緒二十五年·源皓重建。西樓·三開。能積創。文質重建。閱藏樓。六開。文質建。爲閣者二。藏經閣·三開。文正建。大悲閣。三開。能積創。光緒二十五年·源皓重建。爲室者一·方丈室。五開·文質建。爲房者四。庫房·五開。能積創。文質重建。大小廚房·八開。能積創·文質重建。柴房·三開。田房。三開。能積創。爲寮者二。工人寮·三開。能積創·文質重建。如意寮。三開。文質建。爲廠者一·地廠。八開·能積創。爲下院者一·道頭下院。五開·頂順建。外有餘地·東至石池流水·南至山腳·西至路·北至路。爲篷者一·後山篷。三開·頂順建。寺產·在朱家尖者·民十六畝七。塗六十八畝七。丁蕩、二十五畝。山五畝。一、在洞隩莊者、丁蕩、九畝五。在吳樹莊者、丁蕩十七畝。蕩、九畝。五在蘆花莊者、蕩田、二十畝五。在白泉莊者、民、三十九畝。蕩、四十五畝五。舊志採訪

精藍附 共八十八處

妙峯庵 在達摩峯下、几寶嶺上。清同治間、洪筏禪院僧潤廉、以原有茅篷改建、名仍舊貫、示不忘也。山門外、二石分列、形狀酷似獅象。採訪

朝陽洞庵 在几寶嶺東盡處。明僧不虛、焚修於此。十五世孫靜禪、同徒順宗修建。置田產以永佛火。清光緒間、住僧蓮經、同徒介琳、及孫圓融重建。舊志採訪

悅嶺庵 在煉丹峯下。明僧一峯、同徒靜庵創。八世孫普昇重建。九世孫恆澈、徒顯悟、孫越三、均有修建。清同治間、二十二世孫壽松、同徒慧濟、又修建之。舊志採訪

香林庵 在千步沙上。僧妙權創。覺梵、於光緒間重建。採訪

妙智庵 在烟墩峯下。僧明尚建。七世孫照清、照億、重修。清光緒間、併於鶴鳴庵。舊志

採訪

鶴鳴庵　在妙智庵左。宋僧野鶴結茅於此。清光緒閒、僧昱山仍其遺址、重建殿宇、功未及半而殂。其徒文蓮、孫廣通、繼承先志。克竟厥功。民國十年秋、四世孫清福復創建天王殿。棟宇巍峩、法象莊嚴、爲後起之秀。採訪

金粟庵　在鶴鳴庵後、僧眞泉建。後讓與眞定、泉復結茅於庵後、曰千佛室。清康熙閒、源逸重修。乾隆閒、僧續潤見庵就廢、墜復力自修建、併置舟山官山衖田以充香積。（潤爲普濟寺監院、一山推重。）今庵又傾圮、於民國十三年、併於鶴鳴庵、謀再修葺之。舊志採訪

常樂庵　在象王峯下、金粟庵後、僧海安建、後廢。民國二年、僧根常重建、未竣。至了塵始圓功、仍其名、不忘本也。舊志採訪

大乘庵　在千步沙上。民國四年、慧濟寺監院僧慶祥承受兜率舊址、改建是庵、爲慧濟分支。採訪

長生庵　清雍正閒、法雨寺住持法澤、承買甘露望槎二庵廢址、創建。倦勤後、修淨

其中。至光緒間、年久頹廢。嫡裔開如、為法雨寺住持、不忍聽祖庭之湮沒、勝地之荒蕪。於其遺址、斬荊誅棘、重建殿宇。經始於光緒癸卯春、圓功於民國丙辰秋、額曰、長生禪林。殿宇靚雅、林木扶疎、為諸蘭若冠。地當千步沙之上、雪浪瓊濤之趨宇下者、晝夜不絕。每日月初湧、金光萬道、晃耀人目、尤為天然勝概。澤公選勝、為倦勤之所。開禪繼緒、為退老之堂。一燈相傳、後先輝映、亦禪林之佳話也。舊志 採訪

清、同安、許琰記。環普陀之山、皆海也。而普陀之最可以觀海者、莫奇於几寶山下之千步沙。蒼巒翠巘、烟林如織。玉堂街亙其前、下則瀕海、金沙曳練、可五里許。瓊濤雪浪、無刻不雷。香鑪花瓶大士之故迹、明滅可數。轟虢湍渚、昔人云、顧足下如欲浮去、眞欲浮去也。山麓舊有二庵、曰望槎、曰甘露、其鞠久矣。住持澤公、乃合二庵之址重構、而易其名曰長生、將以為倦勤退休之所焉。余曰、佛法無生、而子取長生以名是庵、其亦有說乎。曰、有凡潮有信、潮落則瀕海皆塗泥焉、獨是地為菩薩靈迹。潮之生也、若軍馬之崩厥角。卽潮退之後、震盪之聲、稽拜如故。見其來、不

見其去·謂非生生而不息者耶。且是地面海之東·日月之生·於是乎沐浴也·蓋嘗碧樹初明·海底漸湧·如猩血之染車輪。金縷萬丈·眩瞻射人。而若夫海烟冥沒·水鏡乍出·圓光四映天宇·如霜·皆可於是庵拍奇叫絕。細柳金樞反在山陰。是是庵常見其生·不見其沒也。況大地山河·何必不壞。而無盡之藏·取無禁·用不竭。老僧之不見不聞·正自無窮也。無生之與長生·義寧有二歟。余取是名·亦以其景名耳。若以島嶼杳渺·壺嶠可接·期羨之輩·若或見之·謂余有慕於久視之術·祖龍且求夷亶不得矣·余雖愚不敢續也。噫澤公之言·通造化·了死生·類於知道者·遂書以記之。澤公在余族爲弟行·余來山寓於錦屏之丈室·盤旋最久。每欲觀海則相與躡屐來庵。倘澤公異日退休之後·更謁山靈·便當棲宿此庵·以併觀日月之東生也。許志

淸達桂將軍·寓長生庵·留別開如上人詩。聯袂同登跨海舟·補陀仙境快來遊。往還佛子穿梭過·緩急鐘聲上下浮。紫竹滿林生怪石·白蓮數朵映新秋。長生吾願

常留楊遠邁加封萬戶侯。

成多祿同達桂寓長生庵留別詩。聖代威棱震旦尊。平蠻兵到此中屯。百年劫火爭天塹。萬點神鐙護海門。獅象吼餘山亦怖。鯨鯢翦盡水猶渾。將軍百戰功成後。留得封侯付子孫。其一 詔書初捧五雲高。鸞鳳天章字字褒。上將聽經頒玉卷。空王說讖息金刀。天空大海龍無影。月黑林深虎欲嘷。願得羣僧齊拍手。上人重施紫羅袍。其二

雨華庵 在象王峯下。清光緒間。僧又如創。開雨續建。採訪

按舊志所列雨華庵已廢。此特沿其名耳。

下清涼庵 在千步沙上。清光緒間僧廣智創。只得二三。民國四年冬。其師福陞為之圓功。頗雅靚莊嚴。採訪

禪那庵 在千步沙上。明萬曆間。僧天然為鎮海寺住持。即今法雨寺 建此為退居之所。清康熙間。五世孫普濟。七世孫心淨重修。光緒間裔孫芳舟又修之。舊志採訪

龍壽庵　在象王峯下。明萬曆閒，僧眞蕊建。三世孫性越、照致，徒普性、普成重修。清乾隆閒，僧智開，徒繡巖又重建之。巖，爲法雨寺職事，眞操實履，合山景仰。宣統二年冬，圓通庵住僧蓮禪命徒姪化能接法，承受該庵廢基重建殿宇。民國十一年，農商總長李根源題額。舊志、採訪

栴檀庵　在象王峯麓。明萬曆閒，僧如方建。清四世孫照機，徒普德，孫通旭，曾孫心明等守焉。康熙展復後，衆請機爲普濟寺住持。踰年，總兵藍理更請通旭，機仍退居於此，葺故創新，幽勝爲山中冠。其支屬之宏法諸方者，頗不乏人，重興金山天寧之大曉徹亦其一也。舊志、採訪

清釋照機詩：風景只年年，盈盈白髮鮮，竹窗遙聽水，淸沼懶栽蓮，日月閒中擲，煙霞世外妍，罷琴惟繡佛，諸事不相便。其一　世外多幽賞，林泉事不羣，春來啼舊鳥，雨過起新雲，玩水知魚樂，聞香愛蜨醺，此中何不悟，指掌示於君。其二

彌勒庵　在象王峯下。清順治閒，僧心慈建。光緒十四年，僧景超，同徒秀鋆重修。舊志

採訪

雙泉庵　在象王峯圓通嶺下。明萬曆間僧眞靜建。嘗啓華嚴經期。人衆乏水。持呪求之。巖下二泉湧出。因名。清十四世孫廣信重修。光緒間願宗復修。民國十二三年來廣印更廓大之。舊志 採訪

積善庵　在象王峯天籠石下。明萬曆間僧應空創。性寶普鏡重修。清康熙間孫心修。爲普濟嗣寺。恪誠醇樸。總兵藍理器重之。闢廊廡。總兵藍理題額。乾隆間法雨寺住持仁芳重建。光緒間雙泉庵僧行宜接法承受。民國二年。徒願孝又大修之。舊志 採訪

伴山庵　亦名伴雲。僧眞覺創。清康熙間在璿璣重建。民國九年。嗣孫開如念祖庭日益傾頽。同姪了清重爲建造。璣爲法雨寺監院。退居於此。以息其勞。了清退院亦以此爲靜修之所。舊志 採訪

清裘璉過在璿禪師新構伴山精舍贈詩。嫌塵蕭寺未全除。更向濤端小卜居。得我性情爲好友。留山面目是精廬。茗新鑪舊香偏和。花潔泉清味有餘。事事對君

人世外浮生半日即非虛。

許琰詩石徑陵烟入禪扉傍竹開花侵香砌出泉過飯廚來地僻雲爭宿林深鶴易回伴山今日伴蹤跡悔塵埃。

清涼庵　在象王峯清涼岡天篦石上明萬曆間僧眞滿建清八世孫通溟同孫源長重修總兵藍理題額曰木石居光緒間僧定性接法承受又修建之。舊志 採訪

常明庵　在象王峯清涼岡麓清光緒三年法雨寺住持立山圓創建爲退休之所。置田二百二十二畝化開又置田四十四畝民國四年四世孫了清重修庵內有立山手植桂樹二株光緒二十二年及民國三年十年三次結實形似橄欖人以比閬河之紫桂實爲羣仙之餌云。採訪

清釋化宏記寂滅眞宗惟心本具圓通妙道非人莫宏興梵刹以闢普門布慈雲而注法雨於法運垂秋之際振將絕欲墜之宗惟我先師無著老人其人焉師諱立山法名滿圓別號無著松江金山顧氏父即福本悟公行年十四父即出家心

欲隨之、以母在不果。至弱冠、禮父祝髮、詣大崇福受具足戒。以寇據南京、不便叅方。遂住普陀、至同治庚午、掩關於伴山庵。日禮華嚴、徧叅海衆。時法雨寺凋敝已極、住持虛席。本山尊宿信眞和尚、率諸法眷、叩關請師。壬申春進院、以興復爲己任。竭力經營、整理修葺。不數年間、百廢具舉。雖未全復舊制、而大局已有可觀矣。久之、意欲憩息、專修淨業、因築庵於寺西清涼岡之麓、額曰常明。蓋取心性寂照、圓融、橫徧竪窮之義、欲人修因以克果也。光緒甲申春、退居是庵。決志西歸、念佛不輟。又令庵內二時課誦、二時念佛、永爲恆規。（下略詳禪德立山傳。）

海曙庵　在象王峯下、摩尼洞前。明萬曆間、僧如玻（玻舊志誤信）建。見明源助修。清十二世孫本勤、精修不怠、苦行自甘、積資重建殿堂、補置田產。道光間、耀嵩又修建。民國十一年、普濟寺知衆僧雲峯又創建一殿、供奉西藏玉佛。（舊志採訪）

楊枝庵　在象王峯下、雪浪山西。明寧紹叅將劉炳文、爲僧如光建。後通津源昇重修。清光緒十八年、開暈同徒了根又修之。民國十一年、孫根心續有建置。（舊志採訪）

按舊志・於如光建下・均有碑記三字。今查殿壁・有劉炳文重刻普陀大士像石牌並贊語・他碑無考。（詳志餘）

逸雲庵　在大雪浪山麓。清康熙閒・法雨寺住持性統創建・爲退休之所・和碩某親王題額。光緒閒・孫戒文又建天王殿。（舊志　採訪）

弘隱庵　在大雪浪山後・僧雲安建。（舊志　採訪）

羼提庵　在翔鳳峯東天門功德嶺下。創自僧果賢・僧定覺重建。（舊志　採訪）

極樂庵　在翔鳳峯下・舊名福緣蓬。清光緒閒・法雨寺住持開如改建・易今名。後贈與僧雪濱・其徒達圓・孫新融・續有修建。（採訪）

按舊志所載極樂庵・今廢。

寶月庵　在翔鳳峯・創者失考。清光緒閒・僧祥源重建。（採訪）

金沙庵　在飛沙隩八仙巖下・僧了空建・徒潤芳修。清光緒閒・孫性靈・又修之。（舊志　採訪）

祥慧庵　在飛沙隩左青石灣。清嘉慶閒・僧廣裕承受長慧庵故址改建。光緒十八

年秋・孫化池等重修。採訪

古佛洞庵　在朝陽嶺下。清光緒閒・僧仁光・住於洞中・後化去。其徒之法師開明・於民國七年・始建爲庵。採訪

天竺庵　在天竺山・僧雲空・建・遠聞重修。清宣統閒・續定又修建之。舊志採訪

海澄庵　即鐵壁禪師舍利塔院・在茶山圓應峯下。清康熙閒・僧秋谷創建。光緒閒・十五世孫了明・重修。明於民國十二年・由法雨寺住持退居於此。舊志採訪

寶稱庵　在茶山東澗・朝陽嶺下・僧無凡建。清遷徙後・徒祖勤重修。光緒閒・法雨寺住持化定・又修建之。舊志採訪

明・武進・吳鍾巒・寓無凡靜室・沈彤庵見過詩。八年於外未歸人・此日興懷倍苦辛。君國莫支成舊恨・僧寮偶寄是前因。深深林壑同蹤少・遠遠波濤入眼新。不比尋常往來事・只今同患覺情親。

按無凡・即汝應元・無凡靜室・即寶稱庵。全祖望結埼亭集云・張肯堂・浮海至舟

山。嘗撫其孫茂滋。謂汝應元曰。我死圖一綫之寄。其在君乎。應元謹受命。遂爲僧於普陀。肯堂死。葬於茶山。應元築寶稱庵守其墓。詳禪德本山出家無凡傳。

法喜庵　在白華頂北。僧眞淨建。清嘉慶五年。照鶴重建。道光間。孫通慧擴大之。舊志採訪

梵音洞庵　在青鼓磊。明崇禎二年。僧寂住。爲鎭海寺（即法雨寺）住持。建此爲退休之所。清康熙二十五年。三世孫普福。同徒博文重修。雍正九年。奉旨發帑修建。嘉慶丙寅。十四世孫仁賢。時爲法雨監院。輔佐常住。整理有方。因佛殿傾頽。佛燈寥落。赴上洋募捐。福建商客林聰官首倡佽助。鳩工庀材。重新殿宇。同治間。遠孫良裕。同徒性春。又重建之。舊志採訪

清釋性統梵音洞建閣記　今上御極之五十五年。春三月。滇南撫軍甘公委員來山。啓建祝釐道場。手書示予曰。前者承乏甬東。願於梵音洞石梁上建一閣。上供菩薩。下爲朝洞人士禮拜之地。年來宦塵碌碌。尚未得遂。今沐聖恩。節鉞滇南。特

遣家人齎金望和尚卽爲興建成此善果予思我公誠敬篤信固其素志然久而不忘益見其敬信之至也方其涖官甬東乃在四十一年閒歷任登萊憲副江蘇臬臺山東藩憲祝釐進香之使歲不絕人今撫滇疆遠去萬里甫一載卽遣使以完前願非誠敬篤信之至何以有此閣高二丈三尺深齊石梁廣亦如之於本年四月鳩工中秋告竣洞口向東南閣門對西北當夫皓月虛懸水光蕩漾大士之顏如玉也旭日初升朝霞吞吐大士之脣如硃也烟霏則翠鬟凝雲霧湧則縞衣映雪至若風雨晦明之幻變波濤澎湃之震驚登斯閣也莫不神化情移貞有得於大士之現相說法迥出於尋常之外者是閣之助發於大士光明無盡藏卽公之培植名山香火非淺尠也予亦烏能不詳誌之公名國璧字立軒奉天正藍旗人。許志

藥師殿　在普濟寺左明萬曆閒僧海仲居此天啓七年崇王由橨捐貲重建安紫衣替僧照慧親書法門龍象額賜金襴衣傳至淸世普益之四世孫心溜廣誠九

世孫覺照各有修建・後漸斲圮。光緒閒・嗣法山恬爲前寺監院・整理有功・人多推重之。同徒永念重新之。舊志採訪

大悲殿　在藥師殿左・舊名伯寓堂・僧妙聞建。明萬曆閒・性燈八世孫源泰重建。後泰歸主淨土・分源徵居之。乾隆四十年・法如支屬十二世孫昌友・同徒隆海又修建之。至今年久失修・有頹廢之虞。舊志採訪

淸一堂　在大悲殿左・初名鏡花院・僧寂汶居此。五世孫心徹・同徒源達・重修。十三世孫能仁又修之。舊志

淸釋本學詩。漢室神仙地・梁朝大士家。欲窮仙佛迹・會取鏡中花。

澄心堂　在淸一堂左・僧眞才居此・九世孫心慧・潮音主院時・慧爲知事・善知衆務・人多推之。孫廣誠・重修。舊志

法喜齋　在澄心堂左・僧承泉建・裔孫明慧重修。採訪

興善堂　在法喜齋左・舊名靈花房・僧靜悟創。後無嗣出坍廢。由西方庵僧廣瑞・嗣

法接續香火。於光緒間。其師福陞重爲修建。（採訪）

法如庵　在玉堂街洪筏堂右。舊名法如堂。今名下法如庵。僧海初居此。六世孫心惺重修。同治間。燬於火。光緒間。化妙重建。（舊志採訪）

洪筏堂　在法華洞下。下法如左。明萬曆間。僧如定創。清嘉慶間。十六世孫賢良修建。光緒間。十八世孫慧源。建方丈室。徒潤濤願來重建大殿及廊廡。氣象聿新。大學士潘世恩題法海慈航額。衍聖公孔令貽題洪筏古刹額。民國總統黎元洪題清華朗潤額。又總統徐世昌題炎嶠慈雲額。上海小南門外三昧庵。爲其下院。（採訪）

○自藥師殿以下。舊屬普濟寺東寮。

按舊志。並云僧聖恩建。恩無嗣。源進梵修於此。

法華洞庵　在東天門上。清展復初。山右僧照潔。名源正者。以有爲寺執役。及募盌之勞。欲于此建庵靜修。住持普周許之。閱二十餘年。北京正音和尚來。欲卜居此山。繹堂及各法眷。並織造孫文成。同願以法華洞庵奉之。（照潔其時想已圓寂。否則當爲照潔別擇所居。）

此後爲正音之子孫世守焉。五世孫普照重建。七世孫夢桂·隆德·又修。光緒間十一世孫慧石·慧蓮·再建。舊志採訪

清·宛平·孫文成記。補陀寺左有法華洞·爲山中勝景最著之地。展復初長老普周·爲寺住持。有山右僧照潔·來香於山。應寺執役。隨往豫章募緍。寺中以其爲衆服勞·構樓三間于洞頂·以棲照潔禮誦熏修。且酬勞也。康熙三十八年己卯·皇上南幸·欽使乾清宮總管內臣顧公問行·恭代乘輿中香。遊覽至此。喜峯巒清邃·慨然有超塵軼世之志。遂移舊樓三間于平坡·仍照潔居之。而本寺常住·乃亟蓋新樓三間于原基·以爲顧公生祠焉。公既不果來山·就古北口·建南天門·爲洛伽勝境。想見名山雖遠·方寸非遙。公之嚮往之深·良有以也。四十八年己丑夏·普濟方丈繹堂和尚·召對熱河·走謁顧公。面述法華樓既不能遂夙志·今則已矣。聞問既疎·樓漸頹敝。至五十三年甲午之夏·都門大佛堂正音法主老和尚·來香普陀·忻然作支公修隱計。繹公遂商之耆宿衆等·悉知正老和尚戒律精嚴·言行端恪。燕山

證問者，多受其策勵。遂羣舉以法華樓爲卓錫地。且正老和尚，夙爲予所皈向者，因問之於予。予以皇恩浩蕩，無可仰酬。正擬訪清淨之區，虔供萬歲龍牌，敬延高僧諷誦梵典，以抒祝國祐民之願，不禁踴躍贊襄。正老和尚已自出白金五十兩，屬寺載新修葺。予又捐俸百兩，旁拓五架兩閒一衖，爲溷湢薪水之地。外有法華庵基，以作正老和尚蔬圃之用，亦可建置。總之日新月盛，徒子法孫，晨鐘暮鼓，永爲正老和尚卓錫世守，爲千秋不朽之盛地。遙知名山大刹，因人而傳，十笏數椽，有清淨修持如正老和尚者，實爲山名而人名。其人足傳，而其地更足傳也。後之覽者，亦將知予一身許國，皈心內乘之深切云爾。

邑人余燦詩

閒來獨與高僧坐，洞達軒窗納晚涼。靜境談禪詩作偈，綠陰消暑竹侵牀。鳥窺鉢飯穿雲度，龍攝天花帶雨香。話到玄機眞妙諦，依微星斗落山房。

按古人道明德立，聲望遠著，諸方每虛席以延致，卽欲隱居靜修，冀了大事，縱至海山深處，亦必有法門知識，宰官外護，爲之建設蘭若，及推讓靜室，以期遂其潛修密證之志。如正音和尚者、何可更僕數也。是知只愁無道明德立之實、其他皆不足以攖心者。願法華洞之子孫、及諸僧侶、各皆深長思之。

積善堂　在普濟寺右、舊名玉峯房、僧性寶創。六世孫通恩、八世孫源恆、各有修葺。民國壬子、因其裔孫不振、佛火式微、由伴山庵僧了信接法承受。重修殿宇、煥然一新。（舊志採訪）

宴坐堂　在積善堂後、僧海灝創。普安同孫心盥、源章、廣濟重建。十二世孫昌蔭重修。光緒間、十四世孫仁鑑又修之。（舊志採訪）

承恩堂　在宴坐堂後、舊名立本堂。清康熙間、僧克勤創建茅茨。乾隆乙卯、僧本善、同徒覺永、興葺。五世孫能曉、能嵛重修。近住僧瑩照又修葺之。（舊志採訪、及融通傳。）

報本堂　在承恩堂間壁、即西天門獻祖祠。創者未詳。清十世孫通旭住持前寺之八年、（康熙三十六年、）集本支改創祠樓二間。派僧廣孝相繼世守。總兵藍理額曰四世中興。（自普賢、歷本空、寂庵、至通旭、凡四世。）光緒間、釋定增建殿樓、及東西寮。宣統二年、徒瑩照又有修

建台太同知梁某求子得驗，題額曰，錫我石麟。舊志採訪

錫麟堂　在報本堂前，僧如宏創，廣成修。清道光初，堂漸圮。十四世孫昌蔭，自普濟寺退居後，誓願恢復。會邑紳錢鏡，感祈子之靈，其母爲捐資以答佛慈。由是鼎新革故，佛地重興。後由法嗣觀音洞支派僧山靜、山覺接住。清光緒間，六世孫了餘，逐漸修葺大悲樓，祖堂，客寮，丈室等，較前尤臻完美。舊志，秦耀曾記，採訪。○自積善堂以下至此，舊屬普濟寺西寮。

清金陵秦耀曾記，普濟寺西寮，舊有仁德堂，取天上石麟之義，更名錫麟。創始於普勤禪師，供奉送子觀音，厥基久建。良以菩薩陰行方便，周徧圓通，仗象教之宏功，降螽斯之遐祉。人稱雙璧，眼前悉誕佳兒。我見三珠，膝下咸添令嗣。是知拈花微笑，去來早晤三生。樹草忘憂，似續遠延百世矣。第人以時而代遷，物以久而日敝。禪關寂寥，法乳無傳。梵宇荒涼，仔肩孰任。遂使虹梁紫柱，半傾圮於荊榛。螭角丹牆，全沉霾於瓦礫。百靈是護，方期雲構而霞鮮。一木難支，漸覺垣頹而砌廢。有

宴坐堂昌陰上人，派係同宗。不忍異視，將從捨宅，復拓精廬。特是結因人之勝果，端藉檀施。恢選佛之道場，須資慧力。會定海紳士錢君鏡宇，鑑堂與上人蓮界至交。苔岑雅契。每值揚帆波晴，單舟獨訪，光熙烟霽，雙屐相尋。己公可與談詩，如滿何妨結社。獨念錢君壯年乏嗣，誰爲肯構之才。此日宜男，庶慰充閭之望。於是上人叩猊座而代祈，娠看卜玉。向鷲峯而虔祝，誓切布金。未幾。錢君忽抱沈疴，頓悲永訣。雖翠微求子，自有異人。而伯道無兒，終爲憾事。乃龍蛇讖應，高士已謝塵區。騏驥出羣，德門旋產英物。洵屬觀音之抱送，不必寶誌之俟來。錢君之母，思答聖慈。重興佛地。鼎新革故，因毀成妍。玉題繡栭，既合沓以相持。虛牖疎櫺，復玲瓏以爭映。龕像永免隊泐，緇流共有經行。此固上人願力甚堅，實菩薩靈感所致也。余以辛卯暮春，敬詣名山，親瞻勝境。香室鬱以華壯，梵宮朗而輝煌。要使長廊廣殿，特增法界之基。誰云智女聖男，不藉空王之庇。伏願堂形如雁，慶堅固於祇林。書錯爲鼉，獲熾昌於望族。

文昌閣　在多寶塔右。舊名蓮池庵。僧源淨創。五世孫覺悟修。淸同治間。賢雲重建。民國九年。化珣又加修葺。煥然一新。秦志採訪

曇華庵　在文昌閣左。僧心貴同孫廣成重建。淸光緒間。正堃同徒行照。重修。舊志採訪

天華堂　在多寶塔左。舊名靑蓮臺。淸咸豐間。僧福珍重建。光緒二十五年。燬於火。徒月德。興復之。採訪

百子堂　在天華堂右。卽柏子庵。舊名六合庵。僧心一。年十六。由鄞來山。於寺前縛茅。日誦法華。遂結宇於茲。孫廣博續靜等。共與經營。後續靜等。又創大悲閣於庵右。淸同治元年。月空同徒建修。光緒二十七年。極得建外山門。民國十二年春。增建送子殿樓房。舊志採訪

按舊志又載通旭題心一像。小溪流水碧。古寺晚鐘殘。懶舉庭前話。人天許獨開。可想見其地與人矣。

天福庵　在梵隩。舊名水月庵。僧如杰創。其昌居此。五世孫照聖修。淸嘉慶七年。濟

源同徒廣靜重建。光緒間，靜年邁無嗣，付法於慧濟寺支孫德融，重行改造，易今名。舊志採訪

正覺庵　在吉祥嶴，僧性空創。四世孫照顯，同徒普億重建。清光緒間，十五世孫能慧重修。民國八年，十七世孫善榮，付法於圓通庵僧開徑接住，謀再修葺之。舊志採訪

普門庵　在吉祥嶴，僧寂悟，孫普聞重修。年久圮廢，十五世孫臨安建，未竣工，其徒靜山，孫廣照，續成之。舊志採訪

淨土庵　在吉祥嶴，普門庵左。明萬曆間，太監張隨，因僧性燈效力常住，特令創建。清康熙間，六世孫通函，八世孫源泰重修。光緒壬午，十二世孫晉祥募化巨資重行建置。舊志採訪

裘璉淨土庵贈仲寧上人詩。門外金沙萬丈鋪，聽濤終日坐團蒲。橋邊笑客來如夢，竹徑詩人老更癯。耐是名心聽貝梵，好從世味嚼菰蘆。海鷗幾箇斜陽裏，爲問前宵浪在無。

永福庵　在吉祥陝。普門庵右。明萬曆間。僧普紹。孫心古心盛創。清道光間。本果重建。光緒戊戌。徒靜昌重修。舊志採訪

西竺庵　在吉祥陝。即古西方庵。僧竺典創。徒證慧悟道。重修。採訪

按舊志西方庵僧元一建。廣敬重修。此云竺典創。殆改建而名西竺者。爲竺典歟。

白蓮臺　在吉祥陝。清光緒初。僧淨守創。徒廣學增修。學後爲普濟住持。退老於此。採訪

紫竹林庵　在栴檀嶺下。潮音洞後。舊名聽潮庵。即古不肯去觀音院。僧炤寧創。清康熙三十八年。御書潮音洞額賜挂。雍正九年。六世孫廣記奉帑重修。道光二年。仁亮同徒聖覺又修之。光緒甲申。淨守同徒廣學。廣權亦續有修建。民國八年。南海康有爲題紫竹林三字扁其門。舊志採訪

按定海廳志引㖃車志云。宋紹興中。有巨商泛海阻風。抵一山下。因登絕頂。有

梵宮焉。窗外竹數个，枝葉如丹。求得一二竿，截之爲杖。每以刀鍥削，隨刃有光。至一國，有老叟曰：君親至補陀洛迦山。此觀音座後栴檀林紫竹也。是宋時尙有紫竹可求，故名曰紫竹林。非附會佛經栴檀林而名之，可知矣。

西方庵　在觀音跳，僧福陞創。民國九年庚申，燬於火。陞不辭勞瘁，募緣重建。採訪

佛首庵　在吉祥隩，僧量宗創。五世孫普輪同徒通鑑重建。十三世孫昌道，徒隆雷，重修。道，爲寺監院，山中多悅服之。清光緒閒十八世孫化導澄蓮因殿宇狹隘，且多傾圮，募捐修建，規模較前宏壯。舊志採訪

息耒院　在報本堂西，舊名息耒庵。清康熙閒，僧通旭謝事後，寄息於此。建之者，爲其徒心明。木石幽秀，亭廊雅靚。康熙四十九年，皇三子誠親王書衆香精舍額。五十八年，御書海月常輝額。雍正三年，莊親王賜知足軒三字額，並跋。而士夫尤多題詠。更歷數傳，欒棨庸傺，丹靑剝落，大非昔觀。民國八年，裔孫某虧款不能支，受若干金，以其院推歸本派報本堂。由報本堂僧瑩照，次第修葺，改建天王殿，並建

丈室、及樓房客寮、規制一新。舊志採訪

清、鄞、屠粹忠記。潮公和尚主席普陀、數年之閒、道風廣播。瓊宮紺殿、迺觀厥成矣。近於寺右、構數楹爲靜修祕室。繞屋皆樹梅花、額其室曰息耒。蓋已直透本源、化有象爲無象。而萬法皆空、故能返璞全眞如是也。說者謂浮屠之學、行深般若、以心田爲經、開示因果、以福田爲緯、又藉硯田、出一言半偈、爲度人慈航、至於邪說橫行、非其種者、非耒不能鋤而去也。愚魯無智者、非耒無以開其昧也。荆棘叢生、又非耒無以樹其業也。耒亦安可息哉。公產自名邦、出於望族。鋤經時、即有耕雲釣月之志。及其脫白梅岑、受囑平田、杖履蕭然、又復有擔風宿草之致。今其應名山運、赴諸公請、轉盼而叢林改觀、龍象咸集。譬之深山野人、忽膺帝眷、若固有之、未嘗改其恂恂之狀。至於接引後學、驅牛奪食、能使久參大士失其故步、籌畫布置、不落近習。非公素養者優、曷能使所發者如是其宏且遠耶。由是而觀、其披星帶月、胼手胝足、致苗而秀、秀而實者、何一非善用耒之力也乎。今大地正切皈依、四方引領、是非至誠無息、無以答衆心而竟道果。乃輒欲以息耒自閉者、豈善夫石隱高蹈而流通於山林邱壑耶、昔地藏誓願、欲度盡衆生、然後成佛。大士現三十二應、廣度一切。潮公和尚、又豈以度人無倦之心、而一旦置此耒於不用也哉。大抵一歲有一歲之餘、餘則可息也。一日有一日之暇、暇則可息也。於心無著、於事無礙、不息亦息、息亦不息也。蓋自強不息者、潮公之道體。而可息則息者、潮公之應世。豈若避世者流、一息肩而竟置民物於罔聞乎。予昔蒙予告、爲園於郡之東隅、自謂足老於斯矣。今乃復爲斗釜之祿、羈縻京師、聞潮公此舉、而天下之役役於利名、不獲一時休息者、可以知止矣。

長洲陳璿後記。普陀叢林就廢、潮音禪師從而興之。工訖、爰築一庵、名曰息耒、言乎可以息肩也。非實有所謂耒者、而方丈老人荷之、而復用息之也。珂月乃普濟長老、主一山之政、大細就裁、不居丈室。於潮公示寂之後、理此庵、尤謹春秋佳時、坐客於其中、談山中往事。嘗語余曰、衲欲退此久矣、而苦於未遂。余不待其辭之竟，而應之曰，子之耒，亦何時息乎。荒榛蔓草，匪耒弗滌。十堯九舜，匪耒弗耕。修竹長林，耒以徑之。斷垣遺址，耒以宮之。匪其類者，耒以去之。耒之用普矣哉。秉耒而出，警其媮惰，負耒而入，發其齋心。然則耒亦何可息乎。且潮公之耒，初未嘗息也。有嗣潮公者，而後可以言息。今日普陀誰爲繼珂老之人，吾知其猶有待焉。吾故曰，子之耒何時息也。書此爲庵之後記。

文安李灼，置田碑記。天下事創其業者，垂其統，作於前者，述於後。肇家造國，莫不皆然。何獨至於僧而異哉。茲息耒院者，恭奉聖祖皇帝御題之栴檀林，懸供萬壽龍帳，爲繹堂和尚本師潮音和尚之祝聖焚修道場也。然殿宇巍峩，規模宏敞，享其成者，不可忘所自。而庶其徒者，尤不可不裕其食。康熙丙子歲，聖祖皇帝偶爾違和，凡屬臣民，莫不籲天保祝。伊時中丞王公諱鴻緒者，學士高公諱士奇者，恭裝觀音香像，送供前寺之藏經樓，而顏以天子萬年之額，保祝皇躬永泰。所以盡臣子之心，而未嘗有邀知於上之意也。至己卯春，聖祖南巡，敕內官顧公問行者，丁公皁保者、馬公逢恩者、代香到山、見大士像額、隨問所由、而繹堂和尚、遂以王高二公保祝之意告。顧公胥然歎曰、有是哉。朝廷不知、同寅不知、二公以隱默之地、獨秉至心、奉佛保祝、非徒忠於君、而且孝於君矣、可不謂難乎。語畢、復曰、上有如此之額、不宜於此供大士、當另構殿宇以奉之。於是相址度地、得今所謂息耒院者是。顧公卽星赴南京、啓奏龍顏大悅。王高二公、當捐重貲、與繹堂和尚、助建殿庭門院、從屋莫不備美、丹堊可觀。嗚呼盛矣。歲癸巳、恭逢聖祖六旬萬壽、於時王公晉爵司農、特繡萬壽龍帳以進祝。帝曰、美哉。如此巨幅、卽朕太和殿亦莫容張掛、爾其懸供普陀。此萬壽殿所由名也。由是梵宮卽爲帝宇、其制益恢、其名益大、其徒益衆、不得不爲僧食計、以圖永其嗣守、遠其香火。繹堂和尚、復與王高二公謀、協置山田地畝、歲收所入、以足衆食。其在本山六嶠者一溝、其在朱家尖月隩者一溝、瀾田西隩底者一溝、香蓮嶺下者一溝。共計田若干、奏免條糧。度其所入、其爲息耒院子孫、食裕如也。獨是世遠時遙、人心不古、不能必其皆賢而無不肖。不知聖恩之浩大、檀護之鴻慈、肇造之艱難。創於始者、不能守之於終。作於前者、不能述之於後。或派分而剖食、或售易而廢弛。是不特有負祖宗之苦心、而且得罪於朝廷、與深辜王高二公之宦德矣。是不可不有以記之、以塞其流也。

鄭萬言詩　人生天地間、共此秉耒業。一息苟尚存、不容輕暇逸。堯禹勤洪荒、周孔勞訓迪。漢唐宋元明、諸儒總一轍。莫不各有耒、孜孜勤補綴。豈特彼農夫、百畝計收擷。眼珠針孔大、便謂田功畢。公豈拘於方、而以內外律。乘興跨海來、興盡腳可歇。即此尋丈園、無時得休輟。老梅不加培、冬花豈芬鬱。修竹不加剔、冬筍豈森茁。勸公息此懷、努力爲衆屈。勞生天所定、敢舉爲公別。

裘璉詩　堯舜不並耕、孔子小農圃。孟翁素飧非、伐檀詩人苦。潮公有事在、閒情娛泉石。龍象鐘鼓新、此耒良可息。

石門勞之辨宿息耒贈珂月和尚詩　山中氣候早、二月放桃花。鼓枕聞天籟、推窗見洛迦。名言麈尾接、眞味菜根賒。信宿偕師對、何須展法華。

邑人陳慶槐詩。荷鍤歸來乍掩關、禪心千古白雲閒。愁城苦海人如許、塵夢何曾到此間。

釋通旭詩。民生事隴畝、老我賦歸來。愛此一片石、多種幾樹梅。石可和雲坐、梅能傲雪開。地寬宜補竹、徑僻易成苔。堅勁孰可擬、一日幾徘徊。

白象庵　在文殊巖下、僧普耀同徒通因創。九世孫樹山重修、民國十年、十一世孫德蓮募資重建山門及廂樓。舊志採訪

蓮篷庵　在白象庵左。清康熙間、僧雲山建、名安樂茅篷。光緒壬辰、孫德明重修、增建樓房、額曰蓮篷禪院。採訪

三聖堂　在正趣峯下。明萬曆間、僧大方曾結茅焚修於此。會党禮張隨二太監、目覩該處泉水靈異、即八功德泉。現在院內。捐資命夢禪師鼎建。清康熙間、海安重建。咸豐初、顯法居此、更名曰如意庵。光緒初、四世孫華德重建三聖殿、復舊名、改堂爲禪院。五世孫長汀建天王殿。六世孫眞達、及姪明教重修、壁間嵌有清肅親王書無量

壽佛四字石刻。舊志採訪

磐陀庵　在清淨境向有古室數楹，年久頹圮。明海憲方應明，捐俸重建，周應賓題應身寶殿額。崇禎間，承乾宮皇貴妃遣官進香。復命鑄滲金佛一尊。賜袈裟二襲。後皇戚畹田氏，奉旨進香，捐資請方冊佛經一藏。清康熙間，七世孫心受同孫本善，本茂，覺容，覺問，重修，增建前殿。光緒間，善章改建大殿，及接引殿，客寮二十餘楹。又創天王殿，玉帶閣，樓房等。鐫明董其昌磐陀庵三字題額於石，嵌諸牆壁。又浚洗心池，以畜鮮介，有方輿未艾之象。舊志採訪

普慧庵　在彌勒峯下。明萬曆間，閩僧如見創。清超象，項祥，續有修建。光緒間，覺道重新改造，並另建退居室，額曰般若精舍。舊志採訪

清釋通旭記。梵刹之興，既有有道德者主，夫其中，亦必有有福德者助，夫其外，然後功業成而名聞著。此同行與外護，俱稱善知識，而不可一日相離者也。磐陀普慧禪院，宅幽而勢阻，地廓而形藏。自西天門盤結其下，與大寺不里許而近，步履

坦如，喬木蔭如，望之知爲藏修勝境也。自內徙甫復，楹榱具在，鐘磬無聞。時住持道恆禪師，同舊住慈德，請省機大師居焉。師諱超象，翁洲人，受度於補陀拳和尚，嗣法於南澗濟老人，皆海內名宗匠。視父知子，宜其卓犖不羣，蓋所由來者如此。而又得居士淩某等，時來盤桓其閒，質疑問道，輯故鼎新，此誠財法兩施，等無差別者也。獨是大師契單傳之旨，追面壁之風，杖履蕭然，不顧口頭生醭，洵爲滄海遺珠，而居士於風塵世路之中，栖心物外，時渥檀波，增輝林麓，可謂善得進修，克昌厥後者矣。今日把手盟心，無分緇素，當來同歸淨域，寧有優劣者哉。是用鐫石揄揚，表二公之德業，示景行於後世云。

寶蓮庵　在海浪石左，原名慈航庵。僧寶山重建，徒文榮修。採訪

伏羲庵　在海浪石右，舊名復喜庵。明萬曆閒，海存創。清寂曉同徒孫照徹，普輪重建。舊志 採訪

觀音洞庵　在鸚哥石側。舊無殿宇，祇有梅樹數本，故亦名古梅岑。明萬曆閒，一僧

始結茅於此。清雍正閒、法澤始創建。道光閒、海南修之。光緒閒、裔孫化響、重建大殿。宣統二年、僧開林、添建客堂、及樓房、漸臻完美云。舊志採訪

廣修庵　在觀音洞左、初名金剛茅篷。民國二年、僧開音改建。採訪

芥瓶庵　在觀音洞下、僧寂梅創、古曇重建。舊志採訪

福泉庵　在司基灣西、舊名天妃宮、僧大慧創。清光緒閒、廣瑩重修。姪清念、又修葺之。舊志採訪

勺庵　在雨華峯西北之麓、僧朗法創。後由耀嵩嗣法重建殿宇。清同治閒、彩眞同孫雲中、重修。舊志採訪

彌陀庵　在蓮花洋畔。清光緒閒、僧廣照建。採訪

廣福庵　在蓮花洋畔、舊名關聖祠、又名護國庵、清光緒癸巳、僧埜寶重建。舊志採訪

慈雲庵　在短姑道頭、僧如有建。八世孫心悅修。清光緒十八年、益謙改建。舊志採訪

隱秀庵　在雨華隩。明萬曆閒、內官張隨、以僧如秀同徒性曇監造、勤勞、許建庵修

靜於此。淸順治十八年。四世孫寂童。爲普濟寺住持。孫普授廣忞廣盛續昌等。積累重建。康熙展復後。歲甲子。又率徒廣忞等。啓闢故土。日就宏遠。林石幽秀。梵宇精嚴。爲西南冠。後忞等復改建大悲閣於正殿後。同治閒。燬於火。十三世孫寶樹。同姪隆璋赴閩募貲。重興佛殿。並大悲閣。與白華。海岸。淨土。磐陀。梅福。五庵。爲前山六大房。遇公請普濟住持。由該六大房保舉之。舊志 採訪

淸裘璉隱秀庵贈舜衷上人詩。幽谷精藍滿。行行隱秀遙。林深能做雨。峯轉不聞潮。頑石生公點。丹泉仙尉招。到來塵路絕。淸思對團瓢。

鄞李文斗宿隱秀庵贈旣賢師詩。每憶淸談支遁如。十年錫傍子雲居。一從天外浮金鉢。競說山中禮玉書。海若聞鐘濤不怒。庭前留樹月偏疏。出藍更有多才譽。賜紫應同萬曆初。

釋智栱題隱秀庵聞上人五世圖詩。華藏老人悟道妙。大闡宗風臻玄奧。現身說法天雨華。六變震動感神廟。宣敕發帑建普陀。珠宮紺殿何嵯峨。慈雲萬古垂不

朽老人慘淡經營多喜靜厭煩思宴息謁者張公擇所適白華西畔翦荊蕪精舍初成開胸臆滄海潮汐任西東花香烟氣自晨夕令嗣養元光先業名藍重創眞赫奕一自海氛起劫灰民廬僧舍皆殘摧雲山無復舊輪奐鹿遊猿嘯滿蒿萊王師南下揚神武樓船飛渡柙兕虎海甸重瞻日月光復興榱桷何辛苦聞先大師大士身後先創業非等倫五葉慈顏足千古浩蕩勳猷難具陳

釋鐵蓮詩烟樹全遮一院深勝靈肩闢費多金談玄拂塵香飄袖坐石觀花翠滴襟重疊樓臺倚峭壁嵯峨殿閣起幽林上方絕少凡人跡欲扣雲扉不可尋

海岸庵　在短姑道頭左舊名三元殿明萬曆五年僧明安創爲登舟憩足之所清七世孫照宗徒普慶九世孫通遠心古重修十二世孫廣贊修廢墜光先德較往昔爲勝光緒壬寅裔孫通達爲普濟寺住持退後居此創丈室其徒蓮曦於民國十二年亦由普濟退居爲休養之淨室舊志採訪

清奉化陳于蕃記海岸庵卽三元殿奠址海澨爲寶陀首庵創於前萬曆五年僧

明安之手・固所稱宏敞美備・可以傳世永遠者。迨後漸以陵替・往往爲老成耆宿咨嗟歎・息有欲恢其盛・而無其人之憾。幸明安十一世孫・源律之徒廣贊・字實相者・起而承其任。實相爲吾鄞族祖・殉難侍御天工先生後人。厭塵出世・薙度此庵。出其才智・殫精竭慮。墜者舉・廢者修・不數年而克繩厥美。且有以光大前猷・而增廓之。是以守成之德・而兼創業之才・豈不倍難於尋常萬萬哉。（前後略）

白華庵　在雨華峯南麓。明定海都司梁文・祈嗣有感・捐資屬寺僧如曜創。清九世孫裘志作六世廣泰十四世孫裘志作十一隆壽・十五世孫裘志作十二能學・徒果方常拙等・重建。康熙壬午・復建大悲閣於東巖下。至咸豐間・香火寥落・田產盡變賣。三十二世孫・堃寶・孤身入閩・募緣得數千金・贖歸之。光緒辛卯・堃寶爲普濟寺住持。重建齋樓・並修鐘鼓樓・藏經閣・助朱家尖蕩田三十畝・有中興功。庵距海不數百武・紺殿紅樓・寬閒靚幽・撐雲古木・拔地拂天。水光雲影・逗漏樹隙・如晶簾晃耀。山中精廬・惟此爲冠。士大夫遊山者・多主之。舊蓄圖書古玩最富。兵燹後・亡耗大半・人皆惜

之舊志採訪

清崑山朱謹大悲閣記天下之崇建佛宮者所在多有而大悲閣尤人之所嚮往而樂成之者也悲也者慈之至也慈也者仁之端也仁也者性之至善之長也老氏言慈不言仁孔子罕言仁而慈與孝並舉曾子亦並舉之佛氏言慈復言悲而其要歸則曰能仁世之崇奉大悲者是必以佛之慈且悲體而行之以及於民物非特求佛之慈且悲加乎我一人之身也普陀白華庵長老耆公渾厚而和平樸誠以應物融融樂易靡有人我之界限畫於中天然一慈氏家風也歲壬午與其徒能學剖公謀建大悲閣於白衣眞應殿之西閣之下爲正趣堂堂之左北巖之下有眞歇泉翦鑑池皆名景耆公潔一寮舍於堂之陰飲泉而甘坐石而安朝斯夕斯持誦於斯禪宴之餘環顧世間營營不返者深淵坑穽日就淪陷而罔覺目擊心怵傷如何矣斯大悲閣之所由建也人之瞻斯像也當必一爲誦審佛何爲而悲人又何故而動佛之悲今之建閣以奉大悲者何心人之瞻大悲而悚然者

又何心。如是以思、當必知所修矣。不具文以飾觀、當顧名而思義。推其義、斯得其實。實義之所在、即修持之所自出。世有凡夫、於理之最實者、虛之而不求、境之最虛最幻者、視以爲實而沾沾焉爲之。今夫建閣之意、虛乎實乎。曰存其名則虛、推其義則實。我於耆公剖公之閣、而知其爲實義之所發也。余本畸人、性不習僞、亦嘗有悲憫沈溺之感、往來於中而不自已。每與耆公輩同遊閣下、未嘗不歎大悲佛願力之宏且大也。閣之成、耆公創之、剖公和之、衆信貲之。剖公以下二世元復大隱、瘁其心力以任之。後之人、念成功之不易、體前指之所在、而思所以善承之。苟不能是、則不惟不能悲人之悲、且不能自悲、而轉爲人所悲也、不亦負前人之德歟。

明、丁繼嗣、爲昱光上人題白華庵詩。證果白華巔、超然出世先。望空開寶剎、枕石聽山泉。花發傳燈後、龍皈說法前。吾將掃塵慮、對爾共安禪。

上虞、徐如翰、遊白華贈朗徹禪師詩。幾轉層楹倚翠微、目規心構出天機。碧垣曲曲藏幽徑紫竹陰陰護短扉。林罅海光遙入座・窗前花影故侵衣。懸知一覺禪牀夢・又聽潮聲去復歸。

吳鍾巒・寓白華庵生辰詩。蓬萊飄渺幾人探・欲問長生有貝函。最上大根堪付法・是中深處且抽簪。巢由遁世山之北・管葛匡時斗以南。海外餘年殊自愧・可容永日作優曇。

清・華亭陸祖修・白華庵贈耆英大師詩。師住名山六十年・化城幾度見滄田。白蓮花發重棲定・紫竹林深又結禪。萬斛潮音香界落・一龕佛火海天懸。前身我亦爲居士・丈室長明證法緣。

又贈剖疑禪師詩。白華巖下法堂開・白玉爲階絕點埃。自闢門庭成祖席・天留水月禮香臺。生前見佛無他路・劫後談空有辯才。風雪一燈春睡好・枕頭又聽子潮催。

朱謹・寓白華庵・贈耆長老詩。訪古意何極・還窺眞歇泉。甃池涵遠脈・見水憶眞禪。

人立高雲下，山橫旭日邊。宗風多後起，一句是心傳。

明釋來向宿白華庵訪贈朗徹禪師詩。未覲慈顏禮洛伽，白華林裏道人家。峭崖鑿透千年石，古樹鋤開萬丈霞。舌卷潮音談妙義，塵揮雲影笑空花。相逢洗我風塵色，夜靜燒鐺雪煑茶。

清釋明果大悲閣成賦贈耆英長老詩。香閣嵯峨倚翠岑，善財好向此中尋。松濤午夜穿窗冷，竹影高低入座陰。捲幔時觀滄海闊，凭欄始覺碧雲深。愛君手眼通身是，攜杖頻來話素心。

修竹庵　在西天門圓通巖前。明萬曆間，僧性鍾同徒海緣創，歷久失修。清光緒間，觀音洞僧山廣同徒永蓮重建。民國十二年春，孫化慧增建客堂等寮。舊志採訪

圓通庵　在西天門上。明萬曆五年，僧圓獻結庵谷內。獻字本空，爲山祖普賢孫。遭倭寇後，歸姚江玉皇殿。隆慶間，總督劉公迎回山中，重新遺址，益虔梵修，遂爲西天門之祖。其後十二世孫源法居之，歷久頹廢。清同治三年甲子，觀音洞支派普

信創建茅篷三椽於不二石側以期靜修。名與昔同而基址稍異。戊辰徒山靜同孫永悟永慶開拓基宇改爲禪庵。光緒庚子曾孫蓮禪創念佛堂來孫化杲創韋馱殿方丈室。又改建客堂東西樓及上海法租界貝諦鏖路蓮花寺與西門外龍壽庵下院。修廢舉墜迭廓前光。洵無忝於祖德者矣。舊志釋照機通旭兩宗譜序採訪。

梅岑庵　在梅岑之椒相傳子眞煉藥處舊名梅福庵明萬曆中住持如迴創鄞陸中書寶遊是庵以先賢名不宜直斥題額梅仙庵。按明總兵楊宗業誤以梅仙爲梅花之仙。題額曰仙葩古蹟。朱緒曾譏其武人不學易之。清康熙間始改名梅岑禪院五世孫照祚七世孫通喆徒心恆心觀源德重修歷久頹廢光緒元年普濟寺住持隆璋同徒妙昌而重建之以復古蹟。舊志採訪

清漳浦洪陳斌詩。神仙有窟宅浮槎訪遺蹟。胸次懷高風到來乘暇隙。鳥道薜蘿閒逶迤幾千尺。林端出清光隱隱露屋脊。披襟坐樹根望之意甚適。少憩精廬旁侶坐煉丹石。古仙不度人老僧不揖客。取紙書語言聊爲聾者譯。盆石起千峯茶

烟幻五色奇事與奇觀。良可資談劇。卻憶浩然亭。梅庵從此易萬言詩。子眞偶託足。胡以名名庵。當時吳市意。海外豈不諳。良由炎鼎復。窮海所共瞻。斯人不可作。斯名聊爲占。吾引孟亭例。易名區精藍。庶幾千載下。共知節義耽。

朱謹詩。入吳爲健卒。汎海作仙人。抱節遊於世。隨方寄此身。大丹烹日月。小隱答君親。留得崖前水。涓涓蓄萬春。

陳慶槐詩。海外仙岑舊姓梅。山腰曲處井垣開。緇塵礙眼應須洗。乞放源泉萬斛來。

許琰詩。青林長秀蔚。蒼嶺故紆迴。井地猶存漢。山岑尙姓梅。抱忠徒海窟。避世且雲隈。千載眞冰玉。桐江亦釣臺。（子陵爲梅公壻）

釋法浧詩。行義何妨又潔身。梅花獨占首陽春。尋來丹井今猶在。無復當年跨鶴人。

靈石庵　舊名龍泉庵。在磐陀石東。明僧求凝創。眞全廣運重修。淸乾隆間。十六世孫隆定。徒能立。苦行焚修。下山募捐。於道光二年。庀材重新。改名靈石。厥後徒孫旭崖。又擴大之。光緒初。梅卓重興。又增建那伽室。會蜀僧淸福。寄寓是庵。禮佛誦經。至光緒三十年。福詣天竺禮聖迹。在錫蘭國。請舍利十二顆。以三顆並玉佛一尊。貝葉經一部。永存庵中供奉。越數年。徒孫學海。建舍利殿於其祖梅卓退居室基。舊志採訪

龍華庵　在二龜聽法石下左側。民國十六年。光順將原有三會篷改創。另建三會篷於庵側。新添

茅篷再附　共一百二十八所

普濟管轄各茅篷列後

楞嚴篷　無量篷　萬德篷　文殊洞　羅漢洞　龍樹篷　草茅篷　白雲洞

福生篷　自在篷　性芳篷　獅子洞　萬壽篷　福蓮篷　隱雅篷　靈峯篷、

龍王宮　大觀篷　白蓮篷　覺觀篷　九蓮臺　宿禪篷　報恩閣　九蓮篷

修水篷　錬石篷　觀音篷　如意篷　靜修篷　隱賢篷　龍頭井　淸虛閣

吉祥篷　隱度篷　演說篷　爲蓮篷　智巖篷　金仙閣　梵林篷　觀音閣

寶山篷　瑞蓮篷　祇園篷　仙人井　法雲篷　密禪篷　藥王篷　仙巖篷

洛伽洞　壽春篷　妙音篷　極樂亭　雲霞篷　韋馱殿　仁壽篷　東送子洞

妙蓮篷　其祥篷　延壽篷　土地堂　三會篷　一心篷　蓮華篷　圓音篷

拜經臺　多寶塔院（僧海安建・淨塵修。淸乾隆後廢。民國八年・陳性良居士重建。詳見營建多寶佛塔下。）　戒定篷　過海篷

化雨篷　慈雲篷　學法篷　印月篷　古雲篷　西送子洞（戒定以下八篷・歸學堂領。）

祖留篷　叢桂篷　林深篷（此三篷・歸祖印寺領。）

法雨管轄各茅篷列後

雲水洞　智峯篷　慈巖洞　寶珠宮　藥師篷　小山洞　東山洞　華嚴篷

青龍洞　碧峯洞　心蓮篷　金福篷　寶塔洞　菩提篷　普賢洞　阿逸篷

香山篷　培蔭洞　大乘居　善財洞　歡樂篷　勝觀篷　靈山篷　伏虎洞
定慧篷　懺悔篷　蓮臺洞　新安篷　摩尼篷　大佛頭　北巖篷　北金剛洞
隱居篷　梵音篷　降龍篷　觀覺篷　竹靈篷　得勝篷　西方篷　麒麟篷
上茅篷　中茅篷　下茅篷
香祖篷　心印篷　演古篷　梅叢篷　妙林篷（香祖以下五篷歸祖印寺領）
妙音洞　水月篷　學成篷（此三篷歸學堂領）

廢庵　又附　共一百七十三所

不肯去觀音院。五代梁貞明二年．日本國僧慧鍔．自五臺山得觀音像．欲返故國。舟抵新螺礁．（在蓮花洋石牛港口）不爲動。鍔禱之．舟行．泊於潮音洞下。居民張氏．目覩斯異．舍所居雙峯山卓庵奉之．俗呼爲不肯去觀音院。（大德昌國州志．詳靈異。）

按裘志隸古蹟門．云今廢。此乃普陀之權輿．今瓊宮貝闕．爭仰海天佛國．而不知其初一茅茨土階而已。自古捨宅建寺之人．未有不依名刹垂聲不朽。獨張氏寂焉無聞。良以今寺非此地故址耳。然木本水源。似不可忘。與潮公言之。卽懸額於潮音洞庵內以表之。又特設張氏主奉於外護之旁。意誠善矣。然無專堂以奉之。揆諸本源二字。猶未圓滿。以致朝禮者。祇知某寺某庵而不知有菩薩親選道場之不肯去院。豈非憾事。儻得緇流發願。檀信慨助。訪尋故址。補建殿宇以奉大士。別立堂以祔張氏。較之各項建置。其功德爲更大矣。

又按大德志。又言郡聞。遺幕客迎其像。置城中。爲民求大吉祥。已而有僧卽大衆中求嘉木刻像。局戶彌月。工竟而僧不見。今之儼然趺坐於殿者是也。是普陀所奉瑞相。倘非來自五臺之舊。而現僧刻像。仍還普陀。益可驗大士之於是山。爲不肯去矣。

海岸孤絕處。宋高宗紹興元年。眞歇解會長蘆。南遊浮海。於此結庵。榜曰海岸孤絕處。郡請於朝。命住持寶陀。易律爲禪。時海山七百餘家。俱業漁。聞敎音。悉棄舟改業去。大德志。裘志。法統。眞歇傳。

演法堂、元大德五年、命李鐵木兒不花治之。舊志

鐵瓦殿、明洪武二十年、信國公湯和徙居民入內地。焚山中殿宇三百間、僅留是殿、使一僧一价守奉香火。正德十年、僧淡齋募鑄鐵瓦二萬、甎一萬、建正殿方丈於洞南。嘉靖六年、河南王賜琉璃瓦三萬、鼎新殿宇。三十二年、東倭入犯、總兵胡宗憲、都督盧鏜、遷宇於今鎮海之招寶山、餘舍盡焚。裘志

無量量亦作梁殿、在潮音洞上、北都遊僧失其名建。設鐘鼓二十四具、以應二十四氣。裘志

琉璃殿、　梵王宮俱在潮音洞上、明嘉靖間、魯王建

棲眞庵、明萬曆三十年、督造張隨、改名眞顯。吳忠烈鍾巒寓室遺迹在此。朱緒曾昌國典詠。

朝陽庵、在白華山頂之麓。明萬曆五年、內臣明鳳祝髮於此、以鳳號朝陽、故名。徒眞元孫如樂、皆以內臣出家、堅守淨業、克紹前聲。督造內臣張隨題額曰瑞靄梅林。清康熙間、六世孫照徹修、今廢。秦志

明上虞徐如翰詩。樹密徑幽深。禪房春晝陰。斷雲寒宿檻、流水靜穿林。僧說前朝

事人多象外心。翻悲出門去。鐘磬有餘音。

雨華庵。在雨華峯下。如曉建。照德重修。

大慈庵。在茶山。明萬曆間古鑑建。以接待往來。

方圓庵。在千步沙。廣濟建。三世孫源祿修。

望槎庵　甘露庵。淸雍正間法雨住持法澤買二庵廢址。並作一庵。爲退居之所。卽今之長生庵。

眞歇庵。在普濟寺後。宋眞歇建。卽海岸孤絕處。或稱爲眞歇庵。

淸釋永道尋眞歇庵詩。波中卓錫破天荒。祖道於今日更彰。欲訪幽棲遺老盡。寒雲冉冉水湯湯。

寶函堂。在不二石右。眞一刺血書經處。

育恩院。在普濟寺西二里。總鎭楊宗業建。並構不二閣。寺僧性能守靜於此。

明徐如翰詩。山勝皆藏石。石奇各肖形。地當幽絕處。寺露半開扃。小檻援飛霧。晴窗瞰落星。曲階苔細細、危竇水泠泠。竹罅斜通、白雲標別染青。密陰時護徑、麗影欲充庭。挹海懸雙鏡、開山問五丁。漸疑霞作屋、翻訝薜爲屏。坐臥俱成適、攀躋覺有靈。稗僧能呪鉢、仙子解談經。面壁宜深定、鐫題各辨銘。最憐齋報午、粳粒筍芽馨。

總靜室。在司基灣。明督造張隨、以舊址湫隘、拓基遷建、題曰雲林總會。

松雪齋。妙用居此。九世孫廣志重修。明副憲周應治題額、大學士申時行書。

善法堂。性相居此。採訪云、普濟寺住持天眞、於洪筏堂外、別建是堂、今仍併入洪筏堂。

恩榮堂。迴禪師祠。海日置地、集本支同建。

衣珠堂。如迴同徒性空居此。孫海日、字榮光、故又號榮光堂。嗣孫普通續敬等重修。

仁德堂。普勤同徒通奇創。按秦耀曾記、即今之錫麟堂。

淸朱謹。寓仁德堂詩。暮年猶蹈海、至此未還家。夢過如飄葉、春殘又落花。客心憎筆硯、儒業羨袈裟。何似山頭石、無情閱歲華。

寶林堂、海山居此。因內徙、其徒散居、不復建。五世孫通悟、歸其地於普濟。

彌陀庵、在茶山、照順照林居此。林爲普濟執事、募化油漆寶殿、盡心有功。

梵音庵、在海天佛國石右、明照建。五世孫寂愛重建。

無垢庵、在茶山深處。明萬曆間、寶臺開山。淸康熙二十八年、三世孫手量重建。慈谿裘璉、聯其室曰。到門三澗淸。降海繞室千葩豔奪霞。

吉祥庵、明萬曆五年、明潭以內臣出家、卜築居焉。

飧霞庵、明萬曆間、妙峯寶峯同建。眉公陳徵君題額。

竹林庵、增飧建。徒超慧居之、改名龍象庵。

宜庵、在茶山東北、勤學以過小山洞、潮汐不時、請於法雨明谷長老、起蓋此庵。

憨山居、淸海岫重建。岫爲法雨知衆、勤勞多年、建此爲休息之所。

福源庵、庭柏建、督造張隨題額。

智度庵、在大智塔右、如心創。元吉重建。吉先爲普濟監院、後爲法雨堂主、勤敏服衆。

開智庵、法雨寺僧通勖等建、內供大智像。

地藏庵、佛恩建、爲法雨寺普同塔院。

松雲庵、武嚴建、方昇居之。嚴爲法雨副寺、勤敏有功。

靈芝庵、在育恩院右、景最奇勝。

文殊院、潮音之退居院。息耒未闢之前、結茅於茲。當巫山石玲瓏巖之交。小而不偪、幽而不寒。峻崖之中、湧泉涓注。修樹怪藤、蒼翠撲人。名曰文殊、以其大峯如象也。

鎭龍庵、性果建、與聖壽庵相聯。後古心即其址建德雲室、退居於此。

龍沙庵、在龍巖西。圓宗建。廣智重建、未就、徒續章成之。乾隆乙卯、覺照同徒昌曙昌曉重修。

大智庵、

西資庵、在一乘塔後。

慈源庵、在千步沙。

天王殿、在千步沙。

普濟庵、眞空建。

圓隱堂、定慧居之。

善慶堂、海寶性樂居之。

供石齋、海岳居之。

水月堂、眞宰居之。

美勝堂·寂周居之。
天機堂·天機居之。
歸元堂·照宇居之。
斗室齋·寂汶建。
圓覺庵·如月建。
琉璃庵·在茶山後。
崇德庵·見寬建。
華嚴庵·性覺建。
圓隱庵·如元建。
靈瑞庵·性學建。
慈音庵·增耀建。
金剛洞庵·惟至建。

祇園庵·靈一建。
極樂庵·博堂庵。（博·秦志作摶。）
竹石居·在八卦石下。
菩提庵·心徹建。
寶華庵·明德建。
華嚴庵·自全建。
金剛庵·佛慮建。
定慧庵·名山建。
雞足庵·
萬松庵·善緣重建。
翠微庵·如欽性律創。
資福庵·寂燈建。

萬佛庵·梵慧建。
龍樹庵·海燈建。（燈·秦志作澄。）
大悲庵·如盈建。
月印庵·在摩尼洞上。
雪浪庵·在後海洋畔。
般若庵·在鸚哥石右。
融徹庵·融徹創。
淸淨庵·照盛重修。
雙隱庵·沐治建。
寧喜庵·子傑建。
一草庵·古風建。
雪雲庵·芳昇建。

龍興庵、陵漢建。
上乘庵、法雨寺茶園
水濟庵、萬緣建。
月光庵、廣信建。
青鼓庵、源學建。
太平庵、在大智塔西。
白雲庵、性堅建。
娑羅庵、眞隆建。
蓮花庵、如定建。
大覺庵、眞良建。
清籟庵、在金剛窟後。
林樾庵、海觀建。

祖音庵、爲普賢老祖祠。
龍泉庵、爲圓悟祠。
迎旭庵、萬宗建。
法華庵、性實建。
長壽庵、源濬建。
樹德堂、智惻重建。
明淨庵、誠義重修。
寄餘庵、心明建。
圓通境庵、靈脈創。
法善庵、照源建。
秀蓮庵、在千步沙。
慧日庵、在千步沙。

金地庵、在千步沙。乾峯元塔院。
海常庵、眞曉建。
善說齋、在慈雲石旁。
證覺堂、性旋居之。
枕石居、性樂居之。
太古堂、海涵居之。
蘿月堂、寂周居之。
水天齋、心徹建。
見空堂、性徹建。
佑啓堂、在天機堂側。無窮富祠。
中法如庵、舊名正法堂。
方廣庵、如富建。

觀音庵・海印創。
湧泉庵・如叢建。
弘覺庵・海舟建。
智勝庵・在茶山左・性靈建。
大休庵・在龍頭山上。
中峯庵・慧海建。
至善庵・明空建。
法華團瓢・實修建。
東照庵・香雲建。
平天洞庵・性悟居之。
芥光庵・普勝建。
功德林庵・來肩建。

慈慧庵・性覺建。
德鄰庵・寂輝建。
月峯庵・萬慧建。
象中庵・
瑞雲庵・宗修建。
大中庵・別峯建。
南山庵・吼山建。
海雲庵・岐峯建。
金陵庵・天鑑重建。
盤龍庵・眞寬建。
圓信庵・明忠建。
迴龍庵・明富建。

萬年庵・敬雲焚修。
大士庵・雲際旭映同建。
楞伽庵・月華創。
青蓮庵・弘慧建。
白衣庵・通行建。
別峯庵・性忠建。
師子庵・旨庵建。
堆雲庵・臥容建。
彈指庵・素彬建。
福幢庵・卽法雨中興塔院。
指南庵・實參建。
智定庵・在後東天門上。

彌勒洞庵。戒明焚修居之。
永勝庵。祖敬建。
龍珠庵。心源同徒重建。
海印庵在蓮花洋畔。
大慈庵在西天門側。
金剛庵。性汾建。

瑞勝庵。寂壽同孫等重建。
六明庵。源泰建。
聖壽庵。如弘建。
律堂。賢瑞建。
桂花庵。廣輪建。
上方庵。智廣建。

彌勒室。法雲建。
離垢庵。本來建。
福慧庵。源法建。
淨勝庵。無能建。海文重修。
上法如庵。舊名易安堂。廢址歸大悲殿管。

普陀洛迦新志卷五終

附錄觀世音菩薩靈感救護亞洲記

清光緒庚子。聯軍入北京。外兵各佔區域而守。日本軍隊所轄地段內一廢寺。日軍官據寺精舍數間。該寺住持與日軍官過從漸密。遂向某軍官曰。貴國亦是佛教國。本寺有古代傳留之觀音聖像一尊。老僧將去世。中國內亂將作。殺刦積重難返。惡魔當道。漸毀佛法。此莊嚴佛像。必難保存。擬請貴國代爲供奉。未識可否。該軍官曰。

須請示欽使而後行。乃請示於駐北京之日本欽使。欽使曰・可・但須有該僧志願書・方可照收。由是該軍官言於某住持・該住持卽書一奉贈觀音聖像一尊於大日本供養之字據。與之。日軍遂派音樂大隊・欽使以下・文武百官・步送聖像於塘沽之日本兵船。幷電致日本・集合全國士紳・迎奉聖像登陸・建一鎭海樓於高麗海峽而供養之。迨日俄開戰・俄竭全國之力以攻日本・水陸並進・其勢洶洶。陸則利用西伯利亞鐵路・直逼海參威。海則盡驅波羅的海艦隊・繞印度洋而入高麗海峽・在俄國意・以爲日本區區三島・稱霸亞洲・不難一鼓而滅之。日本滅・則中國大好河山・自爲俄屬・世界卽無與抗顏者・是以盡驅艦隊直入高麗海峽。不意是日大霧・日本海軍士官・均隱於鎭海樓觀音像前後・以伺俄軍之蹤迹。忽一綫清光・衝破大霧・俄艦隊盡集於前。日軍皆奮勇爭先・一鼓衝至俄艦隊側・卽將俄艦全部擊沈。未沈者・皆被俘虜。從此全日海軍・崇信鎭海樓之觀世音菩薩・爲亞洲之大慈大悲救世主。此駐漢口日本領事瀨川・持照片親證於盧鴻滄居士者。曹亞伯記。

普陀洛迦新志卷六

古會稽陶　鏞鑑定　　古翁山王亨彥輯

禪德門第六

海英嶽靈爰誕開士。德馨行勝斯號上人。非有大德之住持。奚副高山之仰止。茲山則清了南渡海絕漁舟。懷信西歸夢通帝座。古鼎之舍利光照。潮音之德業芳流大曉以閃電明心。賢良能呪水愈疾。中贊感魚籃入夢別庵有龍衞投懷半偈。受持紫柏得死生無礙。三年禪觀妙峯知淨穢。一如見杠披法服而行相偕蓮侶。嗣銑脫臭囊而去一句彌陀。薪傳一脈喜衣鉢之相承。海會四河慶箕裘之克紹。志禪德。

此門分四。一普濟住持二法雨住持三本山出家四十方寄寓。

一普濟住持 共五十五傳

五代梁

慧鍔・日本僧。五代梁貞明二年・從五臺山得觀音像・將還本國・舟觸新螺礁・蓮花當洋・舟礙不前。鍔禱曰・使我國衆生無緣見佛・當從所向建立精藍。有頃舟行・竟止潮音洞下。居民張氏・目覩斯異・亟舍所居雙峯山築庵奉之・呼爲不肯去觀音院。斯爲普陀開創奉佛之始・故鍔爲開山第一代。淸通旭贊其像曰。親從五臺來・欲向日本去。普門名號徧十方・何必繪像圖歸計。忽然舟不行・菩薩應無住。聽其止而休・此貨已成滯。一山名勝待師開・天下羣瞻兩足地。(裘志古蹟門・秦許二志靈異。)

宋

眞歇・名淸了・(淸一作靑)蜀之雍氏子。生有慧根・眉目疎秀・神宇靜深。見佛則欣戀不捨。年十一・依聖果寺俊僧受業。又七歲・試法華經得度具戒・聽講玄解經論・以爲言說終非究竟。出峽抵沔漢・扣丹霞淳和尚・淳問・如何是空劫時自己。歇擬對・淳掌之・遂契旨。翌日淳上堂曰・日照孤峯翠・月臨溪水寒・祖師玄妙訣・莫向寸心安。歇趨進曰。今日瞞某甲不得也。曰・試舉看。歇良久・淳曰・將謂爾瞥地。歇便出。輒北遊五臺京汴南抵儀徵謁長蘆祖照紹興元年辛亥自長蘆南遊浮海至普陀結庵山椒扁曰海岸孤絕處禪林英秀多依之郡請於朝易律爲禪時海山七百餘家俱業漁一聞欬音俱棄舟去日活千萬億命後主國清雪峯育王龍翔興慶雙徑凡七處說法五承紫泥之詔得度弟子四百嗣法者三十餘人有語錄二集若干卷行世塔在無畏石普陀禪宗自歇始爲開宗第一代由是飛錫此山者皆具曹溪正法眼藏舊志大德志

按宏宗闡戒二者爲佛門大綱悟道爲禪守道爲戒學佛者不由持戒而欲得定慧亦猶吾儒舍身體力行而欲得薪傳若戒不清淨則禪何由悟故宏法者持戒與參禪並重明釋傳燈輯天台方外志於僧德門分聖僧考如宋德韶濟顛諸人是祖師考如龍樹尊者智者大師諸人是高僧考教則有慧命眞清諸人禪則有遺則眞歇諸人蓮則有南嶽智者諸大師普陀以眞歇爲開宗第一代其爲禪宗乎然眞歇嘗謂淨土一法直接上上根器傍引中下之流又謂乃

佛乃祖，在教在禪，皆修淨土，同歸一源。知其禪淨雙修，卽漸卽頓。與高語明心見性，超凡入聖，不務事修以期實證者，實天淵懸殊也。

自得，名慧暉，會稽張氏子。自少得度於澄照寺道凝。年二十，孤錫雲遊。見長蘆眞歇，以爲有所證於閃電機下，竟南歸。後謁天童宏智，覺徹法源底，許爲室中眞子。紹興丁巳，開法普陀。徙萬壽及吉祥，雪竇。淳熙三年，勅主淨慈。上堂，朔風凜凜掃寒林，落葉歸根露赤心。萬派朝宗船到岸，六窗虛映芥投鍼。本成現，莫他尋，性地閒閒耀古今。戶外凍消春色動，四山渾作木龍吟。又云谷之神，樞之要。裏許旁參回途得妙。雲雖動而常閒，月雖晦而彌照。賓主交參，正偏兼到。十洲春盡花凋殘，珊瑚樹林日杲杲，又嘗擧風旛話。乃曰風旛動處著得箇眼，卽是上座。風旛動處失卻箇眼，卽是風旛。其或未然，不是風旛不是心，衲僧徒自強錐鍼。巖房雨過昏烟淨，臥聽涼風生竹林。七年秋，退歸雪竇。十年冬，十一月二十九日中夜，沐浴而逝，塔於明覺之左。於是普陀風範，與天童並峙。（舊志，高僧傳四集。）

按舊志自得後、有繼以、弁至、大繼、恩求、雪屋、垣堂、蘧庵、還庵、鑑庵、小庵、十人均不詳其事實。茲將其名列于住持表內。凡後之無事實者、概歸住持表內、俱不另錄。

閒雲、名德韶、佛照光嗣也。嘉定閒來主是山。言於朝、賜錢萬緡、修飾殿宇。殿成、御書圓通寶殿及大士橋以賜。韶創龍章閣藏焉。舊志

大川、名普濟、明州奉化張氏子。淳熙十六年、無用淨全禪師、大慧宗杲嗣開法狼山、移錫蘇之承天、宣城廣教、建業保寧。適天童虛席、迎全主之。濟首謁全。全舉有句無句、如藤倚樹。濟云、斬釘截鐵。全云、潙山呵呵大笑、聻。濟云、寸釘寸木。全深契之。又往越之能仁、見浙翁琰。浙翁名如琰、台州周氏子、主臨安徑山。參隨久、及琰移鍾阜、拉濟偕行。又被旨移天童、職濟知藏。嘉定十年三月、妙勝虛席、濟應其請。瓣香為浙翁、記所證也。元初為靈隱住持、嘗題世尊出山相。龍章鳳質出王宮、肘露衣穿下雪峯。智願必空諸有界、不知諸有幾時空。取道原傳燈錄、楊李等續錄、芟繁就簡、總彙成書、名曰

五燈會元·賜入大藏。清著錄四庫全書中。舊志·張立廉寶積錄序·徐增靈隱寺志·鄞縣志·天童續志。

夢窗·名嗣清·山陰于氏子·肄業郡之天章。上堂·德山入門便棒·臨濟入門便喝。逼龜成兆·終不能靈。寶陀者裏·寂然不動·感而遂通·馬無千里漫追風。舊志

元

玠禪師·氏族法系俱無考。明宋濂撰淨慈孤峯德公塔銘云。孤峯族姓朱·世家明之昌國。父有成·母黃氏。父與補怛洛迦僧玠公交。玠聞雞聲入道·凡說法必鼓翅爲鷄號。玠亡已久·黃夢玠來託宿·覺而有娠·歷十四月而生。據此孤峯卽玠後身也。舊志

按宋濂所撰孤峯德公塔銘云。孤峯之父與普陀玠禪師善·及玠亡已久·其母夢玠來求寄宿·遂有娠·歷十四月方生。至明洪武五年圓寂·壽七十九歲。則孤峯生時乃元世祖三十一年。若依宋統全亡之己卯起·方稱元統·則爲世祖十六年。而玠之亡·當又在前。向來山志及列祖錄皆載于明初大千之後·失考之

甚。

東巖。名淨日。南康都昌廖氏子。幼喜誦佛書。解大義。常食蔬果以自持。年十五出家。明年祝髮於廬山香林。爲天童西巖了惠法嗣。宋景定閒主圓通。咸淳閒兼領東林。元至元十二年主育王。大德四年主天童。時年已八十矣。行峻潔。以完遐邇嚮慕。越八年。爲至大元年。將示寂。書韻語以示其徒曰。天爲蓋兮地爲函。吾奚爲兮塔與庵。灰吾骨兮山阿。言已矣兮勿鑱。越三日。沐浴端坐而逝。年八十八。塔於天童西巖平石如砥。爲其嗣法弟子。（鄞縣志。引袁桷撰塔銘。德介天童寺志。及續志。）

如智。嘗與王積翁二奉璽書通好日本。咸以中途有阻而還。至元十四年。捐衣鉢餘貲於沈家門側建接待寺。以便往來者之宿頓。（舊志。大德昌國志。定海廳志。元史。）

東洲。永。與元叟端。虛谷陵。東嶼海。晦機熙。竹閣貞。爲莫逆交。（靈隱寺志）

按元叟爲元初僧。東洲既與之交。應亦爲同時僧侶。而舊志屬於宋代。蓋以一人歷兩朝耳。舊志又注云。松源岳下石林鞏嗣。考松源名崇岳。宋隆興時人。生於處州龍泉之松源吳氏、因以自號、見陸游塔銘。石林住淨慈寺、元叟至、處以記室、見靈隱寺志。

一山、寧道行素高、大德三年、奉詔出使日本、成先帝惇好息民之意。一山賫詔往、而日本不至。（定海廳志。）

如律、大德間、修聖像、同如智上玉質瑞相、留供大內、賜田二十頃、命翰林院劉賡爲文勒石記之。（舊志、劉賡寶陀寺記。）

孚中、名懷信、明州奉化姜姓子。父某、爲某縣校官。母劉氏、夢拾呑大星而孕。稍長、受三經於戴表元。年十五、離家從法華院僧子思、執童子役。已而祝髮爲大僧、受具戒於鄞五臺寺。聞延慶半巖全公宏三觀十乘之旨、與遊久之。歎曰、教相繁多、浩如煙海、若欲窮之、徒自困耳。往參天童景德禪寺竺西坦公、大徹玄旨、就維那之職。坦入滅、雲外岫繼席、命司藏鑰、文彩漸著。泰定丙寅、行宣政院請住明之觀音寺。天曆己巳、遷住普陀。不以位望之崇、效他山飾車輿、盛徒御以炫人。自持一鉢、丐食吳楚閒。鎮南王・具香花迎至府中・虛心問道・宣讓王亦遣使奉栴檀香・紫伽黎衣・請示法要。信隨性質而導之。姑蘇產奇石・信購善工造多寶佛塔上三層・卽太子塔載歸普陀・俾信心者禮焉。駙馬都尉高麗王縡而吉尼・丞相撒敦・以信行上聞・賜號廣慧妙悟智寶宏教禪師・及金襴法衣。居普陀十四載。後主金陵龍翔寺。當明兵下金陵・僧徒散處・信宴坐目不四顧・執兵者皆擲杖而拜。太祖嘗親幸聽法・改龍翔爲大天界寺。信賦性沖澹・歡溢眉宇。日默誦法華經七卷・雖流金折膠不爲閒。臨終前一日・太祖在江陰・夢見信・問曰・師來何爲・曰將西歸告別耳。還聞遷化與夢符。詔出金幣助其喪。舉龕之夕・太祖親致奠・寵榮之加・無與並者。塔遺骨於金陵牛首山・分瘞髮爪於天童。有五會語錄行世。法嗣雙林致凱等十有九人。舊志・宋濂撰塔銘・德介天童寺志・鄞縣志。

古鼎名祖銘・奉化應氏子。初從金峨寺僧橫山錫薙染・學出世法・年纔十八。元叟端住靈隱・銘往參。一日入室・叩黃龍見慈明因緣・端詰曰・卽如趙州道・臺山婆子被我勘破。慈明笑曰·是罵耶。你且道二老漢用處·是同是別。銘曰·一對無孔鐵鎚。端曰·黃龍直下悟去又如何。銘曰·也是病眼見空華。端曰·不是不是。銘擬進語·端便喝·銘當下廓然·即命居記室。自是聲譽頓發·與夢堂噩楚石琦並稱諸方之崢嶸者。後居鄞東湖青山寺·建鍾秀閣。劉仁本題其書樓云·青山湖上老僧居·百尺危樓萬卷書。架插牙籤朝旭上·香消古鼎夜窗虛。闌干竹色浮蝌蚪·枕簟芸香落蠹魚。近憶校讎人未遠·雨花零亂獨躊躇。至正七年丁亥·住徑山·賜號慧性文敏宏覺普濟禪師。十八年戊戌·將遷寂·書偈曰·生死純眞·太虛純滿·七十九年·搖籃繩斷。擲筆而逝。茶毘·舌根數珠皆不壞·舍利無算。於徑山·隆教·寶陀皆建塔焉。銘洞徹玄微·踔厲縱橫·袁桷·黃溍·虞集·歐陽玄皆稱慕之。危素爲撰塔銘·有四會語錄·宋濂爲作序贊·著有冷泉聽猿賦·洋洋五百餘言·詳載續修雲林志。鄞萬壽寺住持天淵·靈隱住持可純·皆其入室弟子。天淵名淸濬·銘寂後亦主青山·明洪武四年召見·勞問甚至。舊志·鄞縣志·靈隱寺志·雲林寺續志·明林時對重興金峨寺記。

按夢堂名曇噩、慈谿王氏子、世儒業。生而洞爽、幼通經史、祝髮東皋寺。文章古潔、士大夫尊禮之。明洪武四年、詔通三藏高僧問鬼神情狀、師與楚石琦、行中仁等、應召至館於天界寺。著書上奏。六年歸寂、壽八十有九。未出家前、嘗學文於金華胡翰。其後烏斯道讀書東皋、又從噩學文。著有梁唐宋高僧傳。楚石名梵琦、象山人。襁褓中有神僧摩其頂曰、此佛日也、因名之、爲曇曜。元泰定中住海寧福臻院。明初徵至京、建法會、親承顧問、賜衣鉢。著有北遊、鳳山、西齋等集。及六會語錄。卒、宋濂撰塔銘。以上俱見象山志。錄之益見古鼎之爲名山龍象矣。

大千、名慧照、永嘉麻氏子。年十五、往依縣之瑞光院了定。（郎照從兄）長老良公知爲法器、即薙落爲弟子。踰年稟持犯於處之天寧。首謁晦機熙（晦機、名元熙、豫章唐氏子。）於杭之淨慈、未契。圓證。一日閱眞淨語、至頭陀石擲筆峯處、默識懸解、汗流浹背。時東嶼海以石林鞏逝世、提倡蘇之薦嚴、照杖錫往謁。東嶼知其有夙悟、遂留執侍左右。後主藏室於郡之萬壽。復應杭之淨慈、溫之江心、分座之招。天曆戊辰、出世樂淸之明慶。集衆誨曰、佛法欲得現前、莫存知解。縛禪看教、未免皆爲障礙。何如一物不立、而起居自在乎。德山之棒、臨濟之喝、亦有甚不得已爾。聞者悅懌而去。至正十五年乙未、遷主普陀。先是寺以構訟而廢。照以訟興在乎辨難太迫、處之以寬柔、絕勿與校。且曰、我佛得無諍三昧、所以超出羣品。我爲佛子、可不遵其教耶。衆皆服化。未幾、遷主育王。憫大法陵夷、孜孜誘掖、不遺餘力。嘗垂三關語、以驗參學。一曰、山中猛虎、以肉爲命、何以不食其子。二曰、虛空無向背、何以有南北東西。三曰、飲乳等四大海水、積骨如毘富羅山、何者是汝最初父母。此三關最爲峻切、鮮有契其機者。居九年、退於妙喜泉上、築室曰夢庵。因自號夢世叟。掩關獨處、凝塵滿席、不顧也。洪武癸丑十月、書偈化滅。僧臘七十、世壽八十五。塔於夢庵之後。有語錄若干卷行世。舊志・宋濂撰塔銘。

明

大基、名行丕、鄞人。早得法於左庵良公、掌天童內記。宗說兼通、行解相應、蔚爲時之名僧。元至正二十四年、江浙行省丞相康里公領宣政院事、選丕主天童佛隴寺。洪武初、由佛隴來主普陀。匡衆說法、恢復產業。建淸淨境亭於寶陀寺之南嶺上。舊志、宋濂佛隴寺記、淸淨境亭銘、德介天童寺志。

祖芳、名道聯、鄞陸氏子。年十四、禮崑山薦嚴得度。稟戒於鄞之五臺。後出世台之廣孝。遷紫籜及𡶶峪景山、明之普陀、越之能仁。末主淨慈。其主普陀也、人比之爲宋眞歇。元孚中、蜀王賜衲衣鉢盂。永樂丙戌、徵爲釋教總裁。有拙逸語錄行世。舊志

淡齋、正德十年住持。其徒大揚州、小揚州、募緣留都十載。鑄鐵瓦二萬、鐵甎一萬。構殿潮音洞。舊志

普賢、名道誠、徽州人。以戒德聞。歷遊名山、至普陀、師淡齋。參禮甚衆。年七十有三、預報示寂。有偈云、普賢普賢、苦行心堅。卽心是佛、西方目前。淸十二世孫通旭題其像曰、猗歟我祖、祥發梅岑。廣修萬行、名實相應。謂是華嚴長子、卻來補洛中興。謂

是普眼莫覷。狼藉滿地兒孫。燈輝古鼎。棒喝雷鳴。臨行一句。耀古騰今。千流萬派皆歸海。爍破乾坤月一輪。塔在龍灣。（舊志）

本空。名圓獻。餘姚人。嘉靖間卓錫普陀。精修戒定。悟空五蘊。遐邇嚮化。適遭倭變。朋徒西竄。遄歸姚江玉皇殿。聚徒熏修。隆慶間。總督劉公迎回山中。避居西天門之圓通庵。焚修益虔。講誦不倦。遠近聞風者。莫不奉爲金仙尸之祝之。塔在西天門左。（舊志。照機重修宗譜序。）

無瑕。名明通。本空獻徒。修德勵行。壽登百齡。受徒十人。皆英賢。鉅略增重名山。奇峯尤其傑出者。別爲傳。塔在達摩峯下。（通旭百歲老祖宗譜序。）

眞松。嘉靖間來自五臺龍樹寺。禮部下郡縣給札住持。修復寶陀寺。大倡宗風。復興勝果。（舊志。汪鏜重修寺記。）

一乘。名眞表。翁洲人。年十二入山。祝髮師明增。及壯。誓志興復。重創殿宇。如天王殿。雲會堂等。萬曆六年。爲住持。十四年。敕頒藏經到山。幷賜金環紫袈裟。詣闕謝恩。

賜延壽寺茶飯香金五十兩緇衣禪帽各一件而還性剛直有戒行敬禮十方賢衲結庵五十三處以故名僧皆歸之大智至山創建叢林得表贊揚之力爲多塔在千步沙西資庵前（舊志魯王普陀碑記）

聊城傅光宅贈詩海山深處有高僧妙法曾參第一乘方寸自能清似水浮雲底事愛還僧

雲峯名眞宰仁和人萬曆閒寺燬於火同寂庵竭力興建萬曆二十六年爲住持（舊志屠隆普陀寺募緣疏）

寂庵名如迴蘭谿人投眞學爲師長受戒於金山和尙聽法於萬松法師歸山閱藏諷華嚴者十有三載萬曆二十九年三月因眞宰沒於京衆舉於郡邑爲住持值敕造內使絡繹朝夕拮据公務三十二年冬退居東堂踰年夏督造至復授爲住持居東方丈鼎新山寺三十五年春賜紫袈裟一襲九月二十五日進謝恩表十月十五日欽命賜紫并給禮部札付授僧錄司右善世而還周應賓賦詩爲贈塔

在梅岑庵之左。舊志

普光，名眞遇，翁洲人，性質樸。值如迴讓住持，衆以其誠，遂共推之。屠玉衡贈詩云。優曇花發定中香，衣裏明珠是密藏。黃葉止啼都不著，悟來本地好風光。舊志

奇峯，名眞才，秀水人。髫年入道，受法於無瑕老人。賦性溫雅，才德兼備。爲堂頭首領，普調大衆。吏部蔣公贈額曰，叢林調御，名聞廣著，司府給冠帶，爲東方丈住持。姜應麟都諫題像贊云。謂像眞耶，本來是空。謂像假耶，儼乎其容。旣文旣慧，允穆允恭。住持方丈，紫衣是榮。晚年精爽，詩詞益工。澄心而坐，瞑目而終。合山大德，罔不信從。故咸禮其像而尊敬之。曰耆老和尚，海上奇峯。塔在龍灣。舊志

遜吾，名如讓，嚴州人。敕建寺宇，往返京都，不辭勞苦。萬曆三十七年，奉禮部札，授僧錄司右闡教，協理寺事。三十八年，告竣復命。賜紫衣一襲，臨海王立程贈詩，有開山初出定，狎海久忘機之句。舊志

三藏，名眞經，翁洲人。秉性沈默，舉措無苟。督造張公隨以師禮事之。萬曆三十九年，

衆推舉爲住持。舊志

萬容，名如欽，鄞人。爲寺監寺，心意巧妙。時遇敕建殿宇，經畫合宜，殫力忘倦，寺成，辭事習靜。衆服其功，推舉住持。舊志

昱光，名如曜，定海人。智勇才略，時莫能及。刺血書經，上書闕廷，請敕建寺宇。上賜帑金，御製碑文，金襴紫袈裟，悉遜之。萬曆四十年爲住持。永平王渾然有秋日送昱光還南海詩。塔在白象庵左。舊志，陳繼儒妙莊嚴路記。

朗徹，名性珠，天啓崇禎間人。昱光徒，苦行能文，修妙莊嚴路，綿亙五里，閱四載而成。著有剖璞語集行世。舊志，董其昌修路記。

文玉，名寂美，鄞人。戒行端嚴，日課法華。前後住持十三年，一山推重焉。舊志

清

貫介，名照中。順治初，海氛未靖，羣議遷僧，中白當事，力求止之，衆得安堵。舊志，引白華小志。

道衡，名普周，崇明人。康熙二十五年住持，建上廚房三間。舊志，禪德，孫文成法華樓記。

公闢・名通亮・定海人・天機堂僧天機孫・堂廢・亮重建之。時值內徙・十餘年・亮居此山・麋鹿爲羣・宴然自得。後復爲寺住持。總戎黃大來・每推重焉。（舊志・梵剎・天機堂下。）

通元・名照機・鄞人・明萬曆間梅檀庵僧如方四世孫。幼慧而寂・不喜經心塵務。年十七・從師卓錫於普陀之梅檀庵。戒修嚴邃・行業精勤・遠近嚮往之。康熙初・僧俗內徙・自普陀至慈谿・建復壽峯先覺寺。（慈谿縣志・壽峯寺・宋開慶元年・僧拙庵建・名先覺寺。康熙十一年・僧照機自普陀居此・漸復舊觀。二十六年重建・仍署曰先覺。四十二年・僧珂月奏請・御書壽峯額賜之。是壽峯先覺・實一寺也。）婁縣周志伊贈詩・有自言舊院今無主・不道東林可少公之句。及海禁弛・還普陀。二十七年・爲普陀統轄住持。銳志興建。至年八十餘・退居梅檀・調琴以適性・歌詩以醒世・天然一完人也。著有詩集及宗譜。其支屬在本山者・如通旭之中興普陀。散居者・如大曉之重興常州天寧寺・鎭江金山寺・皆有聲。塔在梅檀庵後山。（舊志・精藍・梅檀庵・范㸅珂月傳・及詩序・與重建先覺寺記・採訪。）

潮音・名通旭・號昆霞・爲天童密祖四世法裔・松江華亭俞氏子・祖籍新安。童時遇食・每以手擊木作梆聲。里人詢之・曰吾集衆以會食耳。父母驗其非凡・乃送歸普陀・

薙染於栴檀林。稟具戒於白龍慧鏡。徧參海內名席·隨侍嘯堂寒泉二老·悉入堂奧·當機不讓。旋受天台萬年無礙徹老人囑。始開法於慈谿壽峯·姚江聖壽。康熙二十九年庚午·海禁既弛·帝駕南巡·特賜普陀白金千兩·重興佛殿。時任事者難其人。旭以省祖來山·定海總兵藍理·自雲中移鎭·爲國進香。慨無主席·合山緇素競以旭對。理一見奇之·卽請主普濟。山前忽有五鹿拱立·若聽法狀。大衆異之·爲法運之祥。理交賜金·請上堂云。二十年前·要津把斷·不通凡聖。所以紺宇華宮。化作頹垣廢址。蓮臺獅座·鞠爲茂草荒榛。聖僧打失鼻孔·金剛碎作微塵。彌勒開張大口笑他廿四圓通·全沒巴鼻。惟有烏芻瑟摩·卻較些子·倒騎佛殿·走出山門。二十年後·八字打開。直得青蓮呈瑞·古柏重榮。於百草頭上·現瓊樓玉殿。革故鼎新·光揚佛日·且道承誰恩力。寰中天子頒綸敕·闡外將軍有佛心。圓通大殿升梁上堂云。建大功·立大業·當知乘願再來。展大機·發大用·須具通天作略。普陀山寺·屢朝敕賜·昭列祖之休光。盛世恩榮·荷人天之共懌。謾謂滄桑變異·聿然輪奐如期。

聖主恩隆・賜帑金而興建。人臣願洽・捐囊橐以欽從。纘餤聯燈・更藉名山龍象輩。擎天駕海・還憑福地棟梁材。若非繩墨芳規・曷作古今榜樣有時轉功就位。有時借位明功。有時功位齊彰。今則九仞之功既竣。三多之祝恆申。祇如萬人頭上特尊一句・又作麼生。端居自在雲霄上。誰不傾心仰面看。大士誕辰說戒上堂云。日日香花夜夜燈・春山潑黛雨還晴。戒珠朗潤人人得・便是觀音今日生。結制上堂云。鳳不知美・梟不知惡。時至理彰・無勞穿鑿。莫莫・祥麟祇有一隻角。解七晚參云。七日前・即心即佛也是。非心非佛也是。七日後・即心即佛也不是・非心非佛也不是。何以不經一事・不長一智。欽差喇嘛到山示衆云。趙州不下禪牀・東林不過虎溪・風高千古。昨日命使來山・爲甚麼長老走出山門。老僧爲人無意・致世情隨順是菩提。中秋應祖印之請示衆云・寒山曾有言・吾心如秋月。普陀今指出・卻値箇時節。山谷重相招・木樨香更徹。如得者箇時節・古今不離當念。自他不隔毫端・便知晦堂老漢落處。亦知普陀不起於座・已赴來機。無庸腕力・高提祖印。其或未然・

山僧重爲下箇註脚。以拂子作圓相云。一月普現一切水・一切水月一月攝。嘗謂大法之壞・不在四衆而在狂禪。多遊族姓・修飾竿牘・務爲求名。而中茫焉無所了・吾之所不敢出也。其爲人體弱・性恬退・恂恂若訥。同學輩喜與之交。而敬畏之。凡所經營・必使堅固垂久。十稔之內・百廢俱興。近革八十餘年之陋習。遠紹四十二祖之芳猷。德業聞望・煥然中興。弘機偉辯・視衆如己。類元之孚中信而住院遭時・亦若合符節。建息耒院於金剛窟。謝事後・卽寄息於此。康熙三十七年戊寅冬寂。世壽五十・僧臘三十四。塔在息耒院外。衣鉢塔在普賢塔後。有語錄・隨錄・普陀列祖錄・百歲老祖宗譜等書行世。法嗣明志・明杲・心明。別有傳。其辦理欽工之有功者・爲監寺通玄・號靈一・古董人。領衆辦事・不避險難。後投老於善慶堂・屏絕外緣。有身雖未到華臺上・先送心歸極樂天之句。知事心慧・善知衆務・人多推之。副寺廣信・慈和悅衆・取與分明。當時嘉其敦素。以爲有古寶壽風。裘志・法統・梵刹・精藍・范煒珂月傳・王鴻緒中興普濟寺記・釋本晝潮音塔銘・雍正寧波府志。

按裘志於古心傳云，康熙戊寅冬，旭公示寂。本畫塔銘，亦云戊寅冬十一月，示微疾辭衆。則其寂於是年無疑。惜裘志漏載於本傳。而雍正府志則云，康熙三十八年，聖駕再巡，復頒賜帑金千兩，旭謝恩至杭，蒙賜御書寺額方丈潮音洞等額。寵賚稠疊。此係其徒古心事，訛作潮音者。府志旭字，當作怗字。

古心，名明怗，松江上海陸氏子。首謁金壇兀庵，發明心要。得法於普陀潮音。康熙三十七年戊寅冬，潮音示寂，總戎藍理，暨合山耆宿，請怗繼席，上堂云，大道絕中邊，了無去來之迹。至眞離向背，那有僧俗之分。所以藍大護法，不忘靈山付囑，輔我先師，轉大法輪於瓦礫場中，土塊皆作獅子吼。建寶王刹於荊榛叢裏，樗材盡作栴檀香。十年以來，百廢俱興，四海英賢，悉皆有賴。不幸先師歸寂，衆舉繼主此席。怗上座，到者裏，事不獲已，祇得脫珍御服，披垢膩衣，和光同塵，灰頭土面。雖然如是，凡所施爲，但遵舊則，何故聻。不見道，三年無改於父之道，可謂孝矣。踰年三月，翠華南巡。怗至武林迎駕，請額，御書普濟禪寺額，皓月禪心四字，并賜帑金回山率衆謝恩上堂，舉天童忞祖道，靈山密旨，千聖同宣。少室眞宗，萬靈共證。其奈依稀越國者多，彷彿揚州者衆。正如入京朝帝主，纔到潼關卽便歸。所以不睹廣大門風，焉知威德自在。乃云，天童老人恁麼道，未免釘樁搖櫓，今日普陀則不然。無論京師潼關，揚州越國。祇要鬧市裏識得天子，親見一回，自然千眼頓開，明如杲日。一念無私，廓若太虛。拈一機則千機萬機齊赴。說一句則千句萬句流通。直得堯風蕩蕩，舜日熙熙，野老謳吟，漁樵歌舞，四海淸寧，萬民樂業，祇如林下道人受此天恩，且作麼生報答。以拂子打圓相云，但將日月爲天眼，願見黃河百度淸。寂後塔於西天門上。（裘志）

自修，名明果，號砥石，江西臨川李氏子，年二十七，禮贛州寶華捬松害和尚，脫白受具，依止七年，發明心要，歷參名宿，後得法於普陀潮音，康熙四十年辛巳，止足中峯精舍，受當道護法合山耆宿之請，繼席普濟，上堂云，世尊掩室摩竭，達摩面壁少林，未免龍潛止水，鶴立枯松，德山入門便棒，臨濟入門便喝，又是無風起浪，好肉剜瘡。正眼看來、各各好與三十拄杖。衆中儻有箇旁不甘底出來道、新長老具箇甚麽眼、敢開恁般大口。但向他道、自從踏破毗盧頂、諸佛從教立下風。復舉先寶壽囑三聖、請後寶壽開堂。開堂日三聖推出一僧、寶壽便打。三聖云、恁麽爲人、非但瞎者僧眼、瞎卻鎭州一城人眼去在。寶壽擲下拄杖、便歸方丈。修云三聖推出一僧、受人之託、必當終人之事。寶壽便打、知恩始解報恩。先師嘗囑院主珂兄大師、請果上座開堂、今朝果遂先師之願。卽今珂兄若還推出僧來、果上座亦與他一棒。非但開者僧眼、亦能開一切人眼去在。彼此一棒、因甚優劣如此。良久喝一喝云、一句明明該萬象、重陽九日菊花新。定海總兵施大護法、邑侯繆護法、到山啓建祝聖道場、上堂、舉密庵傑祖上堂祝聖云、諸佛不說說、祖師不聞聞、留下一轉語、千古鎭乾坤。普陀今日則不然。諸佛親說說、祖師親聞聞、相傳一轉語、千古播乾坤。且道是那一轉語。恭身合掌云、皇圖齊北極、聖壽等南山。小參、舉馬祖一喝、百丈三日耳聾。百丈纔舉、黃檗不覺吐舌。臨濟問佛法大意、黃檗連施三頓痛棒。看他父子公孫、遞代相承、誠可謂栴檀圍繞栴檀樹、獅子還生獅子兒。仔細檢點將來、猶未免撫垂赤子、提奬嬰兒之意。若是普陀則不然。直饒嫌佛不作、嫌法不說底到來、正好朝打三千、暮打八百。何况棒頭取證、喝下承當者哉。且道普陀有甚奇特、恁般孤峻。喝一喝云、門前海闊千層浪、屋後山高萬疊峯。裘志

繹堂、名心明、字珂月、明州邵氏子。母王方二氏、夢白衣姥抱嬰兒入室而孕。七歲就外傅、喜繪大士像供之。聞人誦梵典、輒能暗誦、母私異之。年十三、爲聘王氏女、明郤之、遂棄家之洛伽山、投栴檀林、禮潮音爲師。閱四年、海氛不靖、徙僧內地、邵氏控諸官、督令歸宗。潮音亦以絕似續爲不孝、必返居。未踰年、母卒、其叔爲瘈狗所傷、斃。明猛然念身世無常、宿志加厲、仍依其師於壽峯、出其贏助師創葺先覺、聖壽二寺、終已不悔。方其住先覺時、壞壁破瓢、風燈雨磬、岑寂不堪。明才大志沈、鬱鬱無所試。則其思返故土、興梵刹、利人天、夜必焚香密禱。未幾、海禁果弛、康熙二十七年、其師祖通元爲普陀寺統轄、住持明佐之、百廢俱舉。普陀自開山後、或禪

或律、屢廢屢復。甚而縻爵披紫、梵行益弛。明與其師心竊傷之。二十九年、元戎藍公、始納其言、易律爲禪、亟請潮音主席、大振玄風。俾宋眞歇元孚中、法燈重朗。其閒殫精竭力、左提右挈、皆明之力也。嘗治事往來郡邑、過橫水洋、颶風大作、舟覆而溺、若有拯之者、得達於岸而蘇。其犯難嘗險、多此類。三十七年戊寅冬、潮音示寂、合山重其能、舉明主席、明固遜其法兄古心。而急公任事、不怠不倦如初。爲人剛外毅中、不阿不茹、喜施而廉取、不苟安、不中輟。少時讀書、略解大意。及受囑梵典、直抉指歸。其事潮音、殫忠盡瘁。搘拄門戶、堵禦外侮、臨權達變、以智以勇、不知者以豁率麤豪目之。孰意其大節巉然、大功偉然如此也。年六十、虞山嚴虞惇榜眼、爲作壽言。八十時、四明史在甲翰苑、又作序壽之。寂後塔於烟霞館側、徒震六中、贊別爲傳、軾庵深竹二人偉矣、法門龍象、胸中包絡古今、歷盡菀枯譽訕、向背炎涼之態、不以情隨事遷。文中祭酒、世外名賢、可謂有是師則有是弟矣。范焯珂月小傳、

嚴虞惇釋堂六十壽序。

震六，名源法，姓周氏。原籍旌德，後居湖州苕溪。慧根宿植，法相時形。幼時卽有離塵超世之志。年十九，航海至普陀。潮音一見，知爲法器，命從繹堂薙度。先令習儒書，經傳諸子，皆通其義。作詩文頃刻立就。受具古心，悳脫空定息，發明心要。後謁金粟碧霞老人，悉入堂奧。旋還普陀，以師命開法於慈谿壽峯。遠近聽法，梵俗皈依。繹堂入都叩祝，無不挈之偕行。同覲天顏，錄詩進呈，賜飯賜衣，可謂榮矣。康熙五十八年夏，主普濟法席。寂後，塔於寺後嶺前。秦志 法統

中贊，名源正，號天庵，湖廣衡陽蕭氏子。母羅氏，夜夢一老嫗，手提魚籃入門，便遺一鯉，覺而有孕。幼歲啼哭不常，聞金玉聲卽止。屢爲推算，皆言壽數有虧。母含忍送入杉福寺，禮信先薙染，學習應法。年二十二，心有所感，忽起參方之念，乃往德山禮賓日。稟具後，從講席，習律參遁雲，頻吉諸善知識，發明心要。於是徧遊湖海。後得法於普陀繹堂和尙。經二十餘年，已居半座。雍正七年己酉夏，受當道護法，合山耆宿公請，繼席。寂後，塔於龍沙庵上。秦志 法統

鑑堂，名德鏡，姓劉氏，山陽人。嗣法焦山僧古樵智先。繼破閒淨燈，主席焦山。（吳雲焦山志，參後住持表。）

夢蘭，名源善，初名本善，字克勤，奉化鄔氏子，世以淳儒稱。賦性眞實，不嗜浮飾。少時，喜隨祖母入寺禮佛。及長，父母爲之擇聘，善若有不豫色然。年十九，忽丁外艱，繼喪未婚偶，乃泫然告母曰，有兄有弟，他日自能承宗祧，繼書香，供甘旨，夫何以塵勞事拘縛小子耶。遂決志出家，尋往慈谿壽峯寺，禮士美薙染。美爲普陀繹堂之從孫。踰年，攜善至海上省祖。繹堂一見，便問曰，爾既爲僧，將何所求。善曰，小子纔入此門，意尙未淨，敢有他求耶。繹堂奇之，旋命受戒。經十二寒暑，自侍者用爲監院，不辭勞瘁，恆毅之心，無與比者。繹堂十次進都，六番陛見，賜紫免賦，輔贊之力爲多。一日閒暇，繹堂問，終年碌碌，己躬下事，畢竟作麽。善厲聲曰，著甚死急。繹堂曰，將謂是個死漢。善於言下有省。康熙五十八年己亥春，（秦志訛作雍正七年己酉。按繹堂退院，乃震六住持，正康熙五十八年事。考之震六傳自明。雍正七年，乃震六退院，中贊繼席。秦志之訛，今爲改正。）繹堂將謝院事，預命入室，授以衣拂。仍使照常輔弼祖山·欲令增廣識見。雍正九年辛亥·寺荷特旨重興·工程浩大。且監督暨在工人員·幾窘措處。善爲之分條析縷·籌畫井井·如熟諳然。乾隆十二年丁卯·同門先後繼普濟席者·已各退隱。當事合山公請繼席開堂·日緇素雲趨·儼若靈山一會。十六年辛未春·帝駕初次南巡。當事行文徵善接駕於武林鳳山之南陝公橋·上命大學士忠勇公傅明日帶領西湖引見·奏對稱旨·遂賜衣袍珍物·可謂榮矣。十八年癸酉夏·憶古人急流勇退之誡·將院務命上首青雷接住·囑東洲輔佐。從此夏往泰清·冬歸海上。日與樵牧較論晴雨·以樂餘年。二十七年壬午夏·偶遘和預知時至。舊交緇素·各致札預別。至七月二十五日·索沐焚香·說偈告終。龕停泰清丈室。世壽七十有六·僧臘五十有七·戒臘五十有六。塔在積善庵側。青雷東洲·皆其高足·有青出於藍·祥麟一角之譽焉。秦志·莊綸渭撰克勤行述。

雲中·龍華亭俞氏子。幼入普陀梅檀庵·薙染於具山·得法於鑑堂。及壯·參訪海內名席·發明宗旨。乾隆四十三年·衆推爲普濟寺住持。是時禪堂僧衆乏食·龍將本庵

所置沈家門教場底·及司灣二處田計四十畝·入寺以充齋糧。嗣又紹天童之祖席。塔在息耒院芙蓉灣。（秦志法統）

承德·名維賢·四明陳氏子。自幼入白華庵剃度。負性樸直無文·遠離塵垢。誦經禮佛·無閒晨昏。嘉慶九年五月·終境公示寂於丈室。僧衆以賢監寺時·智力兼備·調度有方·遂舉繼席普濟。次年冬·衞教堂香燈·弗戒於火·延燒千人樓·鐘樓·洪鐘亦遭鎔化。當是時·衆皆惶然·賢獨矢志重新。於十一年春·辭衆至武林·先募銅鐘·得鄞邑王公宸標·俯許倡捐。於是衆緣輻輳·擇吉鎔鑄成功·蒲牢振響·以海航載至寺內。後念鐘雖成·而樓尙廢·兼之齋堂梵宇·所在興葺·維艱。乃懇其法叔靜悟·代任院務·入閩募辦杉木。三易寒暑而旋·始將灰燼之區·建造完竣。十三年戊辰夏·退院於師子林·復營丈室·額曰片雲·其寄託亦深遠矣。塔在白象庵峯下。（秦志承德記。）

融通·名能圓·別號貫三·定海林氏子。髫齡入承恩堂薙染·於谷馨得法·於懷中兢兢恪守·不敢荒怠·自幼已見重於人矣。承恩堂自克勤創建茅茨·後其徒相繼興葺·

規模始宏。復置朱家尖香蓮隩大水潭田・小瀾田・以供香積。乾隆五十一年丙午・其得法師懷中主席普濟。剃師谷馨爲監院・以緇流浩繁・兼之頻遭歲歉・貧用不敷。米珠薪桂・襄理維艱。不得已・將大水潭小瀾兩處之田變價・以償寺中逋欠。而承恩反無恆產。此其師先爲公忘私之義也。至嘉慶十七年壬申・圓惘之・出己資贖歸・使僧徒不致乏食。未幾・圓爲普濟住持・又將所贖田以給寺支前・以承恩爲公。而不吝己財・後以普濟爲公・而暫移庵產主席三載・得免掣肘。退居後・擬所贖祖產歸庵・以了初願。卒因告寂而罷。塔在園房內。秦志・釋能崙撰融通記。

月中・桂・道光二年壬午・改造普濟寺禪堂・及天宇樓・煥然一新。又於朱家尖大乘庵重建置產・山中皆稱述焉。秦志法統

鴻崑・名能崙・別號巖雲・松亭顧氏子。自幼入山・薙染於普濟監院谷馨・受法於師祖住持泰清德安和尚。負性穎悟・持躬溫雅。於儒氏經籍・無所不窺。工詩文・兼善臨池・作擘窠大字・爲一山之書記・咸以先生呼之。在寺三十年・志行苦卓・敎法淹通・

已居半座。積有餘貲・念本堂承恩自克勤創建後・未加丹堊。乃於道光五年乙酉・爲普濟住持時・重加修葺。復慮僧徒乏食・置朱家尖香蓮隩土名淸一堂中隴田五十畝・以充香積。十九年己亥・又撥自置朱家尖白沙港田地山場一隩・助給普濟。朱家尖小洞隩田地六十畝・助入普濟中無恆產之分房各庵。西荷花池墳頭山一則・助入法雨田二十畝・助給慧濟寺・添補齋糧。以其餘力傾助嬰堂。是以儒心而行佛法者矣。普濟舊有志板・藏於衞敎堂。嘉慶十年冬・東廊燬於火・板亦燼。是書成於康熙四十四年。至是百有餘載・崙恐寺中文獻無徵・以重鋟山志爲己任。考證廢興・網羅散佚・未敢一日懈。道光十一年辛卯・會定海縣署幕賓秦耀曾來山禮佛・囑爲修輯。將事蹟可入志者・函寄署中・俾之刪訂成書。卽今所行秦修普陀山志是也。十四年甲午・知縣事王鼎勳・贈淨域檀那額。己亥・知縣事陳殿階・贈淸心皓月額。秦耀曾撰鴻崑傳・及秦志初印本。

定智・果江蘇無錫人。出家天童寺・道光九年・公舉爲普濟寺住持。二十三年・主席佛項慧濟。退院後・隱居茅廬・靜念彌陀・冀登道岸・嘗爲定海城隍廟主僧・與廳同知徐蘭畦最契合。寂後・塔於城北普慈寺之左。（金壇王希程・鷗寄軒詩存・採訪。）

慧源・名嗣銑・江蘇華亭夏氏子・世業儒・年十二。侍母鄭氏・行香普陀・愛山水之勝・清規之肅・不願還鄉。遂投洪筏房餘慶公出家。厥後進具足戒於普濟寺・受記莂於定智尊宿。行履樸實・不事緣飾。而孜孜禮誦・日有限課・如是者十有餘年。既而精研律部・導引初進・道化遂大行。光緒六年庚辰春・應天童之請・主席弘法寺・期滿回山・建丈室三楹・禮佛誦修・暇作詩文以自娛。十七年辛卯・爲普濟寺住持・募貲築衆香塘。甲午退歸舊隱。戊戌春染病・臨寂時・訓誨合庵子孫・末後說偈云・這箇皮囊臭・在世終非久・一句彌陀佛・直向西方走。偈畢・趺坐而逝・世壽五十八・僧臘四十六。塔在後山洪涼亭上。徒潤濤・浙江嘉善人・任金山江天寺監院有年。爲揚州高旻寺置衣單田畝。杭州海粟庵開山・崇光寺住持・示寂於海粟庵・世壽六十有七・塔建西湖六通寺旁。（天童續志・採訪。）

塈寶、名悟圓、浙江仁和縣人。年七歲、入普陀祝髮、禮宗茂爲師。得法於定智。光緒二十年甲午、推爲普濟寺住持、勤勞自勵、凡應改革者、無不兢兢業業、以底於成。修葺齋樓及鐘鼓樓藏經閣等。幷助朱家尖田三十畝。退院後、重興廣福庵。隱居於此、晨夕誦華嚴經。寂於民國四年乙卯。世壽六十有五。建塔於白華山麓。採訪

廣學、名寬量、江蘇丹陽裴氏子。年二十、詣普陀、禮淨守爲師。受具後、閉關潮音洞、禮佛誦經、夕不安寢者凡九年。光緒壬辰、赴呂宋募緣、得數萬金、回重修殿宇。宣統元年、爲普濟寺住持。諸多修葺、復出銀幣三千元、助設化雨學校。値民國肇興、寺中香火寥落、虧耗甚鉅。退院後、又往外國募化。至安南坑鳴地方、不服水土、未及數月成疾、越夕西逝。次年、從僕攜貲至其地、齎骨而回、建塔於白蓮臺殿後。採訪

了餘、名廣導、浙江餘姚人。賦性倜儻、輕財好義、父開商店、父死、導經理之。不二年、折閱、乃厭世欲出家、旣無叔伯、終鮮兄弟、遂託其母於尼庵、以家業爲養贍。導則至普陀錫麟堂、求其師爲剃度。其師向與之熟、不肯爲剃、卽以刀砍去左手中指一

節、始、允、是爲光緒十四年。次年受具戒於普濟寺。此後聽講者二三次。以師逝世、庵無人理、未能長預講期爲憾。性好周急、熱心公益、故叢林多以導爲監院、實未常住其中、不過代爲募緣津貼而已。清末各處開學堂、普陀亦開學堂、其周旋施設、唯導之功爲多。民國元年、普陀免糧地盡行陞糧、有奸民擬任普陀山中某處錢糧者。導致書天津陳錫周居士、錫周挽鈕元伯。求中央政府出示、普陀本山爲大士道場、不須陞糧。遂止。民國三年、導以山上僧俗數千、香期來往更多幾倍。若有病苦、無醫院以養以療、殊失大士慈悲之意。乃以己之其祥簃改造開拓地基、修建屋宇、用洋五千餘圓、本山並助二千餘元、隨即開辦。寧波海關、前清普陀買貨皆免出稅。民國來、導託陳錫周居士致書中央政府、海關得以仍舊。民國四年、公舉爲普濟寺住持。以寺中無開敞客屋、凡貴官巨紳來山者、多住法雨寺、往來不便。因創建五大開客廳、名功積堂、地基皆前砌後鑿、以取平者。其傍又建六開樓房、以爲官客之侍從所居。從此官長巨紳多住普濟矣。民國八年、政府擬遷德僑於普陀。導復祈陳錫周疏通政府、遂止、至次年各國始講和。是年退居、以養晦本庵、修持淨業。十二年冬、養病於上海。至十三年正月初二逝世、世壽六十一歲、塔於後山、卽宋眞歇最初結茅之故址也。初有病、以鄭雪堂在上海、故往上海寄居、報本堂下院、雪堂常往醫治、稍見效。元旦雪堂又去、欲診脈。導曰、無須、吾明日去矣、果於次日西逝。雪堂與導爲莫逆交、因錄其落落大者寄來、其敍述如左。採訪

二法雨住持　共十九傳

明

大智、名眞融、楚之麻城人。年十五、投邑之定慧寺薙染。侍師數年、抵建康、依牛首山。嘉靖戊申、居燕京崇國寺。越數月、至萬壽山受具戒。已入五臺、禁步五年。甲寅往伏牛山煉磨三年。持行益苦。丁巳還楚、寓龍華寺、轉經。踰年入蜀、住峨眉山頂、禁步一十二年。建藏經閣於淨土庵。萬曆二年甲戌、又止蜀北鎣華山、創金蓮庵、俾朝山者有所止息。八年庚辰、渡海抵小白華、叩禮金容。自謂託迹寶陀、餔糜吃菜、

了此生矣。乃結茅於光熙峯下、額曰海潮庵。（即今之法雨寺）漸建殿宇、廣開招待。郡守吳安國、改額曰海潮寺。維時禪教中衰、融持戒精嚴、與雲棲、憨山、紫柏、諸老同時傑出。而實行偉功尤稱盛。其於佛氏之教、少而習焉、長而悟焉、老而篤焉。而於苦空無著之旨、非惟知之、亦允蹈之。壬辰五月三日、趺坐而逝。世壽六十九、僧臘五十四。建塔於寺西崦雪浪山之麓。其侍者曰性賢、字樂庵、四川富順人。諳練僧務、曾爲寺都管。徒如壽、別爲傳。（舊志、羼提居士撰大智傳。）

性統智祖殘碑重現記曰、普陀法雨寺、創自大智祖師。當其示寂之日、告衆曰、茲地乃大士現靈之所。老僧開此道場、莊嚴香火、以事方肇造、未能極盡規模。今已矣。待百年後、再來重興耳。汝等記之。厥後興廢不一。康熙甲寅、海氛大作、徙僧內地、梵宮琳宇、變爲鹿豕之場。歷十稔、海宇清宴、大弛海禁、僧徒漸歸。二十六年、和碩裕親王、復施戒衣到山。蓋朝廷曁親王、皆知普陀爲大士道場、初不知有兩寺。故凡頒賜之及、不指稱往某寺某寺也。是時普濟寺、尙仍故明舊例、三方丈各住長老一人・無專主其事者。內府之頒到郡・必由地方官長主持董率。丁卯四月・余承乏寺事。至之日・荆榛滿目・瓦礫成邱。闢治三日・始有徑可達。故寺址西北隅・朽屋數楹・明益公守之・皆取道旁出入。方丈遺像在焉・儼然無恙。余瞻禮之。明公遂述智祖遺言・謂今將百年・而和尚復來・重興之願・其可卜矣。余唯唯不敢當。及徵師泯沍年月・明公則以久遠失稽對。辛未三月春一日將暮・攜近侍一人・信步緣山麓・潛詣祖塔。經行數帀・趺坐少憩・面對塔幢・忽見苔封破處・若有字畫痕。命侍者磨去苔蘚・得字三十一行。第一行署曰・大智融禪師塔銘。余喜曰・塔銘在是・寂期可考矣。但其中字畫・半存半滅。磨第十三行中有曰・萬曆甲戌遊蜀鎣華。第十七行中有曰・庚寅泛南海。第二十三行首有曰・五月三日午時・趺坐而逝。餘二十二行・沒者過半・年復不可考。又磨二十六行中有曰・越明年癸巳・皇太后復命吳某等・奏請金幣香旛供殿・兼爲建塔等語。明年癸巳始建塔・然則示寂在壬辰五月無疑矣。獨庚寅泛南海・壬辰卽示寂・首尾不滿三年・建業何能如是其速。疑寅字、當係辰字。由庚辰至壬辰十有三年、庶幾近之。後得山志、考師行實、入山之年、果係庚辰。示寂之期、確乎不爽。於是又從萬曆壬辰、數至康熙辛未、恰合百年。乃爲帖徧給師之法眷、屆五月、羣集先覺堂、爲師展百年之祭。惟明公往閩募木未歸。至七月、得大將軍施公巨艦、載木千章、浮海而至。亟命鳩工、至十二月而殿成。重興之期、果符師旨。抑余何人、敢當再來耶。爲記於左、以告來者。（裘志）

按釋明智神鐘復歸記云。大智臨寂、曰、寺後當火、俟天然荼毘後、卽移吾像他徙。後寺果以天然荼毘次日燬。又曰、百年後吾當再來重興。迨康熙己巳、發帑重修、恰符百年。以此知大智爲能前知。

天然、名如壽、河南永城桑氏子。幼業儒、長投大智薙度。大智歷創淨土、金蓮、及普陀海潮、多壽之力焉。萬曆壬辰、繼大智主海潮、戒行精卓、緇白景從、增建殿堂、規模壯麗。謝事後、退居禪那庵。壬子八月示寂。（按壬子係萬曆四十年。）世壽七十五、僧臘四十五。塔在禪那庵側。（舊志）

按陳璿志，誤合杭州僧天然爲一人，可謂不識好歹，只知湊集。許志辨之甚明。

寶蓮，名如光，杭州仁和人。萬曆三十三年爲住持。行業昭著，善信歸心。三十五年，御馬監太監党禮，請於朝，敕賜鎮海寺額。（即舊海潮）隨賜北藏南藏經各一藏，護藏敕一道。詣闕謝恩，奏對稱旨，賜紫衣一襲。給禮部札付，授僧錄司右覺義。塔建於千步沙。（舊志）

寂仕，爲鎮海寺住持。崇禎二年，建梵音洞庵，爲退居之所。（舊志）

文元秀，四川成都人。崇禎十三年，爲鎮海寺住持。十六年，大殿燬於火，尋退居潮音庵。清順治二年寂。塔建伏龍山後。（舊志）

清

明如德，蘇州人。順治三年，爲鎮海寺住持。於圓通殿舊址，重建小殿五間，以供大士。前建伽藍小殿五間。塔在千步沙。（許志）

明益，名普容，鄞縣人。康熙二十三年，爲住持。海禁初弛，荊榛彌谷，容除荒結宇。至二十六年春、讓同門自求福居焉。未幾、縉紳屠公芝巖、言於當事、復延容。容卽請別庵統主席。已則孤身入閩、三年募杉木千餘、歸建圓通大殿。別庵卽治餘木、建精舍數楹、爲容退居供、以四事俾終老焉。寂後、復爲建窣堵於開山塔之旁。別庵題其像曰。世出世間、孰爲可傳。爾熾爾昌、培在心田。繼前賢廣大之業、且勤且恪。創後代久遠之模、其愼其艱。視方來爲一體、以儉作惠。待嫡裔無二心、施慈以嚴。行志、行意古、有芳規。善始善終、今已宴安。望容蒼而髮白。誠形直而影端。徒無諍、名通智、鄞縣人。容領住持時、智效力協理、及別庵中興、授職都管、克盡厥心、後息勞於彌陀庵。舊志

別庵、名性統、蜀高梁龍氏子。母李氏、將誕、父明宇、夢白龍浮江、衞一童子入懷而生。年十二、將謀脫白。時總戎李公在座、問之曰。做官好、做和尚好。應曰、和尚好。乃送之高峯、投三山薙染。二十二受具、蒙印可。康熙二十四年乙丑、繼席高峯、丙寅抵天童。次年受提督陳贊伯兵科屠芝巖舊住明益等請、住持普陀法雨寺。至之日、

荆榛滿目、瓦礫成邱。統薙草結茅、持律說戒。四來雲集、鉗鎚綿密。二十八年己巳、賜帑建造、統經理惟謹。殿堂寮舍規模式廓。帑金至山上堂、問敲鐘擂鼓衆雲集、祝聖一句請師宣。云無爲尊北極、萬邦拱紫宸。問無位眞人壽量多少。云萬年松在祝融峯。問皇恩賜帑重興普陀、是何心行。云皇天無私露、幽谷盡含春。堯天永戴、舜日長明、一人有慶、萬國咸寧。恩給內帑、爲膏爲霖。誰居化外、敢臥雲深。擔拄杖作舞勢。祝云分付鳳凰池上客、大家齊賀太平春。欽頒御書金剛經至上堂。云過去心不可得、現在心不可得、未來心不可得。雖是皆不可得。舉起經云者法王大寶、卻在佛心天子筆尖頭上、放光動地、普照三千大千世界。象教因之崇隆正脈從此流通。天人羣生類、咸承此恩力。頌云、心宗般若著金經、黃卷何妨御汗侵。一滴九重恩降也、從敎千古鎭山林。改鎭海額爲法雨、敕黃到上堂。云堯風浩蕩、舜日熙和、普天荷覆幬之恩、率土感持載之德、曆承帝統、功蓋百王、靈具佛心、慧超千聖。此是我當今皇上、至誠盡性、可與參天地處。若夫垂恩泉石、建大伽藍。賜額山林、光昭異數。直使三千大千普散天花、他方此方廣施法雨、大衆還見麼。展敕黃云、宸翰天章來帝闕、河山壯麗萬斯年。小參云、虛空戴角鐘鼓生耳。山頭浪湧、海底塵起。三腳驢子弄蹄行、隻眼波斯覷不及。賴得明州布袋寬、著肚皮、笑破了口。順也由你、逆也由你。東西兩堂解七小參云、東邊東閣、西邊西閣、只有中心樹子、未曾輕易動著。卓拄杖云、拄杖子、爲諸人宣出了也、還有當機薦取者麼。乃云、東邊有、西邊有。緊捏拳、長伸手。放開一綫、卻如何。短姑道頭一帶石砌、起自大梁貞明二年。前十丈、後十丈、總計一千零二十尺。在山一半、入水一半。復卓一卓。統、自己已辦理、欽工後、翠華巡幸、迎駕奏對、及進京祝釐召見者八、進詩者九、敷陳稱旨。凡所啓請無不俞允。賜翰賜紫、佛地重光、爲從古寵眷所未有。其閒雖應仁和之永壽、錢塘之聖因、餘杭之徑山、無錫之慈雲諸請。不過分化兼攝、未嘗久離此山也。其精修卓論、高步海隅。爲人廓達有擔當、與人交眞誠剴摯。法雨自大智開創、如光再造、以後滄桑灰燼。至統首創殿樓、改萬曆來百年第習講律之傳、爲禪宗大乘之學。故於茲寺爲中興。於禪宗爲開法第一祖。康熙五十六年丁酉。十月朔涅槃。世壽五十有七。僧臘四十有五。塔於本寺蓮花峯下之右。著有續燈正統。祖師正宗道影。高峯宗旨纂要錄。梅岑集。徑山錄等書行世。繹其著述演說。大約通旭。蘊藉中卻迅捷。性統。穩實中更爽駿。殆亦法門游夏。各抱具體之長者歟。普陀恆規。凡爲住持。及有名德僧。皆立公堂。爲後人遺念。統之舊公堂。過於淡薄。光緒十八年。法裔戒文開如等。糾集十餘股。共築朱家尖衆香塘田百畝。起立新公堂。輪流薦獻。其道行之足以起觀感而垂後昆者。如此。法嗣洞徹。翠厓。玉峯。見灯。樂道。在璿。文樵。玉峯。洞徹。見灯。樂道。別有傳。文樵名空體。徽州人。任爲首座。住寺多年。歷練舊務。耆壽積勞。衆多推之。在璿璣爲寺監院。襄理有功。後退處伴山庵以息勞。法嗣明智。別爲傳。裘許秦三志。雍正寧波府志。嚴曾槃語錄序。

玉峯。名空懷。徽州江氏子。自幼志切修淨。稍長就江西白雲寺落髮。後至普陀。從別庵受法。深契玄宗。別庵嘗以偈贈。有西乾東土無相付。一滴親傳任舉揚之句。任以首座及別庵寂，遺命守龕。別庵遺本到京，奉旨出龕，後將方丈交與遺本內徒弟，時列六人。懷以序長，遂於康熙五十六年丁酉十二月，爲法雨住持。宣揚提倡，一以闡發師旨，梵俗俱歸禮焉。許志

洞徹，名空明，湖廣麻城人。薙髮於河南蓮康山。聞法於普陀別庵和尚。默然靜會，獨有心得。嘗赴慈雲開法。康熙五十八年己亥，法雨住持玉峯，以年老讓明主席，四年。住世六旬。示寂後，見灯請明主入祖堂法語云。平常行履實踐實修。末後歸根，得宗得旨。法雨寺內，衆侶尊之爲師。先覺堂中，千秋奉之爲祖。洵實錄也。許志法統

見灯，名空焱，湖州歸安盧氏子。父君表，僑居德清，母唐氏，生焱時，有募僧至，疏簽福緣善慶四字，遂名福緣。稍長日誦佛不輟。七歲乃送杭州吉祥庵，師舜則剃落，名際慧。徧歷名山，受報恩具戒，參證漸有所得。後謁普陀別庵和尚，得受鉗鎚，頓超妙悟。遂令秉拂代座，改授今名，康熙五十六年丁酉，別庵命主聖因寺席。是年，齋別庵遺本進京，回即應徑山請，入院，仍兼聖因法主。未幾，普陀復請回山。雍正元

年、據法雨席。以同門猶子明智爲監寺。整肅禪規、宣揚妙義、衆心咸歸。己酉二月十二日微疾、作偈告衆云。吾世緣將畢、十四日行矣。果如期涅槃。時外寮客衆、咸見焱披法服出門、後一人尾之行。前寺開店者皆見之、而不知焱已西歸矣。寺有燒火僧方顯者、與焱最莫逆。是早顯方爨、聞信亦趺坐而逝。衆始悟隨行者之卽顯也。焱侍別庵時、年纔十五。慧根性具、聞道最早。於儒家經史詩詞、又極淹博。所作清逸超脫、飄飄有陵霞氣。語錄詩文俱刊行世。塔在蓮花峯下之左。許志法統

樂道、名空經、直隸鉅鹿陳氏子。幼出家於本鄉之臘觀寺。來普陀侍別庵、勵行勤苦。時蒙發帑興修、經請於殿內坐關勸募。如是者十有三年、卒底成功。而靜久悟深、遂爲別庵印可、傳以法要。嘗應儀徵功德林、嘉興天寧寺諸請、宏開法席、廣播宗風。雍正七年己酉、見灯旣歸寂、衆推經爲法雨住持。肫誠開誨、羣志咸服。九年辛亥、又蒙敕修。賜帑愈多、工程愈大。經時年已七十矣。不耐煩劇、遂告退。優游精舍。復數年而寂。世壽七十有三。塔在蓮花峯下。許志法統

法澤，名明智，福建漳平許氏子。母沈氏，夢菩薩持白蓮一朵曰，以畀若，若其善視之。既而智生，慧相豐滿，幼卽慕淨。許故簪纓家，父母愛其穎，不忍離。智念愈堅，年十五，乃詣高隱寺落髮。十九歲具足。久歷知識，康熙五十八年己亥，至普陀，受法於別庵嫡嗣，在璿璣。慧性圓明，頓超玄悟。雍正二年，法雨住持見灯，請爲監寺。重其戒行嚴卓，法性精深，又練達應事，咸當，每欲推讓，謂此席非法澤莫可當，智愈懷謙退。後樂道主席，智勤勞如初。九年辛亥，發帑七萬兩，重修前後兩寺。樂道自以不勝，告退，當事令合山公舉繼席。勤理欽工，鉅細畢舉。在工諸員，俱敬禮之。縣主黃應熊，禮護尤篤。曰續別庵一燈者，其在斯乎，三年工竣，赴闕謝恩，龍顏大悅，賞禮優渥，性率樸，遇事有斷制。爲大衆宣闡法蘊，肫懇切摯，剖析精微，以故遠近悅服焉。寂後，塔於蓮花峯下之右。（許志法統）

遠輝，慧乾隆三十八年，法雨住持，時寺產法器，被前住持某抵償各庵負貸。慧矢志振興，募金補葺梵殿。蒙總兵李國樑勸諭，各庵甘心歸還。一以李公護法之熱忱，

一以慧師宏法之赤誠，故不至久致傾覆也。許志

超塵，名續恩，嘉慶初法雨住持。以前住持朗和，墾朱家尖白山頭未竣工，恩爲築勒堤塘，得田八百餘畝。知縣宋如林，作序記其事。秦志

海南性華亭繆氏子。薙染於普陀觀音洞。戒行嚴卓篤志梵修。道光六年丙戌，公推爲法雨寺住持。閒遇歲歉齋糧不敷雜以山藷，尚能悅服衆心。二十二年壬寅退席，世壽已逾古稀。住持十有七載，其苦行，爲後人所景仰焉。採訪

立山名滿圓，別號無著老人，松江金山顧氏子。父即福本悟公。年十四，父即出家，心欲隨之，以母在不果。至弱冠，禮父祝髮，詣大崇福受具足戒。以寇擾南京，不便參方。遂住普陀，或居松江，晦迹韜光，無心應世。同治九年庚午，掩關於伴山庵，日禮華嚴，徧參海衆。時法雨寺久經兵荒，凋敝已極，本山尊宿信眞和尚，率諸法眷叩關請圓爲住持。壬申春進院，以興復爲己任。竭力經營，整理修葺。不數年閒百廢俱舉，雖未全復舊制，而大局已有可觀。久之，爲修淨業，計築庵於清涼岡之麓，額

曰常明。蓋取心性寂照圓融・橫徧豎窮之義・欲人修因以克果也。光緒十年甲申・退居是庵。決志西歸・念佛不輟。又令庵內二時課誦・二時念佛・永爲恆規。置稻田三百二十二畝・除撥無著公堂一百畝餘・永爲常明大衆念佛資糧。嘗曰・末世衆生・障深根鈍。向上一著・不易湊泊。大悟尚難・何況實證。惟淨土一法・三根普被・利鈍全收。上聖下凡・皆當修持。汝輩恪遵・毋廢。若有廢者・非我弟子。會同法眷・立時擯黜。毋或容隱・著爲恆規。寂於光緒己丑冬・世壽六十有五。所度弟子數十人・能繼迹者・惟有化聞・別有傳。常明庵緣起碑記。

化聞・名福悟・奉天鐵嶺張氏貴胄子也。幼業儒・長值髮捻亂・投僧忠親王幕・以勦捻功擢監司。光緒元年乙亥・航海禮大士。感宿因・立山圓・親爲祝髮於伴山庵。踰年・稟具足戒於金山江天寺。立山重興法雨・得悟力爲多。志同道合・遂付衣鉢。辛巳北遊京師・欽簡翠微山香界寺住持。甲申南返省師・遂繼席法雨・以續興爲己任。凡其師未暇及之工・或創或修・無一處不使一新。山中向有貢茶・歲費數百金・首白知廳事陳公裁之，合山感德。拓海塗田數百畝，贖桃花塍田八十餘畝，以贍衆。道風遠播，盛德感人。夏講冬禪，未嘗或輟。癸巳秋，欽頒龍藏，尊經奉旨，傳萬壽大戒，七衆弟子，逾五百人。普陀自梁代開山後，纂輯志乘，代不乏人，然多散佚。即康熙時裘輯山志，失傳已久。自悟獲交日本岸櫻，而得其書，付其徒開如珍藏之。名山文獻，流入外洋，復由外洋而歸，諸名山俾之尋流溯源，不致數典而忘厥功，尤非淺尠。頻年跋涉重洋，奔馳南北，精力已瘁。丁酉秋，復詣京都謀新藏閣。未幾，示疾而返。至十一月，趺坐西逝。世壽五十有八，僧臘二十有三。塔在寺西護法堂旁，相國徐公郙爲撰銘。披剃徒四十餘人，開霽開如其尤著者，別爲傳。嗣法弟子二十餘人。（開霽，撰悟祖公堂記。）

開如，名德月，江蘇南匯望族葉氏子。幼喜禮佛誦經。弱冠出家，詣普陀伴山庵，化聞悟座下，虔請祝髮。悟見其丰骨爽拔，亭亭如蒼松野鶴，將來必大有成就，遂薙度之。旋受具天童。未幾回山，悟命任法雨寺副寺，旋升監院，歷十有四載。其間值悟興修法雨、月鼎力襄助、勞怨不辭。及悟西歸、衆推繼席。以寺工未竣、堅居舊職、黽勉以成先志。溯法雨自兵燹後、重興者立山、圓續興者化聞、悟完全而莊嚴之者爲月。祖孫三代、德萃一門、何其盛也。光緒二十七年、始應法雨寺住持之請。惻念第十二世祖澤公手創長生庵、年久頹廢、銳志恢復。及任滿告退、遂棲息其中、爲憩勞禪悅之所。乃自海通以還、山中香火日盛、人事亦日繁。非具有幹濟才、不足以領袖緇流、肆應紛俗。光緒末年、僧界有僧教育會之創設。有力者欲羅致普陀而附庸之。月苦心擘畫、彙衆堅拒、請縣請省、得於山中自設教育會、建造會舍、並附設僧小學、國民小學、逐漸推廣。民國光復、有冒稱社會黨、共和促進會者、先後到山。以月爲教育會會長、向之勒籌巨餉、糾集無賴、聲勢洶洶、以槍械炸彈相迫脅。奔告官廳、置之不理。合山秩序幾紊。月剛柔互用、冒險抵禦。至稟奉浙江都督蔣查辦、令始各驚竄、得無恙。山志修自元明者、書已不傳。修自清世者、裒輯下例多沿襲、甚或入主出奴。故爲詳略、月發願重修、與編輯者書函往復、期無負我佛實悟實證之旨。凡設施之關於一山大局者・率類此。生平持戒安禪・恪守己分。處事極詳慎。對於各方賑務・竭忱贊助・且先出淨資爲之倡・以盡度生本願。今雖年近古稀・宴坐退院・而主持山政・振作宗綱・羣衲仍依之若金湯。民國浙省長齊給扁曰・急公好義。農商總長李贈額曰・深入佛海。德卲望重・羣流景仰・洵無忝佼佼之望者矣。同事者恐名德之日久或湮・爲破例而附於諸傳之末。

三本山出家 共三十四傳

明

密藏・名道開・南昌人。棄靑衿・披鬀於南海。聞紫柏道風・往歸之。紫柏知爲法器・留侍焉。嘉興楞嚴寺・爲長水法師疏經處・久廢・有力者侵爲園亭。紫柏慨然傷之・欲爲恢復・計囑開任其事。陸太宰弟雲臺・爲建禪堂五楹・旣成・紫柏刺臂血題其柱云・若不究心坐禪・徒增業苦。如能護念・呵佛猶益眞修。後二十年・太守槐亭蔡公・捨資重修之。蓋紫柏願力所持也。居常歎法道陵遲・又念大藏卷帙重多・遐方僻陬・

有終身不聞佛法名字者。欲刻方册。易以流通。普使見聞。作金剛種子。卽有謗者。罪當自代。遂與太宰陸光祖。司馬馮夢禎。廷尉曾同亨。冏卿瞿汝稷。共商度之。以開董其事。於萬曆十七年己丑。創刻於五臺。居四年。以冰雪苦寒。復移於徑山寂照庵。工及半。開以病隱去。（高僧傳四集）

寶峯。陳徵君眉公之世父。萬曆間與妙峯同建飱霞庵。勵志靜守。不緣外務。惟受眉公一家供養。（裘志。飱霞庵下。）

寶光。名如燈。襄陽人。鎮海開創以來。卽爲都管。兼任庫司。叢林事盡屬經理。秉公愛衆。緇素咸敬服焉。（舊志）

玉田。名如璧。楚人。爲鎮海寺監寺。備極勤勞。（舊志）

玉堂。名如珂。嵊縣人。大智徒。爲鎮海寺協理。修砌几寶嶺至鎮海寺路。五里許。因名其路曰玉堂街。示不忘也。後於天台山建修隱庵。頗爲緇素見重。（舊志。天台山志。）

按如燈如璧如珂。皆明代鎮海寺執事有功者。

履端，名海觀，建林樾庵。於淨業之餘，以言寓道，與至留墨，著有林樾集行世。張忠烈煌言爲作序。裘志藝文，載海觀白香山繪西方極樂世界圖引，香山詩說，玉帶記諸文，殆集中之一種也。（裘志，精藍林樾庵下，並藝文。）

道山，名永闃，一字靈隱，武林孫氏子，出家普陀之靜室。天啓初，有抱璞蓮法師，兼受龍池禪學，建期武康淨名庵。闃與影渠名清沼者，乃檇李孫氏子，出家本府之施庵。二人於抱師座下，同堂相聚，盟世外金蘭。從是形影相隨者，二十餘年。沼沈靜，寡言笑，闃爽朗多詼諧，似不相侔。而謹身節用，孤峻少合，則出一轍。故始自叢席，終迄住靜，不啻如水乳也。既參抱師之禪，復聽古德法師之教，古師爲予授戒闍黎。而予生平不入講席，與二師雖同門，初不相識。至乙亥春，阻雨祥符，始相傾信，是年冬，二師獲閱法華玄義及摩訶止觀。大悔見此二書之晚。知台宗圓頓法門，直指人心，見性成佛，誠不異單傳正印，而六即簡濫，尤足救末世狂禪之失也。蓋沼師久習禪坐，頗通教典。闃師曾在淨名堂中，得箇省處。每歎諸方禪學，展轉訛僞無可並譚僅寄情詩句之間與雪嶠秋潭諸名宿酬倡視斯世同流合汙輩若將浼焉甘淡薄守枯寂凜凜乎若冰雪之寒矯矯乎若雲外之鶴今讀其詩猶可想見其眉宇也辛巳九月初八日沼師示寂享年五十有五次年壬午九月二十五日闐師示寂享年四十有七遺骨共歸西溪普同塔中沼師從行腳後遵頭陀行每事任闐師爲之唯拱默靜修而已闐師僅薙度二人一名福具字戒心久從予遊一名福定字止林長師一歲而出家在福具後即今督梓詩稿者亦能勤修禮誦不墜家風二師生平最落落寡合而一與之交則道誼最切每令人念之不忘從來不事干謁不營世務檇李緇素每追慕其高風誠末世優曇華也何俟登壇豎拂方名人天師範哉（靈峯宗論）

按靈峯老人作此傳命名影渠道山二師合傳老人以生寂年次論二師並舉乃先影後道茲因道師係普陀出家而採入故有以道爲主以影爲附之不同其餘概依老人成文全篇仍屬老人口氣致與本編各傳微有不同但標名處

略改一字，以合各傳之格式耳。

普陀僧，佚其名，焚修有年。一日語衆曰，在山多年，今將歸去。衆問歸何處。僧曰，有來則有去。衆曰盍少待汝徒。僧曰，三日內必來。越三日，徒果至，因沐浴，取漆桶坐其中，念往生呪。衆僧同念，呪畢視之，已坐化矣。異香經日不散。雍正寧波府志

按府志列於明釋，故附此。

清

正明，名養拙，姓常氏，蒲版人。生稟異姿，澹懷世網，年踰志學，獨懷幽趣。初夏日沒，仰見靑天忽焉歎曰。世界許闊，如何拘此，壞我善因，誓心捨去。年二十，落髮於南海普陀。參學金粟黃檗，不事文學，唯以苦行磨礪性靈。一日見僧讀萬峯語錄，聞萬法歸一。恍然大悟。後嗣法五峯，每當入室，如脫桶底，如滅燭光，種種密印，皆悟後事。嘗云，迷因悟有，悟以迷生。迷悟兩忘，聖凡路絕。又曰，入得三界，混於常流。識得箇事，無處停留。又曰，有耳不聞，有口不說，歷代祖師，亡鋒結舌。五峯偕之西來，付

以潙山結茅爲廬，蓺粟以食。揮麈論道，宗風漸開。四方之士，雲集響應。主潙十餘載，嘗與百人俱，頓成叢林。每藉草參禪，就钁說法，靈祐之統，賴以不墜。順治己丑春，知世緣將盡，留偈伽黎，囑門人慧山，栩然入化。塔於潙山前阜。高僧傳四集

無凡，名紓誠，俗姓汝氏，名應元，華亭人。事同里張公肯堂。少讀書，通文墨，頎大魁碩，有勇幹，張一見奇之。在幕府，最荷委任，積功至總兵官。及張公軍散，入海，瀕於危者不一，皆無凡扈持之。張公在舟山，嘗撫孫茂滋，謂之曰。我大臣，宜死國，一綫之寄，其在君乎。無凡謹受命。遂爲僧於茶山寶稱庵。以書謝公曰。公完髮，所以報國，應元削髮，所以報公。息壤之約，弗敢忘也。魯王監國辛卯，舟山破，張公以二十七人死之，獨命茂滋出亡。無凡遽入舟山，已失茂滋所在。乃詣轅門，求葬故主，諸帥欲斬之。無凡曰，願葬故主而死，雖死不恨。葬畢，來此。遂安置太白山中。聞茂滋羈鄞獄，無凡請之當事，求出茂滋，不得。以合山僧衆請之，又不得。請以身代，又不得。會鄞之義士陸宇爆等，以合門四十餘口保之，茂滋乃得放歸華亭。數年，茂滋病

卒。無凡終身守張公之墓，老死於補陀山。鮚埼亭集

按定海縣志云。帥追餘孽至普陀，無凡請葬閣部尸。又云，爲僧已六年。朱緒曾以爲均失實，是也。山志沿用縣志，失於不深考。

又按定海廳志云。大學士，謚忠穆張肯堂墓在普陀茶山，全祖望有碑記。忠烈邱壟，宜加崇護。昔無凡於其旁築寶稱庵以守之。義概凜凜，奕禩共仰。今庵雖存在，墓則樵採不禁。所望庵中人，繚以牆垣，重建謝山碑記於庵中，是亦保存古蹟之勝事也。

智玉，居法華洞，年百二十歲，本前明邊將。居易錄

海文，無能四世孫。清初爲普濟寺藏執。同太倉信士高御天，募黃磚鋪砌寶殿，莊嚴有功。舊志，精藍淨勝庵下。

通賢，名浮石，姓趙氏，當湖人也。生有奇稟，性厭葷腥。稍長志學，便懷出世。年十九，潛越南海，禮紹宗薙染。因歸省，父母以獨子苦留，稍自蓄髮，貌爲慰解。後投武原普

淨庵乘白重相剃度受沙彌戒於雲棲蓮池宏圓具於海寧湛然澄隨侍嘉禾東塔聞同堂舉七賢女尸陀林話有省歸葬二親復參澄於雲門及聞金粟悟道風崇峻決志歸依明崇禎辛未悟遷天童隨入侍寮未幾思出掩關武原請辭悟語之曰汝三年關後可隨處開堂厚自保重去經二載悟過嘉禾破關執侍一日集衆以拂子囑師曰付汝爲衆去自是當湖青蓮請師開法甲申冬主席澉村報昌順治戊子遷海門廣慧甲午牧雲謝事天童延石住持丁酉遷嘉禾棲眞已亥遷宜興善權庚子住虞山福城退老西山支公之白馬澗丁未七月二十五日入滅世壽七十有五塔於徑山之鵬搏峯下有語錄行世（高僧傳四集）

敬雲創建萬年庵造行專一與人無爭日課準提神呪蕭然世外（秦志・精藍萬年庵下）

續章寧波萬鹿園後力田以食不受信施重建龍沙庵地瀕海四無鄰宇泊如也（秦志・精藍龍沙庵下）

明意自普陀祝髮重修觀音敎寺康熙十九年正月十一日早曰修行者稱五戒今

無憾矣。次日至西門外隙地化去。衆結庵於其所，曰化身庵。鎭海縣志

行悅，名梅谷，亦號呆翁，晚稱蒲衣尊者。姓曹氏，婁東人。年十八，披剃於普陀海岸庵。受具後，擔簦詣崆峒，參瑞白，知向上事。復參天童悟，問掣電之機，還許湊泊也無。悟方詰難，即拂袖云，鷂子過新羅。悟連棒趁出。谷當時會得賓主句。年二十二，再參報恩。已而入夾山，參南澗箬庵。問云，隔江招手，便乃橫趨上座，還具者箇眼否。谷云，不入虎穴，焉得虎子。南澗卓杖云，能有幾人知。谷云，果然作家。南澗便喝。谷即禮拜。明年隨侍金山，即承付囑。後居廬嶽數載，時年茂，暇日乃餉古公案數十百則，皆爲頌之。丁酉，繼席南澗。乙巳，主粤東龍樹院。丁未，主蔣山天華。辛亥秋，復入粤，住大隱禪院。癸丑，至南安居西華山龍光寺。己未，赴江寧蔣山金陵寺。請壬戌，擬之臺山，先入京師，憩錫西城。甲子秋，客東城彌勒庵。臘月朔，夜索水沐浴，焚香禮佛，辭衆端坐，垂誡懇至。衆皆感泣。請末後句，乃說偈曰，使符多謝遠相迎，撩起袈裟請共行。一曲浩歌歸去樂，從來老將不談兵。遂寂。三日茶毘，舍利瑩瑩，

靈骨片片，作金玉聲。塔於南澗北蓮花峯。壽六十六，臘四十八。凡七坐道場，五會說法。一語一機，有照有用，學者宗之，弟子數十人。有正宗語錄，列祖提綱，增集禪宗雜毒海，歷代帝王宏教錄，三會語錄，夢冰，東皋，拈莊，放鉢，北遊諸集，皆梓行世。（高僧傳四集）

扣平，名超直。爲法雨寺監院。往金陵募建殿木，還病卒於途。其徒潤石，賫其骨歸建塔庵側。別庵每至其塔，輒悽愴動哀，賦詩志感。至今寺多其功。歲時掃塔致祭焉。（舊志，觀音洞庵下。）

清磯，名寂濱，松江人。天啓時，九歲入山，常課法華。年九十八，清癯古秀，矍鑠善步，與之言，遺事娓娓不倦。（裘志）

按裘志事略云，清磯翠微庵老僧。其徒年亦七十餘。繹堂和尚言，此庵出壽僧。昔其師祖，有百餘歲者。

雲啓，名照寧，奉化人。爲普濟寺知事，秉公竭力，不辭辛勤。（舊志）

通喆。如迴七世孫。重修梅岑庵。愛詩文。喜花木。勺波拳石。盈列几案。儼然有巖沼之觀。裘志・精藍梅岑庵下。

普授。寂童孫。康熙內徙時。各僧俱以蓄積輜重爲事。授獨取寺中志板。負藏郡中。播遷後寺中文獻賴以不墜。康熙二十三年甲子。展復後授率徒廣悉等。啓闢故土。日就宏遠。所交多雲閒名公碩士。後專志華嚴。每有自得。一日製衣二件。藏櫃中。衆問之。曰。我有用。汝等不知也。未幾病逝。子孫取所藏衣殮之。蓋預知時至者。舊志・精藍隱秀庵下。

手量。康熙二十八年。重建無垢庵。勤修密詣。廣行方便。親仁愛衆。遊方者多稱焉。舊志・無垢庵下。

通溟。康熙時僧。自罷參歸隱。修葺故宇。貞操實履。德行著聞。普濟寺春冬戒屢請爲羯磨。舊志・淸涼庵下。

大曉。名實徹。江蘇崇明陳氏子。康熙二十四年乙丑生。童年純樸。不事浮華。父欲聯姻、堅志逆命。年二十三、依普陀梅檀庵天語和尚薙染、越歲、就普濟寺珂月和尚受具。隨侍本師住鄞縣聖壽寺、命監院事。兩閱春秋、詣顯聖參丹巖和尚、與同參但憨多所問答。復請益於雙鑑。以爲大事了畢、往臨安住山、忽染大病、自覺所得未是究竟。病愈、復詣諸方參請、無有能發疑情進步者。自誓入終南住石洞、了此一生。偶一晚、站於洞口、雲霧晦冥、忽見電光一爍、豁然大悟、說偈云、奇哉奇哉甚奇哉、閃電光中正眼開。明暗兩條生死路、誰知無去亦無來。始覺從前所得之非。自後每坐、竟忘日月。開眼見世界全空。忽覺秀雄峯、倒至面前、頓然一驚。說偈云、本來非色亦非空、無我無人萬象同。能所掀翻誰是主、堂堂不是秀雄峯。從此自信、不復作出山想。有同參言、古人悟後、必須見人、力勸出山。聞香林月行道鍾山、遂往親近。互相契合、付以南澗源流。未幾、月因病退席、織造曹公同本寺耆舊請徹繼之。及月寂、徹守龕心喪三年。力行祖道十有二載。後又應織造海公奏請住金山江天寺。徹見法道式微、狂瀾日下、刻苦勵衆、盡力恢弘。海內衲子、無不仰望。

越十三春、退隱海州。毘陵士庶欽其德、敦請主天寧席。入院後、百廢具舉。乾隆十六年春、聖駕南巡、幸寺、問答深契聖心。丁丑、復欽命賜紫。（乾隆二十二年）是歲仲夏、示微疾、畫圓相云、未入娘胎恁麼來、滿然正眼古今開。了知非我非世界、無邊無際樂無涯。偈畢以終。世壽七十二。（按二當作三）戒臘四十九。（採訪、據塔銘。）

恆學、名能積、四明王氏子。自幼勘破浮華、希求出世。及壯、至普陀、投入東天門分支悅嶺庵、禮霖倉爲師。受具於懷中、得法於陵雲、傳臨濟正宗第三十八世、得受正法名達積。專心向道、篤志焚修。菩薩頂（卽白華頂、亦名佛頂山。）高五里餘、有梵宇、創自明季。其後興廢無常、惟存石亭、供石佛而已。一日、積遊其頂、於其平曠處、忽見石刻慧濟禪林四字、遂存興建之志。叩辭師長、誓願募緣、渡吳江、寄迹黎里、結茅乍川、行魚五載、備嘗辛苦。後得黎里善信首助千金、從而樂輸者日益衆。遂於乾隆五十八年開始建造。不數年、殿宇堂寮俱告竣。幷自郡城鑄鐘、由海船載至山、後其路甚陡、百餘人牽曳弗能上。越三日、夜夢佛曰、鐘可上矣。醒卽督工運鐘、頃刻至山上，顯有神助。當殿宇興工之日，於土中得木雕僧首，面目清癯似積。其徒裝金，偕積像供養於影堂。意是前朝得道和尚化身以了宿願者歟。嘉慶元年開鐘板，挂單安衆。其時緇流歸嚮，恐香燈饔飧之不給，於朱家尖中和廟前，置買田產，以供四方朝山伊蒲之需。復定每日五堂功課，二粥二飯，以已統率之，至今猶守其遺規。而慧濟寺之名大著，積遂得爲開山之始祖。嘉慶六年辛酉示寂，世壽五十有八。塔在北天門左。其徒一，泉名仁源，越州人。登，泉名仁舟，山陰人。俱能恢宏法道，振作宗風。建上客堂，修圓通殿，約身厚物，葺敝補殘，爲克家之令嗣。登，泉世壽六十有六，塔在佛頂山左。登泉徒頂順，建雷祖殿後山篷，又建半路亭及龍樹殿於道頭，爲僧衆往來憩息之所。世壽五十。塔於佛頂左。頂超，名聖光，江蘇人。得法於朗如，重興鎭海梵皇宮，并置穿山田六十畝，助梵皇宮及慧寂寺。道光十二年回山主佛頂席十一載，建方丈室五間。二十三年，公推爲普濟寺住持。二十六年寂。世壽六十六。塔於海天佛國之左。秦志，恆學傳，採訪。

在經、名昌茂、紹興人。年二十五、出家於普陀積善堂。詣鄮山舍利塔前、然指供佛。徧參名山知識。晚年住蘇州松雲庵。終身供奉阿彌陀佛、及地藏菩薩。見人輒談因果、勸修淨土。歸依者盈千。生平不放饌口、曰無德行、故受人銀錢、隨受隨施。嘗刊佛經數種、及萬善同歸等書。又鑄大鐘三具、發願度地獄衆生。道光二十八年、正月二十三夜、忽患胃病、自知將終、禮佛誦經、益加嚴密。命邀歸依弟子某某來。時夜將半、侍者勸待天明。曰、自菩薩至、吾定四更時去矣。口中念佛不絕、令沐浴更衣、果至四更、危坐而逝。年八十三。闍維、得青白色舍利十餘粒。（淨土聖賢錄續編）

賢良、黃巖人、始爲僧於普陀洪筏堂、道光甲申、駐錫上海三昧庵。徒跣行魚十餘年、積募貲以修庵。又購地大南門內、建洪善庵。素持大悲呪、能呪盌水、升高不溢、謂飲之可治病、頗驗。同治甲子六月示寂。（上海續志、僧道補遺。）

信眞、名空修、鄞縣陳氏子。童年受書、不喜藝業。知有教外事、立志脫白、親在不忍離割。年二十二、（天童志作二十一。）親事畢、投普陀佛頂山慧濟寺定育剃髮。即受具於寧郡白衣寺。宿根煥發・得上品戒。後得法於慧濟頂超。道光二十八年・（天童續志・八作九。）主席慧濟・統理大衆・五時功課・枯淡高風・遠近景仰。咸豐三年・寧郡緇素・敦請主天童寺。席天童・爲兩浙名藍・禪宗鉅刹。修入院・宏闡宗風。凡有信施・惟修殿宇。期滿・退隱佛頂・重復主席本寺・至同治九年退院。前後計主本寺席二十一載。春秋愈高・行持愈勤。聞善舉・不吝資財。如杭州海潮・定海南郊之體仁局・長塗之撲文義塾・皆有義助。世壽八十有二。僧臘六十有一。塔在海天佛國石左。法裔通智・覺道・別有傳。（項爾壽撰塔銘・天童續志・採訪。）

淨禪・名聖德・山西平陽人。幼年便持居士之行。進香普陀・爲病魔所困・遂出家。次年投天童納戒。未幾・回普陀・參信眞修公・久之不能灑脫・又依淸玉・獲印證・乃受杖拂。天資穎敏・體貌魁岸・起廢支衰・踊躍奮進・故所至皆成寶坊・至二時殿堂・鉅細坡事・無不躬臨。其閒儼然有古人一日不作・一日不食之風。先住蛟川梵皇宮・次遷招寶山。光緒十年甲申・升席天童。適値改革寺規・衆留連任。十六年庚寅春・辭

回招寶。踰年冬·示疾而化。世壽五十有四。窆全身於招寶之麓。（天童續志）

德清·名空行·江蘇松江人。脫白於松江湛然庵·乃立山老人之孫。（故雖非在山剃染·仍列於本山出家。）歷叢林·徧參知識·深明單傳之旨。光緒十九年癸巳·應天童請·丙申春退隱普陀常明庵。越一年·示疾而逝。塔於普陀雪浪山之麓。（天童續志）

淨守·名榮通·寧海胡氏子。幼業農·值桂匪亂·從征於鮑超麾下。及匪平·不樂仕進·投臨善長老出家。日夕誦大悲神呪。光緒初年·募建白蓮臺·鋪砌小道頭及龍灣路·並助法雨寺新築塗田一百畝。彌勒楊枝兩庵各二十畝。（採訪）

覺道·定海觀音山方氏子。自幼出家於普慶寺。具足於天童寺。來山訪道·寓慧濟寺。信眞修·見其品行端方·付以寺中重任·精敏有功。光緒十一年乙酉·於彌勒峯下重建普慧庵·大爲開擴。後又築室於庵右·額曰般若精舍·爲靜修之所。（以其在山興建·終老於山·故列本山。）朝夕禮誦·不聞庵事。宣統元年夏·趺坐而逝。（採訪）

仁光·處州人。年五十四·至普陀出家。初住獅子洞·後住古佛洞。宣統閒蛻化。世壽九

十有六。其蛻化時。預知寂期將至。趺坐缸中。囑其徒封閉。越三年啓視。肉身不壞。其徒塗以金漆。供奉洞中。香火特盛。採訪

開霽。名耆孫。字英仲。號嚼菘。江蘇淮陰嚴氏子。光緒初。歷署浙江餘杭桐廬等縣。十年甲申冬。浮海登普陀。禮大士。感宿因。謁法雨寺住持化聞悟踰年二月。祝髮於伴山庵。薙派名源輝。字開霽。自號孤峯。稟具足戒於普濟寺。化聞付以衣鉢。法派名德輝。歷主瑞安聖壽。龍游靈耀。吳興天寧。嵊縣戒德諸寺。民國二年十二月。示寂於靈耀丈室。世壽七十有六。僧臘三十。著有僧家竹枝詞。西方樂四十八詠。極樂歌注釋便蒙各一卷。俱刊行。律呂圖說一卷。附刊於春草堂琴譜。採訪

四十方寄寓 共二十二傳

宋

哲魁。隰州僧。性孤硬。潛迹天童宏智覺座下。不言同鄉。經十餘載。覺聞欣然。訪曰。父母之邦。何太絕物乎。欲招至方丈。魁謝曰。己事尙未辦。豈暇講鄉禮耶。曳杖而去。

竟往寶陀眞歇故居。禪宴月餘。臨終召衆說法而逝。闍維。舍利無數。德介天童寺志

大休名宗珏。眞歇了嗣。和州烏江孫氏子。生不茹葷。年十六白父母出家。時長蘆祖照聲震東南。珏往謁。與語奇之。建炎閒避地浙東。居補陀巖。道價愈高。紹興二年。開堂岳林。又住雪竇。二十九年。直閣張偁招主天童。珏容貌奇麗。度量恢偉。而見地明白。深造自得。死生之際。尤卓然過人。城中湖心寺僧辯公。與珏生之年月皆同。三十二年八月上澣。辯以遺書來。珏初無恙。覽書笑曰。齊年既行。吾亦逝矣。翌日迎賓如平時。其晚就座。整容跏趺而逝。法嗣足庵智鑑。居雪竇。鄞縣志引樓鑰撰塔銘。德介天童寺志。

明

別古崖。氏族法系俱未詳。善相術。其法俟夜將二鼓或五鼓。然兩炬坐對。占者數以其炬左右視形狀氣色。旣得。參以所生年月而吉凶之徵有若節契然。鄞縣袁珙嘗遊東海至普陀。崖見而奇之。謂曰。子眼光如電。法當以術顯。因紿令仰視赤日。

待兩目盡眩。潛布黑赤豆於暗處。俾辨之。又夜懸五綵絨線窗紙外。使映月光辨其色。所試皆中。然後悉以相家之術授珙。且曰。子後當出我右。珙果以相成祖於藩邸。顯名。即今所傳柳莊相術是也。鄞縣志引戴良撰袁珙傳。

象先。名眞清。長沙湘潭羅氏子。年十五。補邑諸生。十九出家。依南嶽寶珠薙染。二十五。從寶珠禮普陀。續遊天台。愛其幽曠。多聖賢居止。遂翦茨以居。宿稟台教。仰智者之風。巖棲谷飲。固其志也。始居華頂。繼閱大藏於萬年寺。修大彌陀懺於天柱峯。率以千日爲期。爲人英卓溫厚。雖親禪觀。尤重毘尼。而虛己從人。無德不師。無善不采。故爲四方所推重。講席頻開。學徒雲集。一夕夢見琳宮寶樹。彌陀三聖。淸方展拜。傍有沙彌授與一牌。曰。戒香熏修。悟中品往生之象。萬曆丁亥八月。蒙慈聖太后賜金紫方袍。戊子正月二十九日。告門人曰。吾淨土緣熟。聖境冥現。此人閒世。固不久留。至夕。別衆而逝。茶毘。舍利紅白綠三色。香氣郁郁。示滅於嘉禾之龍淵寺。塔在天台雲居之南隴。兵部職方司主事袁黃爲撰塔銘。釋傳燈天台山志。釋氏稽古略。

蘊空，名明照，三衢江山曹氏子，性恬夷。自失怙，即以家植歸兄，矢志學佛。時島夷梗塞，未遑離俗。年二十，始於杭之梵天無用禪師，接足薙染。又以法眼未明，往投大尖山大拙和尚，授以萬法歸一之旨，深自服膺。既而泛南海，禮補陀，值寶珠和尚，爲時宗望。見照堪爲法器，傳以衣鉢，且誨以韜光自牧。遂詣天台，乃於萬年山誅茅居焉。住山凡二十載，募建大雄寶殿、法堂、藏閣，煥然一新。萬曆丁亥秋，遣內官護送龍藏，安供山門，命照住持本山，賜紫衣、御杖等物。己丑西歸，世壽五十有七，僧夏三十有八。塔在天台萬年寺。釋傳燈撰行狀

達觀，名眞可，晚號紫柏，其先句曲人，父沈連，世居吳江。母夢異人授附葉大鮮桃，寤而香滿室，遂有娠。可生五歲不語，有異僧摩頂，謂其父曰：此兒出家，當爲人天師。言訖忽不見，可遂能語。髫年性雄猛，慷慨激烈，貌偉不羣，弱不好弄，生不喜見婦人。年十七，仗劍遠遊塞上，至蘇州閶門，天大雨，値虎邱僧明覺，相顧盼，壯其貌，以傘蔽之，同歸寺。聞僧夜誦八十八佛名，心大快悅。晨入覺室曰：吾兩人有大寶，何

以汚在此中耶。解腰纏金授覺，令設齋，請剃髮，遂禮覺爲師。自是閉戸讀書，年半不越閾。見僧有飲酒茹葷者，曰出家兒如此，可殺也。僧咸畏之。年二十，從講師受具戒。至常熟相國嚴養翁，識爲奇器，留月餘。既之武塘景德寺，掩關三年。復囘辭覺曰，吾當行脚參知識，究明大事。遂策杖去。一日聞僧誦張拙見道偈，至斷除妄想重增病，趨向眞如亦是邪。曰，錯也。當云方無病，不是邪。僧云，你錯他不錯。可大疑之。疑至頭面俱腫。一日齋次忽悟，頭面立消。自是陵轢諸方。嘗曰，使我在臨濟德山座下，一掌便醒，安用如何如何。後北遊至京師，參徧融，嘯巖諸大老。萬曆三年南歸，至嘉禾，見太宰陸五臺，心大相契。每念法道陵遲，大藏卷帙重多，難爲徧布，欲刻方册，易以流通，普使見聞，作金剛種。于十二年發起倡募，至十七年創刻于五臺山妙德庵。董其事者，爲密藏道開，又有幻余法本爲之輔弼。歷四年，以五臺苦寒，遂移于徑山寂照庵，以嘉興楞嚴寺爲藏板及印刷所。可初于刻藏有成議後，乃返吳門，省得度師。（刻藏事，詳見本山出家密藏傳。）後之都門，訪憨山於東海，又西遊峨嵋禮普賢。繼至匡廬・尋歸宗故址・志願重興・克符所願。江州邢孝廉・延居長松館。可爲說法語名長松茹退。復北遊至潭柘・慈聖聖母聞可至・命近侍陳儒致齋供・特賜紫伽黎。可固讓曰・自慚貧骨難披紫・施與高人福倍增。儒隨可過雲居禮石經於雷音寺。啓石室・佛座下得金函・貯佛舍利三枚・光燭巖壑。因請舍利入內供・三日・出帑金重藏於石窟。以聖母齋襯餘金贖琬公塔。（即石經處）邀憨山偕往瞻禮・并屬作記。回寓慈壽・與憨山同居西郊園中・對談四十晝夜・目不交睫・信爲生平至快事。二十三年・憨山觸聖怒・詔逮下獄。可在匡廬聞報・許誦法華百部・冀祐・并擬赴都相救・旋聞南放・乃待於江滸・及會・執手歎曰・公以死荷負大法。公不生還・吾不有生日。二十八年・上以三殿工榷礦稅・中使者駐湖口。南康太守吳寶秀劾奏被逮・其夫人哀憤以繯死。可聞之曰・時事至此・其如世道何・遂策杖赴都門・吳入獄・可多方調護・授以毘舍浮佛半偈。囑誦滿十萬・當出獄・吳持至八萬・蒙上意解・得末減。可每歎曰。老憨不歸・則我出世一大負。礦稅不止・則我救世一大負。傳燈未續。則我慧命一大負。若釋此三負。當不復走王舍城矣。三十一年癸卯。忽妖書發。震動中外。忌者乘閒劾可。竟以是罹難。幸早見重於帝。適見奏章。意甚憐之。在法不能免。因逮及。旨下云。著審而已。訊鞫。但以三負事對。絕無他辭。時執政欲死之。可聞曰。世法如此。久住何爲。乃索浴罷。囑侍者性田曰。吾去矣。幸謝江南諸護法。說偈。端坐安然而逝。御史曹學程以建言逮繫。問道於可。聞急趨至。撫曰。師去得好。可復開目微笑而別。時癸卯十二月十七日也。壽六十一。臘四十一。可嘗教人誦毘舍浮佛偈。憨山問師還誦否。曰。持二十年。止熟一句半。若熟二句。則死生無礙矣。如此自由安逝。乃持偈之實效。深見其悟證之高超。化後待命六日。顏色不改。及出徙身。浮葬於慈慧寺外。次年秋。陸西源欲致可肉身南還。啓之。安然不動。緇素見之。無不感歎禮敬。乃奉歸徑山。供寂照庵。又越十三年丙辰。方荼毘。建塔於大慧塔後。開山第二代之左。曰文殊臺。可徧禮諸方。無剎不至。及常遊都下。上悅帝心。凡普陀敕建殿閣。皆其啓奏之力。每見古剎荒廢。必至恢復。始從楞嚴。

終至歸宗雲居等，重興梵剎一十五所。以未出世，故無上堂普說示衆諸語。但就參請機緣開示門人，輯之有紫柏全集三十卷，入清藏。（夢遊集，憨山撰塔銘，及舊志禪德。）

守庵，名性專，崑山張氏子，少拔俗，已畜妻育子，彌周，卽厭棄不恤，曰吾將為法王子，肯為人作生死冢耶。尋薙染，廁沙彌相，每往稠衆中，執勤負辛，如僕。喜慍不形色。或勉之曰，當作大比邱，無區區於事相。曰某猶形同沙彌也，若大僧吾何敢當。如是數寒暑，登昭慶戒壇，獲受大苾蒭律儀，篇聚凜若冰霜，方之古持律比邱不少讓。或又勉之曰，當作大心人，無區區於小乘。曰某猶名字比邱也，若菩薩吾何敢當。於是徧禮名山，參訪知識，若普陀、五臺、伏牛、少室諸大道場，宣理二大法師，徧融、古清、法堂、大千諸耆宿，莫不服膺道味，親炙謦欬。復登西山戒壇，增受大戒。如是又數寒暑，乃策杖南還。遇妙峯大師於杭之柯子山法華講席，始受菩薩戒。聆法音，咨嗟悅服。旋詣華頂峯，行頭陀行，誅茅為茨，蕢蕨作供，十二時中，惟誦惟禪。嘗言無上菩提，悟之易而證之難。正以根器下劣耳。故經云，不於一佛二佛所而種善根。要須福慧兼修、先之以尸羅清淨、三昧方得現前。余生前鮮植福、致此身善病。雖糜粥如飴、亦未嘗飽食。有待若此、妨道孔多。余將爲未來淨土身、莊嚴清淨報也。故浙中像教久經廢弛者、若溫嶺千佛塔、赤山三聖像、臨海大佛像、石城百尺彌勒像、皆賴其力煥然一新。性樸素、衣一吉布直裰、四十餘年未嘗更。治持過午不食齋、終身不改。妙峯歎爲今世持戒者、惟守庵一人。寂於萬曆乙巳。世壽七十有三。僧臘四十有八。釋傳燈撰傳

妙峯、名福登。山西平陽人。姓續氏、春秋續鞠居之裔。生秉奇姿、脣掀齒露、鼻昂喉結。七歲失恃怙、爲里人牧羊。十二歲投近寺僧出家、僧待之虐。逃至蒲坂、行乞于市。夜宿郡東文昌閣。閣係山陰王建、請萬固寺朗公居之。一日山陰王見之、謂朗公曰。此子五官皆露、而神凝骨堅、他日必成大器。當收爲徒、善視之。未幾地大震、民居盡塌。登壓其下、無所傷。王益奇之。乃修中條山棲巖蘭若、令登閉關、專修禪觀。日夜鵠立者三年。入關未久、卽有悟處。作偈呈王。王曰。此子見處已如此。若不挫

之、後必發狂。遂取敝履割底、書一偈云。者片臭鞋底、封將寄與汝。並不爲別事、專打作詩嘴。封而寄之。登接得禮佛、以線繫項。自此絕無一言矣。三年關滿、往見王、則本分事明具、大人相王甚喜。令其往聽楞嚴、受具戒、繼又令其徧參知識。北方乾燥、及到南方、朝普陀、因受潮溼、徧身生疥。發願造滲金文殊普賢觀音三大士像、並銅殿、送五臺峨嵋普陀、以永供養。回至寧波、染時證、幾死旅宿。求滴水不可得。遂以手掬浴盆水飲之、而甘。次日見其甚穢、大嘔吐、忽悟曰、飲之甚甘、視之甚穢、淨穢由心、非關外物。即通身發汗而愈。而疥瘡仍舊。至南京大報恩寺、無極法師講華嚴懸談、憨山爲副講、登討一淨頭單、以期養病而聽經。每日于大衆過堂及放養息時、打掃廁室、甚爲清潔。憨山億此淨頭必是高僧、遂私訪之、與登訂盟爲同參。不久廁室不潔。憨山知登去、遂亦去尋之。登去後回蒲州、乃於中條最深處、結茅靜修、辟穀三年、大有所悟。山陰王於南山建梵宇、請登居之。又令往北京請藏經。於京師市中、得遇憨山。及經事完畢、同至蒲州。次年同往五臺、卜居於北臺下龍門之妙德庵。越三年・各寫華嚴經。憨山用泥金刺血和金寫。其金紙・皆慈聖皇太后所賜。登則刺舌血和硃寫。各以此報罔極恩。及經畢・登擬建無遮大會百二十日。事已妥・慈聖太后遣官來山祈皇儲。遂以此功德通歸祈儲。過十月皇儲生・卽泰昌也。此會已畢・登與憨山以大名之下・不可久居。同皆下山隱遁。憨山往牢山。登往蘆芽山・結庵以居。太后命人訪而得之。卽爲賜建蘆芽華嚴寺・成一大道場。自此建叢林・修橋梁・鋪山路者・二十餘年。凡大工程・他人不能成者・一請登料理・不久卽成。成則去之・不復過問。一生所興大道場十餘處・並其他工程・由登之福德智慧・與其忠誠・故上自皇帝宰輔・以訖士庶・無不景仰信從而樂施之。三大名山之銅殿・亦登所親製。（詳見本志明季檀施之末。）將終前・晉王請修山西省城大塔寺殿宇。工完・又修會城橋長十里。工未完・登以疾還山。乃料理所建道場・道場爲十方常住・各得其人。向來輔助料理之眷屬・悉令歸萬固・不留一人於餘處。至臘月十九日・端坐而逝。壽七十三・臘四十餘。時萬曆四十年。將逝之前數日・皇帝勅封眞正佛子之勅黃到。及聞其逝、又賜金建塔、並令凡登所有未完之工、悉令完之。猗歟懿哉。如登者、可謂人天師表、法門砥柱矣。當其閉關得鞋底時、若非有大根行、當卽氣死、豈肯以此繫之于項乎。況已通宗教後、爲養病故、討淨頭。當今人稍有見處、令彼打掃佛殿、尙不肯、況廁室乎。又況偷空打掃、必致極其淨潔乎。所興十餘處大道場、自己眷屬一人不住。其謙卑自牧、無有我相、唯知爲法爲人、了無自私之念。非乘願再來、振興法道者、能如是乎。登一生道行功業、詳具夢遊集本傳、今略舉其大概而已。（憨山大師夢遊集）

無能、名眞拙、姓張氏、順天動戚。七歲祝髮大千佛寺、後往九華禮地藏、以昔父母無嗣、禱此而生也。萬曆丙辰冬、謁洛迦、見遠來朝禮大士者、多露宿、因於淵德觀左、建海雲庵、以接遊僧。生平不枕臥、不鹽食、金錢纖毫不染手。初不識字、久之開悟、一覽成誦。有書生叩之曰、戒定慧奚似。應曰、是卽儒家定靜安慮也。所到多有修建。在姑蘇葑門內、創構靑松庵。時以一舟往來、收浮屍瘗之。一日誦涅槃經畢、端

坐而化。雍正寧波府志

清

達本元、汾州平遙郝氏子。禮南海、途遇費隱容引之參密雲悟於金粟。悟遷天童、元隨行。一日樵於太白、聞隔嶺虎嘯、豁然了徹、隨口便成數偈。呈一首於悟云、太白山中聽虎聲、忽然大地絕無塵。三千沙界冰輪滿、一段清光分外明。悟領之。後悟遷化、再參古南門、蒙印可、傳以源流拂子。釋蓮萍天童寺續志

海宏、名自明、四川涪江人。年九歲、隨父母至洛迦、進香、遂皈依長岡永壽精舍。後歸靈緒鄉福田庵、守戒律。郡國學史大成雅重之、顏其居曰印心。里老延主永寧寺。鎮海縣志

法幢、名行幟、溫之瑞安人、姓林、名增志。崇禎元年戊辰進士、官翰林。日與金聲、金鉉、熊開元、黃端伯、錢啓忠以理學節義相切劘。歷官少詹事。甲申後薙髮爲僧。初居呂峯山、徙密印、遊雁蕩、觀雪竇瀑布、遂嗣法於石奇。乙未入海、訪梅子眞遺迹、結

茅居之歲。饑糧匱、飧蒿藜、然松明誦經、怡然自得。越六載、返東甌、示寂於密印。（許志。鄞縣志。）

借庵、名清恆、乾嘉間、主鎮江焦山寺、以詩名。著有借庵詩鈔、枯木堂筆記等書。達官、如阮文達元、名士如王柳村豫、輩樂與之交。嘗渡南海至普陀、泊潮舟山、云其地僻處海中、不與他洲接壤、生民無外慕、其土之產、適可自贍。俗古風淳、無懷之民、今猶在也。其說可以補邑志風俗之缺。以偶爾之行蹤、悉海外之俗尚、亦可謂所至留心者矣。（吳雲焦山志、借庵自撰福祠記。）

普周、鄞人、號月齋、一號鶴亭、一號飛泉隱者。能詩文、工書畫。自普陀、居象山白盤潭、後居蒙頂山、所卓錫處、必莊嚴佛宇、及幽齋靜室。時有盜數人、窺其積橐、夜半至山、明示其意。普周方坐禪、呼一甓侍者、令演拳勇、則飛步抽簷瓦二而下、復飛步置原處。盜懼乃去。聞普周技更勝。（象山縣志、引蓬山清話。）

流長、名悟春、焦山定慧寺住持了禪月輝徒、俗姓金、監利人。幼為江陵莊王寺僧。及長遊洛迦·窮其勝。晚歸焦山·徧閱三藏·通其大義。咸豐間·髮匪之難·與了禪同守焦山·不去·竟賴以保全。卒年四十三。吳雲焦山志

玉峯·名古崑·一號戀西·志淨土也。江西廣信人·年十餘齡·投普寧寺出家。靈根宿具·讀大乘經·即了大意。繼受具於天台國淸·志遵梵網。隨衆叅禪·力究宗旨·聞鐘聲恍然有省。咸豐辛酉·在明因寺·忽遭兵災·方覺前來學未眞實。荷佛加被·雖傷一足·猶可奔逃·遂隱於普陀佛頂山慧濟寺。於夏月閒·得閱淨土十要·感激之狀·如多年闇室·忽遇明燈。自悔從前不肯細讀·空過光陰。復閱幽溪圓中鈔·增益法喜。自此盡棄舊習·立堅固誓願·嚴持戒律·一心念佛·求生淨土·自行化他·惟誠惟懇·僧俗從化者甚衆。開示後學生死之苦·其言痛切·聞者流淚。教人念佛·日有定課·終身無閒·畢命爲期·如此不退·定生淨土·復刊大乘經律淨土妙典·流通正法·用報佛恩。種種勝行·難以盡述。光緒十五年·慈谿西方寺僧淨果·請居該寺·以寺名合於本願·遂定居焉。崑自發心·直至臨終·日持佛名六萬·二時回向·暑寒無間·永

爲定課。嘗然頂香十炷。供養十方諸佛。又然二指。供養兩土世尊。以期業障消滅。淨德圓成。穩步蓮邦。高增品位。光緒十八年七月初六午後覺腹微脹。次日淨果延醫。醫云。脈已全無。不須用藥。崑惟面西趺坐念佛。精神爽健。過於平時。醫生歎爲希有。淨果請僧八人助念。向西長跪。稱聖號約一枝香。甫至申刻。見其合掌猛力念佛數百聲。怡然而寂。初九入龕。面色津潤。頂上猶溫。次年二月望日茶毘。現諸祥瑞。緇素數百。莫不感歎。生爲淨土領袖。沒後勝品往生。無可疑者。淨土十要崑序。淨土聖賢續錄。

曉柔。台州人。通台教。深信淨土。著有法華演義。頗利初機。又以遇境逢緣。所作宏揚淨土之若文若詩。集作一册。名淨土證心集。又有卍蓮賦草。有二三篇賦。發明唯心淨土之義。俱刻板流通。光緒初至普陀。詣洛迦山中茅篷。篷主成聰。師看過淨土證心集。問師何處人。曰台州某處。聰曰。貴處有曉柔法師。我甚欽佩。師知之乎。柔曰。即不慧是。聰遂頂禮。請在此住。柔隨順彼意。住數十日乃去。採訪蓮根，不知何許人。深信淨土法門，刻定功課，日念六萬聲佛。善書，每寫淨土言句以送人。閒或作詩爲文，發揮淨土要義，住普陀修竹圓通兩庵後之梵林篷數年。其地幽靜，人莫能知。後不知歸於何處。其殆決定往生淨土者矣。採訪

竹禪，四川梁山王氏子，避難出家於邑之報國寺。遊蹤徧四大名山，嘗效喇嘛裝。光緒間，往來普陀，有年寓白華庵。有高人風趣，喜撫古琴，其聲淵淵，悠揚悅耳，令人萬念頓消。工篆刻，有印譜，及刻心經句印一卷行世。又善繪水墨山水人物竹石。性慷慨，凡修築寺院，賑濟災黎，輒畫數百紙助之。求者非其所好，雖貴顯亦不應。嘗謂丈匹紙幅猶嫌短少，不能揮灑自如。晚年有句云。老僧年邁七十七，終日手中不釋筆。紙長丈二猶嫌短，信手拈來塗粉壁。所至名山古刹，多有留墨，體格高超，軼唐邁宋，人以是珍重之。常熟翁相國同龢，嘉定徐殿撰郙，皆與之遊。壬辰在京都，殿撰居以舊第，卻不就，蓋落拓其素性也。住錫上海福田庵。庚子春，語庵僧曰，吾世緣將滿，當從來處去。此閒有恐怖，然無礙也。遂返蜀，至冬示寂於雙桂堂

丈室。世壽七十有七。是年北方拳匪亂邑・僑遷徙殆盡・土著亦皇皇・卒無事・其言果驗。周國興撰行狀・上海續志僧道・周積餘讀書瑣記。

通智・名尋源・別號憶蓮・沙門儀徵阮文達公元之幼子。道光二十三年癸卯生。母氏某・京都人。文達逝世・其母攜歸京都・寄居舅舍。及長・貌瓌瑋・而音洪暢・好道術・不求仕進・欲爲長生神仙。放曠襟懷・優游蓬島・每以不遇眞人爲憾。同治十二年・年三十一・偶至龍泉寺・遇首座本然・億必得道高僧・與之談已所懷・然公斥爲擔麻棄金・認奴作主。遂頓棄所懷・卽求攝受。然爲薙髮於本京七塔寺・從茲研究教典・勵志修持。光緒四年・受具戒於京西雲居寺。乃發足遊方・徧參宗匠。十四年・於普陀佛頂山信眞老人會下・得受心印。是年宏楞嚴於法雨寺。嗣後應講聘者十餘年。雲蹤無定處。惟天童小白嶺・維揚萬壽寺・普陀普慧庵・嘗多憩息。生平志在楞嚴・行在淨土。日課佛號三萬・誓求往生。晨持大悲呪一尺香・以爲助行。嘗謂學者曰・禪宗名爲教外別傳・淨土實爲教內眞傳。汝等煩惑未斷・道業未成・切不可錯認定盤星、高推禪宗、藐視淨土。其講楞嚴也、於七處徵心、十番顯見處、必詳明此土開悟之難、淨土證道之易。至勢至章、則殷勤勸導、不遺餘力。直欲法會大衆、人各都攝六根、淨念相繼、卽隨勢至、親證圓通。其至由惡業而沈淪四趣、乏定慧而墜墮五魔處、尤復極陳得失、痛示利害。每淚隨聲出、語音哽噎。著有楞嚴開蒙十卷。復刊彌陀疏鈔、及演義、要解、便蒙鈔、勢至圓通疏鈔、記心得、志所向也。三十二年丙午冬、示疾育王。丁未春、普慧庵主覺公、卽接至庵、備極照應。至四月初三日未時、合掌念佛而逝。世壽六十有五、僧臘三十有五。瘞全身於佛頂山後之燕窩岡。嗣法門人在普陀者、惟源通、悟開、餘不悉知。通智公堂序。

幻人、名隆藕、字獻純、廣東廂黃旗駐防馬氏子。早歲蜚聲庠序、膺兩粵制軍、瑞澄泉麟之聘掌章奏。年四十一、歎身如泡影、官爵奚爲。乃脫白於雲頂之門、受記於欣湖之室。光緒紀元乙亥、負錫遠邁、首參焦山大虛。越二載、聞廣昱淨、宏法華於太白、遂至天童。淨以龍象識之。己卯、淨又宏法華於普陀法雨寺、藕隨之偕行。淨俱親爲敷繹奧義。自此道價鬱跂、叢林傾挹。行脚所至、咸推首座職。其爲人修幹孤高、性度剛毅。對於士夫、不俯仰媚悅。引誘後進、辭色溫如。宣統二年五月、示寂於上海留雲寺。閱世八十有三、坐四十二夏。（天童續志）

諦閑、台州人。弱冠出家、學天台教、頗有心得。又深信淨土、日有定課。未幾、卽開座講演。清光緒二十四年、了餘和尚爲普濟監院、請閑講法華經。閑欲爲其師作一養老處、乃曰。我欲在此山修一茅篷、養靜。了餘乃於栴檀庵後、爲之建築、名曰爲蓮篷、次年來住。後欲請其師來、其師之友不肯令遠去、因茲閑亦不住矣。曾主溫州頭陀寺。民國初、興觀宗寺、宏闡台教甚力。著述甚多、頗利初機。年近七十、尙講演著述不替、可謂台宗之傑出者。（採訪）

普濟法雨二寺住持表

普濟。五代開山時。名不肯去觀音院。至宋元豐三年。賜額寶陀觀音寺。明萬曆三十三年。改賜護國永壽普陀禪寺。清康熙三十八年。御書普濟羣靈額。及普濟禪寺額並賜。○法雨。明萬曆八年開山時。名海潮庵。旋改海潮寺。三十四年。賜額護國鎮海禪寺。清康熙三十八年。御書天花法雨額。及法雨禪寺額並賜。

五代梁　開平元年丁卯　自開平丁卯。至貞明丙子。巳歷十年。及至龍德二年壬午。二主。共十六年。

不肯去觀音院

貞明二年丙子　慧鍔　開山有傳

五代唐　同光元年癸未　自同光至清泰。四主。共十三年。

五代晉　天福元年丙申　自天福至開運。二主。共十二年。

五代漢　乾祐元年戊申　二主。共三年。

五代周　廣順元年辛亥　自廣順至顯德。三主。共九年。

宋　建隆元年庚申　自建隆庚申。至紹興元年辛亥。巳歷一百七十二年。及至祥興元年戊寅。共十八帝。三百一十九年。

寶陀

元豐三年所賜額

紹興元年	辛亥	眞歇清了 有傳
紹興七年	丁巳	自得慧暉 有傳
		繼以了然 徑山悟嗣
		弁至瀾
		大繼業
		恩求以
		雪屋立
		垣堂圓
		蘧庵成
		還庵琛
		鑑庵寶
		小庵高

嘉定七年	甲戌	閒雲德詔有傳
		大川普濟有傳
		鐵脚清
		古巖顗
		深谷喚
		無咎吉
		寒巖悟
		夢窗嗣清有傳
		石屋環
		寒巖舉
		松州基
		玠禪師有傳○按玠寂年在東巖前。主席年分•與東巖二俱無考•故亦列于前。

		東巖淨日 有傳
		凝溪濤
		白雲恭
		愚溪智
景炎二年	丁丑	如智 有傳[illegible]舊志作元至元十四年。即宋之景炎二年。因統緒所關。故仍作宋。
元	至元十六年己卯	自宋統全亡於世祖十六年己卯。乃作大元承統之始。至至正二十七年丁未。共十帝。八十九年。
	寶陀	
		東洲永 有傳
大德三年	己亥	一山寧 有傳
大德四年	庚子	如律 有傳
		孜翁元
		險崖遇

太虛沖

自纖至太虛，除如智、如律，舊志則列于元之禪德，玢禪師，列于元末法統。餘三十人，均列宋代法統。除開雲、大川、夢窗、東巖、東洲、一山、六人外，均無事迹年分可考。按東洲，即是元初僧。至一山，顯有大德三年出使日本之事實。茲故將東洲後五人，舊志列于宋代者，改歸元初。

天曆二年己巳　**孚中懷信**　有傳

杏鼎祖銘　有傳

大方聘

天童岫嗣○按岫，字雲外，昌國州人。為宏智覺六世孫，究明曹洞宗旨，盡其源底。初住慈谿石門，歷象山智門，遷郡之天寧，已而繼竺西坦席住天童。說法巧譬旁引，曲成後學。生平不倨傲，不貪積，不私食。得施利，隨與人。清容居士袁桷，嘗以詩相贈、答。見德介天童寺志。

朴翁淳

允虛照

釋南堂寄詩。演法高登玉几峯，宏機堪復器之風。不因北海鵬程遠，爭得西丘祖脈通。一炬自焚龍腦盋，十虛都作錦熏籠。向來曾讀宸奎記，萬古光輝日月同。見郭子章育王山志。

竺芳聯

竺西坦下正宗莊嗣

所庵睿

按元劉仁本，題盛熙明普陀洛迦山傳云。住山僧睿上人，以其傳來請誌。核以年代，殆即其人歟。

至正十五年	乙未	大千慧照 有傳	
		自孚中·至大千八人·舊志法統屬元代。除孚中·古鼎·大千外·事迹年分均失傳。	
明	洪武元年戊申	自洪武戊申·至崇禎癸未·共十七帝·二百七十六年。	
		普陀 萬曆三十三年·改寶陀爲普陀。	海潮 萬曆三十四年·改海潮爲鎮海。
洪武初		大基行丕 有傳	
		本初原	
永樂		祖芳道聯 有傳	
正德十年	乙亥	淡齋 有傳	
		普賢道誠 有傳	
		寶珠德意	
		木空圓獻 有傳	
嘉靖二十六年	丁未	圓錦 奉化人	

		天常圓祿 塔任龍灣	
		圓悟	
嘉靖三十二年	癸丑	法光眞智 河南人	
嘉靖四十年	辛酉	望雲明增 奉化人	
		無瑕明通 有傳	
		眞松 有傳	
萬曆六年	戊寅	一乘眞表 有傳	
萬曆八年	庚辰		大智眞融 是年到山開山。有傳。
萬曆十七年	己丑	性能 見明邵輔忠。重錄侯繼高補陀山志序。云成志者。寺僧性能也。侯志。成於萬曆十七年。則能殆是時之住持歟。姑附於此。	
萬曆十九年	辛卯	竹庵眞語 山西。襄陵人。禮部給冠帶。屠隆贈詩。有佛土已收爲上足。君恩更許住名山之句。	

萬曆二十年	壬辰		天然如壽有傳
萬曆二十一年	癸巳	瀛石眞璧鄞縣人	
萬曆二十二年	甲午	東洋眞海烏程人	
萬曆二十四年	丙申		本空德江南興化人
萬曆二十六年	戊戌	雲峯眞宰有傳	
萬曆二十八年	庚子		自修誠揚州人
萬曆二十九年	辛丑	寂庵如迥有傳	
萬曆三十年	壬寅		自心照高郵人
萬曆三十三年	乙巳	普光眞遇有傳	寶蓮如光有傳
		奇峯眞才有傳	
萬曆三十七年	己酉	遜吾如讓有傳	
萬曆三十九年	辛亥	三藏眞經有傳	

		萬容如欽 有傳	
萬曆四十年	壬子	昱光如曜 有傳	
萬曆四十二年	甲寅	無邊性海 鄞縣人。余詠贈詩云。從君說法了玄機・相憶團圝坐翠微。覺海無邊誰悟得・自臻彼岸始歸依。塔在千步沙金地庵右。	了空覺
		竺西眞悟	
		歸元照宇	
		見空照蘊 裘志見作郎	
		朗徹性珠 有傳	
		元初寂乾 屠玉衡贈詩云。聊爾混一塵俗・超然絕世氛。青天飛錫・白氎入孤雲。海際羅羅窟・山根麋鹿羣。名藍留半偈・言下了聲聞。	
		宗源海灝	
		敏庵眞聽 管安道贈詩云。竹杖芒鞋百衲衣・片然山海片雲飛。	

為探龍藏傳心印。寒雨空巖自掩扉。

慧印通恩

振里照葵

恆悅普常

無念性空

素明性樂

樂淵海鯨

天眞海相

濟川海筏

陵雲性嶽

滰洲海先

古宗

		茂榮眞蕊	
		玉峯性寶	
		妙用性旋	
泰昌年	庚申	六夢海涵	寶珠珍北直人
天啓二年	壬戌	應悟海澄	聚宗旨
天啓四年	甲子	桓宗照祚	法堂徹
天啓七年	丁卯	靈脈性澄	優曇仲無錫人
崇禎二年	己巳	生二寂一	寂住有傳
崇禎三年	庚午	自竺西至生二，二十六人。舊志列子禪德，均未言其爲住持與否，事	總持一
崇禎九年	丙子	迹年分亦無考。但恆悅後，無念前，有云前朝耆舊執事有功者，舊志	樸庵蘊四川人
崇禎十三年	庚辰	向附其名，後皆相繼主院事附等語。故照舊列之。	文元秀有傳
		文玉寂美有傳	按泰昌庚申，至崇禎庚辰之年分，乃按鐵海住持所列。普陀寺之禪

			德列于此者，皆無年分事迹可查。生二下小註，已詳及之。
清	順治元年甲申	自順治甲申，至宣統辛亥，共十帝，二百六十八年。	
	普濟 康熙三十八年，改普陀爲普濟。		法雨 康熙三十八年，改鎮海爲法雨。
順治三年	丙戌		明如德 有傳
		貫介照中 有傳	
順治八年	辛卯		資休住 徽州人
順治十一年	甲午		爾欽敬 鄞縣人
		妙元海音	
		曉初海闊	
		公胤通裕	
順治十八年	辛丑	養源寂量 事見舊志隱秀庵下	
		若虛海遐	

		慧融照勝	
		太素照微 鄞縣人	
		一輪普容	
		西宗性印 此下五人按秦志列	
		無礙性懋	
		宏如海禧	
		養如性倫	
		龍安海寶	
康熙二十三年	甲子		明益普容 有傳
		慈德道衡 前住持。見通旭普慧庵記。	
		海涵 普見裘志梵剎•普濟太古堂。	
康熙二十五年	丙寅	道徹普廚 有傳	

年	干支	住持	附
		傳如心受 鄞縣人	
		公闇通亮 有傳	
		巨然照音 松江人	
康熙二十六年	丁卯		自求福
			別庵性統 有傳
康熙二十八年	己巳	通元照機 有傳	
		天鑑通遠 揚州人	
		耆英隆壽 鎭海人。華亭陸祖修贈詩云。師住名山六十年。化城幾度見滄田。白蓮花發重棲定。紫竹林深又結禪。萬斛潮音香界落。一龕佛火海天懸。前身我亦爲居士。丈室長期證法緣。○按自貫介至耆英。二十二人。除慈德。海涵。今新採入外。餘俱舊志列于清初禪德。除貫介。養源。道衡。公闇。通元略有可查外。其餘事迹年分均失傳。	

且是否俱是住持，亦得知。但舊志已列，今仍依次存焉。

康熙二十九年	庚午	潮音通旭有傳	
康熙三十七年	戊寅	古心明忞有傳	
康熙四十年	辛巳	自修明果有傳	
康熙五十三年	甲申	繹堂心明有傳	
康熙五十六年	丁酉		玉峯空懷有傳
康熙五十八年	己亥	震六源法有傳	洞徹空明有傳
雍正元年	癸卯		見灯空焱有傳
雍正七年	己酉	中贊源正有傳	樂道空經有傳
雍正九年	辛亥		法澤明智有傳
		鑑堂德鏡有傳○據秦志，耿昭撰夢蘭齋序，鑑堂主席在夢蘭前，故列此。衣鉢塔在茶山。	

年	干支	住持	住持
乾隆十二年	丁卯	夢蘭源善有傳	
乾隆十八年	癸酉	靑雷迅見夢蘭傳。塔在積善庵側。	
		簡庵又作蒼松勁塔在園房左	無相慧
		南杜衡塔在六和堂獅子巖上。	瑞琳祥見李國樑恢復法雨田產序。
乾隆三十八年	癸巳	越三緣見許志。李國樑恢復法雨田產序。塔在白象庵側。	遠輝慧有傳
			明儀範
乾隆四十三年	戊戌	雲中龍有傳	
		大璨珠塔在龍沙庵上	朗和性始於朱家尖白山頭墾田者。見宋如林碑記。碑嵌在上大
		遇霖洽塔在雙泉庵側	殿門首左壁間
乾隆五十一年	丙午	懷中祖見秦志。能崙撰融通傳。塔在烟霞館側。	仁芳初見積善庵訪稿。云乾隆間住持。年分無考。
乾隆五十六年	辛亥	了塵見許志。陳杰撰了塵朱家尖香蓮隩築塘記。	文學斆
			覺庵遇

乾隆五十七年	壬子	以仁政 募鑄大鍋鍋大銅鐘各一。	玉山通
		萬寧祺 塔在園房側	有光玉
		省中照 塔在龍沙庵	法霖源
		靜源仁 衣鉢塔在園房左	蕺香緣
		天然仁 塔在茶山	旭初秉
嘉慶八年	癸亥	境緣遇 秦志承德記。九年境公寂・衆舉承德繼席。知爲此時住持。	超塵續恩 有傳
		承德維賢 有傳	文通道
		蓮芳勝 塔在園房左	宗乾仙
		書文瑞 塔在園房側	觀一基
		正法達堅 塔在芥瓶庵側	本立源
			明珠融
嘉慶十七年	壬申	融通能圓 有傳	巨川達 自文學・至巨川十四人。除超塵外・事迹年分均無考。據訪

紀年	干支	住持	住持
道光二年	壬午	月中桂 有傳	稿俱列仁芳後・爲法雨住持。
		茂松蔭	
		昌蔭 秦志錫麟堂記・道光初住持・年分無考。疑即茂松蔭・故列此。	
道光五年	乙酉	鴻崑能崙 有傳	聖參德 見秦志法雨重鑄銅鐘記。
道光六年	丙戌		海南性 有傳
		法音雷 自鑑堂至法音・二十七人。了塵・昌蔭・乃今新自採入者。其	學周榮
		餘二十五人・秦志列于法統之末。除鑑堂・夢蘭・雲中・承德・融通・月中・	巨川裕
		鴻崑有傳・及越三・懷中・以仁・十人・略有資考外・餘十五人事迹年分	圓仁
		多失考。是否均爲住持・亦不悉。但見舊志・今亦仍之。	性懋林 學周下四人・據訪稿列在海南後・爲法雨住持・年分無考。
道光九年	己丑	定智果 有傳〇果字祖堂牌位作榮	
道光二十三年	癸卯	項超聖光 附見恆學傳	
		圓明徹	

三淨清
悅參心
德建容
銀山嗣
德法能
一心祥
化慈眞
備山眞
鼎育眞
瑞德能
臨海達全
博文授

		靜安悟 自圓明•至靜安十四人•祖堂牌位•俱載清時普濟住持。但舊志未列。諒多屬道光咸同間人。而事迹年分•無從稽考。牌位亦無次序可據。並不知孰先孰後。故侗儱附列於此•以盡可查見者•免遺漏之心耳。	
同治十一年	壬申		立山滿圓 有傳
光緒元年	乙亥	凝山	
光緒七年	辛巳	梅卓明 台州人•于寺增建梅曙堂。	
光緒十年	甲申	寬量隆璋 出家於隱秀庵。十七年退院•居梅福庵。勤敏有功•修大圓通殿•及庵。	
光緒十一年	乙酉		化聞福悟 有傳
光緒十七年	辛卯	慧源聖銑 有傳	
光緒二十年	甲午	埜寶悟圓 有傳○二十三年退院。靜山繼席•進院未久•靜即爲	

年代	干支	普濟	法雨
		慧濟往江西募黃瓦。遂寂於江西。圓復任住持。至二十六年退院。	
光緒二十三年	丁酉	靜山宏盛 台州人。慧濟寺源皓徒。歷往江西募瓦。進院未久寂。	
光緒二十四年	戊戌		化定福學 安徽薛氏子
光緒二十六年	庚子	善章續義 二十九年退院	
光緒二十七年	辛丑		開如德月 有傳
光緒二十九年	癸卯	通達常廣 三十二年退院	
光緒三十一年	乙巳		永悟峯 浙江鎮海馬氏子。改建圓通庵。助朱家尖田百畝於寺。
光緒三十二年	丙午	月德寬裕 宣統元年退院	
光緒三十四年	戊申		開然德定 湖南劉氏子。初從軍。懼殺業。投化聞薙度。見眠雲公
宣統元年	己酉	廣學寬量 有傳○民國元年退院	堂序。
民國	民國元年壬子		

民國元年壬子	文蓮生 四年退院	了一廣得 江西九江周氏子
民國四年乙卯	了餘廣導 有傳〇八年退院。	
民國五年丙辰		化杲心開 江蘇寶山朱氏子
民國六年丁巳		了清廣香 廣東惠來吳氏子
民國八年己未	蓮曦演曬 十一年退院。廣東香山縣人。	了明廣月 浙江慈谿盛氏子
民國十二年癸亥	了信廣裕 廣東潮陽人	

普陀洛迦新志卷六終

普陀洛迦新志卷七

古會稽陶　鏞鑑定　古翁山王亨彥輯

營建門第七 內分亭祠坊塔路橋五子目。凡屋宇・除寺庵茅篷外・如學校醫院等・俱包在亭祠之內。

彌陀淨域・成就莊嚴・慈氏宮中・侈陳樓閣。況在塵寰之境。可無構造之工。斯山塔現多寶・妙證法華。街闢玉堂・恍遊淸署。橋登智度・總歸般若之門・路號莊嚴・證入金剛之定。護法則天龍海若。紀贊則聖誥宸謨。非徒以壯遊觀。亦藉以增信嚮。志營建。

亭祠 共四十三所

龍章閣　宋嘉定七年・僧德韶建・安置寧宗圓通寶殿大道場諸御書。今廢・址不可考。裘志

御製碑亭　在護國永壽普陀寺。明萬曆三十五年・發帑千兩・遣御馬監太監党禮建。後廢。裘志

玉音亭

御製藏經序碑亭

應制經贊序碑亭　俱在本寺旁近。明鎮臣侯繼高建。今俱廢。裘志

萬壽御碑亭　一在普濟寺海印池北、五間、高三丈八尺深四丈、廣共六丈。一在法雨寺第五層、五間。並清康熙四十一年建。安置康熙御製文碑石。法雨寺碑亭、亦名天章閣、御書亭。又兩寺碑亭、皆豎蠲免錢糧碑於其旁。許志、採訪。

清、鄞、屠粹忠法雨寺、萬壽御碑亭記　今上御極之四十有一年、普陀法雨寺住持性統、創建萬壽御碑亭於圓通大殿之前。表恩榮、展祝鼇而垂久遠也。先是二十八年、翠華南巡。因提臣陳世凱、鎮臣黃大來之請、賜帑建圓通等殿。三十八年春、皇帝復南幸、駐蹕杭州。性統迎駕、謝恩召見於行在、問勞再三、寵眷優渥、尋改前鎮海寺曰法雨、給江南黃瓦一十二萬、帑金千兩、補全未竟之工。賜額大殿曰天花法雨、方丈曰修持淨業。既又賜御揭米元章字一幀、御書金剛經一部。於時宸

章輝爛·焜耀海天。性統·深維聖恩罔極·臣僧何人·邀此異數。乃謀於提臣張雲翼·趙宏燦·鎮臣藍理·施世驃·郡邑臣甘國璧·繆燧·購美石·延良工·摹而鐫諸碑。且闢地構亭·覆其上。自開闢以迄今·茲萬千年來·矗天章於鰲背·勒御翰於蛟頤·可謂奇矣。浴日月以助光華·驅龍象以護風雨·可謂壯矣。於其落成·性統寓書京邸·命粹忠記其事。因稽首載拜而言曰。於哉·自古繼天御極之主·聖神文武·天縱多能·未有如我皇上者。維時車書一統·玉帛萬國·幅員之廣·亙古所無。洛迦海外彈丸土耳·置之若有若無·寧遂以此損聖治於萬一。而聲教所訖·紺宇斯開·雨露一霑天章以被·類而推之·無一夫不獲·無一物不得其所·可知也。御書比年來·大小臣鄰·時受寵賜·上以榮其祖父·而下及其子孫·其摹而登以石·覆以亭者·莫不榮耀里黨。此皆臣子之分所宜自靖·性統·內空五蘊·外捐萬有·乃所不能空·且捐者·惟天子之殊恩·意其忠君愛國之心·勤懇無已·而寓之乎此。儒與釋·豈有異哉。曰御碑·表恩榮之自也。曰萬壽·展祝釐之忱也。他日望氣者·東海日出之隅·榮光四燭·

雲漢昭回。嗚呼。非中國有聖人。彼西方聖人之教。其能至是也哉。許志

御碑亭　一在普濟寺石坊下馬處。三間。圓頂。高三丈。深三丈二尺。廣共四丈六尺。一在法雨寺第三層五間。並建置雍正御製文碑石。許秦志

渡海紀事碑亭　在普濟寺左。明巡撫尹應元建。清寺住持通旭重修。裘志

明漢陽尹應元。渡海紀事。大明萬曆三十一年癸卯夏五月。督撫浙江都御史漢陽尹應元。視師海上。時總戎都督僉事處州李承勳。簡銳卒數千。以待聞補陀山峙大海中。登此山。則諸凡險要可指顧而知。又近歲聖母皇上。屢遣內官齎帑金重修梵宇經藏。應元以為百聞不博一見。決策往焉。總戎具舟卒。諏風潮。訂行期。海道副使同安王道顯。參將蘇州袁世忠。寧波知府建安鄒希賢。同知金谿黃樺。推官宜興何士晉。定海縣知縣漳浦朱一鶚。悉從。都御史以是月十三日解纜。十五日抵補陀。既焚香頂禮觀音大士。遂歷海潮。陟絕巘。望滄溟。凝睇扶桑。周沓海島。眞三生奇觀哉。夫普陀。海潮寺等耳。又同在一山。海潮巨刹宛然。恬不為異。而

普陀名號最著。因災修復。殊非非常之原。一旦重以天子之命。勢必竦動遠近。鯨波叵測。偵備宜嚴。乃屬參鎮各官。整旅飭防。聞警卽援。永期寧謐。萬萬弗遺君父憂。總戎暨諸司。分猷共念。可謂一時之盛。爰鐫石歲月。以告嗣來云。

懷闕亭　在烟霞館左。萬曆中督造張隨建。今廢。裘志

清淨境亭　在寶陀寺南嶺上三摩地。明洪武庚戌。寺僧行丕建。今廢。裘志。宋濂清淨境亭銘。

明金華宋濂。清淨境亭銘。普陀洛迦山者。在東大洋海。梵語補怛洛迦。華言小白華。傳言山有二。皆觀音大士示現之地。其一自西竺歷羅刹鬼國。暨諸魔土。始至其境。其一卽華嚴大經所說。善財南詢之處。蓋今所也。山絕起海中。周圍僅百里。寶陀寺在山南。去寺三里。至潮音洞。洞脚插海。張頤欲飮。怒風驅濤。進退擊衝。洞巓通穴。曰天窗。白光注底如月。唐大中間。梵僧拜洞前。燔十指禱之。指且盡。大士爲現身說法。授以七色寶石。自後人以誠感。輒應。或現紫金。自在相。縞衣縹帶。珠瓔紛然。或現千首千臂。護法大神。翼衞後先。稍轉而右。爲善財洞。窈黑不可測。從

洞折而北、有石類香鑪、類佛牙、奇甚。惟磐陀石上最寬平、可坐百人。自石折而西、有獅子峯、有象巖、有佛手峯、皆以其形名。有三摩地、嘉木蕭森、怪石駢列。臥者、離立者、蹲者、欲起者、迎躍似舞者。其他勝概、難可數計。洪武庚戌春正月、部使者、贛州劉君承直與寶陀大師行丕、拖杖西東遊。使者曰此清淨境也、盍爲亭。大師乃建於寺之南嶺上。從三十尺、衡如之。左倚山、右入潮音洞。云予聞西方國名淨土、纖穢不存。以黃金爲地、寶樹重重。迦陵頻伽、能演妙法。人思至之、有不能得。豈意東海之區清淨之境、爲近之耶。是宜大士顯靈於其地也。大師宇大基、行丕其名、鄞人也。宗說兼通、行解相應、蔚爲時之名僧。初由佛隴昇主是山、匡衆說法、恢復産業。振興夫叢林法席者、非茲之可備載、故略而不書。銘曰、大海東匯、厥名惟瀛。幷包川洛、混合坤經。鯨波四繞、龍島中停。濯濯綠淨、皦皦青縈。片滓弗立、纖塵不驚。如蓮出水、類鑑含明。流雲斂翳、新旭爭熒。金沙布地、寶樹森屏。巨石佛足、嵌洞潮聲。大士顯瑞、梵童揚靈。仙帶翻縹、玄珠垂瓔。月相穆穆、飆馭泠泠。龍君持戟、水伯捧旃。衞茲勝特·控此高冥。倬彼開士·爰謀建亭。莫平匪砥·有覺惟楹。直遡寥廓·將齊攖寧。塵因道寂。境逐心清。徜徉淨國·周流覺城。敢告來裔·庸勒新銘。（稍節）

觀旭亭　在法華洞側。今廢。（萬言法華洞詩·採訪）

著衣亭　在無量殿左。今廢。（裘志）

莫捨身亭　在潮音洞上。參將董永燧建。今廢。（裘志）

清邑令繆燧·捨身戒。人有捐生投於梵音洞下者·妄冀爲大士所收錄。嚴飭禁杜不止。歲或以告。嗚呼捨身之說·吾不知何時而起。其云福利·眞不可解。而世往往惑之。甚矣人之至愚且忍也。今有父兄急難·或告之曰·爾其殺身成孝·人且趦趄不前。甚至假託竄避·以幸免者。今有軍國重務·或告之曰·爾其諍之以死·人且畏葸緘默。甚至依阿詭隨·以附恩寵者。今有蹈非常之變·禍不可測·爲之友者·徬徨歎息。或告之曰·爾其以死救之。殺身成義·則卻步掉首而去。夫忠孝節義·古今之美德·天下萬世所常尊·所謂死有重於泰山者也。而代不數見。信誣妄之說·委父母遺體於波濤巖石間．所謂死有輕於鴻毛者也．而趨之若騖。其爲愚與忍孰甚。夫人之生禍福兩途耳。人之禍莫甚於不得其死。死之苦莫甚於沈溺。宛轉反側．浪擊石觸．糜身折骨。而後魚鼈羣萃以食之。雖支解刲割．靡有其慘。夫捨身以求福也。而先受慘禍．嗚呼．若死而有知．風雨晝夜飄泊淹溺．不知幾何怨悔也。而或父母望其歸．妻子冀其還．兄弟親戚莫不延頸以望。忽得凶問．愴怳號泣何可勝道。非忍心很戾．計不出此。如是而欲望慈悲之大士．以一死爲皈依．吾知其必疾惡痛恨斥之．惟恐不速矣．尙奚福之有。且夫人等死也。與其捨身以求福．孰若捨生以取義。與其輕自戕賊於虛無杳冥之途．孰若勇決向往於倫理綱常之地。用之於父兄可以成孝。用之於君國．可以成忠。用之於朋友．可以成義。而世人不解．好用之於誕謾不可信者．而謂以此永度脫也．適以成其陷溺耳。吾固曰至愚且忍也。余知定海縣事．故書此以戒。

八角水亭　在普濟寺前海印池中。連亙石橋．周以扶闌。東西．各有池通海印。黃應

熊記

正趣亭　舊名坐坐亭，在妙莊嚴路中。從道頭至普濟寺各二里半。清順治間，都督張杰建。後廢。康熙三十六年，寺住持通旭重建，以其適當正趣峯下，改今名。裘志

清，鄞，張超宗詩：孤亭坐坐夕陽斜。百折千重路轉賒。山鳥似知來客意，連聲啼上杜鵑花。

邑人夏昌渭詩：樓閣森森鎖碧嵐，登臨我欲叩禪關。天池水活隨吞吐，松徑人稀任往還。佇立片時都淨土，回頭何處不靈山。慈航渡盡塵寰苦，願聽楞嚴訂石頑。

迴瀾亭　在短姑道頭。清光緒間，邑人王克明建。民國己未，陳性良重修。採訪

宏涼亭　在玉堂街中。採訪

半路亭　在香雲路中，因名。清嘉道間，慧濟寺僧頂順建。採訪

娑竭龍王祠　在普濟寺左三會堂側。舊志

龍王堂　在法雨寺天王殿旁。清光緒二十年，住持化聞重修。許志採訪

土地祠　在普濟寺右、仁德堂西、前後共六間。清康熙三十六年、仍舊址建。舊志

天妃宮　在司基灣西、僧大慧建。今改福泉庵。裘志採訪

天后閣　在法雨寺前。清雍正九年、住持法澤建。宣統二年、開然重修。許志採訪

許秦志事略、並載雍正九年辛亥修建。時法雨住持法澤。以山在海洋禮香者皆由舟楫。而寺中從未奉有天后香火、甚爲缺典、乃建閣三間以祀。及閣成日、黃昏後、忽見彩船一隻、儀從旌旗繽紛整肅、左右羽扇交蔽、前掌大燈兩盞照耀光明、從東洋海上而來、直至千步沙。監督諸員及僧衆工役、同時共見、知爲神靈示現、無不驚異。

關聖祠　在蓮花洋畔、汛兵守此、今改廣福庵。裘志採訪

關聖閣　在永壽橋東堍。舊志

關聖祠　在善法堂前、舊爲海防公署、今廢。採訪

五公祠　在普濟寺伽藍殿右。供明宮保尚書周寅所。提學副使楊楚亭。太僕寺正

卿劉行素。禮部主事屠赤水隆。尙寶司丞沈玄扈・等像。裘許二志

何公祠　在普濟寺山門外・三會堂左。供明總兵何汝賓像。舊志

薛三省記曰。參將盡寧紹而守・起自嘉靖末季・其以副總兵守職者・實所僅見。而今復見仲升何公・初以部署指揮・行守將事・不二年・而進副帥。蓋是時逕與滇均發難。縣官廣厲武守將高等・卒驟遷去。當事者・念海上方多劇盜・非公無可與計事。故先遷期疏請以公副大帥。兩浙守將凡四。而寧紹並海・袤延幾千里・當東南要衝・任最重。而參將建牙舟山。居海中・去大帥府數百里。往來期會・出入洪濤掀浪之閒。暴風毒霧・猝不知所自起。兩汛所經・廣瀁無垠之域・所患政不在鱷鰐也。地又最險・此非素鎭定饒有膽略・以長風巨浪爲遊戲者・時且骨驚神怖・惴惴魚黿與鄰之是憂・而暇憂敵乎。公恂恂退遜・驟視之文儒耳。而中實深鷙・多計畫。且吳産習於水。其視海若陸。視舟檣之顚危・若車軒輊。而擘楫・指麾若折松・麈羽從容談笑・不少動於顏色也。又歷官所涖・卒舟師・益練習臨戎。必身先士卒・而賈以

餘勇。嘗謂水軍與步軍，異勢而不同情。步軍，扼險而守，所趨利，遠不過百里，得據勝地而出奇。水軍，亦扼險而守，然趨利，遠者多在數百里外。無利可據，惟藉天助而致死。故步軍爭勝於地，水軍不爭於地而爭於水，又不徒爭於水而爭於風。水有候，而風無候。有候者，人不得逆挽，無候者，人又不得順噓。故風與水候兩順，則我操勝。兩逆，則敵操勝。一順一逆，則我與敵互操勝者半。而人力則弓矢劍戟諸步軍之長技，皆非所施也。所恃，獨舟楫與火具耳。故公在軍所操術，惟謹占候，愼葺造，精火攻之器械。而大指先收人心而用其死力。浙往計惟倭，近乃禦盜。盜多閩人，狡黠，假漁爲名，聚而剽商船，掠其貲。不中，則質人而責重賄，無虛日。然飄忽無定蹤，水軍無如何也。主者度非一大創之不可，而計無所出。議多市商船，伏兵爲覆，誘取之。公曰，此掩也，可以一逞。盜不可得盡也。軍與力乏，安得多貲爲市。吾惟有明號令，嚴賞罰，以厲將卒。將卒善，則士卒用命矣。且盜未嘗不畏吾軍也。故春防軍厚集則遁，撤則掠。吾軍在外游徼者，非乏，乃所乘小舠。故盜視爲易與耳。

今令大艘、更番挾以出、則盜懼不敢肆、其策至今不能更也。公性謹厚、嚴飭諸將伍、少犯令、即置法。私門雖簋器之食、勿輕入。終遷日、毋更其廉。若此、惟廉爲能寬、寬則惠廣、足以結士。廉爲能靜、靜則事省、足以安下。廉爲能公、公則政平、足以服衆。廉爲能明、明則鑑精、足以辨材。公所以收人心、而能使人用命者、以此。公先後守職凡六載、從前未有若此久者。而窮極海外形勢、不遺幽遐、亦未有若此勞者。政久而德深、勞積而功高、此祠所由建也。舟山、公所建牙地、而洛迦山爲外楗、倭內窺所必經。乃守望獨薄、當時意或以大士威神足懾、以讋遠而近者。盜則吏所垂涎。蓋盜所乏者糧。其視香積、猶外庾也。故兩防、公數臨涖以耀兵。諸士伍謂公雖遷去、而其神情長依依此山。乃即以建祠。祠成、參軍何國輔走書屬余記。後因公事過邑、數肅余爲請。因爲記公功德之大者、而併及建祠之意若此。公名汝賓、字仲升、即以爲號。家世衞指揮使、令遷都督僉事、鎮兩廣、雅好文、所創著舟山志、不獨徵故實、且足裨軍策云。明天啓丙寅仲夏。陳志

陸公祠　在普濟寺衣珠堂右。供明郡守陸自岳、幷圓初長老神主。今廢。裘秦志

四監祠　在普濟寺柏香亭後、三閒原烟霞館改。孤高爽塏、登之峯巒蒼翠、島嶼明沒。烟水霧霞、繚繞襟袖、明萬曆閒、寺僧建內官三公祠於山後、以祀督造御用監太監張隨、御馬監太監党禮、內官監太監馬謙。淸初以王臣副隨、同董寺役、併祀之、爲四監祠。裘許志

藍公祠　一在普濟寺。一在法雨寺。均淸康熙三十二年建。祀淸定海總兵藍理。舊志

淸、慈谿姜宸英記。佛法自漢入中國、其時可謂久、而其道日益廣矣。夫惟其道廣、則藉手於衞道者甚殷、其時久、則凡所歷治亂盛衰、變遷興廢之狀日多、而其需夫人之衞之也、亦日亟、顧古今來作釋氏干城者、多矣、大都不過捨基址施金錢而止、未有終始經營、難不辭、而久不倦、如元戎藍公之於普陀二寺者也。方夫海禁乍弛、僧衆初歸、而道場梵刹俱未興建、時則有故鎮黃公乘閒力奏、遣員賜帑、初地重光。然命甫下、而黃公旋沒於官。公來繼鎮、建牙翁洲、翁洲距普陀百里、潮

汐往返，風濤叵測，不以爲勞，力任茲事。若宜革，若宜興，若宜先，若宜後，若宜多，若宜寡，寺之主者悉稟裁於公。公一以至誠大公處之。公之鄉多產巨木。斥俸捐貲，桴海運木，分給兩寺。置木之値至數千緡，無所吝。然予謂此不足爲公難。其分處兩寺也，自有護法來，千百年間，未有如公者。明萬曆七年以前，止建一寺。至後，又有鎭海。然皆長老住持而已。展復來，別公以雙徑嫡孫，提督陳公敦請主席後寺，先入山者三年。公至普陀，喟曰，改律爲禪，後寺已然。而前寺獨可不延高行大德闡宗風，而登上乘者居之乎。博咨廣詢，得天童八世孫潮音和尚。迎拜陞座，聞者皈嚮。兩師皆慧心定識，又其宗皆臨濟，無所淄澠。公集兩廡僧徒，曉譬而戒勉之，至誠披露，人人悅服，緇素歎息，稱自有護法來，眞未有如公者。競謀建公生祠，以尸祝不朽。越明年，兩寺告成，俱以宸英素辱公知，函書來京，丐爲文以鐫石。余曰，公鎭定十年，功德及吾寧者甚大，即不辱與公交，亦不得辭。然予知公極審，於公遇前寺，知公之精微。於公遇後寺，知公之廣大。嗚呼，公待佛及僧如此，其忠君愛國誠民卹兵更宜何如哉遂敘其終始難不辭而久不倦者以復兩寺之請世之覽者諒不以予爲阿公而公亦必不以予言爲河漢也夫康熙丁丑八月裘志

陳黃二公祠　在法雨寺淸康熙三十七年住持性統建舊志

淸鄭胡德邁法雨寺合建陳黃二公祠記古今來事之盈虛消息倚夫數而廢興成敗則係夫人數若待人而人不委數故自廢而興轉毀而成者其功多不可忘雖或其人已沒其事猶樂得而稱頌弗衰如普陀法雨寺之於故提督陳公總戎黃公是已夫普陀爲震旦名山與峨嵋五臺九華齊稱乃其山川奇詭雄特之氣結爲前寺不足至明五六百年又發而爲後寺亦足以見大士德教之遠願力之宏矣其屢廢屢興要亦時勢使然今上皇帝二十有六年文綏武讋盡士悉臣海外甌脫廓入版圖於是厲禁盡弛而普陀內徙之僧雖歸故宇未奉明綸黃公鎭定二年恭遇翠華南幸乘閒奏請于是得賜帑金重建兩寺蓋不獨慈雲法雨廣被東南而吳越封疆門戶益得藉外屏以固金湯矣先是寺之未建也麋鹿滿山

荆榛薉野。惟我别公和尚、遠從西蜀、訪舊天童。陳公聞其名、俾主法雨、宏度沙門。于是自萬曆來百餘年、第習講律之傳、一變而爲禪宗大乘之學。不寧惟是。今元戎義山藍公、聿繼黄公來鎮、信道愛人、亦惟是普門干城爲任。謂改律爲禪、義可師法。由是延今潮音和尚、一如陳公之延别公、而普濟法雨、不減天童雪竇五磊精嚴。閩浄矣。嗚呼、向微陳公、藍公亦必爲之。然而後來之美、其得忘前事之師乎。别公曰、我之不忘黄公、猶藍公也。我之不忘陳公、猶黄公也。於藍公則專之、於陳黄二公則合之、禮也。祠成、丐予爲記。予曰、寺之由毁而成、黄公之德。禪之由廢而興、陳公之功。皆不可覩爲偶、爲偶息之數。所謂數若待人、而人不委數者、於是乎在。嗚呼、道不高則衞道者不力。教不宏則翼教者不切。觀陳黄二公之於法雨、如此。即别公可知矣。予是以不辭其請、而爲之記。康熙三十七年戊寅冬。

黄公祠　在普濟寺伽藍殿左、供清定海總兵黄大來像。裘許志〇秦志、梵刹門、附五公於四監之左、附黄公及邑令繆燧於四監之右、無五公黄公專祠。

淸・慈谿・鄭梁記。昔漢朱邑・爲桐鄕・有惠政・民德之・於其在官・爲邑建祠・以俎豆之・此生祠之昉也・迄今二千餘年・間爲吏若帥者・無邑之德・而皆仍邑之事・生祠徧郡國矣。然皆蒞則安之・去則毀焉・予謂此眞生祠者矣。獨至故總戎黃公則不然。公鎭定海三年・忠於其職・今皇帝實眷依之・二十八年・帝南巡・公護駕行在・帝從容問公舟山緣海事宜・公輒慷慨陳地方兵民利弊・甚悉・帝嘉納之。公平時信道而敬佛。嘗憫普陀・爲大士演法道場・卽今閩疆展闢・海宇蕩平。天下名山・皆被嘉賴・而大士現靈之區・反錄錄墨墨。一二僧徒・私相號召・挺鐘撾鼓・於荒烟蔓棘之中・心甚苦之。且幸際承平・卽無所言。脫不幸一旦有事・此自歸自復之衆・誰任其咎。思欲陳之・而未有路。適帝召問・遂乘間爲帝陳之。於是帝可其議・帑金有賜・衞臣有遺・而普陀煥然重建焉。公方欲多方培護・廣建名藍・越明年・而公以疾沒於官。死之日・兵與民・無不哀慟如喪所親。而山中千百僧徒・尤悲念之不忘。於是相與闢地治宮・祠公於伽藍殿之左・肖像而俎豆焉・報功酬德・禮也。潮公來住此山・

與余交好。遂以公祠落成告、屬爲記以垂久遠。余曰、文之傳、公不如公德之在人心者自爲可傳也。然數十百年、見聞迭異。故老之口盡、而我公之明德亦湮、勒諸貞珉、載諸山乘、公雖亡、而其事其德不與俱亡也。余是以不辭而爲之記。(下略)

施公祠　在未詳。祀清定海總兵施世驃。許志萬經記。○記內不詳祠之地址、與所祀者之名、殊覺歉憾。

清鄞萬經施公生祠記。士君子立身揚名、其豐功偉烈、可著於當時、可傳於後世者、青史載之矣。又能推其所餘、使方外之民、頌功德於勿衰、尸俎豆於奕世。是又其靈根天植、雖處世網、不爲事物所淆。故能於撫字愛養之中、而宏護於潛修密證之區、其志量之高大、識見之廣遠、豈凡屬居官者所可同日而語哉。如元戎施公、其殆有不可及者歟。公本將種、世有令德。其秉鉞於定也、輕裘緩帶、詩酒永日。雖際時之昌、亦公之才智過人、故能先聲而懾衆、不誠而事成也。普陀名山、乃其轄下、或承使命、或視師旅、常航過其地、繼之則爲聖祖祝萬壽、幷爲母太夫人祈遐齡、亦時往其閒。由是與方丈諸師、敍談移日。公不知有名位之可拘、而山中亦若忘人之勢。惟於寺之得失利病・事之開遮趨避・無不導止斡旋。山中德焉・謀肖像於護法諸神之列。是公之厚德高誼入人者深。故思慕之不足而詠歌之。詠歌之不足而對越之。豈若世之阿好以爲榮・而去則毀之者哉。吾聞釋尊善逝・在靈山會上・以佛法付囑國王大臣。蓋僧行忍辱・外侮易乘。不有屏翰・其何以穀。公其受囑靈山者歟。又聞士大夫之英敏特達・克荷綱常者・皆從三寶中來。分散四方・共行教化。公其五百應眞者歟。不然・何能忠孝克諧・公私兼濟・若此其裕如耶。噫・世網若膠漆・貪欲若大海・世人貿貿沒齒不返。非得大雄氏清淨無爲之學・中道拯救・何能使吾輩背塵合覺・解脫桎梏・而得究竟安樂也哉。則凡衞翊其教以覺夫斯世斯民者・雖百世祠奉之可也。而況于親沐其休者乎。予久依公之治下・而普陀珂公邂逅京師・又常稱述其風節。其言信有徵也・因不辭而記之。

留衣堂　在法雨寺。清定海總兵藍理・去任留一襲衣以表不忘。住持性統因建斯堂。裘志清釋性統藍公留衣堂跋大元侯藍公於庚午歲自宣化奉命移鎮定海甫下車爲國祝釐旋登普陀荆榛載道瓦礫成邱慨然有興復之志歷任十有二年殫心竭力曲盡經營殿成輪奐閣聳雲霄即帑金頒由內府寺額得之御賜亦皆公持衞精忱所感召也至於公之治定也闢土地浚河池置館通商肅軍安民豐功偉業閤邑咸稱今歲辛巳詔駐天津公至寺禮辭大士徘徊持久留衣一襲以表不忘昔韓文公問道靈山大顛禪師留衣鎮寺後周濂溪覩留衣亭有不知大顛何似者數書珍重更留衣之句公之勛名大過韓文山野道行遠遜大顛蒙此殊貺得不自愧然覩物懷人永鎮千秋竊所幸耳因建留衣之堂以示來茲云

佛教會　在龍沙原名僧教育會清光緒三十四年法雨寺退居開如槩同通達旅寶善章永悟月德開然文質益謙廣學了餘文蓮釋照願來源通等呈廳創設爲保護佛教提倡僧學機關宣統元年廣學獨力建造會舍十六間費銀幣三千餘元民國二年改今名　採訪

化雨僧小學校　在龍沙佛教分會內。清宣統元年創設。專課僧童。不取學費。道遠者。復由校供膳。其常年經費由佛教會撥充。採訪

慈雲初級小學校　在邑城南郊。清宣統三年。就法雨寺下院吉祥庵改設。就學者常百數人。其費亦佛教會支領充用。採訪

復權初級小學校　在朱家尖月嶴。清宣統二年設立。採訪

培本初級小學校　在朱家尖大同嶴。于民國八年設立。採訪

啓明初級小學校　在朱家尖白山頭。于民國十二年設立。採訪

按以上三校。原稱洛舵鄉區立第二第三第四國民學校。于民國十三年一月。收歸本山寺辦。改定今稱。其經費就該山宕捐撥充。如不敷。由兩寺籌墊。

醫院　在法華洞下。民國三年。由錫麟堂了餘捐助。其祥籛基址。並募貲建造房舍。延醫施診。旋以絀於經費而止。十一年夏。開如了餘兩退居。暨前後二寺住持各庵當家。以醫院停止。山中僧俗。及春夏朝山禮佛者。偶抱病恙。苦於束手。殊失我

佛慈。旨決議籌款恢復、延中西醫士各一、常川住院、以待病者求醫之便。採訪

警察分所　在龍沙、民國六年創設。初借舊醫院爲辦公處。後以醫院恢復、由開如等籌款建造房舍十餘楹。駐警佐一員、警士十一名、以詰奸暴而維治安。採訪

坊　共五座

木華表　在短姑道頭、題曰海天一梵。後修、另書其額。前曰慈航普渡。後曰福海無涯。舊志、黃應熊記、採訪。

石坊　在妙莊嚴路、閣中張瑞圖題、今廢。舊志、妙莊嚴路下。採訪。

石牌坊　在法雨寺前、清雍正間建。採訪

石牌坊　在普濟寺右。

海岸牌坊　在短姑道頭。民國八年、無爲陳錫周居士性良、因祈嗣有感、倡緣建造。內豎鐵柱、外溶水泥、工程堅固、形勢雄壯。禮山者脫鯨濤而登淨土、仰視斯坊、規模雄壯、咸訝偉觀。普濟寺住持了餘爲文記之。坊閒題額、滇南王人文題曰南海

聖境。東海徐世昌，題曰同登彼岸。河閒馮國璋，題曰寶筏迷津。黃陂黎元洪，題曰金繩覺路。江朝宗，題曰回頭是岸。又大興馮恕，聯云有感即通千江有水千江月無機不被，萬里無雲萬里天。四明王禹襄，聯云一日兩度潮，可聽其自來自去。千山萬重石，莫笑他無覺無知。簡照南，聯云到這山來，未謁普門，當先淨志。渡那海去，欲登彼岸，須早回頭。深訪

釋了餘記。觀音大士誓願洪深，慈悲廣大。於十方無盡世界，普現色身，隨機說法。諸大乘經，悉載其事。然即就此方應凡夫機，所示之迹，亦復多難勝數，妙不可測，況普應六道，及界外三乘之大機乎。若非圓證法身，何能有此大用。錫周居士陳性良沐恩甚深，報恩心切。擬欲同人咸深感想，因建水泥牌坊一座於海岸，蓋欲示人以苦海無邊，回頭是岸。生死海中，唯有大士可爲恃怙。因略敘伊沐恩之事，勒之貞珉。企後之來哲，同生信心，同蒙覆庇，庶可即妄明眞，消人我之幻執。識心達本，證寂照之佛性矣。錫周居士賦性忠厚。初唯講求儒道之旨，於如來大法，及

三世因果之理，尚未深信。夫人胡氏，宿有信心。禮佛誦經，寒暑疾病，修持不懈。年三十餘，長子不育，行善益力。不久復有娠，將及誕期，乃得大病二十九日，不進飲食，不能言語，不能轉側。身瘦如柴，體熱如火。名醫束手，殆無生理。一夕夫人夢一老媼，手持數莖蓮華，謂曰。汝由宿業，膺此惡疾。幸植善根深，以故我從南海來安慰汝。隨以蓮華周身拂拭。曰，拂汝業障，好生嘉兒。遂覺身心清涼，爽快莫喻。因卽甦醒，通身流汗。而熱退身安，顏色溫和，直與好人等無有異。次日卽生一子，適爲三月三日上巳嘉辰。經此燒熱飢餓二十九日，而兒體豐滿龐厚，與無病者所生無異。今年此子已十歲矣。噫嘻異哉。居士荷蒙大恩，直同生死肉骨。方知佛經所說菩薩不思議利生之事，眞實不虛。惜拘墟之士，以凡夫知見，肆口謗黷。適形其無知無識，坐井觀天。徒爲大悲主憐憫悲傷，而無從救度耳。哀哉。由茲信向之心十分懇至。去歲來山，擬修牌坊。吾友印光，以太子塔將頹，勸令置此修彼。然伊願心已發，勢難中止。故於今春兩工並興，兼建塔院及寺前池畔欄杆，並重修涼亭。

需費五萬有奇。雖亦廣乞名望大老，各出淨資，襄成盛舉。然塔之崇高，池之莊嚴，坊亭之壯闊，鳩工選材，役夫無算。無一非居士慨輸巨款，獨力經營，以成就此功德莊嚴。信心宏願，吁可敬矣。捐資善士，悉載塔院碑中。茲特書此菩薩應化無量百千大海中一滴之相，令諸同人生正信心，各各恭敬供養，稱念名號。豈但常蒙加被，逢凶化吉，遇難成祥已哉。儻能竭誠至極，何難斷惑證眞，超凡入聖，將來亦可如菩薩竪窮三際，橫徧十方，普現色身，度脫衆生也。已又觀音大士，乃過去古佛。以大悲心，垂形九界，應以何身得度者，卽現何身而爲說法。但以衆生機劣，無由得見本相。凡蒙祐者，多皆見爲老媼，蓋以隨順劣機，顯示婆心。若謂實屬女身，則于菩薩上同下合之道，毫末夢見在。

塔 共十二處

多寶佛塔　俗名太子塔，在普濟寺東南。元元統中，宣讓王施鈔千錠，爲住持孚中建。高九丈六尺，凡五層，俱用太湖美石製成。四面各安佛相，旁欄柱端，刻守護天神、獅子蓮花、極工巧生動。年久就圮。民國八年、僧印光、了餘、了清、合請無爲陳錫周居士性良倡緣補修。其缺壞處、悉用水泥補之。又全塔外面、均以水泥厚敷之、以期永久不壞。其堅固精緻實不多見。四圍繚以垣牆、以爲塔院。正殿五楹、中三閒供佛、旁二閒住守塔僧。後有偏廈四閒、以安廚竈。合海岸牌坊寺前欄杆、共費銀幣五萬餘圓。爲山中近年來絕大之工程。舊志、採訪。

釋了餘記　一切衆生一念心性、與三世諸佛無二無別。但以無始至今、從未悟故。迷眞起妄、背覺合塵。反承此不生不滅常住佛性、而爲起惑造業輪回生死之本。如來憫之、隨機說法。普令三根隨分受益。又以法音有閒、塔像常存。故令四衆建立塔像、企其瞻禮投誠。漸種善根。一覩聖容、永爲道種。以作返妄歸眞背塵合覺、消除惑業、復本心性之最勝因緣。普陀乃大士示迹之勝地、歷朝祝嘏之道場。自五代梁貞明閒開山、迄今千有餘年、普門常啓、宗風不墜、允爲震旦佛國、東南福地。當元季時、有孚中信禪師者、道高一世、德感九重。五坐道場、宏闡宗乘。王公大臣多從問道於天曆時住持普陀至元統間攜太湖石覓上妙工造多寶佛塔一座於寺東南隅其高五層計九丈六尺上三層四面各雕佛菩薩羅漢聖像慈容妙麗儼然如生精工妙手悅人心目宣讓王嘗從師問道發心施資故俗稱爲太子塔焉迄今五百八十餘年歲月經久兼以大海之中鹹霧颶風烈日嚴霜摧殘諸物最易敗壞故其塔頂已脫聖像殘缺石縫裂開勢將崩倒竊念前人建立原爲國民植福忍令破壞倒坍以泯滅古迹與衆生福田乎但以僧等財法俱貧莫由措辦戊午六月適値錫周居士陳公性良來山擬建道頭牌坊吾友印光偕餘與法雨住持了清共謂之曰公宿承佛囑宏護三寶今太子塔勢將崩倒僧等愧無德能無從設法願不惜鈞力爲之重新或可置彼先此以急先務伊應之曰吾願已發勢難中止然既蒙見委當努力代爲諸師募緣倩工勉負責任因具疏詳述愚忱仗彼福力蒙前大總統黎公前大總統馮公今大總統徐公各出淨資以增輝普陀倡導四衆一時名公偉人悉發信心協力贊襄故於今春三月隨卽開

工。兼復增修海印池欄杆。俾多寶佛塔。又復從地湧出。普濟寺前。常見珍池欄楯。又開拓地基。創建塔院。築正室五楹。偏廈四間。凡所需用。悉皆具備。安一淨行頭陀。長時奉侍香火。定海縣知事。馮公秉乾。聞之不勝歡喜。隨即出示保護。可謂夙具靈根。不忘付囑者也。從茲入普門者。親見多寶。修淨業者。常遊珍池。其功德利益。當與虛空同其壽量。非筆舌所能形容也。已工既成。乃述其緣起。勒之貞珉。永垂不朽。

釋迦佛舍利塔　在梵音庵上。木陳忞碑

明。釋木陳道忞。梵音庵。釋迦佛舍利塔碑。節略。明州古稱三佛地。其最著者曰鄮山。蓋周厲王時。東天竺國無憂王所藏釋迦文佛眞身舍利處也。去明州薄海五百里外。復有山曰補怛洛迦者。則普門大士化迹所顯。以佛菩薩慈悲因緣。故自晉之太康。唐之大中。以及今上千齡。歲奔走赤縣神洲之民。至有梯山萬里。踰溟渤。犯驚濤。扶老攜幼而至者不衰。山處大海中。爲支那四山之冠。鼓淘風日。摩蕩雲煙。其巘絕處・爲菩薩頂。菩薩頂之下・爲梵音精舍。當日月晴霽・則千山排闥・而隱隱隆隆於青嬴翠黛之中者・鄮山也。熹宗天啓丙寅。有梵僧至自波羅奈國。見其洞壑平坦・以爲八吉祥・六殊勝地・莫是之過。乃出所懷舍利・建塔其上。由是慈綱交羅・海山互映矣。塔高如來身量・內奉栴檀香塔一肘・量黃金寶盔爲承・上以金鐘彌覆之・而舍利實藏是焉。初梵僧募塔平江・人莫之信。舍利閟之・乃顯神變爲之助發。於是有見三者・一者見黑白紅色閒錯者。或惟見佛身相好者。或始不見而終見如徑寸大者。遂一時傾施塡委。塔以成其莊嚴妙麗・類鄮山。而安奉之法・則舍利從黃金盔綱楞眼中投以入。及禮覲・則出以視。如是者再三。出之則增長數倍・不可取視焉。丁丑春仲・余自太白來觀山中・耆宿咸爲余言・且請記之。余曰・舍利・聖人之骨身也・聖人神變不止・是愍世狹劣・示其小者。夫何足以觀聖人哉。當觀聖人韜光掩寂・而舍利留靈・福天上人閒・亙百代・歷金石水火・而愈靈愈固者・抑豈無自而然哉。蓋聖人體道乎其身・達形神而一之・臻夫大妙、故能神變無窮。其自書契以還・薄海內外・苟非聖人・非聖人達道弟子・罕不葬骨五泉・遺塵九土・豈其道與聖人異。抑身夫道者・或日用而不知焉・或半生半滅半不生滅焉。是以見有虛棄依正相隨・又烏怪其然耶。故佛與羅漢・皆有舍利・惟佛最堅不可壞。而先德嘗稱眞淨舍利・大如菽・五色晶瑩・而又堅剛・嘗置鐵砧・舉鎚擊之・砧鎚俱陷・而舍利無損。謂其平昔踐履明白・見道超詣所致・諗余舊聞・豈不以其道之故哉。是以先德說法・往往提倡身心一如・身外無餘之旨・而近世皆諱言之。余恐聖人之道・隱而不彰・故書此以告夫吾輩之爲聖人之徒者。（下系詞略）

鐵壁機禪師舍利塔　在澄靈澗。

淸屠粹忠鐵壁舍利塔碑銘曰・舍利者何・鐵壁禪師覺幻靈殖之所變也。塔舍利者何・別公來普陀・迎其祖鐵壁禪師舍利・奉一分建塔餘杭徑山・留一分而塔於是山者也。有說乎。曰有。於此見鐵師之道之高・澤之遠・而能令其孫思慕永久而不忘也。又於此見別公之誠於所事・敬於所尊・而能卽法雨爲治平・卽白華爲慶忠也。其鐵壁禪師大德高行、詳於年譜、載於續燈、流行於語錄、茲可無贅。示寂于康熙戊申、其骨殖分建窣堵波於西蜀治平高峯。至於齎送舍利前來、則禪師之嗣法子治平繼席竺峯敏公也。或疑且難之曰、首邱之義古也。志之慶忠自慶忠耳、於白華乎何居。慶忠而白華之、不幾於法雨而治平之乎。予笑曰、子何其泥於古而拘於方也。夫德不限封、道不限域、靈不限時、以別公之心、喪其祖、終身不忘、即使埋土爲藏、指樹爲表、曰此吾祖之塔也、鐵師猶將依之不去、而況於舍利之所在乎。誠如子言、則是西方聖人泥洹恆河、不宜入東土、東土亦不宜崇其宮嚴其像、而奉之也。則是達摩者、不當南來、闡其教、而委其骨於炎荒也。嗚呼、其亦弗思而已矣。夫如是、余安得而不銘。銘曰、至人不死、非不死也。覺靈變化、於昭天下。舍利之來、來自慶忠。分於法雨、道流德風。東海湯湯、梅岑嵂嵂。善啓善承、爲千古式。裘志

金剛塔　在金剛窟上、高丈餘、甃石爲之。郡人尚寶司司丞沈泰宏建。舊志

華嚴銅塔　在法雨寺東・安供以鎮山門。許志

千佛塔　在法雨寺內。許志

三山來禪師衣鉢塔　在澄靈澗。舊志・藝文・三山衣鉢塔・楊雍建銘。

淸楊雍建三山禪師衣鉢塔銘曰・蜀東三山來禪師・既於康熙乙丑之秋・示寂高峯。其嗣法門人・千夫性一等・旋送靈殖入慶忠祖塔。至今一十三年・乃其最後傳道高第弟子・別庵統公・則復以禪師衣鉢・建塔於普陀澄靈澗者・來請銘於余。余往在禾中・辱與師交・不敢辭。余惟釋氏之教・取舍虛實・異於吾儒。顧其欲利物濟世・行道傳後・則其旨與吾儒同。至於生死之際・咸謂吾儒視之眞・釋氏視之幻・而其實不然。吾儒之言曰・生寄死歸・故士君子・當綱常名教之繫・見危授命・所稱死有重於泰山者・言其義而已。其視死如歸之槪・早已脫然於胸中。若夫沾滯萬有・貪生畏死者・愚夫豎子耳。至釋氏之言・則曰生死事大・故一二庸妄之徒・廁足禪門者・託爲達情曠見・以四大爲空・以泥洹爲樂・言之甚易・履之甚難。而其閒眞修

實證了然有得者每以割愛捐慾爲兢兢一語及再生閱世則厭苦之由是言之儒所輕在死故捨生取義者乃爲眞儒釋所重在死故了然所往者乃爲眞釋眞釋眞儒莫不各有所得而止大抵儒所得在死之前而釋所得在死之後則其生平取舍虛實之致亦槪可見矣今按禪師年譜行狀及語錄諸書則師三十以前爲眞儒少孝於二親雖早慕玄修而不肯恝棄長遭亂離勇戰忠國以護鄉里三十以後爲眞釋精參密詣著書講學倡道西北以鐸東南嗚呼向微師烏能有是弟如別公者哉別公於師所授無不實履於所未發無不闡微繹幽流暢人寰今主席法雨又奉其師衣鉢吉其方崇其塔宏其制以藏之此皆三山禪師示寂時所不意得此於今日者也且師雖諄諄以廣道東南爲囑又孰料其不壞之寶輝潤海隅一如身至其地也乎吾儒之於父母也葬而祭之則已耳閒有遠居他郡則亦託墳墓於兄弟宗人已耳雖有孝思安能再爲之計而釋氏之教拳拳懇複不嫌徙異故予謂生死之際儒輕而釋重者此也禪師出處始終大節具見他文

予不更列。第迹其自慶忠·而再塔於普陀者·如此·以遺其後人·是爲銘。銘曰·相如褒雄·蜀才肆好。澤遠敎褎儒弗能有。三山人豪·功名敝帚　一肩釋統轟雷傾斗慶忠之塔·豎埒高峯彼衣鉢內色相俱空。光芒怪偉·來厭蛟龍。澄靈一勺·與岷峨通。夢夢者魄·滯於逝所。惟皎皎靈·在右在左。騎象踏獅·駕鰲亦可。滄海則桑·塔也不墮。裘志

釋性慧·記別庵爲慶忠目睛舍利·高峯衣鉢·並護國先師靈骨建塔普陀詩。幟樹天南海印懸·曹溪重擔一身肩。眞燈既續龍宮藏·寶塔重標獅窟邊。正眼照人原不朽·傳衣無我鎭長年。吾師誼切同心好·最後殷勤話已圓。

普濟普同塔　在龍灣。清康熙三十六年夏重修。舊志

化身塔　民國十二年·諸同生居士·仿東洋化身之法·爲普濟法雨各造一座。每塔費千餘圓。普濟在多寶塔後半里許。法雨在香雲路口。初則甚好用。以久空不用·鐵函鐵條通皆鏽爛。海山鹹霧·鐵都漬壞。況已經燒過之鐵·實爲易壞之極。東洋

僧俗通燒。常用尙不至鏞。故能經久也。採訪

法雨普同塔　在雪浪山椒。舊志

子孫普同塔　在海會橋東。淸同治閒。立山徒化聞。募本派法眷建。凡立山派下子孫。及諸法徒。皆可入焉。置衆香塘田五十畝。歲收租充春冬祭薦之費。俾伴山常明長生楊枝寶稱五庵。及化恆派下子孫。六柱輪流。承値當辦。立山公堂序。

天燈塔　一在短姑道頭。一在佛頂山。徹夜燃燈。照耀海面。俾行舟知所向。無觸礁之患。佛頂燈塔。淸光緒三十三年。慧濟寺僧德化募建。並置沈家門市房兩閒。收租充費。鎭海李雲書之母。前修燈塔。亦助若干。民國癸亥。復捐若干。爲長年燈油費。採訪

按。明釋傳燈天台山志云。梵語塔婆。今略云塔。此翻方墳。亦翻圓塚。亦翻高顯。義翻靈廟。卽供佛菩薩及辟支羅漢等舍利之所。隨尊卑層級不同。佛菩薩者。高十三層。辟支塔應十一層。阿羅漢塔成以四層。餘隨品級減之。此八種塔上

並有露盤。佛塔八重，菩薩七重，辟支六重，四果五重，三果四，二果三，初果二，輪王一。凡僧但蕉葉火珠而已。後世建塔，不原佛制。聖凡相濫，紕繆至多矣。是建塔本為舍利而設，且有佛制。後世僧沒，即肉身亦建塔院，已違古制。茲編所列，第取高顯之義。混諸塔為一鑪，益非佛氏建塔之原。則因援天台志語，以表釋之。

路 共四處

妙莊嚴路 自短姑道頭。至普濟寺，長約五里。明時白華庵主僧性珠修建。經始於天啓丁卯，竣工於崇禎庚午，越四載始易崎嶇為康莊。舊稱兩旁古木撐雲，交景垂蔭，翠峯環映，怒浪鳴空，山陰道上，不足仿也。厥後滄桑改革，樹木摧殘，路尚無恙。裘志，妙莊嚴路，陳繼儒記。

明華亭董其昌普陀山修路碑記。普陀在大海中，開闢之始，即有靈山奇奥之區，未成坦道。彼負好奇之癖，挾濟勝之具者，故自忘其跋涉之艱也。其如齋香而皈命、兼膜拜以奔趨者、何哉。嗟乎、驚魂甫定、繭足爲虞。彼岸方躋、故步恐失。高高下下、無平不陂。兩兩三三、欲前且卻。即不至青柯坪、昌黎漫試之悔、亦足灰桃花源漁父再訪之心。白華庵主郎公、於是有修路之議。舂鍤繁興、衆緣輻輳。爲石之工十有七、爲土之工十有三。綿亙五里、星霜四周。昔之犖确交加、荆榛翳塞者、皆已變爲周行、夷然魯蕩。竟不知布金之長者、遇在何方、撤石之愚公、勸者誰氏。猶之陽春雪曲、屬和更多。優曇鉢花、開敷甚速。朗公曰、大士加被之力也。予何有焉。佛氏門中此爲最勝矣。昔佛沙伏國、既建寶塔、即埋珠網、立石於旁、刻銘詔後。將使異時修塔、不煩大衆捐貲。夫財施仰法施而就。前事爲後事之師。顧予蕪詞、有慚珠網耳。朗公名性珠、參學師承之詳、別有傳者、不具書。（銘詞略）

華亭陳繼儒記、東南水中之勝、江有金焦、太湖有七十二峯、不敢與南海普陀鼎立而三。非遜百谷王、以觀音大士道場勝也。獨捨舟登岸、嶢嶒崎嶇、雨虐風號之夕、步步歌行路難矣。朗徹珠公歎曰。昔雪山布髮掩泥、持地以身負土、古聖賢皆然。而區區一貧衲・敢不負鍤先之乎。發誓願・捐鉢資・薙草萊・刊土石。不募而聞聲者・如鳥就巢。不召而樂趨者・如蟻壘垤。經始於天啓丁卯・落成於崇禎庚午。自道頭茶庵・至白華庵西路・闊二丈・階高三丈・庵前平坡十餘丈・進山門・曲徑竹廊、至白衣眞應殿。東達普陀寺・路長四五里。有茶亭・自度亭・可以憩・有兩旁雜樹可以蔭・有臺可以眺・有山田野花可以玩・有石几可以坐・履道坦坦・比之泥滑滑者・何如。掉臂而入・比肩而出・不下車・不讓畔・比之五步一踹・十步一蹶者・何如。至是而朗公之功德鉅矣。朗公曰・吾師昱光老比丘・刺血書經・上疏闕廷・請勅建本寺・上賜帑金・賜御製碑文・賜金襴紫袈裟・吾師悉遜不有。若珠之舂石鍬土・何足挂有道齒頰乎。陳子曰・吾師劉貢父詩云・欲行今日路・恐背古人迹。欲行古人路・今人笑迂僻。噫嘻異哉。吾與朗公從何處下註腳。況世路・願太奢・則缺陷難塡・量太隘・則狹窳難廣。氣太橫・則突兀難夷。心太曲・則險巇難經。要路危・歧路錯・末路迷・此楊朱嵇叔夜所爲望而泣下者也。安得大善知識・如朗公輩・布滿人間・以平不平之心路乎。心路平·世路平·無論山中卽遊戲風波·蛟龍大海·此與康莊魯道何異哉。敬以復朗公·幷作妙莊嚴路記。

玉堂街　明萬曆閒法雨寺協理僧如珂修砌。珂·字玉堂·因以名街。自普濟寺至法雨寺長五里許。一路帶山映海·翠靄銀濤·應接不暇。裘志秦

清·釋照機詩誅茅甃石見康莊·以字題名示不忘。從此腳跟歸正路·濤聲山色轉風光。

釋照能詩。地分世外傲羲皇·杖履何緣步玉堂。花鳥文章泉石史·歸來滿院薜蘿香。

香雲路　往佛頂山之通衢·高長二百餘丈。其閒有亭·額曰香雲·因以名路。舊時樵蹊陡峻·有礙腳跟。淸光緒三十年·慧濟寺住持文正同監院慶祥·募貲砌石累級·旁扶鐵欄。舉趾者始無緣木扳蘿之苦。費銀幣二千九百餘元。捐貲最鉅者·爲定海韓之鵬·及徐陳氏。採訪

釋文質、造鐵欄杆碑記。圓通大士、誓願宏深。法界有情、等蒙攝受。一切處普門示現、眞智無方。東南海補怛名山。應迹有在。無方故逐形隨類、施同體之慈悲。有在故航海梯山、報罔極之恩德。由是歷朝欽敬、舉世尊崇。無非欲祝同康、以翼郅治。消災厲、以福黎元。因茲三寺鼎立、衆庵碁布。各宏祖道、共闡佛心、惟慧濟一寺、基踞山巓、名曰佛頂。紆屈數里、路由頑石以砌地。盤桓千仞、人若歷梯而登天。每至香期、來往絡繹。足履滑石、甚屬危險。前住持文正、募諸檀信、鋪以石條。卽彼險道、變作康莊。雖仍巍巍陡峻、而復步步坦平。但以旁無遮護、迴避猶覺惴惴、大護法大椿祝公、宿植德本、篤信佛乘、秉居廛爲政之權、行卽俗修眞之道、適來進香、睹此景象、遂發大心、徧豎鐵欄。普令來者、登圓通場、行安隱道、得大無畏、不勞每步看腳下。獲大總持、了知佛階在箇中。由金繩路、逢左右源。自下地宛轉扶掖、一直至山窮水盡。從茲入於佛慧、親見觀音。如斯功德、直與普門施無畏力、同體相用。當必由斯頓超十地、圓滿三覺。豈止身心安泰、吉祥萃於厥躬、瓜瓞綿延、餘慶覃於後裔而已哉。

短姑道頭埠　在西南海岸，舊稱闊四五丈，長三十餘丈，小石自相零附，不築不甃，天然成步。（埠俗字）暴風巨浪，衝激不散爲大士靈迹。（詳靈異門）淸光緒三十一年，了餘蓮禪兩僧，以天然步遇潮漲，終嫌未便。捐貲以巨石甃成步頭。內高一丈四尺，面闊二丈四尺，長四十丈，寬廣平坦。輪船雖不得並，而潮汐大小，均可免褰裳濡足之苦。（裘志古蹟，採訪，）

淸鄭萬言詩。洛迦名藪，天下所趨。帆檣矗矗，集於短姑。短姑伊誰，而以名步。豈爲壚當，抑以筋露。人曰否否，嫂姑昔來。維舟將登，姑云不諧。不諧謂何，月臨天癸。十載之誠，一朝而毀。嫂言天定，非人之尤。裹飯我來，爾住無憂。嫂去未幾，挈饁已至。相與笑語，食訖而逝。再頃復來，餉之如前。其姑驚怪，嫂胡戲焉。頃刻神異，譁於各船。云必菩薩，演化而然。適有沙彌，上殿禮佛。三帀周看，佛衣沾溼。既傳其事，更審其形。誠心格佛，永式千齡。

慈谿，裘璉詩。步頭小石亂縱橫，傳自陵波佛迹成。爲有靈根生到底，不然海水亦何情。

李暾詩。何年禮佛意殷勤，異說而今駭見聞。風拂松林輕奏樂，練鋪石瀾細生紋。波飄一舶空中葉，身傍三山畫裏雲。從此凡心都洗滌，飛車直欲駕蒼雯。

橋 共九處

永壽橋　在普濟寺左，海印池，池廣十畝，橋跨其上，闊二丈，長十丈，高二丈。廣級周欄，欄柱刻獅，精采異常。年久多壞，民國八年，無爲陳錫周居士性良重修。又造寺前水泥欄杆。舊志，採訪。

清邑人何委詩。壽必期夫永，橋何命此名。境爲天所設，人想地同庚。佛仗由來舊，僧伽得度生。杠梁終自別，池水萬年清。

釋能劭詩。一虹橫沼跨，永壽著其名。不逐滄桑變，還同日月庚。陵波千嶂合，映水白蓮生。佛國開南海，橋懸天地清。

瑤池橋　與永壽橋相望。廣長各一尋。琢方石爲之。窪端皁中。微成虹形。架梁横石。四隅各製龍首。池産白蓮。瑤池狀其白也。俗呼蓮花橋。舊志

平橋　在普濟寺前。與八角亭相連亙。採訪

大士橋　在潮音洞上。宋寧宗嘉定七年。僧德韶修飾寶陀寺時建。御題是名。今廢。

元天台劉仁本詩。金碧玲瓏塔影雙。綺霞香霧溼疎窗。鮫人織浪爲華蓋。龍女持珠獻寶幢。震海風雷音縹緲。彌山潮汐響舂撞。願求示現將軍相。一鼓羣魔盡攝降。侯繼高遊山記

智度橋　在法雨寺前。卽青玉澗與諸水交匯處。橋廣二丈。長三丈餘。廣渚澄潭。林木茂生。雨後亂泉暴流。有靚幽之觀。舊有董元宰勸緣碑。陸寶稱其筆法秀宕自是晉人本色。清雍正九年。開拓地基。橋用石砌。平水由地中行矣。裘許二志。採訪。

雨瀑橋　距智度橋數十步。溪流東折。雨後泉懸石上。如瀑布尋丈。因名。舊志

海會橋　在法雨寺前。清光緒十八年・住持化聞建。訪採

環龍橋　在南天門・大觀茅篷・故亦名大觀橋。沿旁扶以鐵欄。民國七年・上海信女薛孫氏・捐建。訪採

玉帶橋　在三聖堂左往普慧磐陀各處之路口。係八功德泉・及正趣下山澗中水之出洩處。訪採

普陀洛迦新志卷七終

附錄南海慈航序

褚景賢南海慈航序云。賢向以誦經獲福爲妄。娶妻八年，不育，婦翁謂印觀音經，持觀音齋者，歷昭顯應。室人遵行，得夢兆而孕。次年將生，又夢一媪與之子，且錫嘉名曰積。及生，符所夢，遂以命名，予猶笑而不信也。厥後疾病危難中，有所祈求，每著靈異，乃疑信參半。甲戌，次子病吐瀉，藥不納，肢厥眼垂，已無生理。予母哭失聲，予亦淚下涔涔，求救無路。因哀禱大士前，誓輯南海慈航，改過行善。甫禱，吐瀉立止，漸求乳食。尤可異者，室人素乏乳，更憂子病，數日廢寢食，乳無半滴。禱後乳忽湧至。自惟涼德，竟以片念廣化之心，上動大士悲憫。誦經獲福，灼然不誣。幸輯成發刻，因記緣起，以告閱是編者。南海慈航

普陀洛迦新志卷八

古會稽陶　鏞鑑定　古翁山王亨彥輯

規制門第八 共分六種

秦尊僧䂮、釋門之規約初宣。魏倚道、臻、佛子之科條益備。蓋出世不離入世。束身所以束心也。況百丈創立叢林。大衆同歸棲止。不遵國法、何以邀王臣之護持。不守清規、何以得比丘之和合。更加世運遷流。羣欽法治。故公布之國典、固宜心懍懷刑。卽私制之院章、亦當欲不踰矩。志規制。

僧伽日用軌範

日用軌範者、乃示人人當行。不拘何人何執、總當一一無犯。那管內單外單、咸須各各遵守。一敦尚戒德、爲菩提之根本、作涅槃之基址。二須甘淡薄、安貧樂道、保護道心。三寂淨純一、省緣務本、無分其心。四去私擯邪、奉公守正。五柔和忍辱、愼事敬人。六隨衆聽命、威儀整肅。七勤修行業、無怠無荒。八遵規處衆、耿直不阿。九安分小心、無得妄爲。十隨順規制、共勸法門。上來十種、略總善法大綱。不厭委陳、尙有禁例條目、謹列於左。

不得破根本大戒。不得於誦戒時無故不隨衆。不得不孝父母。不得欺陵師長。不得故違朝廷公府禁令。不得習近女人。不得於受戒之後不知戒相。不得親近邪師。不得飮酒賭戲。右九事、不犯名敦尙戒德。若犯輕者罰、重者出院。

不得營辦美食。不得著豔麗衣服。不得泛攬經事。不得爭䞋錢。不得田蠶牧養。不得聚集男女做世法齋會。右六事、不犯名爲安貧樂道、若犯輕者罰、重者出院。

不得無故在外閒遊、數歸俗舍。不得習學應赴詞章、吹唱雜藝。不得習學天文地理、符水鑪火等外事。不得習學閉氣坐功、及無爲白蓮等邪道。不得好與無益工作等。右五事、不犯名爲省緣務本、若犯輕者罰、重者出院。

不得非理募化。不得侵剋信施。不得擅用招提之物。不得廢壞器用不賠償。不得背衆食。不得不白衆動無主僧物。右六事、不犯名奉公守正、若犯輕者罰、重者出院。

不得破口相罵、交拳相打。不得受辱不忍、見於辭色。不得威力欺壓人。不得侮慢耆宿。右四事、不犯、名柔和忍辱。若犯、輕者罰、重者出院。

不得戲笑無度。不得高聲談論。不得裝模作樣。不得坐立斜倚。右四事、不犯、名威儀整肅。若犯、輕者罰、重者出院。

不得無故不禮誦。不得執事怠慢。不得惡人警策。不得作無益害有益。右四事、不犯、名勤修行業。若犯、輕者罰、重者出院。

不得挑唆鬬爭。不得樹立朋黨。不得機詐不實。不得謗訕名德。不得誣毀清衆。不得徇私偏袒。右六事、不犯、名遵規處衆。若犯、輕者罰、重者出院。

不得大膽生事。不得謬說經論。不得妄拈古德機緣。不得無知著述誤人。不得招納非人。不得自立徒衆。不得擅留童幼及沙彌。不得己事不明、好爲人師。不得哄誘他人弟子背其本師。不得無大故、擅入公門。不得妄議時政得失是非。不得輕心謗斥先聖先賢。不得以常住產業等與人。不得侵佔人產業。不得另爲煙爨。右一十五事不犯名安分小心若犯輕者罰重者出院不得令之不行禁之不止不得有過罰而不服不得在寺名不入僧次不得梗法不容執事人行事不得爲執事更變成規不得不白師友恣意妄爲不得故與有過擯出人交右七事不犯名隨順規制若犯輕者罰重者出院清百規丈

共住規約

棲身息影端藉名藍修道循規必須同志久參耆宿以遊歷深而百緒從生後進時流因知見淺而初心漸退以致綱宗失旨模範多乖習以爲然積成流弊某甲住持兹山自慚薄德空懷佛制無報法門欲挽已往頽風惟冀方來賢衆共遵佛說戒律祖制規繩調治三業折伏過非住斯叢林原爲遵行如或不然無勞共住

一犯根本大戒者出院

一禪貴眞參實悟弄口頭禪者出院

一三五成羣山門外遊戲雜話幷閒坐者罰不服者出院

一喫葷酒看戲者。罰已出院。若重病非酒莫療者。白衆方服。新增喫煙者罰。
一故與有過人往復。思害叢林。攪亂好人者。出院。
一鬬爭是非。破口相罵。交拳相打。不論曲直出院。一理正而忍。一過犯而嗔。理正者不罰。過犯者責出院。
一米麥等物。不白住持。私賣用者。罰賠償已出院。
一侵損常住財物。及斫竹木花果送人者。賠已出院。
一施護入寺。執事私化緣者。量事輕重處罰。不服者。出院。
一無公事私走檀護。及本俗者。定非潛修人。卽令出院。知而不舉者。同罰。
一已眼不明。妄評他人見地。出語不自知非者。卽令出院。
一課誦坐香。出坡不隨衆者。罰。除公事有病不服者。出院。
一禪堂講話者。罰本堂。不舉。待堂外舉者。堂內執事同罰。
一除公事。不在本寮。至各寮。縱意放逸者。罰。或博弈賭錢者。重罰出院。執事不舉者。

同罰。

一無事不得喫二一堂。食時不得談笑。不得爭坐位。不得不照位坐。不得未結齋先起。不得自攜椀入廚取食。違者罰。

一遇普茶聽規約・除公事・不隨衆者・罰。不得託人取茶果歸寮・與者取者同罰。

一常住經書・莊嚴器皿・概不借出。違者罰。若不得已・白衆方借。

一輕視耆德・惡聞直言・妄生誹謗者・出院。

一不聽執事人約束・遣調・及不滿期告假者・罰。

一非重病・背衆飲食者・罰。私留親友歇宿者・罰。

一各寮聞報鐘不起者・罰。恃己有功・不順調伏者・重罰。

一凡受信施物・不白執事人知照・卽受者・倍罰。除親戚鄰友。

一長養鬚髮・概不留單。暑天赤膊・不縛褲腳・冬天烘火・並戴小帽者・罰。

一常住錢物・出入卽登記・朔望兩序公算。失記及含糊者・罰。

一堂中出外生事者・嚴擯借事起單者・永不復入。

一保留有大過人・及年輕者・或私招徒衆者・出院。

一叢林無僧值則內外不正・弊何能除・法何能立・爲僧值・宜盡心糾察・不得徇情。如有犯者・照款罰。失罰者・僧值受罰。

以上條約眞實辦道之規則。同居大衆・各宜珍重。百丈清規

山中舊規

凡本寺前後左右山場・不但不可侵漁・且風水攸關・竹木務悠久培蔭。斲石取泥・俱所當愼。違者罰擯。

山門基地・東至娑竭龍王祠止・西至土地堂止。內龍沙一股・關係吃緊・有石碑爲限・毋得侵犯。

自康熙二十九年創復禪林。以前各家據有之地・會同合山・逐一取明。除舊時所作墳塔外・當依華頂規式・非住持不得在本寺近處建墳造塔。或冒昧侵越・定干罰

犢。

槪山靜室、披鬀徒衆祝髮、屆期務先知會兩鄰、據實具結。一杜混淆、一防匪類。其茶儀陋規、已經革除、毋庸溷擾。

本山耆舊涅槃、先白常住、鳴鐘通知。常住祇備香燭冥資致弔、不得仍前多事。齋金永革。鐘頭銀一錢、仍付本僧。

磐陀石、千步沙、茶山三處、每年公議一人輪值年務。今總靜室已廢、總管之名、亦爲不雅。改耆舊僧三人棲息道頭下院樓上、掌煙爨簿及香檀散靜諸務。以香客錢米、俵散各靜室僧、謂散靜。其合山大衆、或有爭論事故、先向耆舊師剖論。不得已、具白方丈。毋許瑣瀆。內有情眞過確者、宜擯宜罰、公同處分。

向來支應官府及造册結狀諸費、合山均派。今新復禪規、一應常住自行料理。各庵得淸淨安居、努力進修、勿棄寸陰爲幸。

天災流行、祈求雨澤、向由常住爲首領衆詣潮音洞迎香。近因外山開墾、衆議往桃花山請聖。供龍中和廟內。兩過之日。誦經酬禮。撥舟送聖。如當事祈求。但在本山請三昧八功德水行香。不往別所。

本山修路。屬磐陀石者一。自土地堂起。至磐陀石止。一自柏子庵起。至潮音洞止。一自潮音洞起。至道頭止。屬千步沙者。自几寶嶺起。至雪浪澗止。屬茶山者。自龍樹庵起。至菩薩頂。及東溝西溝止。屬東寮者。自几寶嶺左山腳起。至東山門止。並濬東荷花池。屬西寮者。自土地堂起。至西山門止。並濬西荷花池。兩寺常住。普濟則自正山門起。至正趣亭止。再同白華三元隱秀三庵共修至短姑道頭止。法兩前自智度橋起。至雪浪澗止。後至蓮臺洞止。沿途靜室。自蓮臺洞。修至梵音洞止。

後山係寺之來脈。堪輿家俱言不宜建蓋。故常住特買東房基地。與太古堂相易。今留內官生祠外。其餘悉栽竹木。培陰道場。後人永不許違禁建造。其寺後嶺路。亦不得仍前往來。踏損龍脈。一應行人。俱從几寶嶺下舊路行走。犯者擯治。裘志。○以上普濟規制。

一開山祖塔、木本所存。每歲季冬二十四日、春淸明正日、上午、集各房靜室拜掃。若普同塔、蘇公塔、明公塔、隨例舉行。下午則常住大衆拜掃舍利塔、各房靜室從便。若屬中興子孫、係鐵祖法派者、隨班俱集。

一觀音洞扣公塔二節、於禮祖次日、住持領衆拜掃。

一每歲元旦、及長至聖節、各房靜室、同詣常住、隨班祝釐、不得藉故失儀。

一新造靜室挂號、必執事僧同本地耆舊、查驗煙爨確實、方登名册。其俵茶陋規永除。

一祈晴祈雨、俱向梵音洞請聖。間有往桃花山者、相時舉行。裘志。○以上法雨規制。

一絕餽送。舊例鬍度及示寂除名、俱餽銀禮、謂之俵茶。或有不平煩排解者、亦具禮物、謂之注銷。嗣後披鬍者、祇遵具結。控訴者、祇將理論。自愛愛人、功德不小。

一禁科派。往者常住有役、合山派撥。當事按臨、合山送茶。長至元旦、小食合山辦治。官府事務、及議輪管年、合山斂費。今後一應常住支持、概不干涉合山。

一杜欺陵。恃强陵弱、矜智欺愚、人情不免。和尚顧念法眷、以道相尚。除干禮犯法、名義不容者、依清規治之。並不徇私損害良善。

一省往來。曩者慶生弔死、紛紛盤扛、與俗無異。從今立法、弔死、祇用香燭冥貲、喪家亦不回帛。生辰、概不致賀。世相無常、寄歸一視、此爲達矣。

一嚴戒律。展復之始、規制未立、約束不嚴、客樽賈樑、多雜腥羶。近來肅然一淸、願合山法眷、繼序後賢、永遵無忽。

一公福德。檀信遠來、全爲菩薩道場起見。今各靜室、招同牙儈、緣入私囊。甚者香燭亦公出私入。掩人耳目、無論獲罪佛天、卽善信誠心、何由上達。況常住拮据萬狀、接待十方。莊嚴道場、百不了一。諸公自外如此、其何以安。又香信齋僧、意在公溥、有䞋無䞋、或饒或否、俱當引致常住。豈可私自設齋、巧者重䞋疊飽、樸者當面錯過。賜受皆虛福緣安在。以後切莫仍蹈前轍。陰有天刑、陽有人禍、戒之愼之。○裘志。以上普濟定約。

一嚴戒行。苦守淸規。當永遵智祖遺誨。

一同甘苦。施主信施。厚薄照分分給。公務執役。無論尊卑。隨力負重。

一省是非。口角致爭。當鳴耆舊執事處分。有難解者。白之常住。依理公斷。若妄控公庭。則公逐過海。勿使有玷僧規。

一節糜費。粗衣淡飯。衲僧家風。勿得著華彩美口腹。輕浮奢侈。敗壞僧體。（裘志。○以上法雨定約）

常住規約

法雨寺常住規約序云。法隨緣起。道本融通。夏葛冬裘。因時而變。渴飲飢食。合宜者行。必革弊而興利。始有益而無損。令常住之根本深固。庶法門之化道遐昌。上可慰開山中興諸祖之慈心。下可作來哲後賢住持之遺範。是以斟酌時宜。修訂規約。列左。中華民國五年三月。公同議立。

一住持爲常住之代表。執主持之公權。當上殿過堂。領衆行道。監察全院。督率諸職。

各盡責任・毋相侵諉。使衆安和・常住興盛。

一今既革除新老住持交盤之舊例・除住持進院費・須自行擔任外。所有常住財務・概歸常住。而由監院管理之・住持監督之・始與諸方叢林制度相符。且令德富財貧者・亦能進爲住持。

一本寺住持・須由本寺各房合山長老・於本寺各房法眷中・公舉資格合宜・而孚衆望者任之。任期三年。連舉者得連任一次。若本寺班首中有德望俱優・資格相宜者・亦得公舉。惟須接本寺派下之法・以續祖燈。

一住持既不負財務責任・固不得連月出外。其有因公事或私事出外・須白衆告假・定期回寺。

一監院管理常住財務・職任綦重。須集本寺退居及法眷公舉・由現任住持敦請之。若任事三五年後・有功於常住者・議獎。

一常住帳目・每日由監院查對。每月計算・由監院副寺合結・再由住持查對。年以三月中·七月中·年終·爲三大算期。三月中大算·由住持邀同退居法眷客堂庫房各班首在場·七月中年終大算·由監院請本寺退居住持·及庫房客堂各班首在場·以昭大公。

一都監一職·上輔住持·下襄監院。須愼選資格相宜·深諳寺規之碩德任之·庶不負古人列職之意。

一知衆理處本寺及山中各庵僧衆事·責任綦重。須由住持商同本寺退居等·得同意·始得請之。

一常住銀錢·旣由監院負責·其庫房執事·須得監院之同意。其餘執事·概照舊例。

一凡閒住班首執事·若年登六十者·早殿得以隨意。此外·皆宜上殿過堂·以孚衆心·而全大體。

一客堂持叢林之綱紀·肅大衆以禮法。無事時·除應値者外·均宜上殿過堂。且不得自由出外·致曠職務·而失體統。

一庫房事務雖繁．若無要公．每逢朔望．監院亦宜上殿．以昭勤愼。餘職遇閒暇時．皆宜發心上殿過堂。
一凡宜上殿過堂．而躱懶偷安者．僧値應卽檢查。不得徇私縱容．免致衆人效尤。
一本寺香客．住持及各執事．不得邀至己庵內請齋．或募緣等。若己庵內之香客到寺．請齋請便飯等．須照各庵一律開銷．不得擅私自便。
一本寺無論住持班首職事．凡與常住公事無涉者．遇有意外之事．由各人自己承當．常住概不負責。
一庫房客堂等職事．如有不盡職責．及輕損常住等．爲首領者．須秉公檢舉．毋得隱瞞。
一住持．每年由常住酬勞衣單銀幣一百二十圓。監院．酬勞衣單銀幣八十圓。其餘各職．概照舊章。
一本規約遇有不適用時．得於三月中大算時．由住持．或都監監院等．提出修正之。

採訪

法令

孫大總統・中華民國臨時約法。第二章・第五條・中華民國人民一律平等・無種族階級宗教之區別。第六條・人民有得享信教之自由權。中華民國元年頒。

大總統教令・第十二號・修正管理寺廟條例。

第一章　總綱

第一條　本條例所稱寺廟・以左列各款爲限。

一　十方選賢叢林寺院

二　傳法叢林寺院

三　剃度叢林寺院

四　十方傳賢寺院庵觀

五　傳法派寺院庵觀

六　剃度派寺院庵觀
七　習慣上現由僧道住守之神廟（例如未經歸併、或改設。從前習慣上奉祀各廟是。）
八　其他關於宗教各寺廟
其私家獨立建設、不願以寺廟論者、不適用本條例。
第二條　凡寺廟財產、及僧道、除本條例有特別規定外、與普通人民、受同等之保護。
前項所稱財產、指寺廟所有不動產、及其他重要法物而言。所稱僧道、指僧尼道士女冠而言。
第三條　凡著名叢林、及有關名勝、或形勝之寺廟、由該管地方官、特別保護。
前項特別保護方法、由內務部、參酌地方情形定之。
第四條　寺廟、不得廢止、或解散之。

第五條　凡寺廟在歷史上有昌明宗教陳績或其徒衆恪守清規爲人民所宗仰者。得由該管地方官開列事實詳請該管長官咨由內務部呈請大總統分別頒給左列各物表揚之。

（一）經典　（二）法物　（三）扁額

第六條　各寺廟得自立學校其課程於經典外須酌授普通教育。寺廟創辦學校時須呈請地方官立案其從前已設立之學校亦同。

第七條　寺廟須向地方官署呈請註册其應行註册事項及關於註册之程序由內務部另以規則定之。

第二章　寺廟之財產

第八條　凡寺廟財產應按照現行稅則一體納稅。

第九條　凡寺廟現有財產及將來取得財產時須向該管地方官呈請註册。

第十條　寺廟財產由住持管理之。

寺廟住持之傳繼・從其習慣。但非中華民國人民・不得繼承之。

前項住持之傳繼・須向該管地方官呈請註册。

第十一條　寺廟不得抵押・或處分之。

第十二條　寺廟財產・不得藉端侵佔。並不得沒收・或提充罰款。

第十三條　寺廟所屬古物・合於左列各款之一者・依照現行保存古物法令辦理。

一　經典

二　建築・雕刻・繪畫・及其他屬於美術者。

三　歷代名人遺迹

四　爲歷史上之紀念者

五　與名勝古迹有關係者

前項物品之保存・由住持負其責任。

第十四條　凡寺廟久經荒廢・無僧道住守者・由該管地方官查明保護・另選住持。

第三章　寺廟之僧道

第十五條　關於僧道之一切教規，從其習慣。但以不背公共秩序，及善良風俗者為限。

為整頓或改良前項事宜。得由叢林僧道舉行教務會議。

第十六條　凡僧道開會講演，或由他人延請講演時，其講演宗旨，以不越左列各款範圍者為限。

一　闡揚教義

二　化導社會

三　啓發愛國思想

第十七條　凡僧道有戒行高潔，精通教義者，准照第五條規定辦理。

第十八條　凡寺廟僧道受度時，應由其度師出具受度證明書，載具法名年貌籍貫，及受度年月，交付該僧道。並由度師呈報該管地方官備案。

其在本條例施行以前受度者、由該僧道、請求度師、或相識寺廟之住持、或僧道二人以上、爲出證明書、並由該度師、或住持、或爲證明之僧道、呈報地方官備案。

第四章　罰則

第十九條　各寺廟僧道、或住持不守教規、情節較重者、該管地方官、得申誡、或撤退之。但關於民刑事件、仍由司法官署、依法處斷。

第二十條　凡寺廟住持、違背管理之義務者、該管地方官申誡、或撤退之。寺廟因而受損害者、並任賠償之責。

第二十一條　違背第十一條之規定、抵押、或處分寺廟財產時、由該管地方官署、收回原有財產、或追取原價、給還該寺廟。並准照第十九條規定辦理。因而得利者、併科所得總額二倍以下之罰金。若二倍之數、未滿三百元者、併科三百元以下之罰金。

第二十二條　依前三條規定撤退住持時、按照第十條、第二項之規定、另立住持。

第二十三條　違背第十二條規定．侵佔寺廟財產時．依刑律侵佔罪處斷。

第五章　附則

第二十四條　本條例．自公布日施行。其以前教令公布之管理寺廟條例．廢止之。

中華民國十年．五月二十日頒。

示令

定海縣知事陶鏞．普陀香客須知示。

一普陀駁船不大．只能容載十人。新定規則．即限此數。

二駁船中．釘有船牌．寫明號數．及船夫姓名。如遇風浪中途勒索。除令水陸警查察外。香客可記明船牌．報告警所跟究。惟風浪大時．船夫須多用人力。亦應於規定之外．酌量加給酒錢。

一篼子轎夫挑夫等．新定規則．取保給照．方准營業。並給符號．佩帶衣襟．以資識別。如無符號者．可不雇用．以防疏失。

一轎金、担力、酒資、分段限定數目、開列清單、由警所蓋印、公佈周知、矯從前需索之弊。香客上岸出香、此項錢文交所居寺庵執事僧開付。如香客體恤苦力、從優犒賞、亦宜令執事僧經手、幸勿直接開付、致效尤請益、糾纏不清、釀生毆詈。

一香期、有一種游僧、瞎僧、到山化小緣、成羣攔路、扳轎牽衣、騷擾可厭。現已從嚴查禁。驅逐其殘疾瞎僧、則收入淨土堂。惟化小緣僧、其中實有眞貧苦行者、礙難概禁。現規定以席地坐化四字爲限。香客對於此項僧、多多施捨、結緣獎善。遇有站立募化者、切勿施予開端。如有扳轎牽衣等舉動、可知照警察、及巡照僧拘究。

一寺院庵堂、款待住客、力求完備、不覺而入於靡麗奢侈、殊非淸淨道場所宜。縣知事杜漸防微、迭諭沙門、力崇樸素。香客之來、或崇奉敎相、或流連光景、人都高尙、住亦暫時。對於居停、幸勿責備求全。共挽澆風、以維佛土。

一詞客騷人、興來題詠、已令僧徒備有筆札、幸勿題壁。題亦不久刮去、轉惜佳句不傳。有一種惡少、以猥褻字畫、汚疥名勝牆壁、殊損公德、幸自戒之。如不遵依、派警拘究。

一山中賭博鴉片，均所嚴禁，犯者拘懲，罪連容留之主。僧主僧報告者，免罪，仍照章提獎。君子懷刑，各其注意。但消遣賭酒食，不以金錢爲目的之娛樂品，不在此限。至僧徒雖娛樂之賭，亦犯清規，有犯必懲。

一普陀佛地，葷腥宰割，向所嚴禁，各寺均不設葷廚。香客到山，允宜素食，如萬不能素食，只可酌帶罐頭，切勿公然以血肉之品，妨害香積。

一婦女小孩到山，裝飾宜從淡素，珍寶炫耀，漫藏冶容，戒之爲妥。

一梵音潮音各洞大士示現，誠者見之，佛重螻蟻之生，捨生實屬謬妄，向有示禁，希望香客，廣諭癡愚。中華民國十一年一月給。

定海縣知事陶鏞示諭事。本知事因公幹到普陀法雨寺，住持循照舊例，率領全寺僧徒在山門外排班迎接。本知事歉悚不安，當於出寺時，諭免班送。旋到普濟寺，先諭住持，將排班迎送，一概蠲除。查叢林緇衆，誦典焚修，自有清規，遊方之外，尋常酬應、尚合屏除。豈可擾以世俗之繁文、苟以官場之縟節。查此種迎送陋例、遠自帝王時代、嬗遞而來。今則建國共和、立憲平等。在施者習焉不察、幾自忘具象之尊嚴。而受者、謝卻不堅、遂未去餼羊之告朔。楚齊兩失、審非小節之疵瑕。儒釋異源、應有折衷之儀式。嗣後縣知事到山、倘有特別典禮、應俟屆時規定。其尋常巡住、祇須各該寺方丈住持執事首領、於合宜地方、行相當敬禮。所有兩廊僧衆、排班迎送、以及撞鐘擂鼓、升礮扶轎等舊例、自今日始、一律革除。各該僧衆、威儀自重、人格攸關。毋爲無禮之恭、致貽有識之誚。除呈報並分令外、合行示諭。仝山緇白、一體咸知。（民國十一年一月給。）

定海縣知事陶鏞、批准前後兩寺住持蓮曦、了明、呈定取締公務寮、及篼夫、並寺庵內外單規則。

一凡前後兩寺公務寮、及各庵之工人、無論內單（即在內服役者）外單、（即在外工作者）均須尋覓妥保、方准進單。嗣後發生事故、或逃亡時、均由保人負責。

二前後兩寺公務寮工人·須由該寮頭單（即工頭）隨時約束。有不服者·由頭單告明該管客堂辦理。如再不服·送警局懲辦·或驅逐過海。情節重者·送縣。

三前後山篼夫·均由公務寮派人帶坡。（即帶領）即責成帶坡人·隨時約束。不准刁難香客·併額外需索。如違·告明客堂·送警嚴懲。

四公務寮及各庵內外單工人·因事受屈·須將理由告明庵主·或該管客堂·靜候查明實情·秉公處理。不得恃蠻行凶·以干法紀。

五公務寮及各庵內外單工人·遇事不平·如行凶毆人者·不論其理之曲直·當將先動手者·拘送官廳·先行重懲其行凶之罪·後再爲判斷是非。

六遇有事端發生·如有從中挑撥·及附和者·查明一併送官嚴懲。

七禍端釀成·其主動及附和者·或畏罪逃匿·除責保跟交外·當將該凶姓名年貌籍貫開明·呈請官廳·備文關提歸案懲辦。

八遇有庵中出香·須用篼子者·各篼夫須由公務寮指派·頂數·不得漫無限制·爭先

奪後強拖香客等情。如違。報警拘究。

九遇有偷竊柴樹。及蔬菰等物。當酌量情形。交該管客堂。轉送警局嚴辦。或徑送警局訊究。不准私自弔打。如違。嚴懲不貸。

十本規則。由呈請縣署核准布告施行。民國十二年一月給

普陀洛迦新志卷八終

附錄王應吉病夢紀靈

明澹凝居士王應吉素虔奉大士。萬曆壬寅。患痰火疾。水漿不能嚥者七日。九月朔前子夜。夢乘肩輿循大河滸。忽顚墮水中。鱗甲之類。種種當前。因念此輩吾嘗啖之。今乘此爲難矣。恍惚若有挾其兩臂起崖上者。仰首視之。則赤日懸空。觀音大士倚崖而坐。善財龍女鸚鵡淨瓶之屬具列。以手捫衣不溼。因叩謝大士。謂曰。汝本善知識。轉身素虔奉我。故來相救。但汝殺業頗多。致有是病。若能戒殺。汝病卽愈。王曰。此夙心也。謹受戒。大士曰。我有醍醐。與汝飮之。王捧杯一吸而盡。其杯似玻璃。內外通明。醍醐色黃且碧。味殊淸洌。不類世間濃郁。飮畢叩謝。倏然而覺。餘香猶在脣吻間。偏身雨汗。移時淸涼。心胸開爽。進粥飮之。精神頓囘復。自後遂盟心戒殺。自作紀靈戒殺衷言誌其事。慈心寶鑑

普陀洛迦新志卷九

古會稽陶　鏞鑑定　古翁山王亨彥輯

流寓門第九　共十三人

名山勝境。本仙眞棲息之鄉。絕島荒嵎。爲賢者避世之地。伊人宛在。遊子關情。茲山安期寄迹。豔灑桃花。抱朴固形。名留丹井。鶴年孝通。夢感學佛。知歸柳莊。相自僧傳。與人爲善。不獨增名山之聲價。更以助正法之流通。志流寓。

秦

安期生。瑯琊人。避秦亂。至山修煉。嘗以醉墨灑成桃花紋。故寺西南有桃花山。舊志

漢

梅福。字子眞。九江壽春人。漢成帝時。爲南昌尉。見王氏權盛。漢祚將移。乃爲疏。從縣道上書。福本微官。又爲奸黨所抑。不報。福見時事日非。遂棄官佯狂吳市。閒後有人見福於山。明萬曆閒。僧如迴。以梅岑之椒。爲福煉丹處。重創梅福庵。以存古蹟。

晉

裘志·流寓·精藍。

按裘志云。漢書本傳如此·亦不敢附會增益。又引宋陸游梅子眞泉銘曰。梅公之去漢·猶鴟夷子之去越·變姓名·棄妻子·舟車所通·何所不閱。彼吳市閒人·偶傳之·而作史者·因著其說。倘信吳市而疑斯山·不幾乎執一而廢百。梅公之去如懷安於一方·則是以頸血丹莽之斧鉞也。山麓之泉·甘寒澄澈·珠霏玉雪·與子徘徊酌泉飲之·亦足以盡公之高·而歎其決也。乃謂子眞既可從吳市至會稽·獨不可從會稽至洛迦乎。會稽曰梅山·此曰梅岑。會稽有子眞泉·此亦有子眞井。余信子眞於洛迦·猶陸先生信子眞於會稽也。

又按裘志流寓·祇載梅福。許志增安期生·亦尚有說。至全祖望寶陀三君詠。梅福安期外·又增梁鴻。考邑舊志·或說鴻避亂梁橫山·或說東霍第三山·不及普陀。未審謝山所據何書·故略之。

葛洪。字稚川。高密人。究覽典籍。尤好神仙之術。著書號抱朴子。山中有葛洪井。相傳爲煉丹之井。許志

按許志。謂縣在唐開元閒。以洪曾煉丹於是。洪號葛仙翁。遂名縣爲翁山。此說殊非。抱朴子論古仙者之樂。以登名山爲上。而以海中大島嶼若會稽之東翁洲之類者次之。翁洲卽翁山。則洪所著書已有翁山之名矣。翁山當爲三國時。葛玄得名。玄爲洪族祖。號仙翁。曾採藥海山。洪號稚川。隱羅浮。傳有履化蝶事。許以翁山謂因稚川得名。實沿定海縣志之誤。未加深考也。

元

王天助。字致和。號頤庵。昌國蓬萊鄉人。學道於袁松溪。泰定閒入侍內祠。以精禬禱數遣代祀名山。京師大旱。祈雨輒應。有司治決河。投其鐵符。水勢漸減。主鄞之玄妙觀。建玉皇閣。賜號太虛玄靜明妙眞人。嘗修煉此山云。許志。鄞縣志。

吳萊。字立夫。又字淵穎。金華人。性好遊。嘗東出齊魯。北抵燕趙。及還江南。復遊海州。

歷蛟門·浮海·東尋梅岑山·觀音大士洞。登磐陀石·見曉日初出·海波盡紅。瞪目長視·思欲起安期羨門而與之遊。作磐陀觀日賦·膾傳一時。（定海廳志）

丁鶴年·西域人。父職馬祿丁·徙居武昌。至正閒·淮兵渡江·襲武昌·鶴年從兄吉雅謨丁爲昌國令·徒步往依焉。薦章凡九上·皆不受。既而兵戈四起·匿翁洲海島。隆冬衣不掩脛·有饋遺者·雖饘粥費無所受。憂憤歡愉·皆發之於詩。其題普陀山七律·至今膾傳焉。（定海縣志·許志。）

明

袁珙·字廷玉·士元子。幼襲父學·於書多所觀覽。壯益爽秀。嘗遊補怛洛迦山·僧有別古崖者·善相·見而奇之。謂其眼光如電·法當以術顯。因以相家之術授焉。洪武中·遇姚廣孝於嵩山寺·謂之曰·公劉秉忠之儔也。幸自愛。後廣孝薦於燕王·召至北平。王雜衞士類己者九人·操弓矢飲肆中。一見即前跪曰·殿下何輕身至此。九人者笑其謬。珙言益切。王乃起去·召珙宮中諦視·曰·龍行虎步·日角插天·太平天子也。年四十·鬚過臍·即登大寶矣。已見藩邸諸校卒·皆許以公侯將帥。王慮語洩·遣之還。及即位·召拜太常寺丞。賜冠服鞍馬文綺寶鈔及居第。帝將建東宮·而意有所屬·故久不決。珙相仁宗曰·天子也。相宣宗曰·萬歲天子·儲位乃定。珙相人即知其心術善惡。人不思義·而畏禍患。往往因其不善·導之於善·從而改行者甚多。性孝友·自少安貧養志。親疾甚·籲天祈減年以益親壽·疾果瘥。有以役他徙者·委之金百鎰·不相聞者十餘年。後其人歸·以金還之·封識如故。友人以事逮而沒·珙收厝以歸·其母待族黨有恩。立朝小心愼密。每建言·爲上所眷愛。後居家·好吟詠·能畫竹。所居城西繞舍栽柳·自號柳莊居士。永樂八年卒·年七十六。賜祭葬·贈太常少卿。鄞縣志

張隨·字亞泉·順天文安人。官御用監太監·涉獵經史·精書法。時故相蘭谿趙志皋爲敎習·器重之。萬曆三十年壬寅·奉命齎帑金千兩·蒞山建藏殿。三十二年甲辰三月·殿成報命·繪圖以獻。踰年·復齎金二千兩·以竟前績。至丙午秋竣事。先後在山

八年·拮据經理·區畫盡善。性儉約·一蔬一飯外·無所需。山中無義之徒·每有謀私利·以墜戒律。隨甫至山·若輩遠遁·山寺爲之一清。鼎新之後·又博求儒紳輯爲志乘。寺僧建生祠以祀之。（周應賓普陀寺·及內官三公祠·兩碑記。裘志。）

蘇若霖·崇禎朝內官·懲魏忠賢之敗·挾貲來山·載滲金銅觀音一尊。至道頭·未知適從·向大士前卜筊·鎮海吉。遂送入後寺·今奉圓通殿內·又施己貲千餘·莊嚴淨土。甲申聞變·出山年餘·再來·竟隱山中·至歿。僧德之·爲建塔·歲時設供·後又與張王党馬諸人·俎豆大寺·可不謂賢歟。（舊志）

吳鍾巒·號稚山·常州武進人。崇禎甲戌進士·歷官至禮部尚書·姚江黃宗羲招公居四明。答曰·從王所在·待盡而已·遂退居普陀。舟山師潰·公曰·吾老矣·不及此時尋一塊乾淨土·即一旦疾病死·其何以見先帝·謝諸君子於地下哉。乃復渡海入城。至文廟右廡·設高座·積薪其下·捧先聖神位·舉火自焚死。所著詩文甚多·白華僧去微收藏。後爲四明萬履安取去。（許志·鮚埼亭集外編。）

按許志、謂公流寓白華庵、說本定海縣志。觀公有寓白華庵生辰詩、說似可信。而公又有寓無凡靜室、彤庵見過詩無凡靜室。乃寶稱庵。而朱緒曾昌國典詠云、吳忠烈寓室、余尋其遺迹、僧云在棲眞庵、今廢。然棲眞庵卽眞顯庵、萬曆三十年、督造張隨、改名。忠烈寓所、當以無凡靜室爲是。

沈宸荃、字友蓀、號彤庵、慈谿人。崇禎十三年進士。魯王監國、連擢至兵部尙書東閣大學士。魯王駐舟山、以疾請休、嘗至普陀、與禮部尙書吳鍾巒、相盤桓。舟山破、復從王至金門、艤舟南日山、遭風沒於海。許志、海東逸史、小腆紀年。

清

沈良錫、字之冕、鎭海人、官定海把總。康熙二十八年、賜金建寺、總兵藍理、派良錫率兵看護、前後居守甚久。建寺時之規畫馳驅、亦良錫力爲多。爲人守正不私、僧衆賴以相安。普陀近山多礁石、行舟趨避孔艱。良錫於短姑道頭、高懸一燈、光照徹夜。舟行在數十里外、見之加額喜曰、見佛燈矣、抵洛迦道頭矣、人咸稱便。理愛其

敏練老成。遂不更調。於是挂弓天山。繡佛鈴閣。一花一石。緩帶登臨。昔有仙尉。今有福將。亦千古佳話也。裘志陳志

胡氏子。某鎭海人。家貧。父早世。衣棺悉貸。年十五。僦屋普陀。賣腐爲業。一日其母使人趣之歸。將至始知母將去室。以聘錢償債。欠某涕泣不勝。抵家拜母。畢。疾趨投水。濱見者力援之。踰時始甦。負以歸。母子抱持大哭。母曰。兒心吾知之。無然。吾不嫁矣。某血淚迸湧。終不出一語。里人感其意。羣醵金償娶者。娶者毁婚帖。堅不受償。某叩首曰。聘金不可不償。衆情亦不敢負。願立劵加息。陸續措償。娶者始受半去。事定。仍至山理舊業。知縣繆燧聞之。歎曰。此孝子也。遺以錢粟。并允常繼以供母。謝不受。後再訪之。無蹤迹。定海縣志

普陀洛迦新志卷九終

普陀洛迦新志卷十

古會稽陶　鏞鑑定　古翁山王亨彥輯

藝文門第十 共三十種

若論法門理體，本言說之遠離。而在娑婆衆生，以音聞爲能入。故西來直指，亦說楞伽。東山道場，偏宣般若。不有粲花妙舌，安令頑石點頭。茲則眞歇開宗，傳洞山之寶鏡。孚中繼軌，稱濟室之白眉。古鼎生蓮，舌根不壞。紫柏弘法，身相長留。潮音得宏機偉辯，別庵亦卓論精修。以標月指，作暗室鐙。志藝文。

宋

眞歇語錄二集 眞歇清了著。見普陀列祖錄。

五燈會元二十卷 大川普濟著。見清四庫全書提要。

提要云：是書取釋道原景德傳燈錄、駙馬都尉李遵勖天聖廣燈錄、釋維白建中靖國續燈錄、釋道明聯燈會要、釋正受嘉泰普燈錄，撮其要旨，會爲一書，故曰五燈會元。以七佛爲首。次四祖・五祖・六祖・南嶽青原以下・各按傳法世數載入焉。蓋禪宗・自慧能而後・分派滋多。有良价・號曹洞宗。文偃・號雲門宗。文益・號法眼宗。靈佑・慧寂・號潙仰宗。義玄・號臨濟宗。學徒傳授・幾徧海內。宗門撰述・亦日以紛繁。名爲以不立語言文字・爲不二法門。實則轇轕紛紜・愈生障礙。蓋唐以前・各尊師說・儒與釋爭。宋以後・機巧日增・儒自與儒爭・釋亦自與釋爭。人我分・而勝負起・議論所以多也。是書删掇精英・去其宂雜・敍錄較爲簡要。其考論宗系・分篇臚列・於釋氏之源流本末・亦指掌憭然。固可與僧寶諸傳・同資釋門之典。故非諸方語錄・掉弄口舌者比也。

元

五會語錄　孚中懷信著・見普陀列祖錄。

四會語錄　古鼎祖銘著・見普陀列祖錄。

金華・宋濂序曰。古鼎禪師銘公・以臨濟十七世孫・四坐道場・爲黑白之所宗仰。一旦祝釐浙江省垣，現白光三道。丞相康里公見之，極加敬禮。未幾將示寂，語其徒曰，觀世音蓮臺至矣，安坐而逝。及火化，舌根齒牙數珠俱不壞，五色舍利燦爛無數。國史危先生，已摭其行業，爲文勒諸碑。而四會語錄，未有序之者。師之得法上首，今天界禪寺，西白金公，屬濂作之。濂覽已，合爪言曰，是眞正語，是不著有無語，是雷轟電掃語。學者隨所悟入，如慈雲徧覆，法雨普沾。大小根莖，皆獲生成。非入正知見，具大力量者，孰能與於此。嗚呼，世安復有斯人乎哉。非謂果無之也，求其眞淳無僞若師者，鮮也。濂既爲敍其事，復歆豔之。歆豔之不足，復作伽陀一章贊之。其辭曰，我觀我師四會語，一言一句皆眞實。河沙妙義總含藏，其中無餘亦無欠。及至能所齊泯時，欲覓片言不可得。有如十方虛空界，種種色相皆現前。或飛或潛或動植，以至洪纖高下等。枯榮生死及崩竭，了然不染虛空相。而亦不出於虛空，眞相如如不動故。師昔嘗登寂照場，耳邊一喝三日聾。惟聾故使功用絕，絕後通身皆是耳。自茲出世入翁川，翁川海水亦生耳。但聞魚龍哮吼聲，卽使波濤增洶湧。繼升普陀洛迦山，合掌問訊觀世音。目能觀色耳聞聲，音聲何獨以目觀。不知本來無耳目，見所不見聞不聞。盡大千界無礙者。中天竺國陵霄峯，所談妙法皆如是。只因妙法妙難思，結集已落第二義。眉間放出白毫光，七寶蓮臺向空至。此皆遊戲神通事，於師之道不相攝。師之道大不思議，千古贊歎莫能盡。姑以第二門中觀，可以洗空於結習，可以觸動於悟機，可以速證於菩提，是宜流通於世間。視如照耀光明幢，我言或誣有如水。（普陀列祖錄。）

大千語錄（大千慧照著，見普陀列祖錄。）

明

炪逸語錄（祖芳道聯著，見普陀列祖錄。）

剖璞語集（朗徹性珠著，見舊志。）

林樾集（履端海觀著，見張忠烈集。）

鄞縣，張煌言序曰。世之闢佛者，率以浮屠氏爲外教。而瞿曇氏，亦往往逃於枯空，謂不如是則非禪也。然東林慧遠·白社風高·未嘗不陶情吟嘯。則詭於禪之外非禪·而拘於禪之中者亦非禪也。夫善易者不言易。今使進禪而賦詩·而字摹貝葉·句勒曇花·則亦偈而已·何名爲詩。夫詩本性靈·而禪亦性靈。要自有活潑潑地者·此即禪機也。普陀端公者·吾未知其禪理何如。而微吟高詠·絕非枯空者可比。彼豈欲以詩名鳴哉。毋亦禪機所觸·不禁其洒洒洋洋矣。余偶得其數什而諷之。固無貝葉曇花風味。以是知端公能超於禪·而不拘於禪者也。端公之師朗公有秋興數十首·清微宛淡·業剞劂傳世。而端公復能繼其宗風·眞不愧傳衣鉢矣·是爲序。張忠烈集

按履端·名海觀。於淨業之餘·以言寓道·興至留墨。鄞陸中書寶稱爲詩僧·見舊志精藍。忠烈所序詩·殆隨便鈔錄者·非林樾全集也。

梅岑新詠 芥舟著·見張忠烈集。

張煌言序曰。從來儒墨分席·然詩律可通於禪·禪鋒每寄於詩。是何以故。蓋詩家

格律甚精，不避空虛三昧。而禪家機鋒相觸，原其風雅三摩。故禪有魔，而詩亦有魔。而詩稱聖，禪亦稱爲聖，超悟者，本無殊趨也。芥舟上人，以遠公宿根，得生公妙解。振錫名山，玄風晻曖。禪悅之餘，遂成梅岑新詠。騷耶，偈耶，讀之如坐光明藏矣。是使騷人雕風鏤月，總是拈花。釋子研教參宗，無非夢草。提起法幢，高翻騷甕。直疑大士現身，豈僅老僧饒舌。則滿恆河沙皆詩也，滿恆河沙皆禪也。有聲聞者，當作如是觀。卽無色相者，亦當作如是觀。張忠烈集

清

三山語錄　三山著，見楊雍建撰衣鉢塔銘。

通元詩集　通元照機著，見范熚撰詩序。

鄞縣范熚序曰。詩必隱逸者能之乎，非也。隱逸者，棲遲山林，身閒心靜，其地其時，俱可以爲工詩之具。故古今來隱逸者之詩，率多傳耳。從兄今號通元者，幼慧而寂。與余輩羣從出就外傅，輒不喜經心塵務。甫十七，竟逃浮屠，從師卓錫於洛迦

之栴檀。迄遺徙入內，則居慈水之壽峯先覺寺。所到，修舉廢墜，光寵祇庭。及海禁弛，則又還普陀，主大寺方丈。良以道聲慈味，爲壇場屬望故也。予自釋褐，奔走風塵，羈棲外吏。埍篪絕和者，且數十年。雖鬚眉笑貌，忽忽如夢，求一見不可得，又安知兄之能詩也乎。曩歲在辛丑，予嘗一過梅岑。兄是時，尙不與予言詩。及今復閱三十餘年。兄道益高，心益古，貌益臞，神益旺，而詩亦益工。客有從海外來者，屢屢爲予言之。予思一見其詩，遂亟請以來。讀之，而乃知兄不獨成佛當在靈運前，卽爲詩亦不許僧彌難也。兄之詩，淸眞蒼朴，發抒性靈，亦不甚拘格律。如高山飛瀑，寒林著雪，非不磊落爛熳也。要其體質，玉潔冰淸，絕不惹一點脂粉塵埃氣，爲可貴耳。由是言之，詩則兄工，知則我獨。以是評兄之詩，而輒序其大意以遺兄，未知以予爲有當否也。嗚呼，春濤激雲，驕林卻日，奇葩異鳥，繞案盈庭。當斯時也，榮辱不加，理亂不聞，興之所至，慨然成詠，其詩亦安得而不佳。然則予之所不如兄者，獨一詩乎哉。舊志

重修宗譜

通元照機著・見舊志。

自序曰。四明名山大刹・以補陀爲最。大士現靈于前・高座禪宗・似續于後。奕葉傳燈・皆井然有序・而不可紊。普陀寺中興于始祖普賢。嘉靖間・我十世祖本空師・卓錫於此。精專三學・悟空五蘊・遐邇嚮化。適遭倭變・朋徒西竄・遥歸姚江之玉皇殿・聚徒熏修。隆慶間・總督劉公・迎回山中・避居西天門之圓通庵・焚修益虔・講誦不倦。遠近聞風者・莫不奉爲金仙・尸之祝之。于是歎空師之道力・爲能與佛祖靈山・相得益彰也。海氛內徙・鞠爲茂草者・十餘年。機率徒侶・隱居先覺・悵然南望・非朝伊夕。今際聖天子明德・海隅清宴・得返故林。而空師之遺迹・煥然一新。是亦普陀興廢之一大機也。舊譜序于明周侍御公・惜其年久漫漶・僅有大略。乃偕玄孫心明修輯而新之。夫自嘉靖迄今・不及二百年・而廢興者再・亦可以知世事之無常・而先澤之可恃矣。願我子孫・永守清規・努力精進・歲時俎豆・綿綿不息。庶幾始祖普賢及空師之衣鉢重光・而普陀之香火弗替。不負機拳拳修輯之至意也。舊志

普陀列祖錄 潮音通旭著・刊本。

自序曰名山大川固雖天造地設・莫不因人而傳而重者也。苟不因人而傳而重・則古今天地・古今山川・豈達摩之後始有嵩山仲尼之前竟無洙泗耶。天造地設者固多。其有幽閉而終不之傳者・漠然而終不之重者・可勝限計哉。是皆未得因人而傳而重者也。普陀一山・卓越海涯・屹立巨浸。大經具載・乃普門示現之區・實列祖宏法之地・又不可以尋常形勝並論也。自宋至明・禪宗世出・眞歇唱導於前・祖芳振興於後。無何滄桑變易・甲乙風成・法鼓不鳴・百餘年矣。嗟乎・四十代烜赫祖師・泯焉無聞・誰之責歟。予忝爲末裔・承乏茲山・切恐祖德靡揚・山靈見鄙。是以求諸羣集・考諸舊志・實於此山闡法住持者・或得一句一偈・或僅得其名・一皆歸諸山志。閒有缺典・惟俟淵博之士・採而補入焉。復刻是篇・以表彰之。且見四十代老古錐・面目猶在。

百歲老祖宗譜 潮音通旭著・見舊志。

自序曰。夫萬派之流，必溯源而出。千丈之木，必託根而固。曾是耆年碩德，光前垂後者，可不特爲表彰，以示不忘乎。予自承主此山，既表普賢道誠禪師爲合山之祖。其孫四而本空圓獻禪師爲西天門祖。其徒三而無瑕明通禪師，又爲旭等數十家之祖也。無瑕通祖，聿修厥德，勵行純全，壽登百齡，爲世福田。受徒十人，皆英賢鉅略，增重名山。若吾宗奇峯才祖，尤其傑然者也。探本窮源，非德厚流光，而能若是乎。古人視履考祥，本諸身，徵諸子孫，有不彰彰較著者哉。是用前歲既新其墓，今歲另系其譜。蒸嘗必恪，後進必書。樹名山之赤幟，昭來學之司南，謂非法門之盛典歟。惟在後之子孫，永言繩武，弗替引之，卽是百歲老祖長在而不滅矣。故特表而出之，以示不忘云。

潮音語錄五卷。潮音通旭著，刊本。

漳浦藍理序曰。余閩人也，壤接四明。自髫年，卽識有南海普陀大士顯應狀，私心嚮往之。三十年來，馳驅戎馬，百戰餘生。自分根器薄劣，不獲於宗門一酬宿緣，爲此生憾事。然生平不妄殺一人。不僇一已降。將士則稟承於大士慈悲教居多焉。前歲聖駕南巡。稔悉定海爲東南勝地。而普陀洛迦。又爲天下第一靈山。特佈帑金。虔修寺宇。蓋聖天子之留心教典至矣。邇因定鎮虛席。命理改鎮茲土。誠千載一時之知遇也。予自顧何人。膺此重寄。涖鎮之後。乘片颿。赴紫竹栴檀林。齋心禮大士像。上祝聖壽之無疆。皇圖之永固。意至深且切也。瞻拜之下。見寺中大衆。濟濟雲集。盡屬雁行。而欲於其中覓一如來眞子。爲人天眼目者。而究不可得。無乃法門一大缺陷耶。爰是詢之諸僧。訪之郡薦紳先生。僉以潮音師對。擇日熏沐禮請。强而始至。至之日。四衆圍繞。升堂說法。如電掣。如雲湧。如拈花微笑。深心宏願。務使末法衆生。同歸於智海而後已。諸方耆年。不能不爲避席。彼天童之渾金璞玉。萬年之河傾海注。兼而有之也。抑余又有說焉。潮音洞爲菩薩顯現之處。自來以宰官身得睹自在法相者。由宋迄今。有王舜封。黃龜年。史越王。浩顏頤仲。張蓬山。曹立諸人。載之志乘。歷歷不爽。今余以誦帚鈍根。歸心教海。積誠所感。亦幸遇三十二應身之一。維時同行屬弁，無不共目共見，業已另載入靈異記中。是余於此山實有夙契。而今又適得以洞名名其法號，豈非大士默相昭示，使宣揚大乘於千萬世者乎。於其語錄之成，而略序之如此

范光陽序曰。夫道有歧乎，迷者歧之。夫道有言乎，迷者言之。由迷者歧道言道，而道斯晦矣。無迷者歧道言道，而道亦晦矣。過在迷者不極其源，而道將無以白於天下。曷言乎極其源也。儒者窮理盡性，而不能化，以其雜於情識也。道者修精葆元，而不能泯，以其留於形命也。其惟釋氏乎，若人欲識佛境界，當淨其心如虛空。空無自性，故能生萬物而不倦。空無定位，故能容萬物而不礙。空無本體，故能歷萬劫而不壞。斯道其誰能證之。從上佛祖，以及天下善知識，未有不親證斯道，而能踞師子座，導利人天者也。南海潮音和尚自吃放參齋後，一味陸沈。偶承當道，舉於稠人之中，即時伐鼓升堂。一鳴驚人，每每提倡，實能化形迹，融萬彙，如人食蜜。中邊皆甜。教化大行，典型後學，其嘉惠寧有盡乎。昔二十五果位聖人，從二十

五有、各證圓通。我潮音和尚、惟以一條白棒、穿卻三教、直指當人本命元辰立地處。日有航海南詢者、當諦聽究竟了義法門。予齒雖長、僅見潮師一斑、今樂於告人、因發其端如是。

釋大瑢序曰。吾宗無語句、實無一法與人。祇者連篇累牘、從甚處得來。須知從上諸聖、建立化門、入水救人、觀機逗教、不得已示一機、垂一境、如風行大野、雁過長空、掃絕支離、不留朕迹。得非悟處超卓、親見作家。豈彼沈言短販之流、可同日而言也。所以古之人、因雨洗澹紅之語、成枯木見而歎曰、此人親見先師來。我同門潮音和尚、夙承願力、主席普陀。擲龍宮之大寶、普施羣生。剔太白之眞燈、照開一切。拈椎豎拂、直指惟心。不露鋒鋩、全昭顧鑑。洵哉、法苑祥麐、宗門之標幟也。余年垂老、承乏平田、一覩茲編、得毋加額。信古人親見先師之語、豈偶然哉、於是乎序。

潮音隨錄一卷 潮音通旭著、刊本。

續燈正統 別庵性統著、見王日藻序。

雲閒，王日藻序曰。佛教之以燈名其傳也，自然燈佛始有其名，取其光明不息，同乎，日月之義焉。顧有顯則有晦有焱則有熄，此亦盈虛消長之不能免者。日月猶蝕，而況於燈乎。至於統之爲義則益嚴矣。惟其道，不惟其人。惟其人，不惟其時。吾儒自二帝三王以後，寧可架漏千年，不許漢文唐太接統三代，則釋氏可知已。嗟乎，燈不長照，斯續者貴，統不少假，斯正者尊，甚矣，別公禪師續燈正統之編，爲詳而核，愼而公也。別公爲三山來禪師高足，白眉英年受囑，自蜀臨江，先宏教於高峯。南下至甬東，遂主席普陀之法雨。法雨爲明大智尊者開闢道場，別公繼而昌之。然智以苦行證道，非禪宗也。法雨禪宗開法第一代，則自我別公始矣。嚮使別公道不修，學不講，聞望不實，則何以奔走英賢，奐輪福地。又何以特立普陀，埧篪老宿。乃其書故具在也。標眞領的，揚芬漱潤，殫十數年之功，成玆偉袠。若左之傳，遷之史，可以鑑古今而考得失，博聞見而治身心，其紹先啓後之功，豈世之擊拳豎指，標榜虛名者，可同日語耶。昌黎有言，荀與楊擇焉而不精，語焉而不詳。若是書，則可謂語詳而擇精矣。予衰老杜門，年來與健庵珍示諸公，修香山洛社故事。暇則閒取釋氏遺文汎覽流觀，雖不能徹其精要，亦庶幾得其指歸。今年癸酉春，別公寄予是書，且丐爲序。繙閱之餘，知其上紹精微，下删妄濫，續五燈之未備，仍白禪師續燈之名，而加以正統之號，其立意可謂嚴，而用力可謂勤已。抑予又聞大慧之徒，九十四人，俱數傳而止。惟懶庵之後，多傳至公，以不絕如線之危，統而乃能大其光，宏其燄，然無盡之燈，照一時而及萬古。若別公者，非古人所稱必荷門基，一不爲少者哉。遂序其大意如此。舊志

慈谿姜宸英序曰：先聖有云，西方有大聖人焉，不治而不亂，不言而自化。自達摩傳其道入東土，其爲道也，不立文字，教外別傳，明心見性，了生脫死。予初探其門庭，竟無所得。且於履踐，毫不相應。然遇出世宏法之士，擊拳豎指，棒喝交馳，一語一默，閒儼若過屠門，不能禁其大嚼也。壬申春，泛南海，登普陀，得晤別庵和尚，與語連日，知爲大慧十七世孫也。贈額而還。次年，以所集續燈正統徵序於予。予既

不能窺其門庭。又安敢於和尚前作誑語哉。然細詳是編。以南宋爲始。要歸於今日。補集五燈之未備。是之謂續燈也。以濟洞分列各清其授受。表章二柱之昌榮。是之謂正統也。燈續而統正。將見燈燈不滅。千載流光。直使人人明心見性。了生脫死。所謂不治而不亂。不言而自化。其在斯歟。其在斯歟。舊志

梅岑稿 別庵性統著。見裘璉序。

慈谿裘璉序曰。士之幼負慧性。遺世而逃於禪者。必有魁傑不可束縛之氣。故雖入空門。其才力所至。類能旋轉擘畫。興衰舉廢。以寓其兼善天下之心。此則其同於吾儒者也。至其遺棄萬有。娛情泉石。靜心高致。發爲清響。則莊子所稱天籟者也。吾儒攖羅塵網者。往往多不及焉。洛迦法雨別公。蜀之夔人。負奇氣長才。而隱於禪者。生時父有異兆。童齡出塵。壯年受囑。可謂奇矣。自其主席此山。翦荊棘驅麋鹿狐兔。首創紺殿紅樓。於奇巖秀壑之閒。規畫所至。鉅細畢張。十年之閒。遂爲聖朝興建菩薩道場莊嚴之首。余疑其心勞力瘁。而不暇爲和平要渺之音。抒洩

山川奇宕淸淑之致矣。別公則不然。長章短句，興會淋漓。懷古悼今，纏綿情致。蓋雖專門名家精研玆道者，莫或先之。嗚呼，別公奈何其多才，而又奈何其逃於禪也。戊寅，中秋，余以志事入山，與別公盤桓泉石，披襄煙霞，廬峯金山，未之或遠。暇日，出其所梓梅岑稿屬爲序。余屈首窮經，二毛颯落，經世問道，一不可自信，以視別公何如哉。然於詩，則少而嗜焉，老而習焉。雖不能登李杜之堂，入鮑謝之室，自謂甘苦有得，褒評賞諷，津津不倦。遇別公而不相傾倒，吐所欲言，不幾負此名山也哉。爰不辭而爲之序。舊志

別庵語錄三十八卷 別庵性統著，見嚴曾榘序。

禹航，嚴曾榘序曰。余嘗讀昌黎送廖師序，以衡山之神靈，而郴州之氣之淸淑也。謂其蜿蟺扶輿，磅礴鬱積，必有忠信材德之士生其閒。夫忠信材德之生，固非苟焉而已。處則爲天地扶植其綱常，出則爲國家贊襄其德業。又或逃禪學佛，破迷謬，解束縛，以導斯民于淸淨之途。蓋不獨擔肩彼教，提倡而昌明之。而于聖君賢

相·勝殘去殺之化·爲多所裨益焉。是則昌黎之三致意于一篇之中·洵有味乎其言之也。今別庵和尚·四川之夔州人也。巫山巫峽·瞿塘灩澦之閒·險奇壯麗·甲于荆梁。固知其神靈·不異於衡山。而淸淑之氣·且遠過于郴州。和尚慧業夙根·幼卽歸身浮屠·持梵行·精進堅確。旣長受付囑於三山老人之門。蓋潛心教外·融證妙諦·遂自三山而上·爲鐵壁·爲吹萬·源源本本·直接宗風於大慧。學徒信仰·人士歸依。乙丑始說法於蜀之高峯。丁卯則出蜀振錫來吾浙·止南海之普陀。道風日茂·聲望彌重。四方書帛之要請·殆無虛歲。戊辰一攝杭之永壽。丁丑再攝杭之聖因。己卯主席于吾邑之徑山。今歲庚辰豎幟於無錫之慈雲。每幢蓋所至·其徒之先後奔走者數百人·遠邇緇流之嬴糧而雲集者數百人。至若薦紳先生·耕氓野老·與夫販夫販婦之想望其容光·幸側承其槌拂者·殆不可以數計也·其亦盛矣哉。其昌黎所謂忠信材德者·非耶。當和尚之初止普陀也·普陀適遭殘廢。頹垣敧壁·無莊嚴色相之觀。和尚振其道力·次第經營。己巳春·皇上巡幸江南·名徹宸聽·特賜帑金以大其締造。迨己卯春、六龍再駕浙省、和尚率衆迎鑾。遂蒙召對、顧問備至。帑金再賜、宸翰疊頒。夫庶僚下吏、固有終其身思一覲天顏而不可得者。况乎綸綍之煌煌、賚予之重疊、尤非所敢妄冀也。而和尚獨克荷寵休若此、又以歎忠信材德之果、不獨擔肩彼教、而化理之裨益、爲有當於天心者在矣。法嗣翠崖、玉峯輩、纂其語錄三十八卷、分集摘要錄四卷、徑山錄一卷、梓行於世、遣侍者澄照、走京師問序於余。惟余嚮往有年、屬者聖因徑山之席、且先郡邑之士大夫、通殷勤、效戒道前驅、徒以繫官於朝、不得一識面以快生平。然竊念大慧當年、固終老吾邑之徑山、而開明月之堂、以延無垢矣。今五百年、而和尚既嗣其宗風、復來其舊地。意者和尚爲大慧、於今日余方爲無垢於他年。彼明月堂中之笑語、從容爲我侯之可耳。于其問序也、而併告之。舊志

分集摘要錄四卷 別庵性統著。見嚴曾榘別庵語錄序。

徑山錄一卷 別庵性統著。見嚴曾榘別庵語錄序。

祖師正宗道影

高峯宗旨纂要　均別庵性統著、見裘志。

奏對錄

按是錄、係古心別庵、記在杭州覲見康熙、奏對各事也。

見灯語錄　見灯空焱著、見許志。

文安李灼序曰。自佛教東行以來、天下之名山大川、半爲蘭若、其閒鍾乾坤之靈、顯菩薩之蹟、甲宇內而稱最勝者、指不四五屈。一燈相傳、必有善知識其人、卓錫住持、闡揚宗教。或豎指伸拳、或拈花汲水、悉爲旨趣所流露。舉示傖夫、雖重譯講解、而亦難以喻其意也。補陀洛迦山、爲大士道場、孤峙海中。自宋迄今、歷發帑金建造寺宇、而本朝爲尤渥。爰有前後二寺、地雖分、而規模無異。使世之人知大士之神、充滿洋溢、蓋亦瞻之在前、忽焉在後之意耳。後寺住持見灯禪師、學有淵源、窺探上乘。凡値天雲晝垂、海水夜嘯時、直欲掀翻八極、喝破大千。然遇雨晴花發禪靜堂空又未嘗不瞬目揚眉歷指恆沙於萬萬也以故上堂說法殺有巴鼻語必透宗意歸無上凡其竪拂披衣總令諸天合掌其徒輩側聞而備錄之將以付梓一航飛渡問序於余余燕地一書生也門外漢詎足以語此既而開其卷則性靈洞達如有所得可解者解之不可解者以不解解之而卒亦無不解之解乃知禪師語錄初不在語正在無語處得之則無語處皆其所語其爲語也不亦大哉方擬公餘之暇駕舟奉謁與師攜手於潮音梵音之閒瞻大士之慈悲俯洪波之噴薄試啓片言直求指示生平之願可以慰矣奈何匏繫之根未能卽爲斬斷敬題數語聊申嚮往惟禪師不拒門外他日從容求示細領棒喝其於名山宗敎之旨庶幾窺見一斑不更有幸乎 許志

見灯詩文集 見灯空焱著見許志

普陀列宗錄 海南性著見續藏經

僧家竹枝詞一卷 開霽德輝著刊本

自序曰。嗟乎佛法至今日・其不絕如縷乎。古時出家難・試經方度・官給度牒。秉戒後・參訪知識・無刻不以向上爲念。故晉魏唐宋以來・千餘年間高僧輩出・了悟者代不乏人。朝廷尊師重道・優禮有加・異於常數。蓋上以此事爲重・下亦不肯自輕也。今時出家易・僧衆愈多・眞衲愈少。無論鄉曲小廟・除應酬經懺外・不知修行爲何事。宗教律淨・杳焉不聞。師無以爲教・弟亦無以爲學。卽通都大邑名山巨刹・亦往往重外而輕內・舍本而逐末。以集緣興造爲急務・置身心性命爲緩圖。拈花之旨・西來之意・大半束之高閣。欲求佛道之盛・其可得乎。戊戌春晝長無事・偶將僧家所行・衍爲俚詞・以示徒輩。自入山以至捨報・得題四十有八・俾知若者上品・若者下流。若者當法・若者當戒。生大慚愧・發大勇猛・樹精進幢・被堅固鎧。思與賢聖比肩・不屑與流俗爲伍。庶幾不無小補。噫・諸佛世尊爲一大事因緣・故出現於世。無非欲人開示悟入佛之知見・方暢佛之本懷。顧末世衆生・障深根鈍・頓悟爲難・計惟有念佛一門・十方諸佛所共讚・歷代祖師所共勸・橫超三界・帶業往生。人人可行圓頓直捷永明壽禪師曰但得見彌陀何愁不開悟是到家以後直與宗門無二無別若不出此東鑽西搕盲修瞎煉貢高我慢增長無明自以爲修行可以了生脫死吾不知其可也倘不務正修作爲無益一轉瞬閒報緣已盡隨業飄流不能自主甚至袈裟下失卻人身不更大負入山之初志乎汝曹其勉旃光緒二十四年戊戌四月八日孤峯老衲書

釋傳修序曰吾師孤峯老人悲象教之陵夷慨獅蟲之熾盛有志上進者參禪念佛靡所適從無意眞修者隨波逐流罔知振作爰將僧家所行之事作竹枝詞四十八首以示徒輩描寫逼肖搜括無遺或貶或褒直言不諱眞可謂眉毛拖地一片婆心矣修等親承棒喝拳拳服膺弗敢忘顧私之一家何如公之一世俾初入佛門者咸知法戒淸夜捫心陡發猛省豈非啓迪後進之一助乎夫偈頌拈提詩歌賦讚或闡向上之旨或宏淨土之宗古人著作汗牛充棟矣是編別創一格非雅非俗亦諷亦箴實足補前人語錄所未備願新發意者各取一編置諸案頭時

一展誦。山歌也．村謠也．實警語也。間有不拘韻處．毋以詩律衡之可也。光緒戊戌仲夏。

西方樂詠．附娑婆八苦八難詞．一卷。開霽德輝著．刊本。

自序節略曰。修淨業工夫．以信願行爲三資糧。尤要在欣厭二字。欣者欣極樂．厭者厭娑婆也。嘗見畢生念佛臨終不得生西．仍爲宿業所牽．無他欣厭之心不切耳。蓋平日於西方境界．不盡了了。彌陀經雖背誦爛熟．大都信口滑過．不求甚解．故不欣娑婆之苦．習慣多生。苟且偷安．得過且過．或更貪著五欲。色聲香味觸。又財色名食睡名五欲。故不厭。不欣不厭．淨業奚成。楊提刑曰．愛不重不生娑婆．念不一不生極樂。應爲易兩字曰．愛不斷不出娑婆．念不一不生極樂。念如何一．欣極故一。愛如何斷．厭極故斷。今述西方樂以助欣．又述八苦八難以助厭。每日晨興盥漱畢．焚香一炷．西向端坐．將此詠朗誦一徧．深信西方眞有如此之樂．則欣羡之心．油然生矣。再將八苦詞細讀一徧．痛念娑婆實有如此之苦．萬難忍受．則厭離之心．蹶然起矣。既欣且厭。發願持名。刻不容緩。更將八難詞苦吟一徧。則戰栗危懼。誓必今生了辦。不肯姑待來生。如此則信願行三資糧備矣。

極樂歌註釋便蒙一卷。開霽德輝著。刊本。

普陀洛迦新志卷十終

附錄轉女成男之靈異

清楊璜·字希周·當塗人·世居官圩栗樹墳。會兵擾其鄉·匿妻妾與子於林中·以身守壟。兵來見墳內有衣冠者·將執之·璜急赴水死。子甫十齡·見父溺·亦號哭奔投於水。時順治丙戌三月十六日也。璜妻陸氏·悼夫無後·誓斷血肉·迎佛像於家·旦夕慟哭念佛。忽夜夢一媼攜一子至曰·贈汝。醒而歎曰·願妾張氏遺腹生子·則菩薩之賜也。歲暮生女。陸氏泣曰·已矣。丁亥春·集族長告曰·夫既無子·薄產當分諸姪·吾得粗給衣食·以撫此女·言訖復哭。族長不忍·云俟小祥·爲璜作佛事·議分。及期·具會親族。散齋之夕·亦三月十六日。女哭不已·妾抱就枕·忽如夢魘·憒憒不醒·女怪啼益甚。嫡疾呼始覺。抱女入手·則已不復是女身矣。陸大驚·族人羣集·見面目依然·惟私處生長男根·其旁尚有血痕。衆咸詫異·始悟菩薩靈爽·前夢不虛·競至佛前臚拜·更名佛賜。次日觀者闐門。張縣令取兒庭驗之·猶未信。問其家族·僉曰·脫兒變非眞·姪輩不願分其田產耶·令乃釋疑。鶴洞子曰·靈感至此·石破天驚矣。（唐宜之己求書·海南一勺。）

普陀洛迦新志卷十一

古會稽陶　鏞鑑定　　古翁山王亨彥輯

志餘門第十一 共三十八條

歷朝國運，原有災祥。末劫佛門，豈無興廢。衆生業重。魔難頻來。然稽大藏之經函，永懷皇澤。閱萬年之簿籍，追念先型。他如石刻題名，遺傳芳迹。海山物產，共詡瑰奇。凡各門所未收。匯此門而無漏。志志餘。

宋，張邦基曰，予在四明舶局日，同官司戶王璪粹昭，郡檄往寶陀山，觀音洞禱雨，歸爲予言，寶陀山，去昌國兩潮，山不甚高峻。山下居民百許家，以漁鹽爲業，亦有耕稼。有一寺，僧五六十。佛殿上，有頻伽鳥二，營巢梁棟間，大如鵪鶉，毛羽紺翠，其聲淸越如擊玉。每歲生子，卽引去，不知所至。三韓外國諸山，在杳冥間。海舶至此，必有所禱。寺有鐘磬銅物，皆鷄林商賈所施者，多刻彼國之年號。亦有外國人留題，頗有文采。墨莊漫錄按四庫書提要云。邦基南北宋閒人·著墨莊漫錄十卷·爲宋說部之可觀者。此云寶陀山居民百許家云。有一寺·當在眞歇了禪師未至普陀結庵以前。故有漁鹽耕稼之民·居寺僧僅止五六十也。至定海廳志·頻伽鳥注·引名山勝概·載張邦基普陀山志。考普陀·自元盛熙明以前·無作志者。名山勝概云云。未審所據。

文殊·普賢·觀音·地藏。皆久成佛道之法身大士。以度生心切·徧界現身。又欲衆生投誠有地·故文殊示應迹於五臺·普賢示應迹於峨嵋·觀音地藏示應迹於普陀九華也。世有以地水火風分配四大名山者·乃不知地水火風爲四大之義·而以己見妄會之·不可爲據。然九華地介江表。五臺峨嵋雖遠·亦在內地計程可到。獨普陀孤懸海外·可謂遠且險矣。且歷朝來·無論貴賤善信男女·緇流羽衣·遠近纍纍·無不函經捧香頓顙繭足·梯山航海·雲合雷奔來朝大士。方之二峨·五臺·九華·殆有加焉。自非聖力默持·慈心垂佑·曷能如是。志裘普陀爲定海懸島之一。自梁建不肯去院·至宋卽名達帝庭·敕建寶陀。眞歇講經·漁戶七百餘·悉棄舟去·已爲異事。元更遣使降香賜帑賜經·不絕於道。裘志言結宇以奉大士·無慮三四百家·其在此時歟。明洪武二十年·起遣定海·寺殘僧散·蕩爲荒煙蔓草者百餘年。成化時·漸漸興復。嘉靖三十二年·又復內徙。隆慶六年·又事興復。至萬曆中爲極盛。自萬曆至淸初·纔數十年·海氛不靖·屢遭寇擾·至康熙十年·定海縣廢·僧復內徙·寺院殘毀·存者十無一二。二十三年·海禁大弛·僧歸故土。旋蒙賜金建寺·規模較宏於前。其時白華·梅岑·磐陀·栴檀·雙泉·舊業不衰·隱秀·柏子·無垢·創興突過。以上四句見裘志 近更土木繁興·各寺院舊者新之·隘者廓之·黝堊丹雘·競尙美觀。輪船日至·香客達於域內外。藉非大士親選道場·又烏能旋仆旋起·起而加盛若此。

山中以普濟法雨兩寺·分疆管轄。無論精藍茅篷·均受節制。如精藍中·有施主打上堂齋·如意齋·千僧齋·卽挂牌表示·闔山僧均可赶齋。其兩寺有香客給施茅篷米糧錢物者·則掛牌。其餘精藍則貼帖。至時·各茅篷僧·持牌去領。一茅篷只許住一僧。偶有二僧共住者·只領一分施物。年道好·或有餘。否則不足。薪則自行覓取。苦行之僧·不虞乏食。兩寺所有田地·只供半年齋糧。不足則募諸施主輿臺之屬。香市時·則任擡挑。無事時·則種菜砍柴。因受傭於寺庵。故能受其約束。山中除僧庵外無居民市場。所列之肆·亦遵僧規。無爲而治·井井有條。自今年起·警察歸地方官派出·非如前此之由僧人充任矣。海岸梵音

裘志云·本山兩寺及各靜室·僧衆約三千人。外此惟春間香客·冬臘戒徒·兩時來人爲多。一頓食米至二十四石。今第以普濟一寺言之·歲費薪柴銀幣二千元。食糧人衆時·一食需米五石。由是推之·全山其人數之衆·食米之多·較康熙時不知增若干倍矣。

山中勝景·舊志載明屠隆詩詠曰。梅灣春曉·茶山夙霧·古洞潮音·龜潭寒碧·天門清梵·千步金沙·蓮洋午渡·香鑪翠靄·洛迦燈火·靜室茶烟·陳朝檜·又有磐陀曉日之

詠、凡十有一。裘志、以舊十二景、名皆不雅不眞。擇最勝且切者表出之、曰短姑聖蹟、佛指名山、兩洞潮聲、千步金沙、華頂雲濤、梅岑仙井、朝陽湧日、磐陀夕照、法華靈洞、光熙雪霽、寶塔聞鐘、蓮池夜月、凡十有二。既與屠詠多歧、且曰擇最勝切者、知前此山景人各異說、茲姑以裘所表出者爲定。至裘又於十二景外增貢艘浮雲、香船蔽日、塵客環春、戒徒擁雪、四景。許志譏爲蛇足、非過論也。

名山道場多矣。幽遠清淨、無如茲山。數十里中無居民、葷酗不聞、塵譁都絕、一也。豚豕鵝鴨、概不畜養、殺機不作、腥羶永除、二也。香客到處、乞丐絕跡、眞成極樂世界、三也。裘志云爾、今亦猶然。

山中惟養牛、以備耕種碾米之需。老則飼養至死、而瘞埋之。養鷄有至十年者、高大如鶴。羊則肥皙馴伏。裘志言、法雨寺有一羊、能通人意、呼之隨至、與之食、屈前一足。令其全跪、則雙足俱屈。今不聞有此矣。

山中不產虎豹蛇、多不噬人、傳爲大士之靈。惟麞鹿野豕、多害稻蔬。猿鼠常擾庫廚。

山僧堵牆柵木、種種防衛、守好生之戒、不敢呼獵人驅殺之。舊志云。然今則蛇仍多而不噬人。麂頗多、麞鹿野豕則絕跡矣。堵牆柵木之舉、比昔稍疎緩云

山中自遷徙後、舊植凋殘、惟柏無恙、大者至二抱餘。龍壽庵羅漢松二樹、亦大至合抱。語本裘志。今則承平幾三百年。凡二抱合抱之木、所在多有矣

裘志言物以方名、必易地不良而後可。此說得之。然謁紫菜石花菜爲普陀特產、又非。蓋二菜凡海巖上均有之。故普陀少有方物之可言也。

小白華本高數尺、春開極香、名曰山礬。以葉染黃、不借礬而成色也。海岸孤絕處、補陀山澤者、以謂小白花、卽此花。爾山之名小白華者以此。黃庭堅開談偶記・裘志。

白華頂後之茶、山產茶、可愈肺癰血痢、故雖少而可貴、向與蓮爲貢品、歲費數百金。清光緒間經化聞悟稟請官廳裁之。定海縣志・採訪。

山中靈鵲、二月十九日聚鳴。烏鴉聚則香客至。舊志云。然今亦未見常然也。

四明貢物、其一爲洛迦之蓮。鄞全祖望詩云。蓮子青璠瑜、五色連枝飫香腴、十丈長

符韓子句，一輪大合竺國書。海山天曠風雲氣，半向此閒作儲胥。洛迦釋子荷帝德，年年一斗附使車。望闕焚香祝萬壽，其視負曝之獻則已侈。邑人陳慶槐詩云：蓮子香清憶普陀，錦函貢入上方多。杭州織造門前路，聽說山僧歲歲過。自注：普陀貢蓮由杭州織造府恭進。是當清代乾嘉閒，山猶產蓮，貢帝都數爲一斗。清光緒閒，經化聞悟稟請裁之。

催生子，亦名長生蝸，生海沙中。普陀所出無幾，他處土人撿之，售于普陀各店鋪。香客購去，以備婦女臨產之用。藏于乾淨箱篋中，永遠不壞不死，故有長生蝸之名。若有難產者，至誠念觀世音菩薩，用溫和開水（熱恐湯死此物，冷恐有礙產婦），吞一粒下，兒卽時生，隨卽向兒手中取之。男在左手，女在右手。洗淨藏之，屢次可用。此物不經普陀山轉則不靈，以故別處無有賣者。余初聞喫之催生，卽在兒手拿出，疑絕無此理。以爲喫下肚去，當歸大腸，何能卽入子宮。況兒在母腹外有衣胞，兒之手足拳曲，如衣服之摺疊擠緊，何能伸手取持此物。民國七年，有陝西朝邑同鄉劉芹浦來訪·芹浦·乃歷代書香·盛德君子。聞余說及·謂曰。天下事·有不可以凡情測度者。公所說之理則誠然·事則公未之見。吾家祖傳有一粒·每逢自家及親朋婦女生產常用之·所用不計其數。後被人借去云失之矣。不知眞失也·抑昧之也·爲之痛息。次年到揚州·與張瑞曾居士述與芹浦酬答語。彼云·吾家向有一雷震子·凡婦女生產吞之·兒即生·其物即在兒手·取而洗淨·藏以備用。用過許多次·後被人借去不還·云已失之矣。天地之大·事物之繁·雖聖人亦有所不知·爲此世間事·尚不可以凡情測度·況佛菩薩之境界乎。所可惡者·店鋪恐人不相信·謂此名醋龍·能催生·放醋中即會動·偶以醋試之·果驗。而不知其一經醋蜇·即死·便不可用矣。一般文人·由見聞此說·不加深察·遂循聲附和·謂爲實然。如朱緒曾昌國典詠·謂見醋即活·因以醋試之·果如珠之走盤也。周公謹亦言長生蝸·置之醋中則活。正字通·謂有雌雄·置醋中·雌雄相逐·逡巡便合·即下卵如粟。此種無稽綺語·深可痛恨·不知令多少人起試心而害物命。若猶以此所試過者催生·則悞事·或悞人性命。此等文人·後世必難免無因而妄受人害之禍。而不知其由于前生欲以文自豪，妄造謠言之所致也，可不哀哉。所言生子則誠然。此物上規圓而下平，其底下有幾帀文路，愈向中愈密。久之于中心脫出一小者，卽是生子。其大者中心便成窪形，非如前之平平也。故藏之久久，則見多矣。須詳察死活，死者不可用。若通身帶溫潤微紅若肉色者，則是活者。若通身枯白，無一點溫潤微紅若肉色者，則是死者。又此物善消紅腫眼疾。人之眼中無論何物，俱不可加入。唯此物之活者，縱一二分大，揭眼皮放入眼內，絕無絲毫難受。相若好眼，彼不肯鑽入，手一離，隨卽落出。若眼有紅腫熱病，放之則隨便按按，自會鑽入。不但不覺磣礙，並且不見，眼皮何處有高柤，與未加此物一樣。其後便無所知覺。迨眼病已退，則自會鑽出。但人不知覺，十有九失。若放入眼時，常留心，或可不失。然而難矣。以彼在眼中，人絕不覺知，故此亦不可以理判斷者。雷震子，卽萬年青所結之紅果，當打雷時，隨卽墮地者。若在前後，均無有效。夫催生子尚易得，雷震子更難得。然有比此二物更有益而求無不得者，惜人多不知。使人各知之，則此二物均可不用。婦女難產，總因宿世今生殺業所致。若平素愛惜物命，戒殺護生，常念觀世音菩薩聖號，則業障消除，生產自易。即平素不知念菩薩，臨產能至誠懇切念，及照應眷屬同爲之念，亦能平安速產，母子兩全，且又種大善根，其利益何可限量。有謂臨產裸露不淨，念菩薩名，恐獲罪咎。不知佛菩薩視一切衆生，如親生兒女。兒女若墮水火，求父母救，父母必不以彼衣冠不整齊，身體不潔淨，而棄之不救。又如日月麗天，淨穢等照，了無分別。但在吾人分上，固應致誠盡敬，方可仰冀垂應。力能爲者，必須身心同皆致敬。力不能爲者，須一心恭敬，而身形邊，固可不須死執著也。有種喫素念佛，不知變通之人，因家中有婦將產生，遂出外寓月餘始歸。謂被血衝，從前所念之經咒皆無效。其知見崖板，以致違情悖禮，有如此者。故于此表而出之，以冀一切通皆平安而生，母子均吉。所生之子，皆孝友仁慈，福壽康寧。處則表率鄉邑，宜室宜家。出則平治天下，護國救民。吾人雖欲早生西方，亦願世有賢人善士，爲國家社會之倡導此所以朝暮馨香祝禱者欲其一一如願也。（採訪普陀掛搭僧稿。）

普陀題石舊志云語之佳者以中國有聖人爲最（在几寶嶺。明萬曆己未。高鳴謙題。舊志於所在地與題者之姓名均未詳。）天設閑關次之。（在仙掌石。題者無考。）雲扶石又次之。（在西茶山。題者無考。）書之工者趙承旨之瀛洲界石爲最。（在達摩峯。清吳雲焦山志。碑刻趙孟頫書蘇東坡像。書赤壁賦小楷石刻條載。明嘉靖茂苑文嘉云。松雪小字。如玉枕蘭亭。補陀巖碑及玄元十子像。俱石刻之佳者。然十子像多剝損。補陀碑已不傳。惟關亭尚存。據此知趙承旨又有補陀巖碑。惜山中無可考見。）董宗伯之入三摩地埒焉。（在妙莊嚴路。白華庵側。又有金繩開覺路。寶筏渡迷川。聯語鐫石。）龍泉之白華山次之。（在白華庵右。）其他海天佛國。（在佛頂雲扶石下。明總兵雲間侯繼高題。）中流砥柱。（在西方巖。明萬曆丁巳。寧紹參將劉炳文題。）梅鼎金沙。（在几寶嶺。明萬曆三十九年秋。提督福機蒲州都督楊鳴麓題。）第一佛國。（在几寶嶺。上有震旦二字。江東扶輿張可大題。）海天春曉。（在無畏石。題者未詳。）山海大觀。（在南天門。定海左都督藍理題。）鷲嶺慈雲。（在慈雲石。會稽陶望齡題。）三天法界。金蓮嶼。圓通境。洗心。天柱。會仙。皆自可觀。然如明侯大將軍繼高題磐陀石三字。參將何汝賓於磐陀石題天下第一石五字。總兵李應詔於法華洞題東南天柱四字。清衡陽彭玉麟在佛頂山題普渡衆生四字。會稽陶濬宣在磐陀石題善財廿八參觀音處八字。皆書法之工者。亦不能盡略焉。

明洪熙元年冬。十一月十二日。建文謁大士於潮音洞。定海縣志

按明史紀事本末。載永樂二十二年。帝東行。與史彬遇於旅店。言及楡木川事。帝不勝感歎。卽至彬家。具酒肴於重慶堂。帝上坐。程濟東列。彬西列。彬從叔宏者。嘉興縣史家莊人也。感帝恩。談及往普陀。宏曰。當具糧隨行。帝行。戒彬曰。有叔在。爾勿往也。宏從之去。十一月至寧波。抵定海。渡蓮花洋。至普陀謁大士於潮音洞。永樂二十二年七月十八日崩。皇太子八月十五日卽位。次年方稱洪熙元年。王夢弼鎭海縣志。作洪熙元年正月。及定海縣志。作洪熙元年冬。俱非是。

嘉靖三十三年。官兵敗賊於普陀。賊舍舟登山。據塹自衞。參將俞大猷。潛遣奇兵。由巡檢隩入。卽司基百戶鄧城。武舉火斌。黎俊明。陷陣先登。賊敗走茶山絕頂。翌日。鄧城由東北千步沙進。火斌由鸚哥巖進。黎俊明。由中路進。劉恩至統大兵居後隩。

四面俱進、大勝。仍環守之浹旬、値他島賊至、精悍異常、鼓譟四合。官兵腹背受敵、火斌、黎俊明、死焉。應龔、魏本、康阜、亦同遇害。斌兄指揮同知火雷、請於當道、爲之立祠。與俊明並肖像於其中。（籌海圖編。）

萬曆三十九年、十月望日晡時。鎭海寺食鍋、已受米與水發炊矣、忽懸浮五六寸。凡一日許、始漸下復其處。越歲閏十一月十九日、諸寶剎及僧寮廚庫盡燬。四十年壬子、十二月五日暨四十一年癸丑正月五日。普陀寺鍋漲、亦如鎭海。（雍正寧波府志。）

萬曆閒、敕僧如迴等爲僧錄司、賜紫衣。於是出入擁黃蓋、導旌吹、相襲爲榮、至淸通旭時、改講創禪、乃盡革焉。（裘志）

魯王監國元年丙戌、（卽淸順治三年。）王至舟山。威鹵侯黃斌卿、拒不納、次補陀。（海上紀）己丑冬、有僧自日本來、名湛微、言於蕩湖伯阮進曰。日本之師可得也。誠得普陀山、慈聖李太后所賜藏經爲聘、兵必至矣。時定西侯張名振、當國、進以告之、乃連名上疏。請仍召馮京第爲使、而以澄波將軍阮美副之。日本界上之例、凡他國客舟至必有班船來訊客之出入馮公告以普陀賜經爲聘乞師其王聞之大喜已而知湛微偕來則怒初湛微在長崎狡獪多端欲自尊大急捕之以其爲中國人也乃逐之日本法不殺中國僧有犯則逐再犯則戮及同舟湛微欲自結於日本而不得馮公始知爲其所誤美欲殺之馮曰此亦中原之不幸也殺之何益乃放諸荒島復載經而還全祖望結埼亭集

按舊志作阮俊又未詳乞師事且謂裝入東洋大魚攩舟不得動阮悔過亟返所載語皆失實不可從

清康熙四年乙巳紅毛以鄭氏踞其巢窟遂浮海劫掠五月十三日揚二艘抵山鬚髮皆紅黃色腰臂各縛短礮十餘用火石觸之隨手輒放百發百中斧甚利口上有釘其他弓矢器械甚多初至向僧索菜每手豎一食指分頂上如角狀口復囮囮作聲蓋云牛也僧不敢忤指坡閒牛令自取即礮斃數頭次日佯言欲作好事誘僧入舟索金寶遂統衆入寺毀像剖其中靈寶及僧蓄歷代頒賜金佛銀鉢玉

環、瑪瑙、珊瑚、如意、錦繡幡幢帷褥、一空。已復斫廚、出御賜藏經、褫函袱、裂經、纏脛股。至船則碎投於海而去。於是僧藏盡空、寶地殘毀、不可言矣。八月復來掠牛畜去、比三次至、僧衆斬木揭竿、備與相鬥、遂不登岸。大士道場、蹂躪至此、豈非厄運之逢哉。裘志

普陀常住、有一行僧、夢神運一船牛角、分與不法僧。未幾、即有遺海之命。裘志

康熙四年、遭紅毛蹂躪。法雨寺大鐘、爲大智手鑄者、亦被載去。至咬嚁叭國、門鐘頓重、不可舁、遂置城外。雍正元年、其地忽有聲如雷、晝夜不絕吼。衆異、掘之、而鐘出焉。或以告監寺法澤、澤閩人、謀於所熟洋商、請歸。六年至南澳、時澤族兄許良彬總鎭於澳、許爲載回。適九年春、發帑修建、澤爲寺住持、彬陞授閩水師提督、乃轉託粤浙封疆諸大吏、宛轉浮運、至十一年欽工告竣、衆僧於十月三十萬壽日開場祝聖、而鐘適以是日至、蓋沈埋外夷沙土中者、六十餘年矣。許志

近一人得白石觀音於海底、上有龕、宛肖補陀巖狀、雕鏤精細、不知何來。後歸閩賈

海南一勺

明侯繼高遊記。往余得吳道子所繪大士像。質素而雅。近又得閻立本所繪。則莊嚴而麗。二人皆唐名手。余幷勒之石。植於寶陀寺前殿。今石既無存。裘志以下各志亦未一語及此。惟楊枝庵殿壁閒有石刻大士像。石高一丈三尺。廣八尺。像右中閒有唐閻立本畫五字。上端有重刻普陀大士像。普陀聖像。摹自閻公。一時妙墨百代欽崇。迄今寺燬石付祖龍。廟貌鼎建。瞻對無從。旁搜遺迹。建以新工。嗟嗟。無色無相。佛性本空。色色相相。佛教斯宏。用期世世。奉茲靡窮。明萬曆戊申。寧紹參將劉炳文立石於普陀山之楊枝庵。九十五字。像左中閒有明定海備倭粱文台州庠生劉聚福仝勒十六字。下端有武林孫良鐫五字。詳其前後文義。侯氏原勒。早燬兵火。此卽搜侯勒閻繪之遺迹。而重刻之。其不植於寶陀而植於楊枝庵者。以該庵爲炳文所建也。

佛教經典至唐可稱大備。於是有開元釋藏之目。以千字文編其函號。厥後代有增益。有宋藏、元藏、明藏、清藏之異。簡冊繁重、印購不易。寺剎之得邀頒賜者、視同珍祕。普陀、於明萬曆間、前後兩寺、五賜藏經（前寺三次、後寺兩次）、具有敕文、都六百七十八函。清康熙十年、以海寇猖獗、廢縣遷僧、致多遺失。惟普濟尚存一藏、乾隆中又賜新刻清藏一藏。法雨慧濟二寺、亦各於光緒間請有清藏、共七百二十四函、目錄一函在外。經貯於匣、匣貯於廚、廚門匣檔、徧書字號。雖卷帙浩瀚、而依號尋檢、亦甚便利。欲讀誦研究何種經論、按目錄字號請之、卽得。茲將函卷數目、撮略標出、藉知大概。按目錄五卷、在字號外。其目錄卷一之初、乃大乘經。般若部、自天字起至翔字止、共十九種、七十二函、七百二十卷。寶積部、自龍字起至推字止、共三十七種、十七函、一百七十卷。大集部、自位字起至殷字止、共二十六種、十四函、一百四十卷。華嚴部、自湯字起至卒字止、共二十六種、二十二函、二百二十卷。涅槃部、自賓字起至食字止、共十三種、十函、一百卷。（以上名五大部。）五大部外重譯經、自場字起至罔字止、共二百五十種、四十二函、四百二十卷。（以上目錄卷一終。）卷二、則單譯經、自談字起至念字止共一百六十六種二十九函二百九十卷。以上皆大乘經。小乘經阿含部自作字起至璧字止共一百三十七種二十八函二百八十卷。單譯經自非字起至竭字卷第五止共一百零二種十六函半一百六十五卷。以上皆小乘經。宋元入藏諸大小乘經自竭字卷第六起至命字止共八十二種五函半五十五卷。以上目錄卷二終。又從目錄卷三臨字起至言字卷第七止共二百十八種二十九函二百八十七卷。統合目錄卷二竭字卷第六起至目錄卷三言字卷第七止宋元入藏諸大小乘經共計三百種三十四函半三百四十二卷。以上屬經藏。自天字號至言字號。計二百八十四字零七卷。合板二萬九千零九十九塊。五萬六千七百三十七連。大乘律自言字卷第八起至初字卷第四止共二十五種四函餘計四十七卷。小乘律自初字卷第五起至受字卷第四止共五十七種四十七整函合前初字中六卷後受字中四卷恰滿四百八十卷。以上律藏。自辭字號至受字號。計五十二字零七卷。合板五千八百六十五塊。一萬一千四百七十六連。大乘論自受字五至十計二種共六卷。以上目錄卷三終。又從目錄卷四傳字起至逸字卷第六止共九十種五十函。少四卷計四百九十六卷。（合卷三內受字末之六卷·共計五百零二卷。）小乘論·自逸字卷第七起·至弁字止·共三十七種·七十三函·（多四卷）計七百三十四卷。宋元續入藏諸論·自轉字起·至通字止·共二十三種·五函·五十卷。（以上論藏·自傳字號·至通字號·計一百二十八字零六卷。合板一萬三千塊·二萬五千三百三十五連。）西土聖賢撰集·自廣字起·至漆字止·共一百四十七種·十九函·一百九十卷。（合計板二千一百四十塊·四千一百九十四連。〇此撰集合前經律論名正藏。〇以上目錄卷四終。）其目錄卷五·是此土著述·自書字起·至機字止·共二百一十種·二百三十九函·二千三百九十卷。（合計板二萬八千四百十一塊·五萬五千六百三十二連。除乾隆三十年·及三十四年·撤出五種·計六整函·二半函·另二卷·共七十二卷外·只二百零五種·二百三十三函·二千三百十八卷。〇以上目錄卷五終。）上來合經律論三藏·（三藏各分大小乘。）加西土聖賢撰集·名正藏。再加此土著述之續藏·統名全藏·亦名大藏·亦名龍藏·（龍者·隱顯變化·普施法雨·無論何種根性·悉令受其法潤之謂。藏者·深固幽遠·無窮無盡之謂。）此清刻者·又曰清藏。合計一千六百六十二種·七百一十八函·七千一百六十八卷。無論卒讀·即寓目亦良不易。爲錄其概目·以見一斑。

佛法者·生死苦海之舟航·無明長夜之鐙炬。本吾人即心自性之理體·爲一切世出世法之根源。衆生迷之、則長輪生死。如來悟之、則徹證涅槃。故我世尊、愍生未悟、乘大願輪、示生世閒。以己所悟、開導一切。以先覺而覺後覺、冀後覺以同先覺。于是隨順機宜、廣說大小權實之諸法。直指人心、俾見純眞無妄之妙性。第機有萬品、莫暢我佛度生之本懷。而特啓淨宗、用示卽生了脫之要道。如此諸法、備在佛經。而況歷代菩薩祖師、高人傑士、宏宣佛法、冀報佛恩之著作、又復不勝其多。此等諸法、皆爲九法界之恃怙、盡未來際之津梁。功德利益、窮劫難宣。若非宿植善根、歷劫莫聞名字。儻能依之修持、自可親證菩提。以故宏法大士、無不多方宣演流布、以期同沾法潤也。梁陳閒有傅大士者、彌勒菩薩化身也。以佛經意義廣大微妙、普通人民、無緣受持。欲令一切人同種勝善根、遂立轉輪藏、敎人推令轉。若能推一帀、或復十百帀、卽與一一大藏結最勝因緣。其法先建一殿、須數丈高、四面設樓、（爲備安置請出諸經也。）中閒安藏。先于地下開一圓穴、約八尺深、周圍踰丈。中鋪最厚方石、以安藏柱。柱高與藏相等。去地二尺餘、於柱之周圍、作一平輪、橫施二木、作十字形・以爲推轉之據。地外作蓮華座・座上安蓮華・華上作八楞層龕數層。以大藏經・貯於各面各層各龕藏前。供佛示有所依。有人欲推・先須禮佛・然後入穴去推。須三四人・少則難動。多則每方均可二人。或推三帀七帀・或十百帀・隨推隨念佛號・以故名轉輪藏。大士設此妙法・又發大願。若有轉此輪藏者・卽與一切經典・皆有因緣。承此善根・近則消除業障・增長福慧・遠則斷惑證眞・成等正覺。吾人但當以此功德・回向淨土。則可於現生出離五濁・直登九品。從茲親炙彌陀・追隨海衆・必至圓滿菩提而後已。嗚呼・茫茫三界・芸芸衆生・其有幾人得聞佛法。每一思及・不勝悲痛。又有仗宿善力得世智辨聰・妄以己見闢駁佛法・謂三世因果六道輪迴・皆是佛家騙人之說・形既朽滅・魂亦飄散・三世六道・從何而得者。由此邪見・自悞悞人・盲引盲衆・相牽入火。以是之故・致令世道人心・陷溺至極。縱欲挽回・莫能救藥。願有智者・推情度理・鑑古證今。大聲疾呼・提倡三世因果六道輪迴之事理。爲天下國家肇太平之基・爲自己身心啓解脫之路。則衆生幸甚・天下幸甚。

採訪普陀桂搭僧稿。

普陀寺萬年簿。普陀。即今之普濟。明萬曆三十三年。敕賜護國永壽普陀禪寺額。至清康熙三十八年。始改賜普濟禪寺額。潮音和尚。於康熙三十七年圓寂。此簿爲其手立。故名普陀寺萬年簿。中州周聖化序曰。萬年云者。無盡之詞也。物莫不有盡。年則無盡。以年紀物。有盡者均無盡也。普陀爲天下名山。大士現身之所。其境地靈異。梵宇精嚴。山乘載之。邑志詳之。天地間一無盡道場也。然而運會所至。興廢迭更。亦幾不免滄桑之感。今天子廓清海宇。嘉美靈山。特賜帑金。鼎新增勝。弛禁以來。諸番入貢。洋賈貿易。無不繫泊是山。瞻仰告酬。方使張帆遠達四方之人。焚香頂禮。絡繹至此。更無虛日。潮音上人通明朴雅。卓錫其間。闡宗門之妙諦。祝國祚之靈長。億萬斯年。靡可紀極。而殿堂樓舍。一切供用器具。悉載如左。蓋有是年。則有是物。聖德無疆。名山不朽。豈直萬年云爾哉。脫謂建造艱難。措置不易。姑留此以示後人。則萬物無常。曠觀者猶不屑屑於此。余知非上人意也。舊志

又繆燧序曰。簿之說匪一。有鹵簿。例簿。文簿。貲簿之名。此蓋所謂貲簿者歟。萬年云

者・期其後人守而勿失・傳之久遠・而無有艾也。雖然・有天焉。補陀於擾攘之際・當遷圮之辰・守大士棲山者・家家謀朝夕而不得・何暇計及萬年哉。况釋氏之業與四民小異。有家者・遺之子孫。釋則託諸他姓・秦與越不可知・一再傳而念其先師者幾人矣・然猶慮其不愼也・惡其流於弱也・惡其爲人所侵奪也・又惡其自爲紛紜也。遂立爲簿。自像設堂殿・大藏賜物而外・所記者・繚垣幾許・丈室幾弓・庭堂幾處・齋寮庖湢幾所・器用若干。退宇田廬幾地・原田菜圃竹木泉石巖壑何所止・歷歷載之爲界。昭不可紊之規以貽法嗣。其盛衰興廢・固所不謀。亦曰我則未嘗替也。此凡在叢林・立名萬年之說也。閱其簿目・覩其艱辛・而敍其所以然者・知定海縣事澄江繆燧也。舊志

普濟寺打交盤萬年簿・了餘序曰。圓通道場・彌三際而不增不減。普門風範・卽萬法而無欠無餘。亙古亙今・如如不變。有情無情・法法圓融。雖千佛出世・了無有興縱三災迭起・又豈有敗。此觀音大士補怛名山・眞如實際之究竟景象也。至於應化

門，頭則法隨緣起，道在人弘。興廢通塞，各有由致。溯自慧鍔始祖開山於梁，眞歇禪師開宗於宋，以及元之季、中淸之潮音，悉皆道高一世，德感九重。丕振宗風，廣布玄化。普使四海同被慈雲，六道共沾法雨。猗歟休哉，何其盛也。爰自潮音以來，兩蒙敕修。世守成規，家風不墜。至咸豐初，髮匪肇亂，人民塗炭。香火多年斷絶，用度由是缺乏。法器什物，皆不舒用。凡住持進院，自所置者，退時仍復搬囘本庵。縱有留者，皆作昂價交盤。甚至破敗不堪，一文不値之物，一體照新價交，如市之打店鋪者，貨物器具，悉賣新主。所謂常住者，只空屋經像而已。弊由兵燹，亦無足怪。至後世道太平，香火鼎盛。仍復安於故習，毫未改革。餘曾理院務，詳知其由。今於文蓮老和尙退院之時，蒙諸老和尙，幷諸房法眷，委此重任。竊念普濟乃天下名山，菩薩道場。由梁至民，世經十紀，年滿一千。今既忝膺此任，敢不勉力籌度，興利除弊，培植常住元氣，以仰副諸公爲法爲人一番至意。因言常住體屬十方，非住持一人私有。所有財政，理宜全歸常住。凡錢財穀米，莊嚴什物，無論常住舊有，即本人所置辦者。亦不得退時攜去。及作價交盤。而住持進院花費。須本人自任。不得耗費常住。如是則常住日見豐足。法道隨之隆盛。文蓮老人聞之歡喜。願將交盤洋一千若干元。一筆勾銷。其什物有破敗不堪者。提出同衆棄去。有可用者。按新舊名色。登此打交盤萬年簿。後所置者。一體登簿。其住持幷常住財政規矩。悉仿諸方叢林。惟選舉住持。仍須本寺各房子孫。是之謂子孫十方。願茲後凡爲住持及膺職事者。各發菩提心。培植常住。則不慧一念愚忱。與文老一番婆心。不落空亡。咸有實益矣。因略敘原委。以冠簿首。

法雨寺萬年簿開如序曰。得最勝之地。方可宏最勝之道。建非常之事。必須待非常之人。宗匠出則本立道生。哲人亡則法殘敎弛。雖否極泰來。屬於天運。而革故鼎新。實賴人爲。法雨常住。肇始於大智老人。中興於別庵。統祖規模宏敞。法道興隆。嗣後歷代住持。雖無大樹立。然皆恪守成規。家風不墜。及至兵燹後。住持不得其人。遂致一敗塗地。殿堂寮舍。坍塌破壞。法器莊嚴。百無一存。諸房法眷。見此景象。

咸皆束手、不敢承當。於同治十一年、衆强先師公立山老人住持。荒垣破屋、竭力修葺、兢兢業業、十有餘年。自天王殿、至藏經閣、悉皆重新。其餘工程、雖未盡復當日舊制、而大局已有可觀矣。至光緒十一年、以老病退隱、命先師聞老人繼席住持。先師纘承舊緒、發廣大心。凡師公力未暇及之工、一切殿堂寮舍、或創或修、無一處不使一新。凡咸豐年間抑出桃花莊稻田盡行贖囘。又以欲轉法輪、須仗莊嚴法器。十餘年來、上自龍藏佛像、下至桌凳牀榻、凡所須用、般般具足。然老人大願雲興、恨不得十方僧衆咸萃一堂、往昔祇園復現今日。爲法爲人爲常住爲大衆之心、如喪考妣、如救頭然。日夜焦思、憂勞成疾、至二十三年冬、修建尚未畢工、而老人竟齎志西逝矣。如自愧德涼、兼無作略。因廁門牆委理院務承此未了公案。只得竭力擔當。於是奉先師遺命、邀諸法眷公舉定公繼席住持、如仍居舊職。至定公退隱、荷蒙法眷委此重任、雖知弗克擔荷而不容推卻、晉以先師公案尚未了畢故也。由是夙夜經營、莫敢或遑。拌此身心、謹成師志。三年之內、所有事宜、悉皆清楚。可以交代。不累他人。故今謹同法眷。備將常住所有鉅細什物。一一登記。俾後之莅住持位。膺職事職者。知前人爲轉法輪。置辦什物。一番苦心。大不容易。各加愛惜。無或暴殄。使守成之功。媲美創業。纘緒之德。追蹤開山。億萬斯年。永無替廢。庶可法輪與願輪而常轉。千古恆守舊家風。國恩共佛恩以並報。奕世常霑新雨露。則法門幸甚。常住幸甚。

永悟和尙公堂自序曰。夫前之無始。後之無終。包太虛而無外。入微塵而無內。清淨光潔。湛寂常恆。無生無滅。離相離名。在有非有。居空不空者。眞性也。至於攬地水火風之身。乃筋骨血肉之聚。方生卽滅。纔榮便悴。衆骨支撑。如以木爲屋。一皮包裹。猶以泥糊壁。裏面盡屎尿膿血。外頭生垢汗髮毛。蛆蟲綦布。蚤蝨星羅。假名爲人。實我焉在。而且以眼耳鼻舌身意之閒家具。奔馳於色聲香味觸法之荆棘林。由是起貪瞋癡之無明。滅戒定慧之正智。五蘊本空。誰肯一照。六塵無性。人皆認眞。致令萬苦俱集。一靈永昧者。幻身與妄心也。圓覺所謂一切衆生。種種顚倒。妄認四大爲自身相，六塵緣影爲自心相者，此也。若論眞性，則非聖非凡，無朕無兆，亙古亙今，恆自如如，從何以記其年月，陳其薦獻。若論幻身，則生同傀儡，死作塵土。妄心，則隨境生滅，毫無實義。又何必留鳥迹於空中，繫淸風於江上也哉。但以本山恆規，凡爲住持及有名德僧，皆立公堂，以爲後人遺念。予自弱冠出家，於圓通茅篷，意謂有此把茅蓋頭，斗室容膝，足矣。豈知世相無常，隨時遷變。檀信日衆，輸粟布金。年久月深，不知不覺，遂變之爲梵宇精藍矣。而又合山法眷，以予篤厚老成，强攀之爲法雨主人。然自愧德薄，何足光揚法道，屢次告退，只住四年。緬想古人，慙惶無地，又何敢引以爲例哉。諸法子徒弟輩，固請不已。因幡然曰，吾生不能宏闡宗風，利益彼等。若設公堂，亦可以作當頭棒喝。令彼春冬二季，懸影祭祀時，忽念曰，此老某某年生，某某年沒，於今又經幾許年月。因知人命無常，速如電光，一息不來，便成後世。從茲發憤修持，求生西方。由是拌除幻妄身心，還復本有眞性，與彌陀老子共優游於淸淨寂滅之域，以永享夫常樂我淨之樂，則亦不無小補云。遂令撥桃花莊田若干畝、使其輪流經管、以充兩季祭祀之資、乃援筆而爲之序。

佛以正法教天下、而復立像法者、以正法深微幽奧、初心難測。有像法、在使轉輪與聽法者、皆於是乎準焉、故必建寺。寺者聚也、言三寶之所聚也。入門列四天王者、表護世功在前也。中坐慈氏者、表當念卽可入一生補處位也。向內建韋天者、尊其道肅三洲、向佛而擁護也。三世佛者、表三世代禪、而覺體不動也。殿中左右列應眞諸天者、表眞俗二諦、互顯中諦也。觀世音擁於殿後壁者、普門示現也。後有樓閣者、普賢萬行、爲諸佛之長子、而因緣果滿也。像法之大意如此。（徐增重修靈隱寺志。）

裘志云、殿宇幽深、取足以供佛、廚寮寬廣、取足以安衆、器物堅緻、取足以應用、至於佛相、尤不可嵌綴珠寶金銀。其他供養莊嚴之具、皆不必過於華美、泰極而否、盈過而昃、必然之理也。殷玉此言與長蘆宗賾師頌云、天生三武禍吾宗、（魏太武、周武帝、唐武宗。）釋子還家塔寺空、應是昔年崇奉日、不能清儉守眞風。實相闇合。夫佛法不住資・生行乞取足。日中受供・林下託宿。趙州以斷薪續禪牀・宴坐三十年。藥山以三篾繞腹・百丈一日不作則不食。法門遺規・古德清操・本後起者所宜取則。況盛衰倚伏・理有固然。彼役志紛華・競趨時尚者・益宜知所慎矣。

竊以佛法大無不包・小無不舉・世出世閒・各盡其致。卽就綱常倫理之世閒法・在有道者觀之・亦未嘗異乎出世法。故法華經說・得法華三昧者・一切治世語言・資生業等・皆順正法・皆與實相不相違背。如佛之化俗・五戒不殺卽仁・不盜卽義・不邪淫卽禮・不妄卽信・不飲酒卽智。五戒與五常無二・孰謂佛法不兼儒法乎。惟其出世閒之法・將以昇濟神明・復還大覺。非夫積以歲月工夫・凝心禪定・專其慧照・則生死根本不能遏絕。故如來首嚴之以戒律・於不殺也・豈獨遠庖廚・離聞見・卽殺機亦所當斷也。於不盜也・豈惟不與不取一鍼草・雖盜機亦所當滅也。於不淫也・豈惟遠邪正男女色・雖淫機亦所當寂也。於不妄也・豈惟言有信・離綺飾・雖妄機亦所當盡也。如此之戒・必出家者之能事・有家累者・非其分矣。蓋出家之戒・必使輕重俱斷、皎若冰霜。禪定智慧、自然發現、經云戒能生定、定能生慧、此之謂也。是以拜辭父母、捐棄妻子、髠除鬚髮、不事飾好。非背恩也、將以昇濟二親於道德也。非絕後也、將以紹隆法王之覺胤也。非毁父母之遺體也、將以杜絕其染緣也。非甘其粗糲也、將以斷多欲多求之心也。今說者必以是而歸罪於釋子、又何異以毁形歸罪於泰伯、絕嗣歸罪於夷齊、衣冠歸罪於神農乎。且如來所說之道者、大公至正之道也、卽含生本有之眞心、雖在聖不加、在凡不損。良爲私惑所覆、物欲所昏、生滅不停、使蔽其眞常。往來無住、使病其圓滿。昏動待謝、使擾其明靜。苟非捨俗出家、則戒何由而淨、定慧何由而生。譬如精金非假百鍊、古鏡不借重磨、何以爲良器鑑姸醜哉。今論者又每以自私短於釋氏、不知佛學之自私者、乃自覺也、公天下之大本也。蓋必自覺然後覺人、亦猶伊尹天民先覺、以斯道覺斯民之謂也。亦大學之道在明明德之謂也。第佛學之新民者、非止於使民人正三綱立五常而已。將使天人共導、凡聖同超。彼我無殊、怨親平等。皆躋正覺之場、共游解脫之海。所謂不令一人獨得滅度・皆以如來滅度而滅度之。故須先以神通駭動・衆以智辯宣揚。應以佛身得度者・卽現佛身而爲說法。應以菩薩辟支羅漢天龍八部國王宰官居士長者男女等身得度者・皆示現之而爲說法。如是覺他新民者・其用大。故自覺明德也・其體深。苟非然者・何異以未完不固之舟・濟多人於惡海・自他俱溺・其理必然。是故吾見世之稱聖者・人道而已矣。在此而未必在彼。能人而未必能天。於其生也・譬若懸疣。於其死也・同歸朽壞。未若釋迦之光明寂照・徧於恆沙。金相寶嚴・神通妙用。示生示死・掩肉眼之厭常。不去不來・契那伽之妙定。然如來之悟也・悟凡夫之迷。凡夫之迷也・迷如來之悟。而人者不貴己靈・埋沒佛性・反乃罪其貌異恆人・言殊常典・遽欲人其人而火其書・非得有力大人爲之金湯・將使其聾無噍類矣。是以魏武滅佛法・未三四年而文成大興之。周武滅佛法・不五六年・隋文帝大興之。唐武滅佛法・不一年而宣宗大興之。宋徽宗欲滅佛法・後爲宰臣懇諫而意爲之少回・後復大興之。以佛道慈忍・雖有神通威權而不爲之。故佛昔於靈山會上・以法囑累國王大臣爲之匡護。非有私於子孫也・使佛法得行於世間・含生同躋於壽域耳。唯爲佛弟子者・益當堅其道力・以淸淨自居。庶紹隆三寶・陰翊治道・以副金湯之德可也。釋傳燈天台山方外志。

江西彭澤許止淨・高慕淨二居士・禮觀世音菩薩疏文曰・大士於久遠劫前・已成正覺・而示居左輔・攝度念佛者・亦十劫有餘矣。大士於十方國土・爲作依怙・而寄迹白華・現形四攝者・亦千年已外矣。而迷子止淨等・不惟於無量劫前・沈溺苦海・即大士逆流而出・救度衆生・而終不遇也。不惟逃逝他方・畏近師座・即大士垢衣執器・方便近子・而竟不睹也。嗚呼・一念無明・萬劫從墜・撫膺自疚・眞冶盡七金山・不能鑄此錯。淚枯四海・水不足盡其悲也。今幸宿世善根・得聞大士名號功德・不可思議・慈悲弘誓・不可思議。普門示現・不可思議。無作妙德・不可思議。稱名得解脫・禮敬不唐捐。如飢得膳・如貧得寶・如囚得赦・如溺得援。斯誠歷劫難逢之慶・幸千生未遘之勝緣也。此而不求大士援拔・則火宅永無出期。故雖知大士無苦不救・

無樂不與。而弟子則幻夢之苦不敢厭，鏡花之樂不敢求。至心頂禮，唯一之祝願，在離濁世而生淨土，遠惡友而親善人。棄胞胎而蓮花化生，捨分段而一生補處。雖惑不能斷，不妨帶業往生。念不能一，得以願力成就。惟大士慈父，實哀憐之，實攝受之。更願自歷劫以來，直至今日，所有一渧之善，一塵之福，皆迴向一切衆生。願所有衆生，離一切苦，得無量樂。從此兵革銷沈，雨暘時若。人無夭札，家有覆藏。賢才登進，姦宄回心。佛日之耀，萬古長明。淨土之宗，九界共仰。掬忱以獻，如病夫之告良醫。之死靡他，似嬰兒之投慈母。民國十三年，歲次戊辰，二月吉日，和南拜上。○採訪

普陀洛迦新志卷十一終

普陀洛迦新志卷十二

古會稽陶　鏞鑑定　　古翁山王亨彥輯

敍錄門第十二

數典不能忘祖，念開創之維艱。飲水所貴思源，識淵源之有自。世事滄桑，每多變幻。文人紀載，不厭頻繁。茲志創於盛氏，續自侯公。厥後屢有增刊。迄今差臻詳備。蓋善作尤貴善承。肯堂必祈肯構。謹傳先德。共報佛恩。志敍錄。

補陀洛迦山傳七篇。

元龜茲盛熙明著。

自序曰。九州之山川，具載於書傳，山海之詭奇，亦見於圖記，其來尚矣。謹按補陀洛迦者，蓋梵名也，華言小白華。方廣華嚴言，善財第二十八參，觀自在菩薩與諸大菩薩圍繞說法，蓋此地也，然世無知者。始自唐朝，梵僧來覩神變，而補陀洛迦山之名遂傳焉。盤礴於東越之境。窅茫夫巨浸之中石洞嵌巖林巒清邃。有道者居之，而阿蘭若兆興焉。似非好奇探幽，乘桴浮槎者，罕能至也。惟我皇元，際天所覆，均被化育。梯航所及，靈迹悉著。至於茲山，瞻拜相繼，肸蠁昭答，不可勝紀矣。然圖志脫漏，言辭庸謬，四方何傳。僕頃因謝病，偶在海濱。恭叩靈蹤，旁搜經籍，首集自在之功德，繼考洞宇之勝概。若夫由心所見，光景斯彰，因緣有待，廟塔興建，具載於篇。能游目者，不起於座，飛神於大方之外。當知淸淨光明，廣大悲心，與菩薩無二。推惻隱之端，躬行於日用之閒，非徒空言也。倘欲南詢，亦必問津於此。而與善財同乘般若慈舟，共達毘盧性境。入海印之三昧，證大悲之法門，圓解脫之深因，滿普賢之願海。普令法界含生，盡登菩提彼岸者，豈虛謬哉。舊志

天台劉仁本題曰，補陀洛迦山，在東越之大海中，望扶桑日輪，湧出水底，咫尺閒，金光絢赫，五色敷瑩，泰山日觀，不足奇也。大士觀音，坐此道場。自始興迄今，無片文隻字紀錄，以垂考證。龜茲盛熙明氏，旣來遊息，卽事爲文，中具四品。其一以梵語譯華言，言菩薩功德也。其二以山川地理言，言奇蹤勝概也。至於三四，則以歷

代官民祈籲靈感，與夫今朝之祝釐賚予，言言所崇信莊嚴也。熙明生居西域，世與佛鄰。善誦佛書，深達梵語。故於楞伽祕密之典，傳習小白華之事，不啻若自其口出。矧於身親炙之，而不敷揚演說其詳乎。近地有號安期鄉、蓬萊都者，景物歷歷可泚。意者秦皇、漢武，爲聲聞所誤。倘得見之，亦何有海上別爲神仙之求耶。熙明所述，爲不誣。住山僧睿上人，以其傳來請誌，是亦東南一偉觀也，故書以遺之。

舊志

按清康熙裘志，事略門云。盛有洛迦山上中下考三篇。又著品四篇，一曰自在功德，一曰感應祥瑞，一曰洞宇封域，一曰興建沿革。以其文不雅馴，且非志體，故不全載。而節取其文入形勝、建置、靈異、頒賜、法產，所遺者，止雜引竺經梵呪等詞耳。朱緒曾昌國典詠云。余於丙午六月遊此山，於藏經中（此係以所藏之經書爲藏經，非欽頒之梵筴藏經也。）錄元人盛熙明補陀洛迦山傳凡七篇（朱氏所見，裘志所據，皆流通本，非藏經本。）相傳光緒初，定海設局修志，有抄本，其篇數正相同。文詞雖不雅馴，要其經營草創，爲山志之權輿。裘志節取其文而不注明所出，未免迹近掠美矣。

補陀山志

明萬曆十七年己丑，雲間侯繼高輯。

自序曰，勝國時，盛熙明氏以西域之裔，深通祕密之典，迺著補陀洛迦山傳，分爲四品。由是菩薩之功德，山川之奇勝，與夫歷代祈籲祝釐之虔，應感靈瑞之異，彰彰較著矣。然而卷帙陋小，流傳未布，使天下通都大邑道里遼曠，嚮慕而不可至者，卒弗獲一展卷而臥遊矣。且今之叢林，自往年倭亂之後，廢而復興，已非昔日之舊，其沿革又不可以無志也。余不佞承乏來浙，涉歷海洋，首謁大士於補陀。周覽之餘，問寺僧山有志乎，始出熙明著傳，則紙敝墨渝，幾成蠹簡矣。蓋熙明至今已二百三十餘年，其四品所載，亦大都爾。入我明來，香火益崇，著述益富，迄今無有紹熙明而爲之傳者。余喟然曰，名山巨刹，既不可無載述以示於後。況聖母慈聖皇太后刊印藏經，而我皇上純孝承志，敕遣內使，齎經降香，來錫普陀，余既勒之貞珉。與茲山並峙矣。於此。又烏得無志。謀於海憲潛山劉公。公以屬之郡大夫武陵龍公。曰。必儀部屠長卿先生也。乃就而請業焉。不數時。彙次成帙。而不佞乃中一言於末簡。夫世之儒者。諱不言佛。若戎臣武士。又輒謂威克厥愛。與慈悲之旨弗類。以愚思之。佛之大端。以慈悲爲體。以化導爲用。其要以使人人趨善而背惡爾。孟子曰。以不忍人之心。行不忍人之政。非慈悲之謂乎。孔子曰。己欲立而立人。己欲達而達人。非化導之謂乎。余武人也。麤鄙弗學。顧平日耳剽先生長者之言。而知驅惡而使歸於善。除逆而使效順。是眞有味夫慈悲化導之旨者。況覩熙明盛典。而不樂觀此志之成也哉。茲歲仲春。余督哨海上。舟過補陀。禱大士曰。我佛靈赫。尚克相余。俾我師貞吉。少效尺寸。以上報天子。未幾。倭奴竊發。窺我邊界。皇威丕震。我是以有花腦浪岡之捷。謂非大士默相之功可乎。志成。適有此役。因並記之。時萬曆己丑夏五月既望。舊志

鄞縣屠隆序曰。震旦國中三大道場。西峨眉以普賢。北五臺以文殊。而我東海補

陀以觀世音西北距佛國不遠道法漸摩近而且易東海僻在深阻聲迹荒遐衆生沈淪熏染五濁如來重愍之茲觀世音之開化補陀津梁娑竭良有以也峨眉五臺深峭雄拔秀甲神州而補陀獨立大瀛海中孤絕處尤爲奇特善信航海朝謁大士肩駢趾錯無論中華卽天竺梵僧亦往往單瓢隻履間關而至殆無虛日而吾鄉士大夫顧反畏風波罕登涉者海上文人恆標勝靈區詫奇五嶽託之竹素而補陀一志獨闕焉乃使大教壅閼外道喧豗則何貴操管綴文者哉開府侯大將軍乃謀之兵使者劉公郡大夫龍公纂修補陀志爰尊今上奉聖母命頒賜藏經制敕及御製序文冠諸簡端而圖繪山海巖洞殿宇形勝次第裒集古今名賢著作彙爲一書復屬道民刪定乃爲稍創舊詩之俚謬增入時賢之合作者若干篇復以道民所自爲記頌韻語附焉三君子之闡揚敎典開迪蒙愚厥功不細詎惟山靈海若欣豫亦如來之所印可也萬曆己丑春弢光居士屠隆撰舊志

皖城劉尙志序曰流沙以西有昆崙縣圃之衆以東有蓬萊三山赤縣神州名洞

天福地者，雖可僂指，大都爲仙靈託迹。獨東海補陀，稱佛道場。昔襄城鼎湖，迹肇軒后。包山洞庭，祕發龍威。柱下老史，宣尼讚以猶龍。淸虛沖舉之學，實自此昌明焉。惟時固不聞有能仁氏之教也。有之，亦迦毘身毒彼國自爲奉行。爾東漢之初，漸流震旦。其道以超脫爲貴，以空寂爲宗。而獨露靈明，謂之見性。吾儒者固嘗昌言排之。而高明特達之士，往往褰裳染指焉。蓋士方苦世法跼蹐。而一聞擺落之言，卽豁焉如縛者之得釋。士方苦世途炎囂。而一領淸淨之旨，卽灑焉如暍夫之飮冰。佛惟以擺落爲言，士之近擺落者易入焉。佛惟以淸淨爲旨，士之近淸淨者易入焉。非惟無妨於儒，亦足助儒教之所不及。此我皇上握符御世，闡教明道之意也。大哉王言，刑賞所及，權衡制之。刑賞所不及，善法牖之。生成之表，別有陶冶矣。補陀洛迦之山，孤懸大瀛海中，空闊迴絕，秀甲神州。一躋覽其上，輒有憑虛御風，超越塵壒之想。不佞猥叨職事，仰宣皇上淸淨奉道開化德意，而用以牖俗淳風者，守臣責也。若夫儒佛之理之精者，不佞烏能知。則敬以俟當世之大參同君

子焉。舊志

武陵·龍德孚序曰。補陀·震旦一大道場也·應感肸蠁·靈迹奇聲·著於歷代。明州·古稱文獻地·馳藝苑之名·修伽羅之教者不乏。奈何今始志·志而又屬帥臣也。君子曰·是可以卜世矣。海上島嶼·星布棊列·引睇三韓·日本·近在眉睫。國初湯信國·請徙而部之內地。補陀猶留一僧一价·以奉香火。世廟時·東夷擾我海壖·所過殘破·補陀遂燹於兵。居無何·汪直俘而海波復寧·說者歸之靈貺焉。維時萬曆丙戌七月七日·瑞蓮產慈寧宮·抽英吐翹·絕殊凡種。九日·瑞蓮再產宮中·重臺結蕊·又殊前種。主上大加賞異·敕中使出示輔臣·圖而詠之。於是聖母·敕中使二航·蓮花部主法像及續鍥藏經四十一函·並舊鍥藏經六百三十七函·直詣莊嚴妙海·鎮壓普門·答靈貺而結勝果也。主上孝思錫類·綸綍宏宣。善信皈依·奔走蓋雲合而坌湧焉。大德滲漉·盛治郅隆·靈貺昭赫·固莫盛於今日。而帥臣因得優游容與·從事鉛槧·揚搉今古·有散帙緩帶之風矣。且知崇三寶·振禪悅·篤皇家之祐·培人天之因。穆哉侯君、羊叔子、曹武惠、其流亞耶。洛陽興廢、卜世盛衰。不佞、亦於今日補陀之志、卜之是亦臣子祝釐之一念也。萬曆己丑午月望日。舊志

鎮海邵輔忠重鋟補陀志序曰。補陀爲祝延名山、著靈大士。白華載於內典、黑龍呪於梵音。故無志也、志輯於侯大將軍、以汎海選勝、罝弋見聞、彙列成帙、今且嗣而鋟之矣。以余所聞父老言、補陀屼懸海上、去縣三百里而遙。外控諸夷貢舶孔道也、然而代有隆替、則時地刼會偶逢。非大士慈靈、代有覺迷也。今上道揆在宥、皇極建中。迺廣孝治、奉兩宮慈旨、遣中使頒經披繡、祝延萬年。而海宇屢豐、兵革不作、於茲三紀。福國庇民、應若蓍蔡、夫非冥冥之所默佑也哉。先是歲己亥、前殿災、甍礎俱燼、獨大士金相自若、而護法關神亦不毀。此其故可睹已。今茲屢壓詔諭、中使崧飭、鼎新厥宇、告竣也宜哉。矧其時汎艑艫諸島、防援貢相望於滄溟、鯨鯢無敢動焉。此實我皇靈伊濯、孝慈昭假、而大士如爲助流宣化也。志補陀者、儻亦遵揚風美意乎。故曰、事不軌物、則君不舉焉。言不微中、則臣不獻焉。苟其持之

有故言之成理君子嘗樂道之矣。謹拜手序。成志者。寺僧性能也。併書之。舊志

按序云志輯於侯大將軍。今且嗣而鋟之矣。則邵序。爲鋟侯志而作。故標題曰。重鋟補陀志序。而蛟川詩話云。邵輔忠山志八卷。鎭海縣志據之。殆一時未加查考。而以鋟志爲輯志也。

重修普陀山志六卷。清四庫存目。

明萬曆三十五年。鄞縣周應賓輯。

自序曰。普陀。故有志。茲載輯者何。重鼎新也。志者。所以彰往示來也。惟是山川式靈。又重之以王命。其再造也。將必有興廢之迹焉。雖再輯之可也。普陀僻在一隅。不比中原逶麗。然而四大之一也。天傾西北。聖主御焉。地極東南。古佛出焉。神道設教。聖人不廢。是宸翰所護持也。曷可泯諸。蓋普陀古刹也。興而廢。廢而興者數矣。是舉也。其鏹發諸內帑。其工督諸內遣。惟壇宇依如。惟名與制煥如。是廢與一大際會也。故曰雖再輯之可也。志凡爲卷者五。爲類者十有七。纂撮於諸文學之

手，而不佞裁焉。前志重在山，要以顯佛靈。今志重在寺，要以尊君貺。是是編之大旨也。敬表而序之。時萬曆丁未四月既望。舊志

四庫書提要曰：普陀山志六卷。明周應賓因舊志重輯，凡六卷，十五門。而應賓自序稱五卷十七門。勘驗卷帙，並無缺佚，未審何以矛盾也。

按應賓重修山志，距侯志成書時，僅一紀有半。其時御用監張隨，奉命建殿。又博求儒林，輯爲志乘。是志之作，殆承張之意也。茲依四庫勘驗，標曰六卷，以存其眞。

南海普陀山志十五卷。刊行本

清康熙戊寅，前後二寺住持通旭，性統，同延慈谿裘璉編輯。慈谿姜宸英，錢塘高士奇，鄞縣萬言鑑定。通旭，性統校訂。共事校錄者，鄮溪李文斗。傳述遺文，料理志務者，珂月，拙庵兩上人。

例言略曰：立說著書，固貴博洽，亦戒揞填。點鬼疥馳，非所尚已。茲土遠淹溟渤，近

接暘嵎。非惟希連烏秅．可悉冥搜。抑亦三神閬風．足誇烏有。較諸黃帝以前．益荒唐矣。是編非關切普陀．信而有徵者．概不錄。●自我宣父有老子猶龍之歎．西方聖人之說．於是三教並隆。兩大拘儒．俗子蚍蜉撼樹．不自量耳。歷觀古賢哲．莫不殫究楞伽．廣交緇褐。白社金山．其最著者。夢得曹溪佛衣之銘．逋翁如意蠹輪之贊．皆以好辭闡揚義諦。其他繙藏譯典．解經注品者．不可勝紀。懷白蘇之軌範．寄飽謝之文章．雖慚固陋．竊有志焉。●觀音．文殊．普賢．俱稱大士。而觀自在．獨爲圓通教主．悲憫衆生．現諸神變．隨機攝導．較二聖尤溥。由是稾奉皈嚮．傾動法界。然曇典雲興．儒言星落．稍因所見．輯揚微妙．故特於靈異外．加讚誦一門。●五臺．二峨．山川旣勝．又在域中。自古迄今．名公鉅卿．及文人才士．遊屐成林．錦囊飛雪．不勝載焉。是山雖聯吳越．終限波濤．遠者無論．卽如王謝流寓山陰．白蘇歷官杭州．皆選勝好遊之夫。密邇名區．不航一葦．豈非憾事．所以風流闃寂．文獻無徵。不但作者尠見．寡聞貽譏．大雅已也。●自古勝壞名區．必賴高人韻士而著．逸少之於山陰·子厚之於柳永·長公儋耳·升庵六詔·卽此數子·可概古今。余至茲土·自觀海禮山外·一邱一壑·必經親履·發抒靈秀·探討幽奇。不敢抄陳襲謬·見笑山靈。第惜滄桑轉換·兵燹淪胥。不但所聞異辭·抑且無聞可異。具敖不識·淄澠莫辨·所可掩卷歎息者此耳。●輿地首重名山大川·有川如海·可謂大矣·舊志不入·陋之甚矣。今先海於山·山在海中也。若洋·若港·依類附焉。至於泉潭池井·則又另立云。●洛迦之外·惟梅岑爲古·以漢壽春梅子眞得名。子眞至不至·未可知。然史旣稱福佯狂·吳市又云相傳仙去·則遯荒島嶼·理亦有之。其餘峯巖洞壑·多從梵經取義。又或舊無此名·一經題石顏茅·輒相呼謂。雖面目不眞·義類可從者·皆仍之。閒有俚鄙不堪·唐突林泉者·偶易一二。而仍附存舊名·以便考核。●神道設教·易辭彰彰。靈異一編·流傳悠遠。匹婦小兒·皆能道之。聲光所被·弗可掩也。其餘增入諸則·歷求確據·並非影響。鈍根傳奕·狂種阮瞻·愼弗少見多怪·顧駱駝言馬腫背也。●釋門之有法系·猶儒家之有道統。朱子云·寧可架漏千年·不許漢文唐太接統三代·

誠有見也。普陀、自梁慧鍔開山、代有聞人。至宋眞歇、首倡宗風。自後自得祖芳、一燈遞照。無何季葉改禪爲講、法鼓無聲。直至潮公別公、續燈接寶、由是二寺英賢、傑出。誠山中之盛遇。法統釋系、各附於梵宮法產之末云。●梵宮法產、雖曰攸關、實係規模久遠。志家往往以事鄰鄙瑣、略而弗詳、謬矣。茲備載之、所以昭法守、杜侵漁、示久遠也。●志難矣、志禪林更難。尊重失體、必將弟孔子於桑門、筆削過嚴、不煩作董狐於鹿苑、皆不可也。又况事文義類、多異儒言、進班馬而談龍象、必變色而趨矣。璉以譾劣謬學詞章、今歲總戎藍公、命志洛迦、循分測涯、實虞隕越。然而最勝之境、不忍委於他人。知己之恩、豈得辭於韓土。用輯斯編、垂著作於名山、仰慚大匠。俟討論於他日、快覩鴻文。康熙三十七年戊寅中秋、慈谿魚山裘璉識。

漳浦藍理序曰、洛迦海外名山也。爲普門大士親選道場、自梁迄今近千年。其間興廢屢矣、莫盛於南宋有元及明萬曆。以余觀之、其廢也、莫不有由。其興也、莫不有自。主聖臣賢、績熙務舉。於是海宇淸宴、民物康阜。則閒以其暇、新梵宮而究竺典。此亦上下和平·優游無事之一徵也。而不然者·寇盜充斥·家室愁咨。乖風沴氣·鼓扇塵寰。則雖有佛教·且無所施·此古今之大較矣。補陀兩寺·遭故明之末·鯨氛俶擾·島嶼霧迷。先皇帝赫焉震怒·而廓清之。未幾轉徙內地·於是朱宮紺闕·蕩爲冷烟寒風者·且二十年。我皇上文德覃被·聖武布昭。土宇版章·盡域中而截海外·向者棘扈之地·莫不含哺擊壤於其中。二十八年·翠華南幸。因故元戎黃公·乘間奏地方事宜·遂遣員賜帑再造梵宇。而普陀·鎮海·玉毫重現矣。明年黃公以疾沒於官·余叨奉特簡·自宣移鎮茲土。凡黃公未竟之緒·遂不獲辭。於是宣一人之盛德·鼎三寶之巍宮。惟鉅惟細·悉理悉張。龍象滿山·鼓鐘震谷。莫不慶海不揚波·而祝天子萬壽也。猗歟盛哉·余既樂觀其成。歲時期汛·簡徒揚帆·登臨其上·輒爲吾民加額昇平。戊寅中秋·山僧以志事來請·余爲之代延修輯。鋪張揚厲·鼓吹休明。己卯春·六龍復南狩。兩寺主僧·迎鑾謝恩。荷天顏喜悅·溫旨從容·隨頒御額·再賜帑金·且遣中使登山·給運黃瓦·敕住持速完未竣之工。錫命重三·誠爲異數。維時志成未梓。丐言弁首。余何言哉。旋乾轉坤。敉寧宇宙者。聖天子德也。黼黻鴻猷。翊贊盛化者。賢宰相百執事力也。闡揚道聲。慈味俾上覺慈尊。潛孚默佑於冥冥中者。諸上人職也。余遭時竊祿。謬鎮海疆。何言矣哉。披覽志文。彬彬郁郁。大雅不羣世不乏知言者。而余亦幸受知人之明。則余所不辭者爾。是爲序。康熙辛巳仲春。

性統山志成。上堂云。晉之乘。楚之檮杌。紀事則同。而獨推春秋。重先聖之筆削。白之續燈。明之會要。編統則一。而獨尊會元。取大川之刪訂。惟茲洛迦白華著迹。正法明如來證道於往劫。不肯去觀音選勝於後梁。遞代廢興。創承不易。侯公創志於前。周君載輯於後。紀事編統。略而未備。無何山海交訌。幾於文獻無徵。幸我皇上佛心應世。海宇清平。朱提發自帑藏。金經頒由內府。梵刹借以重興。法輪從茲大轉。鎮臺藍公力肩斯事。厚幣碩士。重志鼎新。得我殷玉裘公。腹飽珠璣。筆走霞霧。草創潤色。一氣呵成。頓令山川梵刹。規制人文。頑者秀。樸者華。拙者巧。沒者存。隻字片言。別開生面。上纂千年之墜緒。下啓百代之鴻猷。僅寸朱毫。十方普潤。一

點墨水兩處成龍且道天地未有洪蒙未判之先者一點著在甚麼處

按是志目次卷一山圖志例二星野形勝三梵刹四建置五靈異贊頌六法統釋系七頒賜古蹟流寓八精藍九法產方物十事略十一至十四歷朝國朝藝文詩詠十五僧詩偈稿成法雨寺鐫板行世會康熙南巡覽其書而善之命侍衞記其姓名籍貫以去（何章徵文）璉年譜稱南海志省去普陀二字也道光時秦耀曾修山志云裘志紫竹林尙有一册殘缺不完難資稽核知其時已少傳本今法雨寺退院開如和尙有是志卷面題光緒十四年六月二十四日卽日本明治二十一年八月一日於上海樂善堂寓樓邂逅普陀山化聞大和尙談論經典甚愜因知普陀山志久已失傳卽以此書持贈幷誌數字日本岸吟香合十下扣岸櫻之印一顆開如爲化聞嫡嗣故得而藏之長生禪林亦幸事也其事略門云向見一二修志家抱負不高識見更小不公不愼鄙俚方言猥雜滿紙不知其屬筆時已是覆瓿不堪而猶妄意垂世行遠將自己詩文坌竄其中閱

之增。厭然繙閱全書・題詠諸作・亦多竄入。列星野爲一門・屬浙海於普陀。古蹟・流寓・寥寥一二事・不成卷帙。究嫌未當。許琰云・前志所作・閎肆極矣・然而不免詞費・其謂是歟。

普陀山志十五卷刊行本

淸康熙四十四年・普濟寺・延崑山朱謹・長洲陳璿增修。

福建施世驃序曰。普陀山志・觀音大士之書也・非儒者之所預。山在定邑境・明府之事也・非軍府所宜知。今志成・主僧請序於余・余遂取而序之。蓋有說焉。夫茲山之廢興・屢廢他作・固詳之矣。約而論之・以有尙之者則興・有戕之者則廢。一壞於黃毛之突如・再病於海疆之未靖・其大概也。當此之時・爲普陀計者・不患佛法之不廣・徒侶之不蕃・舟車之不通・米粟之不至。其所慮者・廣洋重譯・或有意外耳。余於辛巳之秋・受事翁洲・閱歲・小有萑苻之警・偵之・乃剽劫白徒・撲之旋滅矣。昔漢龔遂治渤海・盜乞上綏之・奏曰。此皆陛下赤子・盜弄兵於潢池耳。賣劍買牛・賣刀買犢・此其事也。功成而不居・謗至而不避・此人臣之義盡之而已矣。余兩過普陀・登梅岑白華之頂・茫茫遙海・無往不通・爲名山高僧戒心者再。及見禪學濟濟規制肅肅・豈惟羡法席之雍容・亦以知主僧之能事。洒然寄之嘯歌・吾無慮矣。因與蓉浦繆明府述之・亦曰・吾二人者・今日首尾名山・是不可以不言也・爲之序。許志

襄平甘國璧序曰・名山大川・在處有之。或因人而傳・因地而著・仙客騷人・高蹈肥遯者・指不多屈。於是乎・噪名宇宙・特書國乘者・往往然矣。若夫普陀・則竺乾家棲託之名山也。自佛教入中土・圓通大士・以耳根法門・化導茲方。遂指是山爲應身說法之地。屹立洪濤・紅塵隔斷・有潮音梵音兩洞・相傳大士現身處。當今聖主・頒賜有加・與天下臣民・共植福田。雖潮汐之險・飛帆穩渡者・歲以千百計。誠慈悲方便之靈區・引人入善之勝地也。向予出守四明・竟不得徹簿書之餘暇・一葦問道。厥後縱遊宦海・許國西東・而名山嚮往之私・惙惙然熱於中・未嘗一日去諸心也。旋奉綸音・沛下巡撫滇中・宣布聖人至化・中外太和。戊戌歲・虔範滲金大士像・遺

使送供梵音洞覆閣三楹略示莊嚴將使四方趨叩者歡喜焉勇往焉雲奔川赴響應樂從未嘗不爲同善者之一助區區之私敢云邀福乎哉自惟備位素飡上承高厚殊恩有加無已用藉大士之洪慈使普天億庶同登仁義之門永祝天壽無疆垂衣致治靡及之心稍盡夫萬一者如此是年爲予五旬母難住持繹堂專使將意因得披閱山志伏見御書天藻之瑰麗名公碩士題詠之清新峯巒之森列花木之珍奇洋洋溢溢如親到名山親登佛地者矣雖萬里殊途而靈山方寸何嘗間於毫末因尾數言於諸公之後他時一瓢一笠踏徧祇林圓吾夙願亦未可知也山靈有知其勿謝予許志

雲間王鴻緒序曰普陀遷圯屢矣自潮音禪師卓錫因而大振余曾敍之今潮音已爲古人矣而其徒珂月增修山志致書於余欲更有所言余既未登名山躬承妙相所謂圓通之殿說法之場山川洞壑變現之所略無一涉何從而敍之若寄之於意擬想像之間謾爲立說則亦何裨於精藍而冀其有當於大士哉珂月曰

前此寺工未竣、志事恩卒。今者崇宮峻宇、畫棟雕楹。上摩青天、而下瞰滄海。鐘板六時、食者萬指。檀施訖於重譯。先和尙之勤、可謂至矣。且鉅費出自大盈、寺額標於天藻、是未可以言歟。余悚然無地、爲之握管。然吾所言、顧珂師所未備者。閒嘗論自昔好道之君、有事於普陀者、皆有求於大士者也。聖天子在上、無所不載、無所不覆。巍巍蕩蕩、民無能名。加意於名山、殷勤大士。延見法席、賜以溫綸、錫之宸翰、此亦事之偶然。爲仁育所不遺、無所爲而爲之者也。是役也、紀事以實、浮僞者隻字弗存。出言以公、阿比者片詞勿立。垂後行遠、接物利生、爲此山千古文獻之徵、是則皆可言也。因敬書之簡端而答之。許志

鄞縣邵基序曰。四明東南際大海、其靈異秀特、聳峙於烟濤浩淼中者、爲普陀洛迦山。即華嚴經所稱補怛洛迦山、普門大士示現地也。南溟隩區、靈迹卓著。自梁貞明中創建梵宇、代加崇飾、載在前志、具可考見。我朝德濡陬澨、澤沛寰垓、海波不揚、氛霧澄廓。荒壖絕島、殷阜不異內地。普陀以名山淨土、善信皈嚮、裹糧問津、

揚帆徑渡者，趾踵相屬。聖祖仁皇帝，翠華南幸。特允守臣之請，再賜帑金，興修寶刹。賜前寺額曰普濟羣靈。後寺額曰天花法雨。奎章宸翰，昭垂於億萬斯年。我皇上建極綏猷，海宇寧謐。宵旰勵精之暇，游心內典，得最上乘，深維法門廣大，功德不可思議。重以聖祖祝釐勝地，是用虔心崇禮，發帑遣官，載加修葺。兩寺大工同時告竣。各賜御製碑文記事。青珉巨榜，照燭瀛波。普濟住持僧繹堂，監院僧本善，躬逢盛際，敬仰天光。恭紀殊恩，增輯志乘，所以輝麗靈山，傳示奕葉，意至遠也。志成，馳書都下，屬爲之序。仰惟聖天子陶育羣黎，利用厚生，正德躋仁壽之域。薄海內外，無一夫不得其所，誠民阜物，直與天地化育同其功用，而惠鮮懷保之念，日切於淵衷。宇內名山大川，明神所宅，可爲蒼生禦災捍患，錫福延禧者，罔不虔修秩祀。而茲山以大士道場，敬禮崇奉，再賁天章。是可以仰見聖主勤民之至意，與菩薩濟世之慈緣，同其廣博周徧。凡斯五風十雨，歲稔時和，沐膏澤而泳大化者，皆大士慈悲所默相，實聖天子至德之感孚也。基生長海濱，叨侍禁近。遙瞻靈嶠，

有桑梓敬共之義。故不辭弇陋，颺言簡端。秦志

按許琰志凡例云，康熙三十七年戊寅，普濟法雨二寺，請裘殷玉修輯。稿成，法雨旋卽授梓，普濟又請朱陳二公重加增刪，至四十四年乙酉始梓。遂與法雨所刊小同大異。四庫存目云，是志所述本末頗具，而敍事冗沓無法。秦耀曾志例言云，是志每卷開載編輯姓氏，或列朱陳裘三人，或列陳裘二人，或列朱一人，成之既非一時，訂之亦非一手。體例不分，難免紕陋。合諸說觀之，其得失亦可知矣。

增修普陀山舊志例。秦志

清定海知縣江陰繆燧撰。

例言曰。自郡縣之有志，而二氏之書，泉石烟霞之記，往往而見焉。然十洲三山，多指神仙之事，且有無不可知。惟普陀片石，孤懸海中，爲普門勝地。覺迷拯溺，歷有明徵。爲之說者，亦其愼哉。吾是以志佛不敢旁及，志山不敢子虛，志事不敢齊諧

志辭不敢月旦。悉依舊聞、實以近事、蓋此書之大凡也。若夫琳宮之廢興。香炧之盛衰、學人之聚散、與世滄桑、不無俯仰。正不必以彼抑此、資我懸河耳。●東坡曰。大悲者、觀世音之變也。誠然、則有不變者在矣。其義甚深、不可思議。今志普陀、但言普陀大士。卽如法華佛說一切普應種種功德、及諸書雜見、悉所不載、以見此爲白華實錄也。●四明詞客首尾名山、著有普陀新志。其巖壑川原土地疆場、無可增損。惟普濟法雨兩寺、與先時小異。然亦際會之奇、加以人事之備。山閒隩裏亭梁之外、靜宇田庵、至一百六十六所、可謂盛矣。●任質者議疎、務褎者少當、謂圓通教主、總攝羣倫、一切衙官、恐非確論。亦知梅岑曉月、不隔峨眉、滄海橫流、依然九子。三大士、四名山、是同是異、何有何無、就使白蘇而在、作如是觀矣。●觀自在本丈夫身。普門品云、應以婦女身得度者、卽現婦女身而爲說法。是以開元畫院、寶冠珠絡、用著坤儀、暨歷代慈宮、遂生崇信、以天下養、猶未足乃邀福大慈、祝延靡罄、孝之至矣。雖爲百世則可也。●大地精藍、無慮千億、屢興屢廢、惟此佛場、皇帝每念夙因、博施罔外。覽名山之鞠草、憫緇衆之無歸、賜帑有加、函經布藏。宸翰所垂、在在指點。至嘉與臣民、同其福善、聖人之心、直與天地齊其量矣。山中之書、頌其萬一云。●義山藍公、始事洛迦、勤亦至矣。獨惜朱梁迄茲、幾一千歲。但載內廷賜予、未聞朝士布金、豈爲時久遠、姓氏無傳乎。志所不當略也。且南海乘桴、非比坦途。尋佛鯨濤、颶母身命以之。故匹夫單婦、雖斗粟尺布、不可謂非大布施。編年書繭、豈曰無因。貴客素封、何妨附志。今如定帥施公、奉詔詣山、宣綸錫帑。此聖朝殊恩、使臣大小姓氏、咸勒之、俾無遺焉。●普陀舊志、今日之文獻也。太羹玄酒、未免羲皇上人。後志姸辭麗管、點染山林、自是騷壇一座。但所記康熙三十八年前事。癸未春、聖駕南巡、駐蹕武林、召見寺僧、殷勤大士、命使函香、頒綸賜帑、事關盛典、不敢不述。用是增修是志、附於簡末、以冀久遠云。（秦志）

按繆公是編無傳本。其稱後志姸辭麗管云云、殆指裘璉志言。其稱癸未春聖駕南巡至附於簡末云云、殆所增者祇癸未後事。至稱志佛不敢旁及、稱志普陀・但言普陀大士・稱南海乘桴・非比坦途尋佛等云云・語皆審愼翔實・足爲修山志者南鍼。茲編之作・竊取斯旨。

重修南海普陀山志二十卷 刊行本

清乾隆・四年法雨寺・住持法澤延同安許琰編輯。歸善黃應熊參定。法雨住持釋明智法澤校訂。

自序曰。普陀山者・觀世音大士顯化道場也。大士以三觀入三摩地・圓通慈悲・欲度衆生・隨觀隨感・皆登善果・故獨以觀名焉。凡山可以無志。普陀之山而有大士・則不可無志。志普陀者志大士・卽志大士之志也。應化靈迹・歡喜悲仰・向善之念觀而感・感而興起・斯大士之志・而志大士者・亦當作如是觀・蓋與柱下之志掌故郡邑之志・風土名同而旨異也。歲己未・余浮游觀覽・南至於定海・適普陀住持僧法澤・以明府海門黃公命・請修山志。遂駕艆艫・出沈家門・抵南海・去定又百餘里。汪洋無涯・覺坐艇如飛鳶・站站水中・極人生之大觀。入山崚巖・怪洞・具有靈氣・又眞天下奇觀。陟前後兩寺・則聖祖仁皇帝・世宗憲皇帝・二聖御碑・穹窿摩雲。金殿珠宮・輝煌奪目。自古梵宇壯麗之觀・又無以踰此矣。夫惟神靈之所留遺呵護其閒・故海不揚波・山輝川媚。而列聖善與人同之量・神道設教・亦遂崇奉之至於斯也。借非大士孤島絕崖之域・其何以觀之哉。既而法澤出前志・屬余重訂・余曰・前有志矣・重訂奚事爾也。曰・勝代之志者・草創未具・太羹玄酒・猶有古質之味焉。後此踵而增華・矜博炫麗・浮且雜・閒所不免・徒解作揄揚釋子語耳。於大士之志・吾懼其不足以觀也。且雍正九年・發國帑重修・建聖恩・隆重寺之規制・皆已改觀・前志固未之及也・其曷可緩。余曰・大士之志・以善誘人・教人以觀入道・善觀大士者・不在於山志・而於人志・自觀而心自善・而身則不必觀志可也。觀志而愈有所觀・感可也。若使入勝境・閱勝志・而貪癡無改・殘忍依然。未見聖若不克見・既見聖亦不克由聖・大士之志・其愈滋戚矣・而又何以仰體我列聖神道設教之德意乎。校閱月餘・刪繁亂・補缺略。閒有一二宰官所作・釋氏藉爲檀護者・不能盡去。正恐後之視今。猶今視昔。其果可以觀焉否耶。法澤爲余族弟。少寓余業師粱邨蔡先生里中之淸泉巖。與師交遊最密。後爲普陀法雨寺住持。料理欽工。備極勤勞。戒行精嚴。緇素悅服。吾師在都時。嘗以詩寄訊。蓋眞能志大士之志者。故於是志尤惓惓云。書成而序之如此。乾隆四年己未。暑月之朔日。

黃應熊序曰。定邑在東南海中。普陀去定又百餘里。普陀山志。志普陀也。而非徒普陀之志之爲也。勝國以來。東夷蹂躪。洛頑逋逃。定且度外置之。普陀之荒頓者。幾五六十年。迨我聖祖仁皇帝盛德神威。率海悉臣。於是開復定邑。興修普陀。賜以普濟法雨宸額。兩梵並峙。至雍正九年辛亥。世宗憲皇帝復大發帑。遣官督建。余時承乏定邑。欽工重大。法雨主席者。老不耐勩。合山兩寺。僉舉今方丈法澤者。戒行嚴卓。道氣精深。遂延以住持。俾主山事。而余亦樂定之民淳俗樸。政簡刑淸。得以奔走悉心於經理也。三年工竣。兩寺之規模巍煥。又復改觀矣。法澤每念受恩深重。思再輯山志。以垂之遠。又慮紕漏潦草。祇仍前志之失。則又無以爲名山之光、而誌皇恩於永久。遲而未輕舉者、數年。適去夏、許太史瑤洲先生來定、余謂法澤、向所謀志乘之修者、時哉、弗可失矣。乃聘往山中取前志、刪蕪正謬、補其未備。校輯既成、得卷二十、目如其卷。一山之靈勝具焉、兩寺之規制詳焉。不蔓不支、弗誕弗陋。昔柳子厚、謂於司馬子長取其潔、若是志也、可謂潔矣。值余久涖於定、上官謬以最聞、荷蒙恩旨、陞補山右。法澤以余之將去定也、急欲余一言以序。余曰、當海波之揚也、定且爲蜃宮蛟宅之區、何論普陀、何暇計普陀之志。自我國家德威遠播、四海統御、百神懷柔。而後定有邑治、而後普陀屢賜修建、佛有刹、僧有寮、輝煌晃耀、爲天下香臺冠。則余之得與民休息、含哺歌衢。簿書之暇、又得訪靈蹤、搜勝概。而百千數披緇者流、亦得習靜焚修、講律安禪、優游巖洞烟霞之中、蒐纂乘書、以貽久遠。皆我列聖天覆地載、恩施無外、而我皇上重熙累洽、德教洋溢、俾率土之濱、同享昇平之福之賜也。山志之修、表佛光於歷劫、即誌皇恩於萬年。夫宣揚盛美、使天下咸知德意者、守土臣職也。況辛亥之歲、欽工之建、余實躬逢

其盛·而親執其役·有不樂是志之成·以歌頌揚扢於無既也哉·是爲序。乾隆五年
庚申·傳柑後二日。

邵基序曰。普陀山兩寺·在靈鷲峯下者·爲前寺·曰普濟。光熙峯下者·爲後寺·曰法雨。蒙聖祖仁皇帝御筆題額·肇錫嘉名。爲慈聖延禧·表大士靈迹。世宗憲皇帝丕纘前徽·恢揚法願。復賜帑金·重加崇飾。兩朝天章·穹碑載勒。炳耀海天·輝煌寶地。披覽圖志·巍乎稱盛矣。普濟僧繹堂·既以舊志屬序。而法雨僧法澤·又以雍正九年重建·聖恩隆重·賜愈多而制愈崇·前志未及·將復纂修新志·亦來請序於余。蓋普陀名山·兩寺古剎·舊之紀載·大都相同、而澤公又將修而益之也。余詳考海山之形勝·洞壑之幽奇·殿宇之莊嚴·靈異之顯著。仰見兩朝崇敬佛力宏深·善信皈依·慈航接引。千百年香火道場·雖其閒不無廢興·而至今日·則崇高焜耀·實爲宇內梵剎冠·非際會我國家昇平康阜·海波恬若·豈能獲覩斯盛。法運之昌·愈益以徵世運之隆。佛光猶是·江山不改。而一沐熙時之景象·經天家之寵錫。山不枯·童

若益而高海。不狂嘯·若益而深。梯航絡繹·函香崩角·佛亦若益而靈。舊志之所紀載·且將日新而月盛矣。况又欣逢我皇上躬承大統·累洽重光。四宇寧謐·百神孚佑。洪濤浩淼之區·靈山孤峙之境·無不庥庇恩光·涵濡德化。此固兩寺中持鉢披衲之徒·日夜頂香虔禱·而願延聖祚於萬年者。則澤公之圖志其新·是亦祝釐之忱之所不容自已者乎。吾知斯志一成·兩寺之景可見·兩寺之情亦可見矣。余又烏能不援筆而爲之序。

按是志目次·卷首天章。卷一形勝·二建置·三梵刹·四頒賜·五靈異·六法統·七禪德·八精藍·九流寓·十法產·十一方物·十二事略·十三舊章·十四至十六歷朝國朝諸藝文·十七至十九歷朝國朝諸詩詠·二十贊偈。觀其凡例·似明侯志周志·淸裘志朱志·其時俱獲見之。擇善而從·宜高出諸志之上。乃建置梵刹精藍·可併而不併。法統禪德·可合而不合。藝文詩詠·居全書之半·可節而不節。形勝門·沿裘志例·先之以海·謂所以位置普陀山之在南海。其說更曲。惟云山志本無事星土云。是山以菩薩而名・是山皆蹟・是蹟皆古。云菩薩不藉證而靈・亦不藉證而後知爲菩薩之山。依舊志而删裘之星野古蹟。依裘志而删朱陳志緣起經證等門・甚爲有見。至頒賜門・有乾隆三十七年事・法產門・有三十八年李國樑序・宋如林序。均後人續竄・非原書之舊矣。

重修南海普陀山志二十卷。刊行本

清道光十二年・普濟寺住持能崙・延金陵秦耀曾編輯。金陵王鼎勳參定。能崙校訂。

自序曰。普陀・距定海縣治二百餘里。即華嚴經所稱補怛洛迦山・觀世音菩薩示現道場也。五里未至・嵐翠撲眉。千步尙懸・飛濤濺踝。陵虛之閣・忽峙虹邊。殊狀之峯・或標島外。余流覽圖記・企慕山川・馳心有年・而遊訪未果。會王靑甫表兄來宰是邑。庚寅歲・余主講於斯・接近祇林・緬懷卓錫・載訪沙界・豈憚挐舟。庶幾一溯迦蘭之施園・暫履須達之布地。顧累牽俗事・仍阻幽探。迨次年暮春・競渡蓮洋・克攀

蘿徑蔭法雲於六合地入三摩揚慧日於九天門開八正洵海澨之奇觀招提之
勝概也於是古龕對佛精舍緇經緇交季潭之上人契心曹溪之弟子有鴻崑開
士者身列祇洹志殷緇輯守徃籍於炱朽蟫斷摭羣言於錦粲珠零乃以山志遺
文囑爲讎定余撫是編而竊慕焉夫紺園碧殿沈佺期常賦少林鹿苑龍宮駱賓
王亦誇廣果希蹤方外不越中原至若維摩之室遙隔鵬溟彌勒之龕孤撐鰲極
此可頌者一也自象教西來妙法東注普賢旣傳願海如來亦有化城然娑婆緣
深觀音爲最乘如意輪大方便力濟苦難於五濁拯煩惱於三塗白毫光裏現瓔
珞之全身金色花旁示栴檀之瑞相莊嚴具足黼繢周施此可頌者又其一也衆
釋所居非無毁院諸佛攸館不乏市田至若層楹刻桷宸章煥夫日星免賦蠲租
寵命沛夫雨露鱗鱗碧瓦崇臺則三百朱欄策策烏犍膏壤則十千青畝此可頌
者又其一也生融之學獅座頻參觀肇之名雁堂共仰雖結茅伊始眞歇法乳無
傳開業相沿大智禪裔莫考然五蘊俱空皆悟無生之理諸漏已盡恆持不染之

心。此可頌者。又其一也。烟波無際。時泛仙槎。雲壑相鮮。屢停客屐。轉奔雷於谷底。龍氣猶腥。盼朝旭於崖巔。羊押乍熟。飛泉瀝滴。宜儲調水之符。石寶玲瓏。忽動買山之計。相與參玉筍禪。禮米汁佛。此可頌者。又其一也。遊懷既愜。逸藻獨摛。賭吟而鉢響頻催。紀實而筆花爭舞。文疑宿構。同申般若之宗。詩具別裁。悉寓毘尼之教。正不特公權羨其書額。元章欣其隸碑。此可頌者。又其一也。任昉述異。本自淹通。王家拾遺。無取繁縟。良以靈花忍草。咸證道心。蠕動蠉飛。共含佛性。納須彌於葶藶。鸚鵡呼王。悟世界於優曇。象猴爲友。嗅來薝蔔。即是妙香。聽到頻伽。無非瑞雀。此可頌者。又其一也。夫盛熙明備考於前。侯繼高纂志於後。處優出劣。裒輯不乏通儒。照軫充箱。採獲并多佳手。然條流粗立。典要未明。欲覔𠰻以燒薰。必簸糠而揚粃。附名欲傳不朽。定文須恃相知。又況鳳毛龍甲。孰與收藏。鳥剝蟲穿。每虞散佚。洵貫串之非易。繄讖正之維艱。乃蒙馴虎名宗。食鳩上品。丐余增訂。索我弁言。幸舊本之猶存。遂新編之競製。合是非於一口。審得失於寸心。勿錄者。豈是遺珠、所登者、要皆完璧。督繩削墨、共辨毫釐。縷析條分、聿昭經緯。遂使貝文快睹、手眼化以千千。祕典齊宣、生靈度乎萬萬。武谿龍潤、恍披廬岳之圖。金闕瑤臺、疑討瀛洲之記。時道光十二年壬辰、三月三日。

王鼎勳序曰、普陀在東越大海中。梵語補怛洛迦、華言小白華、釋言海岸孤絕處。蓋震旦國中、一大道場也。周遭四十里、或曰百里。自梁貞明中、始立佛寺、即不肯去古院。宋元以來、代有創建、迨我聖祖仁皇帝、世宗憲皇帝、錫額勒碑、發帑修建、天章睿藻、丕煥祇林、洵爲海外名山第一香刹。山中僧寮、不下七十餘所。緇流及外方挂單、約計一千餘衆。田產無幾、齋糧不給。余宰是邑、心竊憫之、而力未能逮。會有佃民余姓等、與山僧互爭新漲沙塗。余申詳大憲、所有朱家尖竹頭浦順母塗等處、塗場五千三百餘畝。可築塘成田者、二千餘畝。應請推廣皇仁、歸僧報墾。幷會同鎮海郭明府、親詣塗場勘丈、始得徧歷寶山、佛前頂禮、有前寺承恩堂鴻崑上人者、戒律精嚴、功行苦卓、恆以纂修山志爲己任。恰秦遠亭表弟主舟山景行書院講席。囑余轉丐。代爲增修。余按是志。前後兩寺。共有兩本。康熙三十七年。前後兩寺同請裘璉修輯。稿成。後寺旋卽授梓。前寺又延朱謹陳璿二公增削。至四十四年始梓。遂與後寺所刊。小同大異。乾隆四年。後寺又請許琰重修。鐫板行世。而前寺所刊斯志。迄今又踰百年。其閒沿革廢興。讎校誠不可稍緩。返棹後山僧將入志各條。函寄來署。囑遠亭表弟取舊志詳加考訂。汰其有餘。補其未備。詞不涉於支離。例必歸諸典要。閱一載。纂輯甫畢。分爲二十目。就簡删繁。瞭如指掌。書成。索序於余。余曰。九華。峨眉。五台。與普陀同爲諸佛說法道場。然三者皆爲內地。惟普陀遙隔重洋。迥殊塵境。而四方梯山航海。函香膜拜者。較他處尤盛。此皆列聖崇信禪宗。神光普照。而釋子之徒。咸得優游蘭若。守缺抱殘。蒐輯山乘。以垂久遠。披是志。而海山之形勢。洞壑之幽奇。殿宇之輝煌。示現之靈異。胥在乎是。共仰佛力之慈悲。益徵聖恩之汪濊。夫講耕鑿以安慧命。裒册籍以闡淨因。二者不可偏廢。余既樂是志之成。而并願闔山僧衆。持戒安禪。羣體列聖嘉惠雙林。神道設教之至意，此余之厚望也。道光十二年壬辰，三月望日。

陳桂生序曰。南海普陀山，觀音大士說法道場也。昉於梁貞明，中宋元而後，代有修建。我朝尊崇倍至，巍煥增新。砌琉璃之地道，五色蓮花。裝瑪瑙之天宮，七重行樹。峙名山於海外，成勝院乎寰中。此皆列聖神光普照，崇信禪宗。題額勒碑，宸章赫濯。蠲租發帑，寵錫輝煌。緇流得以潛修，黎元因而覺悟。瞻茲梵宇，共仰慈航。俾清淨寂寞之濱，發恭敬慈祥之念。神道設教，有微權焉。蓋聖朝以胞與爲懷，佛力以救度爲量。大千世界，徵普濟之慈悲。億兆生靈，荷仁恩之廣大。造福專於錫福，壽世即以壽人。幸際恬熙，得安康阜，有由然矣。今者鴻崑上人重修寶陀山志，再煥大藏經函。敬加考訂之詳，快覩闡揚之偈。業追象貝，功繼馬鳴。開覺路以金繩，渡迷津於寶筏。將見慈雲徧覆，共樂世界之清涼。行看甘露均沾，普受佛家之富貴。謹誌不朽，用附卮言。至於結香火之因緣，樂巾瓶之供養，以及形勢之勝，僧徒之繁，皆略而不陳，懼贅也。是爲序。

按是志門類卷數，悉仍許志。惟併許志贊偈，附於釋氏藝文，另添經證一門，爲不同耳。然經證本於朱志，許已駁之。而仍沿之，未免去取失當。山志自裘輯後，兩寺各自延修，往往詳己略人。是志尤甚。雖出自住僧偏見，而秉筆者究難辭其咎也。至山圖前後，載有前寺修建處所，助田碑記，鴻崑扁音核其年分，當爲後來寺僧續竄。非耀曾原書所有也。

定海縣知事陶鏞，致普陀印光法師函云。接手書，夙昔懷抱山志一事，將有達於實現之一日。凡事必種佳因，方收良果。因果之間，有應及時商榷者，回憶客臘在山談及此事。只覺山志亙九十餘年未修，積久更難徵考。其續修體例，應仍舊抑改新，暨是否應請邑儒修訂，在僕固毫無成見，但慮及經費維艱耳。當奉師言，曾與居士陳性良議，及費由伊認，書由師修。並云山志應以大士爲主體，凡大士之若本若末，若事若理，以及隨類現身，尋聲救苦之感應事迹，擬廣爲搜羅，彙萃成書。此係內典功夫，當然非異人任。且復談及九華山志，妄改字句之有心滅佛。又如舊志之將清初御碑一道漏載、太不經心。詳繹師言、無非謹慎。九華、吾未之見。如舊志之舛漏、誠屬無可諱言。普陀、應以大士爲主體、僕固極端贊成。但祇輯感應、究似觀音世家、而非山志。僕慮擬折衷辦法、將山志分內外兩篇。內篇感應、外篇則仍舊志門類、增減而繼續之。例如經證可删、併入內篇也。天章可删、國體變更也。而民國約法信教自由、頒布管理寺廟條例等項、則須增入。其藝文一門、僕主删除。緣藝文有關掌故者、應分析訂入各門。其登臨山水、流連光景之作、載不勝載。應別輯普陀藝文志一書、十年一集可也。夏初奉到手書、言感應一篇、有許止淨居士擔任、促僕進行。各門僕擬折衷辦法、已蒙採納、當覆書以採訪編輯屬之邑儒、並以經費爲言。今又奉示許函、規定頌體、已更進一步、而有具體辦法、則各門纂修亦應同時並進。查邑儒王雅三、王樵噉、湯爾規、孫鼇卿四君、均品粹學純、足徵文獻。上年邑志竣修、已兼注意山志。今加延聘、最爲合宜。惟師長西序、僕宰地方、對於此事、只可居於提倡之列、仍以兩寺爲主體、山志規模、小於縣志、自合以最節省最捷速之方法爲之。惟四君散處各鄉·晤談不易。現將師先後來函·許君原函·並僕此函錄稿專送傳觀·徵求意見·得覆奉告。一面希致兩寺方丈·耆舊·預爲籌畫。於相當時期·推一代表來縣·與僕先行接洽·再爲詳悉之規畫。官如傳舍·僕去就無常·竊盼及早圖維。於任內觀成·了此一重心願也。民國十一年七月二十四日。

陶知事鏞·致雅三樵暾爾規鼇卿函云。關於普陀修志一事·荏苒半載·時刻在心。最近覆印光法師一函·談議經過·略具函內·錄稿陳詧。竊維志普陀以觀音爲主·自屬言之成理·與各門編纂事不相妨。諸君於修邑志時·關於普陀·九十年來人物事蹟·諒爲採訪所及。抑或須另起鑪竈·重行採訪·又或別有參考書籍可資甄擇。以及各門應增應減·體例爲創爲因。弟學術空疎·毫無成見。務祈發抒卓裁·詳悉示知·俾與印師折衷定議。一面接洽方丈·擬議辦法。

王亨彥覆陶知事鏞函云。日前來城·於寓所得我公手教·並印光法師·及許居士止淨各函件。客中膠擾。無暇細詳。旋里後。覆加披覽。知印師。身入空門。導揚宗風。修山志。以觀音爲主體。亦固其所。但既名爲志。將以顯山川之名勝。表創造之功勳。以及建革之由。中興之業。自應詳爲羅列。俾無遺憾。我公答以折衷辦法。分內外兩篇。始有志例可言。賜書下問。敢不揣檮昧。虛擬門類。敬爲芻蕘之獻。如左。

山圖 延精於測繪學者繪之。分山境全圖。名勝分圖二種。

形勝 分山。峯。嶺。巖。石。門。洞。沙。隩。灣。地。澗。泉。井。池。境。及附錄。各子目。

梵刹 併舊志建置。梵刹。精藍。而爲此門。以普濟。法雨。慧濟。爲梵刹。餘各庵堂爲精藍附之。各茅篷。各廢庵。再依次附之。

營建 除梵刹外。凡亭祠碑坊。道路橋梁。屬於工程者。隸之。

禪德 凡僧人精修禪律。創建有功者。不論方丈住僧。均立傳。隸此門。僅爲方丈。別無建白者。另爲住持表。附後。

檀施 國體既改。佛法又平等。仿雲林志例。立此門。凡自帝王。至齊民。施助巨款者。悉隸之。

流寓 照舊志。而正其體例。

規制 第一先錄叢林普通規約。及普陀兩寺特別規約。能依此而行。方可以爲僧。方能受公私護持之益。以故次二則凡民國約法之信敎自由。與管理寺廟條例・及公私文令規章等之爲維持是山秩序而設者・悉隸之。

藝文　凡僧人著述成書者隸之。舊志之藝文・詩詠・均散附各門各條・不與焉。

志餘　仿雲林志例。凡事在必載・而類無可歸者・隸此。

敍錄　仿兪樾鎮海志・近上海續志例。敍載歷次修志者之姓名・及序例。而以此次重修・我公與印師等往來函件附焉。

綜上各門・視舊志・已屬創例。況我公定爲內外兩篇・尤爲前此所未有。此外若經證感應等類・均內篇事。我公所謂非異人任者・可無贅言。上年修輯邑志・普陀雖有訪稿・然對於專志之材料・究嫌缺略不備。此次必須愼選訪員・以專責成。彥聞淸同治閒・慧濟寺住持信眞頗有道行。因寺門外常產竹筍・致礙行走。後經信眞懺禱・筍遂絕。性好施與。於定海南郊體仁局助田三十餘畝。長塗攬文義塾助田二十餘畝。此亦僧人之傑出者。類此者不知凡幾。是在爲訪員者詳爲搜求・免致挂漏。管窺之見・是否有當・伏祈裁酌。

陶知事鏞去任時・函請會稽道尹黃慶瀾・主持三事。一爲山志・云普陀修志・已設所採訪。近主任了藏大師來述、所採無多。從古修書最難。不必遠徵、第就定縣志事、已可爲鑑。山中人、視此事太易。印光法師、佛學精深。而於修訂體例、與鏞見尚未臻密合。除迭與函商、與面陳憲臺外、復有應述者數端。如原志山圖、與坊本同一陋劣。知事曾稟盧督辦、請借陸軍局圖。以關軍機未准。是非以新法測繪經緯圖、不可。名勝風景、非用照片不可。總之、非多費工本不可。原志、乃道光初所修。前此尚有兩寺各修之本。近閱中華書局預約續藏經目內、列有補陀小傳一種、書似元人所著。而久佚在東洋。此外、凡茲山古乘、均應博求。參考與道光志比較、擇善而從。庶修成之書、少增聲價。邑儒王雅三、擬有修纂體例、已送印師所擬。固涉繁難。但言修書、似亦不宜過從簡易。即照簡易辦法、就原志各門而續增之。其爲事亦非容易。例如梵剎精藍、法產等門、關係物權之所有。移轉種種、至爲複雜。採訪之始、不加審核、一經裁判、便成證據。後來訟累、何可不防。復次、禪德一門、據了藏云、絕無而僅有。是烏乎可。道光志、迄今將滿百年。此百年中、詎無名宿高僧、或起自普陀。終於別刹。或來從遠域。卒老名山。又或始終他處。中涉普陀。是非用種種方法徵求不可。今既言修志。倘遺漏湮沒。豈非罪過。此僅思慮所及者。恐此外又多困難。除函商印師外。所望道尹主持者。又其一。民國十一年冬。

王亨彥致陶前知事鏞函云。棠蔭移杭。瞬經三月。想賢令尹鳴琴而治。著述清興。當不減在定時也。補陀志事。月初由開如了餘兩上人函邀到山。告以採訪略已就緒。即委彥爲編纂主任。彥維山志較難於縣志。溯自道光初纂修後。迄今已閱百年。歷時既久。採訪本屬不易。況山中雖多名緇。究以持戒梵修爲天職。對於修志各事。故錄既少傳述。近事亦涉渺茫。徵文考獻。深苦無從著手。一難也。吾輩素讀儒書。於梵典未窺門徑。往往一開卷。雖名詞亦不能徹曉。何論玄旨。率爾操觚。易滋謬誤。二難也。因請渠設立局所。延請通人。收集思廣益之效。而結果以艱於籌款。故不設局。不延同事。除大士事蹟及經證等類由印老擔任外。其餘各門。訂將訪稿絡續郵寄。屬爲彙纂。成書後再呈我公鑑定。而開如上人旋出康熙時裘璉志一册。該書由前法雨住持化聞・得自日本岸吟香。披閱一周・知其長於詞華・暗於志例。茲擬革舊改新・各門事實・舊志既語焉不詳・訪稿又缺略不備。兼之學識俱短・惴惴然・時以負疚佛菩薩・有辜我公之望爲懼。因又請開如上人一面搜求各名山志・各參考書。一面督促採訪・主任依照所定門類・詳確採訪。寧濫毋簡・以便斟酌去取・分別甄錄。嗣後能否照辦・尚無把握・該門類去年曾呈鑑核・現在應否增損・還祈我公詳悉示覆・得以張其膽・而壯其氣。民國十二年癸亥・三月八日。

陶前知事鏞・覆王亭彥函云。普陀修志・已與開如和尚訂定・甚慰。所定門類・俾採訪者・依此搜求・自是正辦。修志・以採訪材料爲要素・尤望多加指點・並用種種方法・以廣蒐羅。否則恐難完美。山中財力・近亦外强中乾・且意見參差・成事甚屬不易。惟開如一人熱心提倡・而確有力不從心之苦。此則望公曲諒・而善處之。印光佛學極深・而著述似非所長。然爲人坦白・肯受商量・志之體例・因徇其觀音爲主之義・略分內外篇・即弟所擬。將來即照此意做去。但仍宜隨時與渠商之。書成鑑定・

最好請讓三同年。弟無此才望。又吏事無暇也。癸亥三月二十三日。

孫爾瓚。以雅三先生所輯山志稿見示。喜而賦詩云。七度游普陀。未留詩一首。我與南海鄰。胡獨落人後。騷人墨客來。題詠到處有。有美不勝收。續貂翻貢醜。梵音與洛迦。名勝播衆口。去年修山志。陶公意良厚。殷勤折柬邀。編纂須著手。遜然謝不能。還是推良友。良友居景陶。掌故留心久。雪鈔和露纂。書籍成淵藪。居恆意飄然。偶爾城市走。袖稿來示余。內外編分剖。印光稱高僧。佛學無出右。儒釋共一家。鴻文高八斗。蔚然成巨觀。此山此綱紐。亟亟付棗梨。書與山並壽。

跋

民國九年庚申。鄮邑令馮公秉乾之聘。與修定海縣志。其時曾偕採訪主任。兪君兆熊。合請馮公兼修普陀志。卒以二者並舉。絀於經費不果。辛酉秋。陶公鏞來任縣事。銳意提倡。與印光法師開如了餘兩長老。一再函商。先設所採訪。徵求山故。至癸亥春。兩長老以書來屬爲山志編纂。彥維幼從先君子佩韋府君讀。涉獵儒書。於佛乘略無皈嚮。重以周甲邁齡，衰遲自棄，何敢繼前賢翰墨，留名山佳話。既憶清宣統己酉閒，挈子祖安遊是山。登臨餘暇，披閱秦志，知其體例，多可議處。相與以未遇時節因緣而修正之爲憾。既幸遇之矣，造因得果，桑梓敬恭，義無多讓，遂以書諾之。旋到山與開如輩協議進行方法。假定採訪門類，並搜求元明來各舊志。惜書多不傳，僅得康熙時裘輯一册。取回卒讀，又知許秦兩志之繼此而作者，大率抄襲陳謬，以塞責。補闕訂訛，事誠有待。因就訪稿斟酌賡續，外搜覽近屬各縣志，各名山志，及傳記竺典之有關是山者，參互考證。得據以校舊志之訛，補舊志之缺，考辨舊志之所未辨者，各若干條。分別部居，依類相從，竭一年又四月之力，始脫稿。自形勝迄敍錄，爲目十有一，卷如之。靈異一卷，採自孫君貽謀稿者爲多。揆諸史遷整齊故實之旨，其有合乎。然而後梁至今年，歷千餘，滄桑幾更，其閒遺聞軼事，詎能徧觀而盡識之。即所識者，又詎能犂然各當夫人心。寫竟覆按，焉知後之視今，不如今之視昔之仍多可議乎哉。甲子夏，觀音誕日，翁山寄翁王亨彥跋。

普陀洛迦新志卷十二終

附錄觀音靈感近聞撮要

觀世音菩薩、早證菩提久圓覺道、安住寂光。原爲悲心太切、故復現菩薩身、助佛揚化、及以四不思議、無作妙德。十四無畏、三十二應、種種方便、度脫衆生、其慈悲益物、尋聲救苦之事迹。古今記載、眞紙不勝書。卽最近親聞之靈驗、亦多難枚舉。今略述一二、以供閱者啓發正信焉。民國二十一年。滬上中日戰事、凡屬眞心奉佛之士女、同處危地、獨比左右鄰居之非奉佛者、少受損失、多得安隱。其最險最奇最著者、卽閘北世界佛教居士林、在槍林彈雨之中。日機擲彈、多在其處、林外四周、通炸成焦土。唯林屋之上、受二十餘炸彈、無一爆炸。還有一大半人高之極大炸彈、落於其中水門汀天井上。亦不炸。其原因祇爲有鄧奠坤居士一人安住其間、不怖不逃、力念觀音菩薩名。卽於四周火堆之中。保全此莊嚴之大好道場無恙也。其他如費範九遇鐵絲網、現孔而出險。錢居士入强盜手、示病而放還。郭振聲於同船大衆遭劫之中、獨令賊目不見、而倖免。曹運鵬於仇人羣集圍繞之下、俾其當面不識、而逃生。此皆由虔念觀音、化險爲夷之靈驗。森親見其人。親聞其在印老前所說之實事。惜今限於紙幅、不能多錄及詳說。現爲二版補空、特略述此。經云、觀音妙智力、能救世間苦、誠不我欺也。願同倫諦信、常常持念、共荷帡幪、以暢大士悲懷、亦不慧之所深望也。民國甲戌二月日、德森略述。